수제 원목가구 제작 가이드 목공 짜맞춤 기법 Joinery

수제 원목가구 제작 가이드

목공 짜맞춤 기법
Joinery

GARY ROGOWSKI 저

김지태 역

씨아이알

안전 수칙 : 목공은 본질적으로 위험한 작업입니다. 수공구 혹은 전동공구를 제대로 다루지 않거나 안전 수칙을 무시하면, 돌이킬 수 없는 부상을 입거나 혹은 생명을 잃을 수도 있습니다. 이 책을 통해서(혹은 다른 곳에서) 배운 것이라도 스스로 안전하다는 확신이 들기 전까지는 실행해서는 안 됩니다. 작업 도중에 뭔가 이상한 느낌이 들면, 일단 하던 것을 중지하고 다른 방법을 찾아봐야 합니다. 언제나 안전을 최우선에 두고, 오래도록 목공을 즐기시길 바랍니다.

Dziadz와 Busia에게. 이 책이 나온 것은 당신들 덕분이었습니다.

감사의 글

 이 나오기까지 도와준 분들께 감사를 표하려고 합니다.

우선 사진 촬영을 도와주기 위해 중간에 합류한 David Minick에게 영원한 감사를 보냅니다. 나를 계속 일하게 만드는 역할을 담당한 Vicent Laurence에게도 깊은 감사를 표합니다.

Deborah Howell이 보여준 끈기와 지원에도 감사합니다. Buck과 Jimmy, Marc, Angie, Elena, Lenny, Rob, Lisl, Ketzel, Splons, Brooks 그리고 Ed. 이들이 없었다면 이 책을 끝내지 못했을 것입니다. 내 작업을 이해해준 John과 Lydia Rogowski에게도 감사를 표합니다.

내 동지들인 Lonnie Bird와 Andy Rae, 깊이 감사합니다.

Helen Albert와 Jennifer Renjilian은 말할 것도 없습니다.

Ryan Wynne, Laure Dwyer, Aaron Laird 그리고 Evertt Biedler. 이 분들은 책이 나올 수 있도록 목공 전문점을 뒤지고 다니신 분들입니다.

Eliot Apatov, Bill Yost, Terry Anderson, John Eric Byers, Dan Stafford 그리고 Jim Tolpin은 제게 공구를 제공해주시고 그에 따른 전문적 지식을 알려주신 분들입니다.

제 학생들인 Matt Cooper, David Waring, Karl Schmidt, Paul Weiss, Cameron Gordon. 저는 이 책을 Wendy Feuer를 마음에 두고 썼습니다. 고마워요, Wendy.

The Film Lab의 위대한 작업자들인 Katy, Brian, Matt, and Chris. 마지막으로 Charles Hayward, Ernest Joyce, Tage Frid, George Ellis 그리고 Ian Kirby은 짜임에 관한 저술의 본체를 만들어온 분들로, 그분들의 공헌에 대해 깊은 감사를 드립니다.

목차

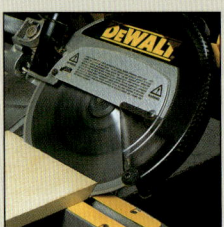

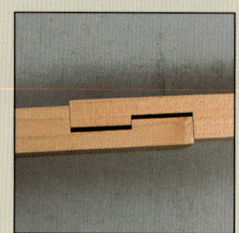

302 장붓구멍

314 장부촉

328 원형 장붓구멍

330 원형 장부촉

334 딴혀 장부촉

336 턱장부

341 다중 장부 짜임

346 기울어진 장부촉

349 이어지는 장부촉

352 프레임 알판

356 보강된 장부 짜임

360 특수 장부

364 관통 장붓구멍

368 관통 장부촉

머리말

가구 짜임에 관한 책을 쓰기에 앞서 짜임 방식을 먼저 분류해보았다. 구조를 만드는 방법은 많다고 해봐야 사실 몇 가지밖에는 없다. 하지만 상상력을 동원해서 가능한 모든 방법을 다 생각해 분류해보니 결국 짜임을 만드는 방식은 크게 두 종류로 나눌 수 있었다.

하나는 상자 짜임 방식으로, 폭이 넓은 원목이나 합판 판재를 이어 가구 골격이나 캐비닛, 보석함 같은 걸 만드는 데 쓴다. 다른 하나는 폭이 좁은 각재끼리 이어 붙이는 프레임 짜임 방식이다. 프레임 짜임은 의자나 탁자, 침대, 캐비닛을 만들 때 적용되는데, 필요에 따라 가운데에 알판을 끼워 넣어 넓은 판구조를 만들기도 한다.

수많은 짜임 방식은 이 두 가지 방법에서 분화된 것이다. 간단한 상자를 만들려고 해도 짜임 작업과 관련된 질문을 십여 개 풀어내야 한다. 그리고 각각의 짜임 방식은 대부분 서로 바꿔서도 적용이 가능하다. 그렇다면 과연 어떤 짜임 방식으로 작업을 진행할 것인가?

먼저 가구의 기능 자체가 짜임 방식을 고르는 출발점이 될 수 있다. 귀중품을 보관할 캐비닛인가, 아니면 부엌일에 오염될 수 있는 식재료 상자인가?

주먹장 짜임은 큰 판재를 결합하는 가장 훌륭한 방식이다. 하지만 창 밑에 두는 화분 박스를 만들 때 주먹장까지는 필요가 없다.

다음 고려 사항은 얼마나 빨리 효율적으로 만들어야 하는지에 대한 경제성이다.

제작 일정이 어떻게 되는가? 주말 동안 다 만들어야 하는 프로젝트라면 어떤 짜임을 사용하는지가 작업 시간에 큰 차이를 만들어낸다. 수십 개의 장부를 끌로 따내는 것은 시간 면에서 효율적인 방식은 아니지만, 복잡한 세상에서 벗어나 한가하게 일을 즐기는 방법으로는 완벽한 선택일 수도 있다.

어떤 기술을 가지고 있는지도 짜임 방식을 선택하는 기준이 된다. 하지만 새로운 짜임 방식을 배우는 것 역시 아주 멋진 도전이다. 대부분 어떤 방법을 배워서 익힌 다음에는 계속 그 방식으로만 만드는 경향이 있는데, 같은 짜임을 계속 만들다 보면 분명히 조금씩 더 잘 만들 수 있게 되는 것도 사실이다.

짜임 방식은 가구 디자인에도 영향을 주게 되는데, 겉으로 분명히 드러나기도 하고 아주 미묘한 차이만 주기도 한다. 단순한 상자라도 십여 개 다른 방식으로 만들 수 있어서, 연귀 짜임과 핑거 짜임은 디자인적으로 전혀 다르게 보인다. 또한 어떤 짜임 방식은 가조립을 할 때나 접착제를 바르고 본조립을 할 때 도움을 주기도 한다.

짜임 방식을 선택할 때에는 이 모든 요소를 고려해야 한다. 어떤 날에는 이 방법이, 다른 날에는 또 다른 방법이 더 좋을 수 있다. 또 한 가지 강조하고 싶은 것은 이 책은 단지 안내서일 뿐이라는 점이다. 가구 짜임 작업을 한 가지 공정이나 지그, 기계 혹은 책만으로 마스터할 수는 없다. 계속 짜임을 만들어보는 것 외에 마스터할 수 있는 길은 없는 것이다. 배우고 실수하면서 실수를 수정하고, 반복해서 다시 만들어보는 시간을 들여야만 한다. 이렇게 작업장에서 보내는 시간이야말로 목공의 진짜 목적이고, 그렇게 만들어진 가구는 그저 훌륭한 보너스라고 생각한다.

이 책의 활용법

이책은 먼지가 쌓이도록 책꽂이에 둘 책이 아니다. 작업대 옆에 두고, 처음 시도하거나 익숙지 않은 기법으로 목공 작업을 하려고 할 때, 바로 꺼내 읽을 수 있도록 쓰인 책이다. 따라서 본 책의 쓰임새를 높이는 첫 번째 방법은 작업하는 곳에 책을 갖다두는 것이다.

앞으로 나올 책의 본문에는 목공의 여러 중요한 과정에 대한 다양한 작업 방법이 소개되고 있다. 다른 실용 영역과 마찬가지로, 목공 역시 동일한 결과물을 만들기 위한 다양한 작업 방법이 있을 수 있다. 이 중 한 가지 방법을 선택해야 하는데, 이때 고려할 사항은 아래와 같다.

시간. 작업시간이 촉박한가? 수공구에서 오는 조용함을 즐길 느긋함이 있는가?

보유 공구. 모든 목공인이 부러워할 만큼 다양한 장비가 갖추어진 공방에서 작업하는가? 평범한 수공구와 전동공구만 있는 평범한 공방인가?

보유 기술. 목공을 시작한 지 얼마 되지 않아 단순한 방법을 선호하는가? 새로운 것에 도전하여 기술을 늘리고자 하는가?

작업 목표. 작업 대상이 실용적인 사용을 위함인가? 본인의 최고 기술을 드러내기 위한 작품인가?

이 책은 위에 언급한 각각의 상황에 맞는 다양한 작업 방법을 소개하고 있다. 이 중 당신에게 적합한 방법을 찾기 위해서는 다음 두 가지 질문을 해보아야 한다. 어떤 결과물을 얻으려고 하는가? 이를 위해 어떤 공구를 사용하고자 하는가?

몇몇 경우에는 동일한 결과물을 얻을 수 있는 다양한 공구를 이용한 여러 작업 방법이 있을 수 있다. 반면에 한두 가지의 방법밖에는 존재하지 않는 경우도 있다. 이 중 어떤 경우든지, 이 책은 실용적인 작업 방법들을 다루고 있기 때문에, 혹시 당신이 즐겨 사용하는 특별한 방법은 찾아볼 수 없을지도 모른다. 본문은 모든 합리적인 방법들과 몇 가지 목공 기술 단련을 위한 방법을 담고 있다.

본 책은 '장'과 '절'의 두 단계 목차로 내용을 정리하였다. 각 주제별 기술들을 '절'로 구분하였으며, 연관된 기술들을 '장'으로 묶어 담았다. 각 장에는 같은 결과물을 만들 수 있는 기술과 과정을 모아 두었는데, 가장 많이 쓰이는 일반적인 방법에서 특별한 공구나 기술이 필요한 방법 순으로 소개하고 있으며, 몇몇 경우에는 기초 기술을 이용한 방법, 일반적으로 많이 쓰이는 방법, 그리고 전용 공구를 이용한 방법 순으로 내용을 정리하였다.

각 절은 페이지 번호가 붙어 있는 사진들로 시작하는데, 목차라고 생각하면 된다. 사진들은 각 장 내의 각 절을 대표하는 것으로 각 주제의 시작 페이지가 함께 표시되어 있다.

각 장 역시 주요 기술들을 묶어놓은 '사진 목차'로 시작한다. 사진 밑에는 각 작업 방법을 설명하는 단계적 설명을 기술하였다.

각 장은 '개요' 또는 소개글로 시작되는데, 앞으로 나올 작업 방법에 대한 설명을 담고 있다. 각 방법에서의 안전 주의 사항을 포함한 전반적인 내용뿐만 아니라 필요한 공구, 지그 및 고정장치를 만드는 법도 볼 수 있다.

단계별 설명은 이 책의 핵심 내용으로, 사진은 각 핵심 단계를 대표하는 것들이다. 사진 옆 본문은 작업 과정을 설명하고 있으며, 사진을 참조하면서 당신이 따라할 수 있도록 지도해줄 것이다. 사진을 먼저 보든지 본문을 먼저 읽을지는 각자 스타일에 맞게 하면 되는데, 중요한 것은 사진과 글을 꼭 함께 봐야 한다는 점이다. 다른 작업 방법이 있을 경우에는, '변형 방법'이라는 표시를 본문에 표기하였다.

중복되거나 연관된 다른 작업 과정에서 설명

'사진 목차'는 각 작업 공정의 세부 설명이 담긴 페이지를 알려준다.

'장' 안에서는 관련 공정을 한데 묶어 볼 수 있다.

'개요'에는 주요 기술에 대한 중요한 내용을 알려주고, 지그나 고정물을 만드는 방법 및 공구 사용이나 안전에 대한 조언이 담겨 있다.

된 내용은 참조로 처리하였다. 개요나 단계별 설명에서는 노란색으로 표시된 '참조'를 자주 볼 수 있다.

⚠️로 표시된 내용은 꼭 읽고 넘어가야 한다. 이는 안전에 관련된 내용으로, 안전에 관해서는 아무리 강조해도 지나치지 않다. 언제나 안전하게 작업해야 하며, 눈과 귀를 포함하여 안전 장비를 꼭 사용해야 한다. 어떤 작업이 편안하게 느껴지지 않는다면, 그 방법 대신 다른 방법으로 시도해야 한다.

책의 마지막에는 급할 때 관련 내용을 찾아볼 수 있도록 색인을 넣어두었다. 더불어 공구 사용법이나 정비 방법, 가구 디자인에 대해 더 깊이 참고할 수 있는 참고 서적 목록을 소개하고 있으니, 관련 기술을 더 다듬는 데 도움이 될 수 있을 것이다.

마지막으로 새로운 것을 배우고자 할 때나 기억을 되살리려고 할 때, 이 책을 꼭 보기를 당부한다. 이 책은 당신이 더 나은 목공인이 될 수 있도록 도와주는 핵심 참고서로 쓰이도록 집필되었다. 이 책을 당신의 즐겨 사용하는 끌처럼 가깝게 두고 목공을 하기를 바란다. *- 편집자-*

'단계별 설명'에는 사진 및 도면과 함께 각 기술에 대한 설명이 들어 있다.

'참조'는 본문의 다른 곳에 설명되어 있는 관련 과정을 찾아볼 수 있게 해준다.

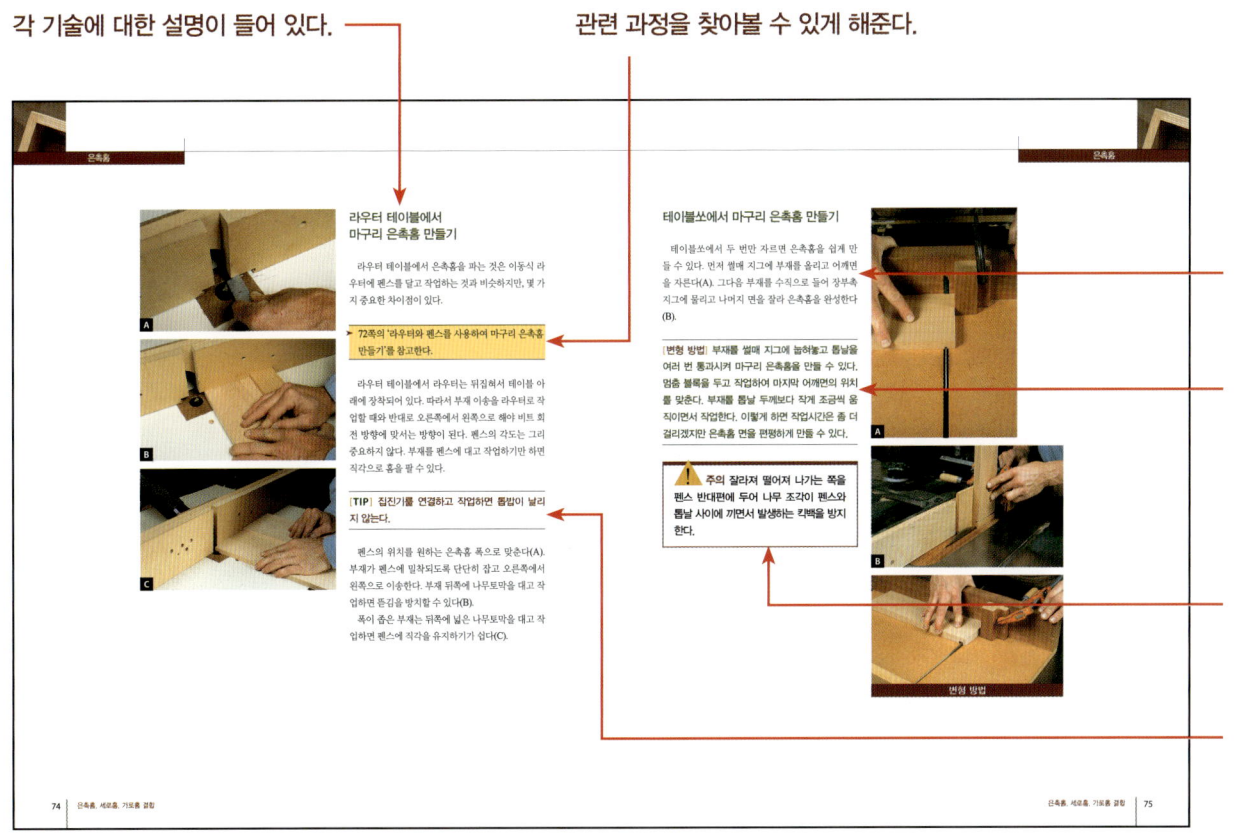

'본문'은 사진 및 도면의 핵심들을 담고 있다.

'변형 방법'에서는 다르게 작업할 수 있는 방법을 알려준다.

'주의' 표시는 각 작업 과정에서 안전 주의 사항 및 대처 방법을 나타낸다.

'TIP'에서는 손쉽거나 편리한 작업 방법을 소개하고 있다.

수공구, page 8

전동 수공구, page 17

목공 기계, page 27

짜임 작업을 위한 도구

가구 메이커는 짜임 작업을 하기 위해 다양한 공구와 기계장치 같은 도구를 사용한다. 수공구는 제대로 배우려면 끈기가 필요하긴 하지만, 아주 정밀한 짜임을 만들 수 있고 만족감도 아주 크다. 라우터 같은 전동공구는 가이드를 효과적으로 사용하기만 하면 빠르고 유연하게 정확한 결과물을 만들어내지만, 시끄럽고 나무먼지를 많이 발생시켜 능률적이지는 못하다. 목공 기계는 대부분의 목공 작업장에서 중심적 역할을 하면서 대부분의 재단 작업에 사용되는데, 몇몇 형태의 짜임을 만드는 데에는 꽤 효과적으로 사용될 수도 있다. 목공 기계를 사용하면 작업 속도가 빠르고 한 가지 반복 작업을 수월하게 지속할 수 있지만, 안전 수칙에 유의하지 않으면 위험이 따른다. 이렇게 각각의 도구들은 장점과 문제점을 모두 지니고 있고 경험 많은 메이커라면 모든 종류의 도구를 사용한다. 한 가지만 단독으로 사용하기도 하고 때로는 여러 종류를 조합해서도 사용한다. 어떤 도구를 쓸 것이냐는 결국 원하는 결과물이 무엇이냐에 달려 있다.

수공구

솜씨 좋은 목수라면 열장 장부톱(dovetail saw)을 쓸 때와 라우터를 꺼낼 때, 테이블 쏘 스위치를 켤 때를 구분할 줄 안다. 이 결정은 작업 내용 자체와 사용 가능한 도구들 그리고 작업자의 경험에 따라 좌우된다. 장붓구멍을 파는 방법은 십여 가지가 넘는다. 작업 방식을 결정하는 중요한 요인 중 하나는 얼마나 빨리 결과물을 만들고 싶은가이다. 모든 장붓구멍을 끌로 파내면 시간은 오래 걸리겠지만 작업 만족도는 높다. 그리고 모든 수공구 작업이 그렇듯이 끌로 파내는 작업을 하면서 작업자는 나무와 공구의 성질을 배울 수 있게 된다.

짜임을 만드는 데 쓰이는 수공구는 사용 방식에 따라 크게 측정과 표시 공구, 칼날 공구, 구멍 뚫기 공구로 구분할 수 있다. 그리고 이 범주에 들지는 않지만 작업대와 지그, 클램프 같이 짜임을 만드는 데 엄청나게 유용한 부대 도구들이 있다.

자에는 자로(Measure for measure).[1] 측정 공구는 작업장에 구비해놓은 개수만큼 도움이 된다.

측정과 표시 공구

짜임 작업은 재단선을 표시하는 것부터 시작된다. 정확하게 측정하고 표시하는 작업의 중요성은 아무리 과장해도 지나치지 않다. 표시선대로 톱질을 하고 라우터 비트를 정렬하고 조기대를 맞추기 때문이다.

측정 공구는 아주 기본적 수준이어도 된다. 곧은 막대기와 연필만으로도 측정을 할 수 있다. 이런 전통적인 방식은 단순하면서도 아주 효과적이다. 더불어 줄자나 곧은자, 캘리퍼스, 직각자 같은 다양한 측정 도구들이 고안되어 사용되고 있다. 공구에 따라 눈금이 표시된 것도 있고 없는 것도 있다.

항상 기억해두어야 할 것은 자를 측정할 부재 모서리에 평행하게 두고 측정해야 한다는 것이다. 그리고 줄자는 전체 작업 내내 같은 것을 사용해야 한다. 줄자마다 조금씩 차이가 있기 때문이다. 줄자 끝에 붙어 있는 엔드훅은 유격이 있어서 부재의 안쪽과 바깥쪽을 모두 측정할 수 있다. 측정 전에 이 엔드훅이 너무 헐렁하지 않은지 확인한다.

캘리퍼스는 다양한 모양과 크기로 제작된다. 큰 캘리퍼스는 부재의 지름을 측정할 때 아주 요긴하게 쓰이는데, 특히 목선반 작업을 할 때 유용하다. 부재의 두께나 다도날의 폭을 잴 때 나는 작은 캘리퍼스를 선호하는데, 측정할 때 캘리퍼스 측정면을 부재에 단단히 밀착하여 틈이 없도록 하는 것에 주의한다.

1) 셰익스피어의 희곡.

다도날의 두께를 확인할 때 캘리퍼스를 사용한다.

눈금이 있는 자는 정확한 측정을 하는 데 필수품이다. 부재에 파진 홈의 깊이를 잴 때에는 깊이 게이지(depth gauge)를 사용한다. 눈금을 읽어 깊이를 잴 수도 있지만, 부재 표면에 대고 게이지가 흔들리거나 밑으로 빛이 새는지 확인하여 표면 상태를 확인할 때도 쓰인다.

곧은 철자는 부재에 선을 표시할 때나 표면 편평도를 확인할 때 사용되고, 기계를 정렬할 때에도 도움이 된다. 철자는 잘못 사용하지만 않으면 닳아 변형되지 않기 때문에 진직도가 좋은 것으로 구매하도록 한다. 좀 비싸더라도 충분히 투자할 가치가 있다.

6인치 눈금자는 짜임 구조를 부재에 표시하는 데 가장 알맞은 도구다. 사실 거의 모든 작업에 쓰이지만, 특히 판재나 기계의 중심을 확인하거나 장부촉과 장붓구멍 자리를 부재에 표시할 때 자주 쓰인다. 특히 양쪽 끝 면을 포함해서 네 면에 모두 눈금이 있는 제품도 있는데, 라우터 밑판 같이 틈새를 가로질러 측정할 때 편하다.

직각이 아닌 각도를 다룰 때에는 자유각도자(sliding bevel)를 사용한다. 기존 부재의 각도를 측정하거나 어떤 각도가 어느 정도 느낌을 주는지 확인할 때, 각도대로 부재에 연필선을 그을 때, 연필선이 그어진 각도를 측정할 때 모두 사용한다. 구매 시에는 양면을 모두 사용할 수 있도록 잠금 너트가 돌출되지 않은 제품이 좋다.

곧은 철자는 부재에 연필선을 표시할 때나 표면 상태를 확인할 때 유용하다.

양 끝에도 눈금이 있는 6인치 눈금자는 작업장에서 쓸모가 매우 많다.

자유각도자는 각도를 부재에 표시할 때나 톱날 각도를 맞출 때 도움이 된다.

목공인에게 없어서는 안 되는 측정 공구 하나를 묻는다면 대부분 직각자를 들 것이다. 직각자는 크기가 큰 것과 작은 것, 빗면이 붙어 있는 것, 공학용 직각자 등 여러 종류가 있다. 다방면에서 가장 유용한 것을 하나 꼽자면 조합직각자(combination square)만한 것이 없다. 직각자는 당연히 부재면에 대고 직각을 측정하는 데 쓰이지만, 깊이 게이지나 펜슬 게이지(pencil gauge) 대신 사용하거나, 내부 모서리에서는 연귀자

조합직각자는 모서리 안쪽과 바깥쪽의 직각도를 측정할 수 있으며 연귀면을 표시할 때도 쓸 수 있다.

대신 쓰일 수도 있다.

모든 직각자를 사용할 때 공통적으로 주의해야 할 사항들이 있다. 직각자는 바닥에 떨어뜨리거나 공구함에 던져 놓아서는 안 되며, 눈금자 부분이 아니라 몸체를 잡고 사용해야 한다. 모서리에 대고 직각을 측정할 때 부재가 직각이기를 바라는 마음에 너무 강하게 눌러서도 안 된다. 항상 부재에 가볍게 대어 사용하고 뒤편에 조명을 두면 수천분의 일의 오차도 눈으로 측정할 수 있다.

표시 공구 역할은 잘려질 부분을 부재에 깔끔하게 표시하는 것 딱 하나다. 연필을 사용한다면 끝을 뾰족하게 유지하도록 한다. 두꺼운 연필선은 작업을 더 곤란하게 만든다. 표시선은 항상 매끈하고 정밀하게 그어야 한다.

많은 목공인들이 짜임선을 표시할 때 연필보다는 금긋기칼(marking knife)을 선호한다. 주먹장 선을 표시할 때같이 몇몇 경우에 연필선으로는 딱 맞는 짜임을 만들 수 없다. 연필 대신 날카로운 금긋기칼을 쓰는데, 1회용 칼이나 심지어 주머니칼도 괜찮다. 딱 맞는 절단면을 만들려면 자에 최대한 칼을 밀착해서 표시한다. 구멍을 뚫을 중심위치를 표시할 때에는 송곳을 사용한다.

▶ 직각자가 얼마나 정확한가?

직각자가 얼마나 정확한지 간단하게 검사해볼 수 있다. 먼저 곧은 부재 옆면에 직각자를 대고 연필선을 긋는다. 직각자 앞뒤를 뒤집어 같은 곳에 연필선을 다시 그어 두 연필선이 일치하는지 확인한다. 모서리에서 15~20cm 떨어진 곳에서 연필선의 차이가 수백분의 1밀리미터 이하라면 대부분의 목공을 하는 데 문제가 없다. 반면 눈에 띄게 직각이 틀어져 있으면 벽에 걸어두고 장식품으로나 사용해야 한다. 계속 사용하다가는 정밀한 짜임을 만들 때 좌절감만 느끼게 된다.

직각자를 대고 선을 그은 후 뒤집어 대보아 각도를 확인한다.

부재 모서리에 딱 맞게 선을 표시하고 싶을 때에는 금긋기칼을 사용한다.

칼금을 긋는 그무개에는 칼날이나 바늘, 날카로운 바퀴 등이 붙어 있어서 부재에 자국을 남길 수 있는데, 공구의 머리 부분이나 지지대가 움직이게 되어 있어서 원하는 위치로 조정이 가능하다. 표시할 때에는 지지 머리를 모서리면에 단단히 붙인 상태에서 움직인다. 칼날이나 바늘 형태의 표시 공구 대부분은 사용하기 전에 날물을 잘 정비해두어야 한다. 칼날은 줄을 사용하여 날물의 경사면을 최대한 지지대 쪽으로 붙여 갈아놓는다. 바퀴 형태의 표시 공구 날물은 이미 이렇게 경사가 만들어진 상태로 나온다. 이런 표시 공구들은 나뭇결에 수직 방향으로(cross-grain) 부재에 표시할 때 진가를 발휘한다.

장부 그무개(mortising gauge)에는 두 개의 바늘이 막대 옆쪽으로 붙어 있다. 하나는 위치 조정이 가능하기 때문에 두 바늘 사이의 간격을 조절하여 장붓구멍이나 끌 폭으로 맞출 수 있다.

날물 수공구

목공인이라면 짜임을 만들 때 다양한 종류의 손톱을 사용하는데, 손톱으로 대부분의 자르기와 켜기를 할 수 있다. 장부톱(tenon saw)이나 열장 장부톱(dovetail saw) 같은 등대기톱(backsaw)은 톱날 뒤편으로 단단한 지지대가 붙어 있어서 짜임을 만들 때 톱날을 잘 지지해준다. 최상의 결과를 원한다면 톱날의 각 이빨을 줄로 다듬어서 사용한다. 이때 자르는 톱 이빨은 60도로 다듬고, 켜는 톱 이빨은 직각으로 다듬는다. 가끔 곡선으로 톱질할 때가 있는데, 이때는 코핑쏘(coping saw)나 실톱(fret saw), 활톱(bow saw)을 사용하면 된다.

송곳은 구멍을 팔 때 중심점을 표시하기에 좋다.

바퀴 방식의 표시 공구를 사용하면 소프트우드의 가로결 방향으로도 깨끗하게 칼금을 그을 수 있다.

열장 장부톱은 켜기 이빨을 가지고 있어서 장부촉이나 주먹장을 만드는 데 알맞다.

한쪽 모서리에 톱을 대고 톱질을 시작한다. 톱날이 난 방향의 반대로 톱을 당기면서 톱선을 먼저 만든다.

동양식 열장 장부톱은 당기면서 잘려지고 잘린 자국이 좁다.

미는끌은 미세한 다듬기에 최적이다.

어떤 톱을 선택할지 결정하는 데 앞서 한 가지 중요한 사실이 있다. 톱을 밀면서 부재를 잘라낼 것인가? 아니면 당기면서 잘라낼 것인가? 유럽 스타일 톱은 모두 밀 때 톱날이 부재를 파내도록 되어 있다. 따라서 부재를 처음 자르거나 켤 때 원하는 위치에서 뒤로 당기면서 톱자국을 내어 길을 만든다. 동양 스타일 톱은 대부분 당기면서 부재를 파낸다. 이런 톱들은 당기면서 생기는 장력에 의해 톱이 곧게 펴지기 때문에 톱날이 더 얇고 좌우로 덜 튀어나오게 만들어져 있다.

당기는 톱과 미는 톱이 서로 반대되는 기술을 사용하긴 하지만 몇 가지 부분은 동일한 점이 있다. 검지는 앞으로 내밀어 자르는 방향으로 지지한다. 톱은 항상 잘라 떨어져 나가는 쪽에 둔다. 그리고 가장 중요한 것은 작업자 힘이 아닌 톱날 자체가 부재를 파내게 하고, 작업자는 그저 톱날이 똑바로 움직이도록 가이드하는 것에만 집중한다. 또 하나 잊지 말아야 할 것은 톱은 항상 두 방향-톱날 아래 방향과 톱의 길이 방향-으로 부재를 파낸다는 것이다.

수공구만 고집하든지 라우터 작업 열혈 애호가이든지 간에 목공인이라면 거의 모두 끌은 가지고 있다. 끌은 항상 날을 날카롭게 갈아두어야 한다. 무딘 끌로는 좋은 작업 결과물을 결코 얻을 수 없으며, 무딘 날물 때문에 끌을 조정하기가 어려워 결과적으로 작업이 훨씬 더 위험하기 때문이다. 끌은 쳐내기, 장붓구멍 파기, 깎기, 부재 다듬기 등 다양한 목적에 사용되도록 여러 모양으로 설계되어 나와 있다. 날물 모서리가 베벨 구조로 되어 있는 평끌(bench chisel)은 대부분의 끌 작업에 사용된다. 평끌과 비슷한데 좀 짧은 형태로 주먹끌(butt chisel)이 있다. 주먹끌은 좁은 작업환경에서 사용한다. 미는끌(paring chisel)은 부재를 아주 세밀하게 깎아낼 때 쓴다.

장부끌(mortising chisel)은 여러 형태로 나온다. 중형 장부끌은 날 부분이 두껍고 좌우 모서리가 평행한

장부끌은 장붓구멍 작업 시 발생하는 타격을 충분히 견딜 수 있다.

면을 갖는다. 그리고 끌 작업에서 생기는 충격을 흡수하기 위해 가죽 원반이 손잡이와 날물 사이에 끼워져 있다. 손잡이는 아주 크고 둥글거나 끝부분이 쇠로된 링으로 감싸져 있어서 쪼개지지 않도록 되어 있다. 얇은끌(firmer chisel)은 작은 장부끌이라고 볼 수 있는데, 날물이 끝으로 갈수록 점점 좁아지는 테이퍼(tapering blade) 형상이어서 쳐내기나 표면 벗겨 내기에 사용될 수 있다.

　손대패를 사용하면 짜임 부위를 세밀하게 조정하여 딱 맞는 접합면을 만들 수 있다. 여러 종류의 대패를 잘 정비해두고 짜임 가공에 사용하도록 한다. 3번이나 4번 같은 마무리용 평대패는 짧은 모서리를 똑바르게 다듬을 때뿐만 아니라 짜임면을 맞출 때에도 사용된다. 크기가 큰 접합대패(jointer plane)는 면의 평을 잡을 때나 모서리각을 맞출 때 사용된다.

　블록 대패(block plane)는 연귀면을 깎아내고 끼움촉을 맞추는 작업에서부터 넓은 장부촉을 다듬는 일까지 짜임 작업에서 많은 일을 해낸다. 불노우즈 대패(bullnose plane)나 턱대패(shoulder plane)같이 짜임 가공을 위해서 특별히 고안된 대패도 있다. 이런 대패들은 장부촉의 옆면이나 어깨면을 미세하게 깎아낼 수 있도록 설계되어 있다.

모서리면을 잡을 때에는 길이가 길고 중량감 있는 7번이나 8번 접합대패를 사용한다.

블록 대패는 연귀면을 접착하기 전 다듬거나, 튀어 나온 끼움촉을 깎아내는 데 사용한다.

장부촉 옆면이나 어깨면은 턱대패로 다듬는다.

홈대패에는 펜스가 장착되어 있어 똑바로 홈파기를 할 수 있다.

라우터 대패(router plane)로는 세로홈이나 가로홈의 안쪽 면부터 반턱 같이 넓은 접합면까지 파낼 수 있다. 홈대패(rabbet plane)는 은촉홈(rabbet)을 깎아낼 때 사용한다. 홈대패의 날물은 몸체 옆선까지 연장되어 있다. 펜스에 클램핑한 다음 사용하거나, 자체 부착된 펜스면을 이용하여 대패질할 수 있다. 복합 대패(combination plane)는 잘 정비된 상태에서 제대로 사용한다면 다양한 작업을 할 수 있다. 최적의 결과를 얻으려면 날물이 잘 지지되도록 조정해야 한다.

드릴과 드라이버

손드릴과 드라이버에는 여러 가지 종류가 있다. 거품기 타입이나 양키 드릴(Yankee drill), 래칫 타입의 드라이버는 구멍을 뚫고 나사를 박는 데 편리하다. 큰 구멍을 뚫을 때에는 브레이스 드릴(brace drill)이 가장 좋다. 목공 작업에는 보통 오거 비트(auger bit)를 사용하지만 의자 제작을 할 때에는 쉽게 구멍 각도를 조정할 수 있는 스푼 비트(spoon bit)가 더 좋다.

보통 쇠망치나 나무망치는 짜임 작업용 공구라고 생각되지는 않지만, 사실 없어서는 안 되는 필수 공구 중 하나이다. 간단한 가죽 작업용 나무망치는 살짝 깎아내는 작업을 하는 데 최적이고, 좀 더 깊게 깎아낼 때에는 원목으로 만든 조각용 나무망치를 사용한다. 쐐기나 끼움촉을 박아 넣을 때에는 쇠망치가 좋다. 나무 쐐기가 끝까지 박히면 둔탁한 소리에서 가벼운 소

수작업으로 구멍을 뚫을 때에는 대부분 브레이스 드라이버를 사용한다.

세밀하게 깎아내는 작업에는 작은 나무망치를 사용한다.

리로 바뀌는 것을 확인할 수 있다.

납볼 망치(dead-blow mallet)는 타격 효과가 좋으면서도 표면에 자국을 남기지 않아 공구함에 하나 갖춰둘 만하다. 꽂임촉을 박을 때나 헐거워진 장부촉을 제자리로 박아 넣을 때 부재 끝을 뭉개지 않으면서 작업할 수 있다. 조립하기 전 짜임이 얼마나 잘 맞는지 확인할 때에도 납볼 망치가 유용하다. 짜임을 끼워보고 떼어낼 때 납볼 망치를 사용하면 표면에 자국이 남지 않는다.

짜임을 만들고 끼워 맞춰볼 때에는 손의 힘으로만 압력을 가해야 한다. 너무 **빡빡한** 짜임을 망치로 때려 조립하면 쪼개질 위험이 있다.

모든 작업장은 다수의 드라이버를 갖추고 있다. 일

자 나사못을 박을 때에는 드라이버 머리를 나사못 홈에 맞게 갈아낸 다음 사용한다. 이러면 힘 전달도 좋고 잘 뭉개지지도 않는다. 십자나 사각 나사못을 사용하면 힘 전달이 좀 더 좋다. 나사못 크기와 드라이버 머리 크기가 일치하는지 확인한 후 작업한다. 황동 나사못은 쇠 나사못을 먼저 박아 부재에 나사못 길을 낸 다음 박아 넣는다. 황동은 재질이 물러서 머리가 떨어져 나가기 쉽기 때문이다.

쐐기를 박을 때에는 쇠망치를 사용한다. 쐐기가 더 이상 들어가지 않게 되면 망치질 소리가 바뀐다.

일자 드라이버는 나사못에 맞게 머리를 갈아낸 다음 사용한다.

사각 나사못을 단단히 조이려면 크기에 맞는 드라이버 비트를 써야 한다.

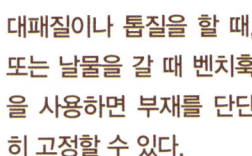

대패질이나 톱질을 할 때, 또는 날물을 갈 때 벤치훅을 사용하면 부재를 단단히 고정할 수 있다.

바이스는 작업대에 단단히 부착되도록 한다. 바이스의 퀵액션 메커니즘과 클램핑독(clamping dog)은 아주 유용한 기능이다.

클램프는 언제나 많을수록 좋다. 여러 상황에 대처하기 위해 다양한 종류로 구비해둔다.

연귀맞춤을 클램핑할 때에는 밴드 클램프나 클램핑 블록과 함께 C-클램프를 사용한다. 좁은 연귀면에서는 마스킹 테이프로도 훌륭하게 고정할 수 있다.

고정 지그

가장 간단한 고정 지그는 벤치훅(bench hook)이다. 대패 작업이나 톱 작업, 날물 갈기 등 다양한 작업에 사용하도록 여러 가지 길이로 벤치훅을 만들어놓는다. 벤치훅의 변형 형태로 슈팅보드(shooting board)가 있다. 슈팅보드는 부재의 긴 모서리면을 손대패로 깎아낼 때 사용한다. 연귀면을 손대패로 깎아낼 때에는 연귀 슈팅보드를 사용한다.

클램핑 도구

작업대에 달린 바이스는 부재를 단단히 고정할 수 있는 믿음직한 해결책이다. 퀵액션 메커니즘(quick-action mechanism) 기능이 있는 바이스를 작업대에 하나 장착해놓으면 좋다. 그리고 바이스 자체가 작업대에 견고하고 안정감 있게 부착되어 있는 것이 무엇보다도 중요하다.

클램프는 다양한 크기로 나와 있다. 상황에 맞게 C-클램프, 파이프 클램프, 퀵 클램프 등을 골라 사용한다. 물리는 부분이 나무로 되어 있는 클램프는 작은 부재에 구멍을 뚫을 때나 부재에 자국을 남기지 않고 잡을 때 사용한다. 연귀면을 클램핑할 때에는 밴드 클램프나 클램핑 블록과 함께 C-클램프를 사용한다. 상황에 따라서는 단순히 마스킹 테이프로도 클램핑할 수 있다.

전동 수공구

내가 아는 지인 중 한 명은 라우터를 사용하는 것이 본인이 아는 한 가장 빨리 부재를 망치는 길이었다고 말한 적이 있다. 하지만 라우터가 짜임 작업을 하는 데 가장 쓸모 있는 전동 수공구 중 하나라는 것은 분명한 사실이다. 처음에 라우터 가이드를 사용하고 정밀하게 사용하는 방법을 익힐 때 시간이 들긴 하지만, 일단 익숙해지면 빠르고 일관되게 짜임을 만들어낼 수 있다. 전동 수공구는 빠르게 작업할 수 있다. 하지만 최상의 결과를 얻으려면 사용하기 전 공구에 대해 잘 이해하고 있어야 한다. 원하는 대로 움직이도록 가이드만 잘 할 수 있다면 정확도와 다목적성 측면에서 전동공구에 필적할 만한 다른 공구가 없다. 다만 사용자의 공학적 상상력의 한계로 사용 방식에 제한이 있을 뿐이다. 전동공구는 올바른 사용 방법을 준수해야 한다. 잠깐의 실수가 평생의 안 좋은 기억으로 남을 수 있다. 전동 수공구의 종류는 사실 몇 가지 없지만 사용하는 개수는 많다. 대표적 전동 수공구인 톱, 라우터, 비스킷 조이너, 드릴에 대해 알아보자.

톱

가구를 제작할 수 있는 수준의 정밀도 갖춘 원형톱은 거의 찾아보기 힘들다. 하지만 몇몇 제조사들은 톱날의 진동을 줄이거나 거의 없도록 설계된 제품을 출시하여, 이를 사용하면 상당히 우수한 결과를 얻을 수 있다. 이런 톱들은 뜯김 방지장치를 갖추고 있어서 톱날에 의한 표면 뜯김을 방지하기도 한다. 가이드 레일과 함께 사용하면 결과물 수준을 상당히 높일 수 있다.

원형톱도 집진장치, 뜯김 방지 가드, 톱날 진동 방지 장치 등이 부착되면 훌륭한 결과물을 만들어낼 수 있다.

라우터는 가이드하는 방법만 이해한다면 정밀하고 빠르게 짜임을 만들어낼 수 있다.

라우터와 비트

라우터는 다재다능한 기능 때문에 짜임 작업을 하는 데 가장 많이 쓰이는 전동공구이다. 라우터의 움직임을 제한하여 원하는 대로 가이드할 때 베어링이 달린 비트를 사용할 수도 있고 자체 부착된 펜스를 부재 모서리에 대거나 별도의 펜스를 부재에 클램핑하고 쓰는 방법 등이 있다. 라우터는 템플릿이나 지그와 함께 사용할 수도 있다. (물론 지그나 가이드 없이 손으로만 라우터를 움직여 작업할 수도 있다.) 라우터를 제대로 가이드하는 방법을 배우고 나면 라우터로 못하는 짜임 작업은 거의 없다고 말할 수 있다. 일반적으로 사용되는 라우터는 고정베이스 형태와 플런지 라우터 두 종류로 나눌 수 있다.

고정베이스 라우터는 크게 나누어 모터와 베이스 두 부분으로 구성되어 있다. 비트를 장착할 때에는 먼저 모터를 베이스에서 분리한 다음 비트를 끼우고 베이스 높이를 조정하여 깎는 깊이를 맞춘다. 최종 가공 깊이까지 여러 단계에 걸쳐 비트를 점차 낮춰서 가공한다. 고정베이스 라우터는 손잡이를 잡고 위에서 아래로 부재를 깎을 수도 있고, 반대로 라우터 테이블에 뒤집어 장착하여 아래에서 위로 가공할 수도 있다.

플런지 라우터(plunge[2] router)는 말 그대로 비트를 아래 방향으로 밀어 내리면서 깎을 수 있도록 설계된 라우터이다. 라우터의 베이스가 스프링이 장착된 기둥축을 따라 아래위로 움직이기 때문에, 최종 가공 깊이까지 라우터를 단계적으로 내리면서 가공할 수 있다. 그리고 대부분의 플런지 라우터는 모터 회전속도 조절 장치가 부착되어 있다.

라우터는 끼울 수 있는 비트 섕크[3]의 최대 지름으로 구분된다. 가장 범용적으로 사용되는 것은 지름 12mm의 섕크를 끼울 수 있는 라우터이다. 비트 종류도 다양하고 몸체가 튼튼해서 가공할 때 잘 구부러지지 않는다. 날물부의 폭이 큰 비트를 사용할 때에는 되도록 플런지 라우터보다는 라우터 테이블에 장착해서 모터 회전 속도를 줄인 다음 작업한다.

라우터 비트를 만드는 재질에 따라 분류해보면 고속도강(high-speed steel), 초경팁(carbide tips), 일체형 초경(solid carbide) 세 가지가 있다. 각 재질은 상황에 따라 장점이 있다. 고속도강은 날물부를 가장 예리하게 만들 수 있지만 금세 무뎌지는 단점이 있다. 모양이 단순해 그리 비싸지 않은 비트라면 고속도강을 쓰는 것이 좋다. 날물이 무뎌지더라도 다시 갈아낼 걱정 없이 버리면 된다. 고속도강은 엔드밀(end mill)[4] 비트에도 사용되는데, 장붓구멍을 팔 때 아주 유용하다.

초경팁은 고속도강보다 열 배는 더 오래 쓸 수 있지만, 날물이 무뎌짐에 따라 초경부가 쪼개져서 떨어져 버린다. 요즘은 작은 다이아몬드 연마석을 구할 수 있어서 몇몇 초경팁은 날을 세울 수도 있다. 초경팁 날물은 종류도 다양하다. 일체형 초경 날물은 장붓구멍을 팔 때 사용하면 가장 좋다. 당연한 얘기지만 초경부가 더 크기 때문에 날물이 더 오래간다.

고정베이스 라우터에서 비트 높이는 베이스를 아래위로 움직여서 맞출 수 있다.

플런지 라우터를 가이드하는 방법 중 하나는 펜스를 사용하는 것이다.

---

2) 밀어넣다.

3) 라우터에 물리는 비트의 몸체 부분.

4) 원기둥 밑면과 옆면에 모두 날물이 있는 비트.

비트는 모양과 쓰임새에 따라 나눌 수도 있다. 직선형 비트만 해도 많은 종류가 있는데, 날 개수에 따라 외날형과 양날형, 날물 모양에 따라 일자 날물과 스파이럴(spiral) 날물 등이 있다. 외날-일자비트는 대량 가공용 비트로 빠르게 작업이 가능하지만 거친 자국을 남긴다. 이에 비해 양날 비트로는 좀 더 매끄럽게 가공할 수 있다. 스파이럴 비트는 이보다도 더 매끄러운 가공면을 만들 수 있는데, 비트가 회전하더라도 날물 부분이 부재에 계속 접촉해 있어서 진동이 적기 때문이다. 가장 일반적으로 사용되는 형태는 드릴날처럼 위쪽으로 톱밥을 배출할 수 있는 업-스파이럴(up-spiral) 비트이다. 다운-스파이럴(down-spiral) 비트를 사용하면 구멍을 뚫을 때 뜯김을 방지할 수 있다.

프로파일 커터(profile cutter)는 날물 자체에 모양이 있는 비트이다. 이런 종류의 라우터 비트는 날물 모양의 역상으로 부재를 가공할 수 있다.

비트 깊이를 조정하는 방법은 몇 가지가 있다. 정밀하게 조정하려면 라우터 테이블에 놓고 자를 사용한다. 나무 연필을 대고 조정할 수도 있다. 특정 깊이를 반복적으로 맞춰야 할 때에는 높이 블록을 만들어놓고 여기에 맞춘다. 자주 사용하는 깊이로 몇 개의 높이 블록을 만들어두고 사용한다. 플런지 라우터에는 멈춤 막대가 있어서 이를 사용해 깊이를 맞춘다.

라우터로 파내기

라우터 손잡이를 잡고 위에서 아래 방향으로 깎아낼 때에는 잘려지는 면의 왼쪽에서 오른쪽으로 라우터를 움직여야 한다. 다시 말하자면 부재의 바깥 둘레를 깎을 때에는 반시계 방향으로 움직이면서 가공하고, 내부를 깎을 때에는 시계 방향으로 움직이면서 가공한다. 이것은 헷갈리기 쉬운데 시계 방향인지 반시계 방향인지를 생각하는 것보다는 비트의 회전 방향을 마주치면서 움직인다고 기억하면 좋다. 라우터 비트는 시계 방향으로 회전하는데, 가공면을 따라 왼쪽

사진에 있는 스파이럴 직선 비트는 모두 장붓구멍을 파기 위한 비트이다. 일체형 초경, 다운-스파이럴 초경팁, 고속도강, 초경팁 비트(왼쪽에서 오른쪽으로)

주먹장 비트는 비둘기 꼬리 모양으로 부재를 파낸다. 라우터 베이스에 템플릿 가이드를 장착하고 사용한다.

좁은 모서리 쪽에도 눈금이 있는 철자를 이용하여 라우터 테이블의 비트 높이를 맞춘다.

자주 사용하는 깊이는 높이 블록으로 비트 높이를 맞춘다.

에서 오른쪽으로 움직이면 비트 날물이 회전하면서 부재에 라우터를 밀착시키면서 가공하게 된다.

반대로 오른쪽에서 왼쪽으로 라우터를 움직이게 되면 완전히 반대되는 현상이 일어난다. 라우터 날물이 회전하면서 부재를 밀어내게 되어 가공면을 타고 라우터가 내달리게 된다. 이를 '역방향 가공(Climb cut)'[5] 이라고 부르는데, 비트의 회전 방향과 부재 이송 방향이 같아지면서 비트의 회전력이 라우터를 부재로부터 밀어내는 힘을 발생시킨다. 이것을 예측하지 못한 상태에서 라우터가 가공면을 타고 내달리게 되면 작업자가 깜짝 놀랄 수 있다. 하지만 라우터를 손으로 잡고 가공

하는 상황에서는 쉽게 조정할 수는 있다.

라우터 테이블에서는 모든 것이 반대이다. 라우터 비트는 반시계 방향으로 회전하게 되므로 부재를 비트의 오른쪽에서 왼쪽으로 움직이면서 가공한다. 이 방향이 비트 회전을 마주치는 방향이어서, 비트가 회전하면서 부재를 당겨 비트나 펜스 쪽으로 밀착시킨다. 부재를 왼쪽에서 오른쪽으로 움직이면서 가공하면 부재가 비트 회전을 타고 내달린다. 이 경우 잘못하면 부재가 비트에 빨려 들어가면서 앞쪽으로 튕겨져 나갈 수도 있다.

---

5) 라우터가 부재를 타고 올라가는 현상이 발생하기 때문에 'Climb cut'이라고 칭한다.

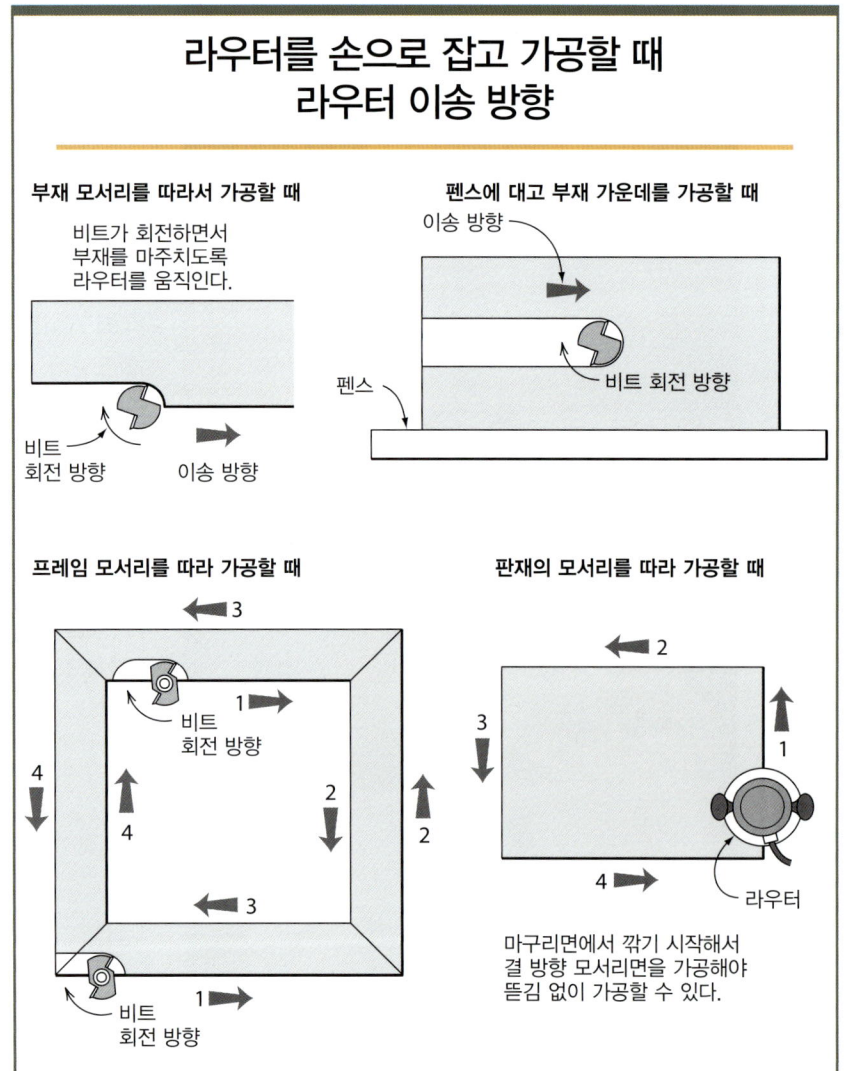

라우터를 손으로 잡고 가공할 때 라우터 이송 방향

부재 모서리를 따라서 가공할 때

비트가 회전하면서 부재를 마주치도록 라우터를 움직인다.

비트 회전 방향 　이송 방향

펜스에 대고 부재 가운데를 가공할 때

이송 방향

펜스 　비트 회전 방향

프레임 모서리를 따라 가공할 때

3 　1 비트 회전 방향 　4 　2 　4 　3 　1 비트 회전 방향

판재의 모서리를 따라 가공할 때

2 　3 　1 　2 　4 　라우터

마구리면에서 깎기 시작해서 결 방향 모서리면을 가공해야 뜯김 없이 가공할 수 있다.

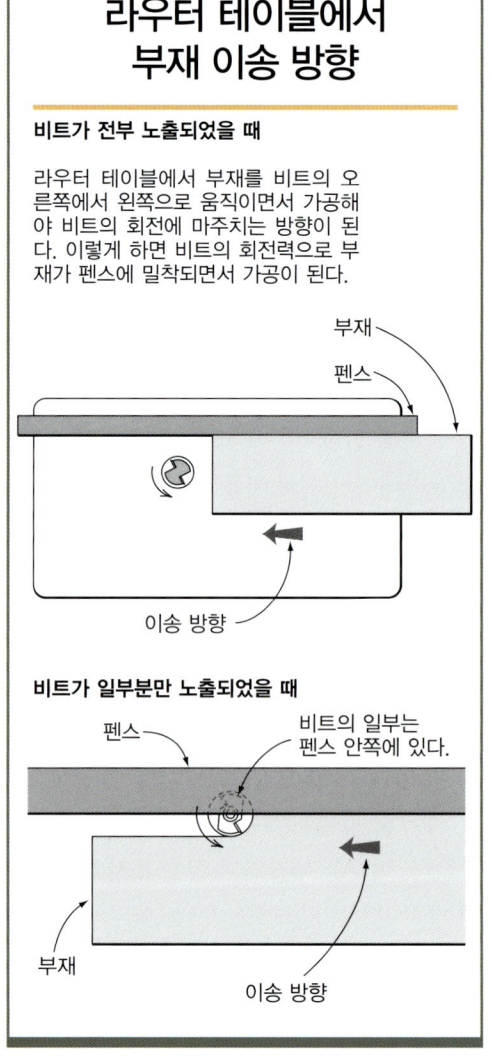

라우터 테이블에서 부재 이송 방향

비트가 전부 노출되었을 때

라우터 테이블에서 부재를 비트의 오른쪽에서 왼쪽으로 움직이면서 가공해야 비트의 회전에 마주치는 방향이 된다. 이렇게 하면 비트의 회전력으로 부재가 펜스에 밀착되면서 가공이 된다.

부재 　펜스 　이송 방향

비트가 일부분만 노출되었을 때

펜스 　비트의 일부는 펜스 안쪽에 있다. 　부재 　이송 방향

라우터를 사용할 때 뜯김이 유난히 많이 발생하는 상황이 있다. 세로결을 따라 라우팅을 할 때에는 역방향 가공을 하면 뜯김을 방지할 수 있다. 짧은 부재는 라우터 테이블에서 가공할 수 없다. 이때는 이동식 라우터를 써서 위에서 작업한다. 역방향 가공으로 모서리에 자국을 내는 개념으로 예비 가공을 한 다음 정방향으로 전체 깊이를 가공한다. 이 방법을 사용하면 정방향 가공을 하면서 역방향에서 뜯김이 발생한 부분이 모두 깎여 나가게 된다.

라우터 가이드

라우터를 가이드하는 방법 중 자주 사용되는 방식은 베어링이 장착된 비트를 사용하는 것이다. 베어링은 비트의 윗부분에 부착되기도 하고 아래쪽에 붙어 있을 때도 있다. 베어링이 장착된 라우터 비트는 라우터 테이블과 손으로 들고 사용하는 라우터 모두에 쓰일 수 있다. 이 비트를 사용하면 비트 날물은 베어링이 움직일 수 있는 부분만 깎아내게 된다. 사용하기 전 베어링이 잘 돌아가는지, 베어링면이 이물질 없이 매끈한지를 먼저 확인한다. 가구 짜임 작업에 가장 유용하게 쓰이는 베어링 비트 하나를 꼽자면 플러쉬트림(flush-trimming) 비트를 들 수 있다. 이 비트는 날물 직경이 베어링 직경과 동일해서 템플릿 모양 그대로

슬롯 커터 비트는 비트 아래쪽에 베어링이 장착되어 있어서 파는 깊이가 제한된다.

역방향으로 가공하기

정상적인 가공

정상적인 이송 방향은 가끔 끝부분에서 뜯김을 발생시킨다. 특히 역결일 경우 빈번히 발생한다. 뜯김 현상은 가공면 아랫부분에서도 종종 발생한다. (비트의 회전 방향은 위에서 볼 때 시계 방향이다.)

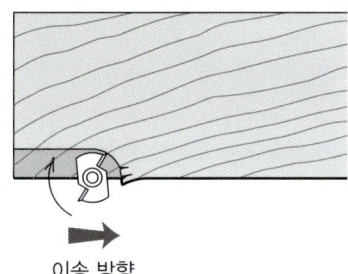

이송 방향

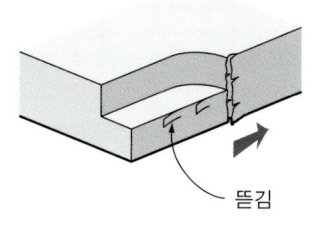

뜯김

역방향 가공

역방향으로 가공하게 되면 비트가 부재를 올라타면서 밀어내어 가공면에 비트 자국을 남기지만 뜯김 현상을 만들지는 않는다.

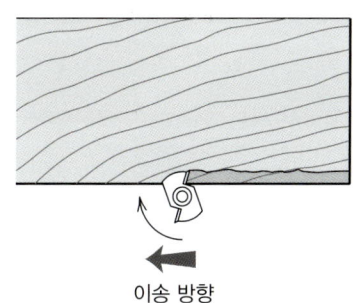

이송 방향

마무리 정방향 가공

최종 가공 깊이로 정방향 가공을 이어서 하면 뜯김 없이 가공할 수 있다. 뜯긴 면이 모서리 안쪽으로 들어오기 때문에 결국 깎여 제거된다.

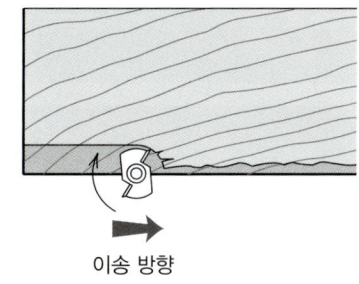

이송 방향

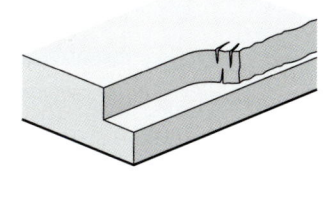

플러쉬트림 비트는 아래쪽에 날물과 동일한 직경의 베어링이 장착되어 있다. 템플릿을 따라 베어링이 움직이면서 라우팅하면 템플릿과 똑같은 모양으로 부재를 가공할 수 있다.

플런지 라우터에 펜스를 장착하면 모서리를 따라 평행하게 가공할 수 있다. 보조 펜스를 부착하면 좀 더 정밀한 가공이 가능하다.

부재 위쪽에 곧은 판을 클램핑하고 라우터를 가이드할 수 있다. 보조 베이스를 추가로 장착하면 펜스를 따라 직선으로 움직일 수 있다.

라우터 테이블에 펜스를 부착하고 집진기를 연결하여 사용하면 톱밥이 날리지 않는다.

부재를 가공할 수 있다. 직접 제작하거나 시중에서 판매되는 템플릿을 사용하여 작업한다.

모서리에 평행하게 위쪽에서 아래쪽으로 라우팅할 때에는 라우터에 펜스를 장착하고 가공한다. 대부분의 펜스는 어느 정도 기울어져 있기 마련이라 라우터에 견고하게 장착한 다음 모든 조임 너트를 단단히 체결하고 사용한다. 보조 펜스를 추가로 장착하면 지지면이 길어져서 좀 더 정확하게 가공할 수 있다. 부재 바깥면을 가공할 때에는 라우터를 왼쪽에서 오른쪽으로 움직이면서 작업한다.

부재에 클램핑한 단순한 판재 펜스도 라우터를 훌륭하게 가이드할 수 있다. 펜스가 곧은지 미리 확인하고 클램프가 라우터가 지나가는 자리를 방해하지 않는지 미리 점검한다. 위쪽에서 보아서 라우터를 펜스의 왼쪽에서 오른쪽으로 움직이면서 가공해야 라우터가 펜스에 밀착된다. 펜스에 대고 가공할 때에는 라우터를 회전시키지 않도록 주의한다. 왜냐하면 몇몇 라우터의 베이스는 비트를 중심으로 동심원이 아닐 수도 있기 때문이다. 어떤 라우터는 베이스 한쪽이 직선 모서리로 되어 있어서 이 면을 펜스에 대고 가공하면 직선 가공을 좀 더 쉽게 할 수 있다. 직선 모서리 형상의 보조 베이스를 장착하고 가공할 수도 있다.

라우터 테이블에선 대부분 펜스에 대고 가공한다. 집진기 호스를 끼울 수 있는 펜스를 사용하고, 펜스는 테이블 정반에 직각이면서 편평하고 뒤틀린 곳이 없어야 한다. 일반적인 상황이라면 라우터 테이블에서는 부재를 오른쪽에서 왼쪽으로 움직이면서 가공한다.

라우터를 가이드하는 다른 효과적인 방법으로 템플릿을 쓰는 방법이 있다. 템플릿 가이드(template guide)는 럽칼라(rub collar), 템플릿 부싱(template bushing) 등 여러 이름으로 불리는데, 라우터 베이스 밑면에 장착하여 라우터가 템플릿 모양대로 움직이게 해준다. 템플릿 가이드의 외경과 내경은 다양한 크기로 제작되어 나온다. 라우터 비트와 템플릿 가이드의 외경 차

이를 측정하면 템플릿과 실제 가공된 부재의 크기를 가늠할 수 있다.

템플릿을 사용하는 방법의 장점은 한 번 템플릿을 만들어놓으면 계속해서 사용할 수 있어서 동일한 결과물을 얻을 수 있다는 것이다. 직접 제작하는 것이 번거롭다면 상용으로 판매되는 템플릿을 사용해볼 수도 있다. 상용으로 판매되는 대부분의 템플릿은 주먹장 가공용인데, 띠열 주먹장(sliding dovetail)이나 장부 짜임을 가공할 수 있도록 만들어진 것도 있다.

이 지그를 사용하면 라우터 테이블에서 상자형 부재를 단단히 고정하여 모서리에 끼움촉 홈을 파낼 수 있다.

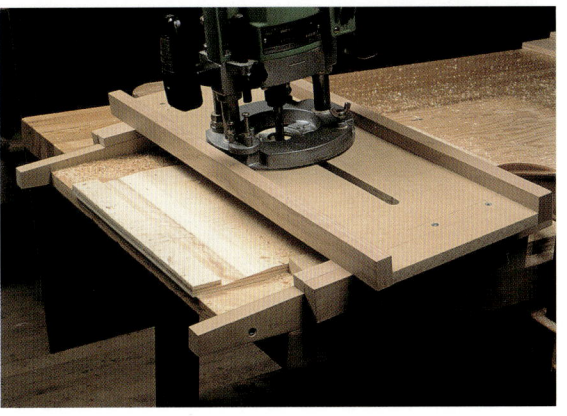

빗이음 지그(scarfing jig)를 사용하면 부재에 빗이음 경사면을 파낼 수 있다.

비트의 날물 끝부분에서 템플릿 가이드의 외경까지의 거리를 측정하여 얼마만큼의 오프셋이 생기는지 확인한다.

템플릿을 사용하면 같은 모양을 반복하여 라우팅할 수 있다. 템플릿 홈 크기에 맞는 템플릿 가이드를 라우터 베이스에 장착하고 사용한다.

직각 지그

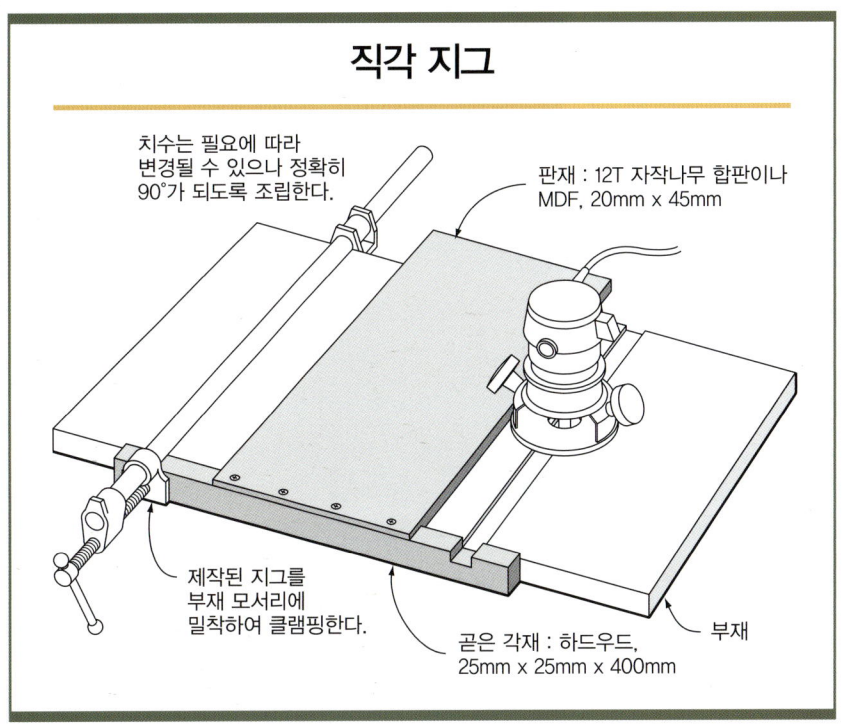

치수는 필요에 따라 변경될 수 있으나 정확히 90°가 되도록 조립한다.

판재 : 12T 자작나무 합판이나 MDF, 20mm x 45mm

제작된 지그를 부재 모서리에 밀착하여 클램핑한다.

곧은 각재 : 하드우드, 25mm x 25mm x 400mm

부재

제대로 설계된 라우터 지그를 사용하면 장붓구멍 파기 같은 반복 작업을 간단하고 빠르게 해낼 수 있다.

비스킷 조이너는 홈파기 날물을 사용하여 비스킷 홈을 파낸다. 너도밤나무 재질의 비스킷을 파낸 홈에 끼워 넣으면 접착제에 의해 비스킷이 부풀어 올라 홈에 딱 맞게 된다.

합판이나 MDF 같은 판재를 결합할 때 비스킷 결합 방식을 사용하면 좋다. 판재는 홈을 파내고도 항상 충분한 접착면을 확보할 수 있기 때문이다.

지그를 사용하면 어떤 모양도 라우팅할 수 있다. 간단한 직각 지그는 공방에서 쉽게 만들어 세로홈이나 가로홈을 가공하는 데 사용할 수 있다. 좀 더 복잡한 지그도 제작이 가능한데, 부재를 움직이도록 만들 수도 있고, 반대로 라우터를 가이드해서 움직이도록 할 수도 있다. 지그를 제작하는 방법을 익히고 사용하면 라우팅 능력을 크게 향상시킬 수 있다.

비스킷 조이너

비스킷 결합은 많은 공방에서 꽂임촉과 나사못을 대신하여 사용되는데 부재를 빠르게 정렬할 수 있는 장점이 있다. 비스킷 결합이란 너도밤나무(beech)를 압착하여 만든 비스킷을 두 부재의 구멍 사이에 끼워

비스킷 결합은 프레임 제작 시 아주 효과적이다. 비스킷 홈면이 모두 결 방향 면이 되기 때문이다.

비스킷 결합을 사용하면 판재를 단차 없이 붙일 수 있다.

넣는 일종의 촉매움(loose tenon) 짜임이다. 비스킷은 판재끼리의 결합에서 세로홈을 대신해 사용되기도 하는데, 접착 면적이 충분히 넓을 경우 쓸 수 있다.

원목끼리의 비스킷 결합은 비스킷 홈의 옆면이 마구리면이 아닌 결 방향 면일 때에만 적용이 가능하다. 그래서 프레임을 제작할 때 적용하면 적합하다. 판재를 모서리면끼리 이을 때 부재 단차를 없이 맞출 때에도 비스킷 결합을 사용한다.

드릴

오늘날의 전동 드릴은 두 가지 작업이 가능하도록 나온다. 하나는 빠르게 구멍을 뚫을 때 사용되고, 또 하나는 나사못을 박을 때이다. 유선 전동 드릴은 대부분의 공방에서 한때 표준 장비로 사용되었지만, 최근에는 거의 대부분 선이 없는 충전식 전동 드릴로 대체되는 추세다. 충전식 전동 드릴은 배터리 크기로 구분되는데, 잠깐씩 가볍게 사용할 수 있는 9볼트 제품부터 강한 힘을 오랫동안 요구하는 작업을 위한 24볼트 제품까지 다양한 범위로 나온다.

전동 드릴은 척(chuck)의 크기로도 구분된다. 척의 크기는 끼울 수 있는 비트의 최대 샹크 직경을 말한다. 가구 제작용으로는 대부분 9mm 척 드릴이면 충분하다. 전동 드릴로 12mm 샹크 비트를 사용해서 구멍을 뚫을 일은 거의 발생하지 않는다. 작은 구멍을 뚫을 때 몇몇 드릴 척에는 작은 비트를 못 물릴 수도 있다. 이런 작업을 하려고 할 때에는 가지고 있는 드릴이 비트를 잡을 수 있는지 먼저 확인하도록 한다.

12mm 척은 샹크 직경이 큰 비트도 장착할 수 있다.

무선 전동 드릴은 구멍을 뚫는 작업뿐만 아니라 나사못을 박을 때에도 사용된다.

열쇠 좌판이나 마감용 작은 못 구멍을 파려면 직경이 작은 드릴을 사용하게 되는데, 드릴 척이 작은 비트도 물 수 있는지 먼저 확인하고 작업한다.

▶ 휴대형 전동공구 튜닝하기

휴대형 전동공구는 수제 가구처럼 정교하게 만들어져 있지는 않다. 그래서 약간의 튜닝을 통해 정밀도를 향상시킬 수 있는데, 그러면 짜임 작업을 할 때 더 쓸모 있게 사용할 수 있다.

- 곧은자를 사용하여 라우터 베이스의 편평도를 확인한다. 보조 베이스는 뒤틀릴 수 있는데, 그럴 경우 교체하거나 사포 혹은 벨트샌더를 사용하여 편평하게 샌딩한 후 사용한다.
- 플런지 라우터의 샤프트는 스프레이 윤활제를 뿌려서 부드럽게 움직일 수 있게 해두고, 사용 후 톱밥이나 먼지가 끼지 않도록 수시로 닦아준다.
- 비트의 날물이 깨끗해야 부재를 정교하게 깎을 수 있다. 못 쓰는 칫솔에 오븐 클리너를 묻혀 청소한다. 부

재가 타서 날물에 눌러 붙었으면 클리너에 담가 두었다가 솔질해서 청소한다. 작은 다이아몬드 연마석을 사용해서 날물의 편평한 부분을 조금 갈아내서 날카롭게 만들 수도 있다.

- 라우터 테이블의 상판은 편평하게 유지해야 한다. 라우터의 무게로 상판이 아래로 처질 수 있으므로 곧은자로 확인한다.
- 라우터 테이블의 펜스는 곧고 상판에 대해 직각인지 확인한다.
- 비스킷 조이너의 펜스가 날물과 평행한지 검사한다. 어느 정도의 각도는 펜스에 테이프를 붙여 보정할 수 있다.

나사못에 왁스를 바르면 윤활작용을 해서 부재에 쉽게 박을 수 있다.

대부분의 공방에서 나사못은 전동 드릴로 박아 넣는다. 회전 속도와 방향을 조절할 수 있는 드릴을 사용하여, 부재 재질과 나사못의 종류에 따라 회전 속도를 조절한다. 일반적인 경우라면 드라이버를 써서 손으로 나사못을 박는 것이 더 편하다. 대부분의 무선 전동 드릴은 조이는 힘을 조절하는 클러치가 장착되어 있다. 나사못이 박히면서 회전 저항이 클러치 세팅값보다 커지면 힘 전달을 끊어 더 이상 박히지 않도록 해준다. 나사못에 왁스를 바르고 작업하면 훨씬 쉽게 박을 수 있다.

목공 기계

목공 기계는 저마다 특정한 작업에 적합하도록 설계되어 있다. 예를 들면 톱은 자르는 작업을, 수압대패는 판재면을 편평하게 만든다. 하지만 이런 목공 기계들도 짜임을 제작하는 데 종종 사용될 수 있다. 그리고 보링기처럼 짜임 작업 전용으로 만들어진 기계도 있다.

모든 목공 기계는 정반면이 편평해야 한다. 정반이 뒤틀려 있거나 휘어져 있으면 짜임을 만들 때마다 문제를 일으키게 된다. 진직도가 좋은 곧은자로 정반을 확인한다. 기계 표면은 톱밥이나 먼지를 제거하여 깨끗하게 유지한다. 각 기계에는 집진기를 장착하여 톱밥이 날리지 않게 한다. 그리고 기계 제조사가 제공하는 안전 수칙을 숙지하고 따라야 한다.

구멍 파기용 기계

구멍 파기용 기계는 장붓구멍을 가공할 때 사용된다. 대부분의 구멍 파기용 기계는 날물이 회전하면서 부재를 원형으로 파내는데, 각진 구멍을 파낼 수 있는 것도 있다.

드릴 프레스는 구멍 파는 기계로서는 가장 일반적인 것으로, 수직 구멍을 팔 수도 있고 각도를 주고 파낼 수도 있다. 얼마나 정밀한 짜임을 만드는 가는 전적으로 드릴 프레스가 얼마나 완전한 원형을 팔 수 있느냐에 달려 있다. 드릴 프레스의 베어링이나 척이 아

주 정밀하다 하더라도 싸구려 비트를 사용하게 되면 정원(正員)에서 벗어나게 된다. 좋은 품질의 비트를 사용하고 날물이 닳았거나 척에 물렸을 때 축이 흔들리지는 않는지 미리 확인한다.

드릴 프레스에 펜스를 물려 사용하면 정밀한 장붓구멍도 파낼 수 있다. 펜스 면에서 일정한 거리에 연속해서 구멍을 뚫을 수 있기 때문이다. 펜스를 고정할 때 드릴 프레스의 정반 모서리에 평행할 필요는 없다. 파지는 구멍의 위치는 비트 중심에서 펜스까지의 최단 거리만 영향을 주기 때문이다. 드릴 프레스에 드릴 날 대신 다른 종류의 비트를 장착할 수도 있다. 엔드밀(end-mill)[6]이나 각끌기 날물을 장착하고 장붓구멍 가공을 할 수 있다.

드릴 프레스에서 정확한 구멍을 뚫으려면 먼저 드릴 비트가 좋은 상태이어야 한다.

---

6) 둘레와 끝 면에 날이 있어 좁은 평면을 다듬거나 홈을 파는 데에 쓰는 커터.

펜스에 대고 부재에 연속해서 구멍을 뚫으면 장붓구멍을 팔 수 있다.

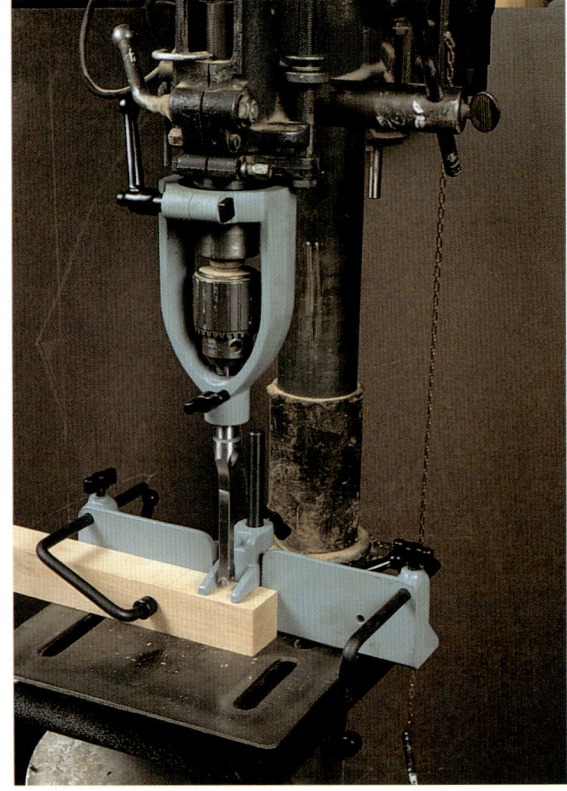

각끌기 날을 부착하면 사각형 구멍을 뚫을 수 있다.

보조 작업대를 부착하면 다른 지그를 사용할 때 좀 더 쉽게 클램핑할 수 있다.

드릴 프레스에서 장붓구멍을 좀 더 쉽게 파기 위해 몇 가지 지그를 사용할 수도 있다. 보조 작업 상판을 사용하는 것도 좋은데, 대부분의 드릴 프레스 작업대는 뒷면이 늑골 구조인 주물 재질이기 때문에 지그를 클램핑하거나 볼트로 고정시키기가 어렵기 때문이다. 두께 18mm의 MDF로 만든 보조 작업 상판을 드릴 프레스 정반에 클램핑하여 사용한다.

장붓구멍을 파려면 펜스를 사용해야 하는데, 펜스는 편평하고 곧아야 한다. 펜스는 작업 테이블에 대해 어떤 각도로 클램핑해도 상관없다. 비트 중심에서 원하는 거리에만 정확히 위치하면 된다. 펜스에 대고 구멍을 뚫으면 같은 거리에 구멍이 뚫리기 때문에 부재에 직선으로 연속해서 구멍을 뚫을 수 있다. 어떤 드릴 프레스는 작업대가 회전해서 각도를 주고 구멍을 뚫을 수도 있다. 각도 지그를 대고 부재를 고정한 다음 작업해도 같은 결과를 얻을 수 있다. 수직 지그를 사용하면 긴 부재의 마구리면에 구멍을 뚫을 때 부재를 단단히 고정할 수 있다.

드릴 프레스에 사용되는 드릴 비트에는 금속과 목재에 모두 사용할 수 있는 나선 비트(twist bit)와 목재

수직 지그를 드릴 프레스 상판에 나사로 고정한 다음 상판을 90도 돌려 사용한다. 지그의 펜스를 조정하여 부재 마구리면에 원하는 위치에 구멍을 뚫을 수 있다.

에 정밀하지 않은 구멍을 팔 때 사용되는 스페이드 비트(spade bit), 좀 더 정확하게 중심을 잡아줄 수 있는 브래드 포인트 비트(brad-point bit), 큰 직경의 구멍용인 멀티스퍼 비트(multispur bit), 각도를 주고 구멍을 뚫을 수도 있는 포스너 비트(Forstner bit) 등이 있다. 관통 구멍을 뚫을 때에는 부재 밑에 못 쓰는 판재를 대고 작업하여 드릴 프레스 작업 상판을 보호한다.

　수평 장붓구멍 기계는 장붓구멍을 파기에 특화되어 가구 공장에서 주로 사용되는 기계이다. 테이블이 상하, 좌우로 움직이고 모터에 연결된 비트는 앞뒤로

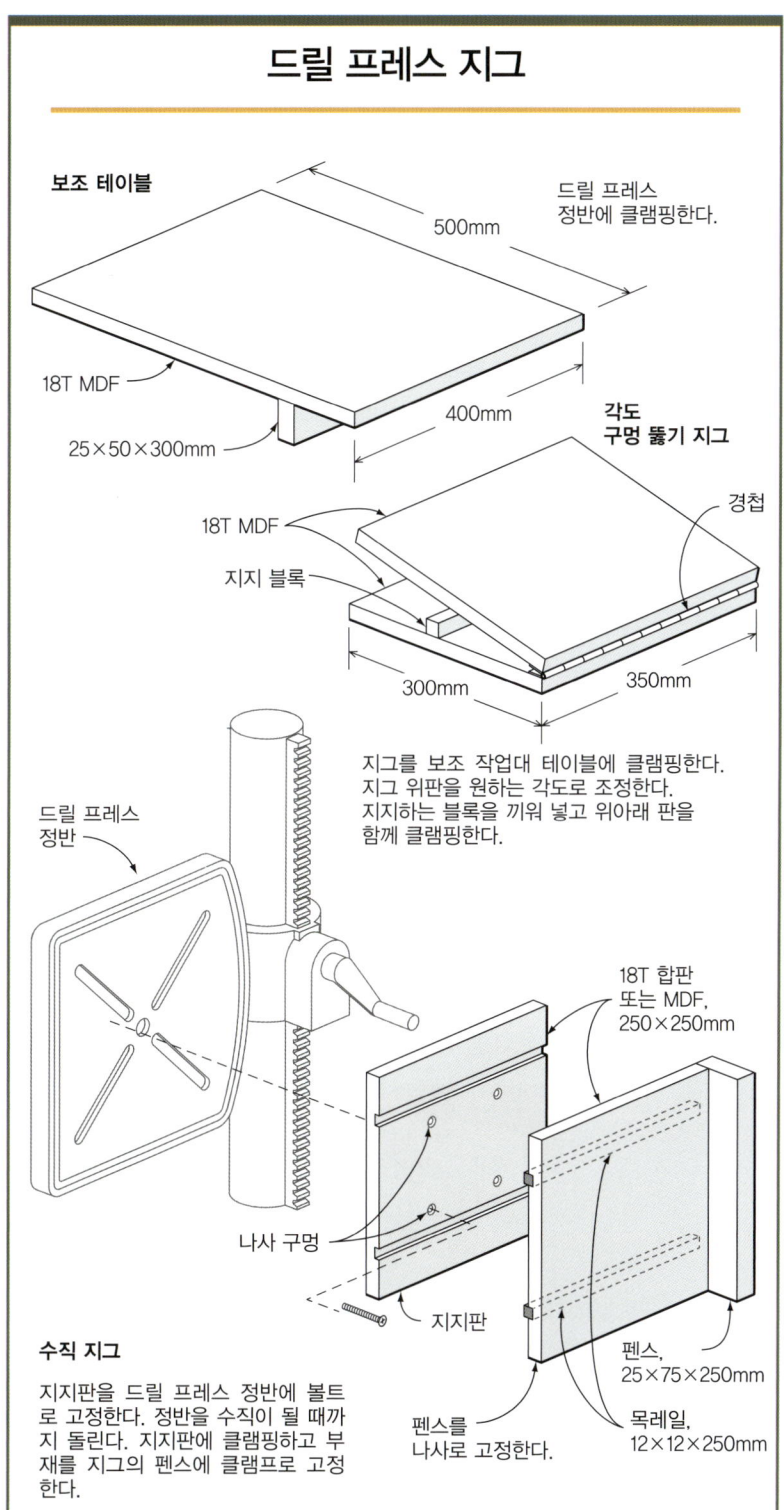

드릴 프레스 지그

보조 테이블

드릴 프레스 정반에 클램핑한다.

500mm

18T MDF

25×50×300mm

400mm

각도 구멍 뚫기 지그

경첩

18T MDF

지지 블록

300mm

350mm

지그를 보조 작업대 테이블에 클램핑한다. 지그 위판을 원하는 각도로 조정한다. 지지하는 블록을 끼워 넣고 위아래 판을 함께 클램핑한다.

드릴 프레스 정반

18T 합판 또는 MDF, 250×250mm

나사 구멍

지지판

수직 지그

지지판을 드릴 프레스 정반에 볼트로 고정한다. 정반을 수직이 될 때까지 돌린다. 지지판에 클램핑하고 부재를 지그의 펜스에 클램프로 고정한다.

펜스, 25×75×250mm

펜스를 나사로 고정한다.

목레일, 12×12×250mm

움직여 부재를 파낸다. 멀티라우터 같은 라우터 기계로도 장붓구멍을 팔 수 있으며, 각도가 있는 구멍을 팔 때라든가 장부촉을 깎을 때 등 매우 다양한 목적으로 사용할 수 있다. 이 기계는 x-y-z 세 방향으로 움직일 수 있어서 장붓구멍과 연관된 다양한 작업에 적용될 수 있다. 수평 테이블은 부재를 잡고 좌우, 앞뒤로 움직일 수 있다. 라우터는 수직축에 부착되어 있어서 상하로 움직인다. 이러한 수평 가공 기계들은 주축 방향으로 부드럽게 움직일 수 있어야 하며 이송 시 흔들리거나 사선으로 움직이지 않는지 확인해야 한다. 이송 테이블이 충분히 견고하여 무거운 부재를 올려놓더라도 아래로 처지지 않는지도 점검한다.

각끌기는 장붓구멍 파기에만 특화되어 설계된 기계이다. 일반 구멍 파기에 사용하려면 상당히 많은 부분을 개조해야만 한다. 각끌기는 아주 날카롭게 튜닝된 비트를 장착한 다음 기어에 물린 지렛대만 내리면 사각형의 장붓구멍을 파준다. 각끌기는 일반적으로 무거울수록 좋다.

날물 기계

고정형 날물이 장착되어 부재를 깎는 기계인 날물

기계류는 일반적으로 특정된 작업을 하도록 설계되어 있지만, 가끔 짜임 작업에도 사용될 수 있다.

수압대패(jointer)는 판재의 면과 모서리를 편평하게 깎을 때 사용한다. 수압대패로 기준면에 평행하게 반대면을 깎을 수는 없다. 대패날이 기준 정반면과 동일면에 위치해 있기 때문이다. 작업하기 전에 대패날 끝선이 수압대패의 뒤쪽 정반면에 정확히 일치하는지 먼저 확인한다. 대패날이 뒤 정반면보다 위로 올라와 있으면 부재가 끝에서 더 파이면서 단차가 생기게 된다. 앞 정반면에 붙어 있던 부재가 이송되면서 뒤 정반면으로 떨어져서 그만큼 더 깎이게 되는 것이다. 반대로 대패날이 더 내려가 있으면 경사지게 깎이게 된다. 부재를 이송하면서 높은 뒤 정반 때문에 점점 들리면서 깎이는 양이 점점 줄어들게 된다. 수압대패를 사용하여 모서리반턱(rabbet)을 파거나 부재를 집성할 접착면을 깎을 수도 있다.

자동대패(planer)는 기준이 되는 면의 반대면을 기준면에 평행하면서 편평하게 깎을 때 사용한다. 대패날이 기준인 정반면에서 위쪽으로 평행하게 위치해 있기 때문이다. 먼저 수압대패로 한 면을 편평하게 깎은 다음, 그 면을 기준으로 반대면을 자동대패로 깎아야 좋은 결과물을 얻을 수 있다. 이런 방식으로 끼움

수평 라우팅 기계는 x-y-z 세 축으로 움직일 수 있어서 장붓구멍뿐만 아니라 장부촉이나 다른 짜임도 가공할 수 있다.

수압대패를 사용하여 부재를 집성할 접착면을 편평하게 깎을 수 있다.

자동대패를 사용하면 앞뒷면이 완벽하게 평행한 부재를 만들 수 있어서 꽂임촉이나 촉매움 촉을 만들 수 있다.

촉을 가공하는 데 자동대패를 사용할 수도 있다.

목선반(lathe)은 둥근 장부촉을 깎는 데 사용된다. 다양한 목선반칼로 장부촉을 깎을 수 있다.

디스크 샌더(disk sander)로는 연귀면을 다듬을 수 있다. 반시계 방향으로 회전하는 디스크 샌더를 사용할 때에는 항상 중심에서 왼편에 부재를 두고 작업해야 한다. 그래야만 디스크의 회전력이 부재를 아래 방향으로 눌러 정반에 밀착시키기게 된다.

기계톱

짜임 작업에 기계톱이 얼마나 유용할지는 사용하는 톱의 정밀도에 달려 있는데, 일반적으로 무거운 톱일수록 더 정밀하다. 톱날 베어링의 구름 정밀도와 똑바르면서도 단단히 고정되는 조기대는 모든 종류의 톱에서 중요하다. 항상 날카로운 톱날을 사용하고, 톱날의 직각 방향으로는 절대로 힘을 가하지 않아야 한다. 톱 작업은 빠르게 할 수도 있고 천천히 정밀하게 할 수도 있다. 하지만 빠르면서도 정밀하게 작업하는 것을 기대해서는 안 된다. 톱 제조회사에서 제공하는

선반에서 둥근 장부촉을 가공할 수 있다.

연귀면을 다듬는 데 디스크 샌더를 사용한다. 정반이 디스크면에 정확히 수직인지 확인한다.

밴드쏘는 놀랍도록 많은 짜임 작업에 사용된다. 톱날이 흔들림 없이 돌아가는지 확인한 다음 천천히 이송하면서 작업하면 가장 좋은 결과를 얻을 수 있다.

펜스와 멈춤 블록을 같이 사용하면 밴드쏘에서 핑거 짜임을 만들 수 있다.

톱날 보호대를 사용하고, 항상 귀와 눈을 보호할 수 있는 보호장구를 갖추고 작업한다.

밴드쏘(bandsaw)는 톱날이 날카롭고 휠과 타이어가 유격 없이 잘 구동하기만 한다면 많은 짜임 작업에 적용이 가능하다. 짜임 작업에는 폭이 넓으면서 인치당 톱날 개수(tpi)가 적은 톱날을 사용하도록 한다. 장부촉이나 핑거 짜임을 만들 때에는 1/2인치 두께에 3-tpi나 4-tpi 톱날을 쓰면 아주 좋다. 절단면을 좀 더 매끄럽게 하려면 6-tpi 톱날을 사용할 수도 있는데, 이때는 부재를 좀 천천히 이송한다. 조정 가능한 펜스를 사용하면 좀 더 쉽게 작업할 수 있다. 먼저 부재에 연필로 절단선을 긋고 펜스에 평행하게 절단면이 생기는지 확인한다. 평행하지 않을 경우에는 드리프트(drift)되는 각도만큼 펜스에 쐐기를 덧대고 클램핑하여 사용한다.

각도절단기(miter saw, chopsaw)는 본래 집을 짓는 대목(大木) 작업을 위해 개발되었다. 이동이 편리하고 가벼워서 필요한 곳에 가져다가 사용할 수 있기 때문이다. 요즘은 가구를 만드는 소목(小木) 작업에도 많이 사용되는데, 특히 부재를 원하는 길이로 자르는 (crosscutting) 일을 할 때 쓰기 좋다. 펜스에 멈춤 블록을 클램프로 조여 고정해놓으면 같은 길이로 반복해서

각도절단기는 같은 길이로 부재를 반복해서 자를 때 쓰면 가장 좋다.

각도절단기를 사용하여 프레임이나 상자의 연귀면을 가공한다.

테이블쏘는 대부분의 목공방에서 가장 핵심적인 기계로 사용된다. 다양한 지그를 함께 사용하면 짜임 작업에도 아주 효과적으로 쓸 수 있다.

잘라낼 수 있다. 각도절단기는 부재를 연귀로 잘라 액자나 상자를 만들 때에도 쓰인다. 슬라이딩 복합 각도절단기(sliding compound miter saw)를 쓰면 톱날이 내려가는 깊이를 조정해서 반턱이나 장부촉을 만들 수 있다.

　테이블쏘(table saw)는 판재 자르기, 폭 맞춰 켜기, 길이 맞춰 자르기 등 작업장에서 일어나는 대부분의 재단 작업을 수행해낼 수 있는데, 몇 가지 지그를 더하면 짜임 작업에도 사용할 수 있다.

톱날

　톱 이빨에 초경 팁이 부착된 톱날은 대부분의 절단 작업에서 산업 표준처럼 사용되고 있다. 팁의 연마된 모양에 따라 네 가지 표준 톱날이 있다. (1) ATB(alternate-top bevel)-좌우로 번갈아 경사지어 연마됨, (2) ATB/R(alternate-top bevel with a raker, combination grind)-ATB 톱날에 편평하게 연마된 팁이 좌우 경사 팁 사이에 추가됨, (3) FG(flat grind)-편평하게 연마됨, (4) TCG(triple-chip grind)-사다리꼴과 편평하게 연마된 팁이 번갈아 배치됨. 이중 복합날(combination blade)이라고도 불리는 ATB/R 톱날이 짜임 작업에 두루 쓰일 수 있어 좋다.

톱날의 종류

ATB 톱날
치후각 (hook angle), 10~15°

톱니의 개수는 48~80개 정도로 나뭇결의 직각 방향으로 자를 때 사용한다.

FG 톱날
치후각 (hook angle), 10~15°

톱니의 개수는 10~24개로 나뭇결 방향으로 켤 때 사용한다.

콤비네이션 톱날
편평한 톱니 / 기울어진 톱니

톱니의 개수가 40~60개로 대부분의 절단 작업에 사용할 수 있다. 톱니의 치후각은 10~15° 사이이다.

TC 톱날
0.5mm 단차

톱니의 개수가 60~80개로 적층되거나 복합재료(MDF, 합판, 멜라민판 등)를 자를 때 사용한다. 치후각은 10°이다.

➤ 테이블쏘 안전 규칙

- 항상 톱날 덮개와 스플리터를 사용한다.
- 보안경과 귀덮개를 사용한다.
- 잘리는 부재 위로 톱니 하나 정도만 올라오도록 톱날을 올린다.
- 본인의 손가락이 어디에 있는지 항상 확인한다. 톱을 밀기 전에 손가락을 지그 위에 의식적으로 위치시킨다.
- 조기대와 톱날 사이가 주먹 하나 정도보다 좁다면 밀대를 사용한다. 작업 전 항상 밀대를 손닿는 가까운 곳에 둔다.
- 조기대의 왼편에 서서 부재를 민다. 부재가 킥백(kickback)으로 뒤로 날아올 수 있으므로, 항상 작업자의 머리와 몸이 톱날보다 왼편에 있도록 선다.
- 톱날을 항상 날카롭도록 정비한다. 무딘 날에 부재를 힘으로 밀지 않는다.
- 부재 이송 속도를 적당하게 유지한다. 부재가 톱날을 타고 위로 올라오면 부재를 그 위치에서 단단히 잡은 상태에서 톱날을 아래로 내리고 작업을 중단한다. 부재를 힘으로 톱날에 눌러 내리려고 시도해서는 안 된다.
- 조기대에서 뭔가 이상 징후가 발생하면 톱날에서도 이어서 발생하지만, 그 반대는 아니다. 항상 부재를 조기대에 밀착시키고 작업한다.
- 판재 재단을 할 때에는 톱날의 뒤쪽 절반은 부재에 닿지 않아야 한다. 스플리터를 사용하여 톱날에 부재가 흔들리지 않도록 한다.
- 판재가 톱날을 완전히 통과한 다음에 손을 뻗어 잘린 부재를 잡는다.
- 긴 부재를 작업할 때에는 보조 테이블이나 롤러 지지대를 두고 작업한다. 부재를 톱날 쪽으로 당겨 끌어서는 안 된다.
- 부재를 손으로 잡고 반대 방향(뒤에서 앞으로)으로 밀면 안 된다. 킥백이 발생할 경우 손까지 딸려 들어가게 된다.
- 다도날을 사용할 때는 더 조심해서 천천히 부재를 이송한다. 다도날은 넓은 부분을 한 번에 파내기 때문에 킥백이 일어날 가능성이 더 높다.
- 금속으로 된 지그를 쓸 때에는 톱날이 지그에 걸리지 않는지 확인하고 작업한다.
- 작은 조각이 잘려 나가 톱날과 조기대 사이에 끼면 킥백으로 작업자에게 튈 수 있으므로 주의한다.

다도날(dado blade) 역시 짜임 작업에 사용된다. 잘 설계된 다도날일수록 톱날 자국 없이 편평하게 홈을 파낼 수 있어 후작업하는 시간을 아낄 수 있다. 다도날에서 중간에 끼우는 치퍼날(chipper)은 톱니가 두 개인 것보다는 네 개짜리가 좀 더 부드럽게 깎이면서 진동도 덜하고 안전하다.

지그

테이블쏘에 지그를 사용하면 짜임 작업에서 쓰임새가 크게 늘어난다. 테이블쏘 조기대에 보조 펜스를 추가로 사용하면 지지력이 필요한 폭이 넓은 부재를 자를 때 좋다. 조기대에 톱날을 딱 붙여 쓸 때에도 보조 펜스를 써서 조기대에 톱날자국이 생기는 것을 방지할 수 있다.

테이블쏘에 달려 나오는 마이터 게이지(miter gauge)는 보통 사용 전에 어느 정도의 튜닝이 필요하다. 대부분 정반 홈에서 유격이 있기 때문이다. 기존의 게이지 바(gauge bar)를 제거하고 시중에 나와 있는 폭이 조절되는 게이지 블록을 장착하면 좀 더 단단한 사용감과 함께 작업 정밀도도 향상된다. 몇몇 마이

ATB 톱니와 FT 톱니가 같이 있는 콤비네이션 톱날은 다양한 짜임 작업에 사용된다.

폭이 넓은 부재의 옆면을 지지할 때에는 보조 펜스를 사용한다. 톱날을 조기대에 붙여 틈 없이 가공하고자 할 때에도 보조 펜스를 쓸 수 있다.

다도날을 잘못 사용하면 매우 위험하다. 항상 조절할 수 있는 정도의 이송 속도로 작업하고 필요하면 밀대를 사용한다. 가능하면 펜스를 톱날에 가깝게 붙인 상태로 작업한다.

애프터 마켓에서 판매되는 마이터 게이지는 흔히 사용하는 각도에서 자동으로 멈춰주는 기능과 긴 부재를 가공할 수 있도록 조정이 가능한 펜스, 위치 조정이 되는 멈춤 장치를 갖추고 있다.

터 게이지는 특정 각도에서 자동 멈춤이 되면서 펜스 위치 조정이 가능한 것도 있다. 마이터 게이지를 쓰면 연귀면을 잘라 액자틀을 만들 수 있다. 제대로 만들어진 마이터 게이지를 사용하여 연귀를 만들면 정확히 직각으로 만나는 모서리를 만들 수 있다.

썰매 지그(crosscut jig)는 테이블쏘에서 자르기를 할 때 없어서는 안 되는 필수품이다. 펜스를 볼트로 조립하면 더 단단하게 고정할 수 있으면서 쉽게 조정도 가능하다. 곧은결 각재를 게이지 바(gauge bar)로

사용하여 온습도 변화에 따른 수축팽창을 최소화할 수 있도록 한다. 펜스에 멈춤 블록을 클램프로 조여 자르는 길이를 맞추고 사용한다.

장부촉 지그(tenoning jig)는 판매되는 제품을 구매할 수도 있고 직접 제작도 가능하다. 판매되는 장부촉 지그는 시간을 들여 세밀하게 튜닝하고 사용해야 한다. 공방에서 간단하게 제작할 수도 있다. 부재를 지지하는 블록을 톱날 최대 높이보다 높게 하여 나사못으로 고정하면 된다. 지그를 조기대보다 높게 만들어 부재를 클

액자 지그(picture frame jig)에는 톱날에 대해 45도로 기울어진 직각 모서리 모양 펜스가 있고, 마이터 게이지 홈에 맞는 러너가 부착되어 앞뒤로 움직일 수 있다.

썰매 지그는 마이터 게이지 홈을 따라 앞뒤로 움직인다. 펜스를 볼트로 고정하면 쉽게 조정하여 90도로 절단면을 맞출 수 있다.

장부촉 지그는 정확하게 조정되면서 게이지 홈을 따라 정밀하게 움직여야 한다.

램프로 조일 수 있게 하는 것도 가능하다. 가공 중에 지그가 톱날 쪽으로 기울어지지 않도록 주의한다.

부재를 기울인 상태에서 가공하고 싶을 때에는 각도 지그를 만들어 사용한다. 펜스면에 원하는 각도로 지지 블록을 고정하고 부재를 기댄 상태에서 가공한다.

펜스를 톱날에 가깝게 두고 작업할 때에는 항상 밀대를 사용해야 한다. 경험 법칙으로 나는 펜스와 톱날 사이가 주먹 폭보다 가까우면 밀대를 사용한다. 또한 손가락이 톱날 근처로 가야만 하는 상황에서도 밀대를 사용한다. 아주 얇은 부재를 가공할 때에도 밀대를 써야 한다. 페더보드(featherboard)와 밀대를 같이 사용하면 안전하게 작업할 수 있다.

썰매 지그

접착제로 고정된 긴 판재,
18×90×600mm

톱날 길

600mm

손가락
보호 블록

펜스,
40×90×
600mm

400mm

앞쪽

러너

펜스를 밑판에 볼트로 고정한다. 곧은결의 러너를 사용하여 수축 팽창을 최소화한다. 손가락 보호 블록을 펜스에 접착제로 붙여놓고 손가락을 항상 블록 바깥쪽에 두고 작업한다.

장부촉 지그를 높게 만들어 사용하면 지지 블록을 높이 부착하고 부재를 클램프로 고정한 상태에서 작업할 수 있다.

손가락이 톱날 근처로 가야만 하는 작업에서는 밀대를 사용한다.

부재를 특정 각도로 기울여 작업할 때에는 간단히 지그를 만들어 사용한다. 사진에서처럼 MDF 판재에 지지 블록을 45도로 맞추고 나사못으로 고정하면 연귀 모서리에 끼움촉 홈을 가공할 수 있다.

폭이 좁은 밀대를 만들어 얇은 부재를 가공할 때 사용한다.

페더보드와 밀대를 함께 사용하면 폭이 좁은 부재에 은촉홈이나 세로홈을 만들 때 안전하게 작업할 수 있다.

맞대기 이음, page 40

은촉홈, 세로홈,
가로홈 결합, page 65

연귀면, page 105

핑거 맞춤, page 123

장부 짜임, page 138

주먹장 짜임, page 150

상자 짜임

상자구조는 캐비닛이나 서랍장, 책꽂이, 정리장 등을 구성하는 기본 요소이다. 따라서 안정적이면서 견고한 상자를 만드는 것은 목공의 핵심 요소라고 할 수 있다. 상자는 원목으로 만들 수도 있고, 합판이나 MDF 같은 합성 재료를 사용해 만들 수도 있다. 합판이나 합성재로 상자를 만들 때에는 나뭇결의 방향이나 강성, 수축팽창에 신경 쓸 필요가 없다. 하지만 원목이라면 나뭇결의 방향이 중요하게 된다. 나뭇결 방향의 면(long-grain side)끼리는 접착제를 발라 붙이면 단단하게 붙지만, 나뭇결 방향에 수직인 마구리면(end grain)을 결방향 면에 붙이려면 물리적인 짜임이 필요하게 된다. 짜임을 만들면 그 자체로도 결합 강도가 생기지만 접착력을 주는 면이 추가로 만들어지게 되어 단단한 결합을 만들 수 있다. 이와 관련된 많은 방법을 종합하여 상자 짜임이라고 부른다.

맞대기 이음

고정물 사용 결합

분해가능 결합

비스킷 결합

꽂임촉 결합

대기 이음은 상자를 만들 때 판재끼리 결합하는 가장 간단한 짜임 방식이다. 부재를 재단할 때 결합하는 면이 편평하고 직각이 맞도록 주의만 한다면 짜임부를 만드는 것도 쉽다. 물론 각도가 있는 맞대기 이음을 만들려면 이음면을 각도를 줘서 재단해야 한다. 직각이든 각도가 있든 결합면은 길이와 폭 방향으로 편평해야 한다. 그래야만 접착면을 최대로 할 수 있고 더 많은 지지 면적을 확보할 수 있다.

아주 대충 만든 구조가 아니라면 맞대기 이음을 할 때 접착제 외에 추가적인 결합 요소가 필요하다. 상자 짜임에서 거의 모든 맞대기 이음은 결 방향 면(long grain, running with the grain)과 마구리면(end grain, cut across the grain)을 붙이는 형식이기 때문이다. 마구리면은 어떤 접착제를 사용한다 하더라도 접착력을 확보할 수가 없다. 접착제가 잠시 부재를 붙여 놓을 수는 있어도 다른 고정물(fastener)이 없다면 결국 떨어져 나가게 된다. 고정물을 사용하면 약한 접착력을 증가시킬 수 있다.

고정물 선택하기

먼저 결합력을 확보하기 위한 고정물로 무엇을 사용할 것인가를 결정해야 한다. 여러 가지 방법으로 맞대기 이음을 강화할 수 있다.

두 판재를 이어 붙이는 가장 흔한 방법은 못을 박는

비스킷은 커다란 상자 구조를 만들 때 사용하면 효율적이다. 비스킷을 사용하면 결합력도 증가하고 조립할 때 정확하게 정렬을 할 수 있다.

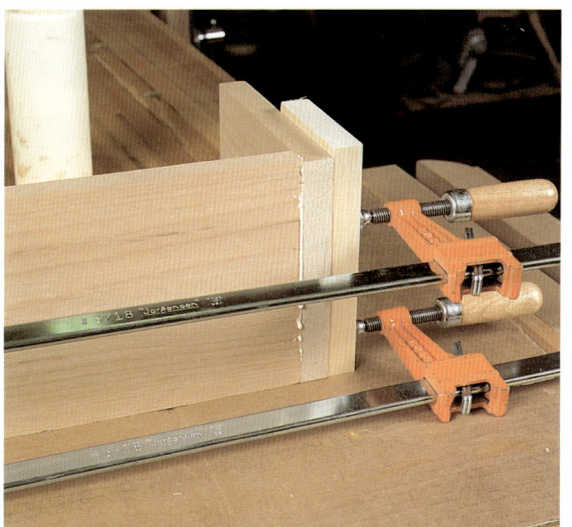

고정물 없이 모서리에 접착제를 바르고 클램프로 조여 간단하게 맞대기 이음을 만들었다.

고정물이 없으면 맞대기 이음이 얼마나 약한지 알 수 있다.

하드우드에 못을 박으면 종종 부재가 쪼개진다.

분해결합 고정물을 사용한 맞대기 이음은 쉽게 분해 조립이 가능하다.

포켓홀 나사못을 박으려면 각도를 주어 예비 구멍을 뚫을 수 있는 지그가 필요하다. 상자 짜임에 사용하면 훌륭하게 결합력을 보강할 수 있다.

것이다. 붙일 부재를 못으로 관통시킨 다음 이을 부재에 못을 계속 박아 넣으면 된다. 하지만 하드우드 재질 혹은 얇거나 좁은 부재에서는 못을 박으면 종종 쪼개질 수가 있다. 못 직경보다 살짝 작은 예비 구멍을 드릴로 뚫어놓고 못을 박으면 쪼개지는 것은 방지할 수 있다.

좀 더 고급가구라면 나사못을 사용하여 맞대기 이음을 할 수 있다. 나사못을 제대로 박아 넣는다면 두 부재를 단단하게 잡아 고정하게 된다.

분해결합 고정물(knockdown fastener)[7]도 올바르게 사용한다면 놀랍도록 강한 결합력을 만들 수 있다. 이 방식의 장점은 공방에서 제작한 다음 납품 현장에서 조립을 할 수 있고, 이동과 보관도 간편하게 할 수 있다. 하지만 고정물을 박아 넣었을 때 한 몸체처럼 되도록 설계되지 않으면 이동 시 견디지 못하거나 반복적인 움직임에 떨어져 나갈 수 있다. 그래서 압력을 넓은 표면으로 분산시킬 수 있도록 충분히 많은 고정물을 써야 지지력을 확보할 수 있다. 지지점이 삼각형 형태가 되도록 고정물이 위치를 분산시키고 결합면들이 편평한지 확인한다.

포켓 나사못(pocket screw) 역시 맞대기 이음을 강화할 수 있는 한 가지 방법이다. 특히 캐비닛을 제작할 때 전면 프레임을 몸체 구조에 조립할 때 자주 사용된다. 이 방식은 빠른 제작을 위해 고안된 방식으로 실제로 금세 맞대기 이음을 만들 수 있다. 시중에 나와 있는 상용 지그를 사용해 빠르게 포켓 구멍을 뚫을 수도 있고, 그냥 클램프온(clamp-on) 지그를 물리고 핸드 드릴로 작업할 수도 있다. 상용 지그에는 오거(auger) 형식의 전용 비트를 사용하는데 대부분 깊이 방향으로 멈춤 블록이 장착되어 있다. 이 비트는 보통

7) 상용 미니픽스, 라픽스, 맥스피스 같은 연결 철물로 부재에 직접 나사못을 박는 것이 아닌 나사못과 너트 구조로 부재를 당겨 붙여주는 방식.

예비 구멍의 끝부분에서 더 작은 지름으로 구멍을 뚫어 준다.

나사못 박기

빨리 조립해야 하는 작업이라면 멈춤 칼라(stop collar)가 장착되고 접시머리 비트가 있는 이중 테이퍼 드릴 비트를 사용한다. 이 비트는 나사못이 박힐 예비 구멍을 파면서 동시에 나사못 접시머리 자리까지 함께 파준다. 좀 더 깊게 파면 목심을 박을 수 있는 구멍자리도 만들 수 있다. 나사못 구멍을 파는 또 다른 방법은 스페이드 비트를 써서 접시머리 자리를 파는 것이다. 핸드 드릴을 사용하면 구멍 주변이 뜯기기 십상인데, 날카로운 비트를 사용하면 깔끔한 구멍을 팔 수 있다.

고급 가구라면 좀 더 정교하게 구멍을 뚫을 필요가 있다. 먼저 드릴 프레스를 사용하여 나사 머리가 들어갈 자리를 10mm나 12mm 비트로 뚫는다. 목심 제조용 비트(plug cutter)가 보통 이 크기로 제작되어 나온

접시머리 자리를 팔 때는 스페이드 비트를 사용한다.

정확한 위치에 구멍을 팔 때에는 드릴 프레스로 작업한다.

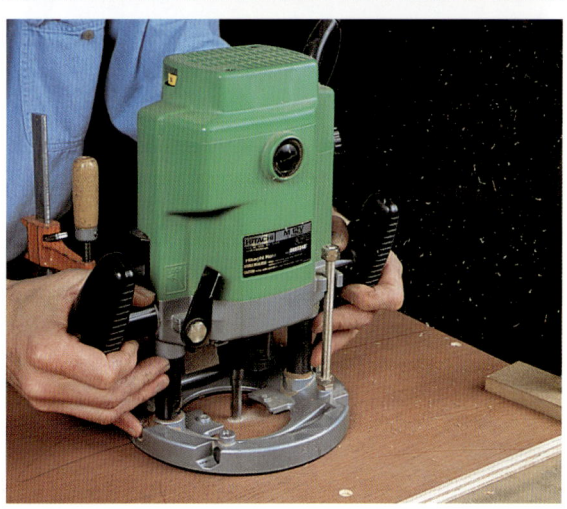

부재가 너무 커서 드릴 프레스에 올려놓을 수 없을 때에는 바닥날이 있는 비트를 사용하여 라우터로 작업한다.

접시머리 비트가 추가된 테이퍼 비트를 사용하면 신속하게 나사못 구멍을 팔 수 있다.

다. 그다음 연속해서 같은 자리에 드릴 프레스로 나사못 예비 구멍을 뚫는다.

부재가 너무 커서 드릴 프레스 정반에 놓고 작업하기 어려울 수도 있다. 이때는 라우터로 작업하면 된다. 플런지 라우터를 사용하고 바닥날이 있는 비트를 사용한다. 이 비트는 아래 방향으로도 부재를 파주어 드릴 비트처럼 구멍을 파는 데 사용할 수 있다. 정확한 위치에 라우터를 클램프로 고정하여 작업 중에 미끄러지지 않게 한 상태에서 구멍을 판다.

드릴로 나사못 예비 구멍을 뚫을 때에는 나사못 몸통 직경(나사산 높이를 제외한)과 같거나 조금 작은 크기의 비트를 사용한다. 이러면 나사못이 쉽게 들어가면서 지지력도 확보할 수 있다. 몇몇 수종의 나무에서는 예비 구멍을 너무 작게 만들면 나사못을 아예 박지 못할 수도 있다. 나사 머리가 똑 떨어져 나가거나 머리 부분이 드라이버 비트에 뭉개질 수 있기 때문이다. 나사못 크기에 맞게 구멍 비트를 선정해야겠지만 동시에 나무 수종도 고려해야 한다. 삼나무 같은 소프트우드일 경우에는 메이플이나 체리보다는 작은 크

기의 구멍을 뚫는 것이 좋다. 구멍의 깊이는 박히는 나사못 길이만큼 파는데 경우에 따라 조금 더 파낼 수도 있다. 드릴 비트에 마스킹 테이프를 감아 깊이 게이지로 사용할 수 있다.

고정물 감추기

수제 못을 사용해서 시골풍의 가구를 만든다든지 금속 장식물을 써서 세련되게 만들 때 같이 고정물이 장식 요소로 쓰일 때도 있다. 하지만 대부분 경우 고정물을 감춰 안 보이게 하고 싶을 때가 훨씬 많다. 솔직히 나사못 머리는 보기 싫다. 다행스럽게도 못 머리는 접시 머리 구멍을 파서 속으로 집어넣고 다양한 수종 색깔로 나오는 퍼티로 메우면 쉽게 감출 수 있다.

나사못일 경우에는 조금 더 복잡한데, 시중에서 나사못 머리를 메울 수 있는 다양한 형태의 플러그를 구할 수 있다. 버섯 머리 모양도 있고 둥근 머리 형태도 있다. 먼저 작업에 사용한 비트로 나무토막에 구멍을 판 다음 사용할 플러그를 끼워 보아 잘 맞는지 확인한다.

꽂임촉 목심을 플러그로 사용할 수도 있다. 구매하기 전 목심의 크기를 먼저 확인한다. 둥근 형태의 꽂

나사못을 박을 예비 구멍을 박을 때에는 나사못 몸통 직경과 같은 크기의 비트를 사용한다.

드릴 비트에 마스킹 테이프를 붙여놓으면 빠르고 편리하게 원하는 구멍 깊이를 맞출 수 있다.

나사못을 감출 때 쓰는 목심은 다양한 모양과 크기, 수종으로 구할 수 있다. 부재와 똑같은 수종으로 직접 만들면 감쪽같이 가릴 수도 있다.

임촉 목심은 건조되면서 타원 형태를 띠게 되어서, 원형의 구멍에 아주 딱 맞지 않을 수도 있다. 꽂임촉 목심은 단면이 항상 마구리면이라는 것을 알고 있어야 한다. 부재와 같은 수종의 목심을 사용하더라도 마감재를 바르면 마구리면이 노출되는 목심에는 더 많이 침투되어 주변부와 다른 색을 띠게 된다.

목심 제조용 비트를 사용해서 직접 플러그를 제작할 수도 있다. 이러면 크기도 완벽하게 맞으면서 감쪽같이 구멍 자리를 숨길 수 있다. 목심의 나뭇결이 박을 부재의 표면과 같은지 확인하고 플러그를 제작한다.

테이퍼 목심 제조 비트를 쓰면 좀 더 쉽게 목심을 박아 넣을 수 있다. 처음 들어갈 때에는 직경이 작아 쉽게 들어간 다음 점점 커지면서 접착제를 같이 밀

고 들어가서 깨끗하게 플러그를 박을 수 있다. 드릴 프레스에서 플러그를 만드는데 부재 깊이만큼 프레스 깊이를 조정한 다음 작업한다. 드라이버로 플러그를 빼낸 다음 밴드쏘에서 잘라 사용한다. 장부촉 커터 (tenon cutter)는 긴 장부촉이나 꽂임촉을 자를 때 사용하도록 고안되었지만, 플러그를 자를 때 사용할 수도 있다. 잘려진 플러그를 자동으로 배출해주기 때문에 많은 양을 만들 때 편리하다.

비스킷과 꽂임촉

비스킷과 꽂임촉은 맞대기 이음 강도를 증가시킬 때 사용된다. 비스킷 짜임은 1970년대부터 사용되기

테이퍼 목심 제조 비트로 플러그를 파낸 다음 드라이버로 빼낸다.

둥근 장부촉 커터를 사용해서 플러그를 만들면 자동으로 플러그가 배출된다.

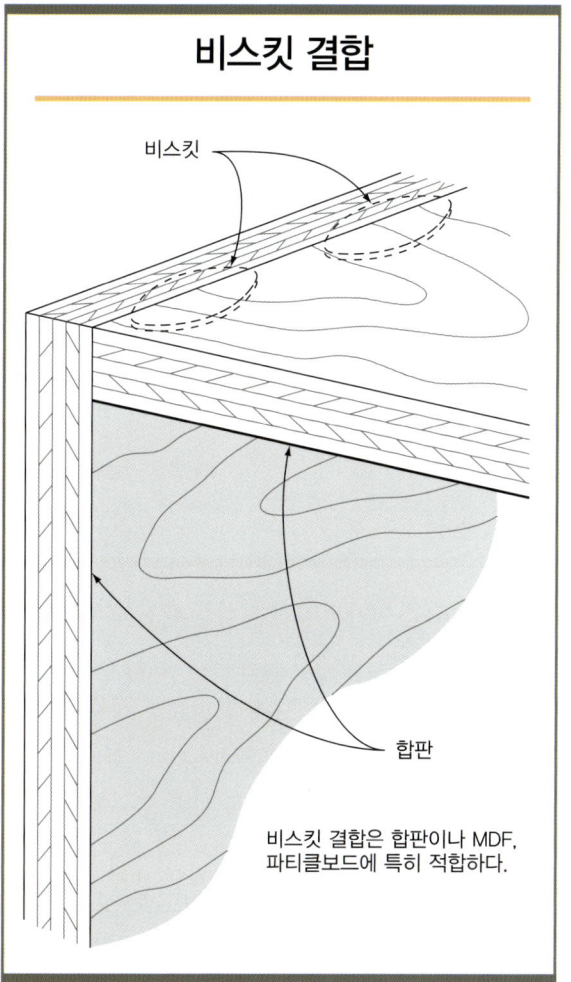

비스킷 결합

비스킷

합판

비스킷 결합은 합판이나 MDF, 파티클보드에 특히 적합하다.

비스킷은 다양한 크기로 규격화되어 있어서 적용 범위가 넓다.

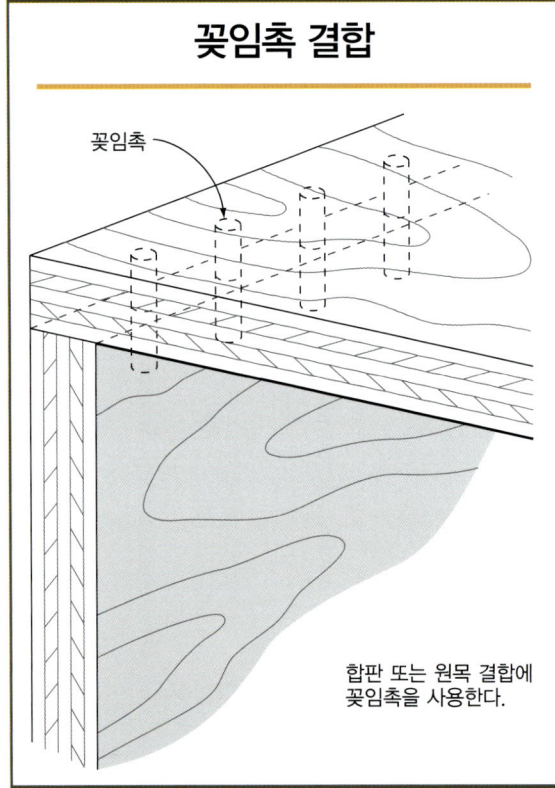

꽂임촉 결합

꽂임촉

합판 또는 원목 결합에 꽂임촉을 사용한다.

에 비스듬하게 잘라 만들어져서 수축이나 나뭇결에 따른 문제점을 해결할 수 있다.

비스킷은 수성 접착제에 닿으면 부풀어 올라 부재를 강하게 결합시킨다. 다양한 크기로 규격화되어 생산되는 비스킷은 여러 곳에 응용이 가능하다. 특히 합판이나 파티클보드를 결합할 때 가장 효과적이지만, 원목을 결합할 때-특히 원목으로 캐비닛을 짤 때-에는 부재의 결 방향을 신경 써야 한다. 비스킷과 만나는 마구리면일 경우에는(만나는 부재 면이 모두 결 방향 면일 경우) 비스킷 결합이 최적은 아니다.

꽂임촉은 이제는 거의 산업 표준이 되어서 수없이 많은 벤치와 테이블, 의자에 사용되어 왔다. 꽂임촉이 이렇게 널리 표준화되어 사용된 이유는 작업 속도가 빠른데다가, 어느 정도 내구성을 보장하기 때문이다. 아무 경고 없이 한 번에 부서지는 비스킷 결합과는 다르게, 꽂임촉 결합은 몇 년간 삐걱거리다가 결국 수명을 다하게 된다.

불행하게도 꽂임촉은 단점들도 있다. 꽂임촉 나뭇결과 부재의 나뭇결이 항상 잘 접착되는 것은 아니라는 것이다. 특히 판재의 넓은면에 꽂임촉을 박을 때에는 항상 이런 현상이 발생하게 된다. 꽂임촉을 박을 구멍의 표면이 마구리면으로 드러나게 되어 접착력이 상당히 떨어진다. 게다가 꽂임촉 자체는 건조되면서 타원 형상으로 변하게 되어, 원형으로 뚫은 구멍에 불완전하게 끼워진다. 계절이 바뀌어 습도의 변화를 겪게 되면 결국 느슨해지면서 결합력을 잃고 만다. 따라서 부재를 어떻게 정렬하여 맞출 것인가를 결정하는 것은 어려운 문제이다. 마지막으로 꽂임촉 자체가 아주 완벽하게 들어맞는다고 하더라도, 접착제를 너무 많이 쓰게 되면 접착제가 구멍으로 밀려 들어가면서 발생하는 압력으로 꽂임촉이 끝까지 박혀 들어가지 않을 수도 있다.

위에 언급된 여러 문제에도 불구하고, 잘 계획하고 사용한다면 꽂임촉은 아주 단단한 결합력을 만들면

시작했다. 수백 년간 사용해온 다른 짜임에 비해 비교적 역사가 짧지만, 맞대기 이음을 강화하는 데 상당히 효과적인 것이 증명되었으며 합판으로 상자 짜임을 할 때 사용하면 특히나 효과적이다.

비스킷은 맞춰지는 부재 양쪽 면에 홈을 파고 접착제를 바른 결합물을 끼워 넣는다는 점에서 촉매움이나 꽂임촉과 비슷한 결합 방식이라고 할 수 있지만, 비스킷은 압축된 너도밤나무(beechwood)를 결 방향

서도 곁에서 보기에는 사용된 흔적을 남기지 않는 장점이 있다. 상자의 뚜껑 손잡이를 결합하는 종류의 작업에는 아주 유용하게 적용될 수 있다. 하지만 이런 숨김 꽂임촉은 목공인 대다수를 좌절하게 만들어 왔는데, 작업을 조금만 허술하게 해도 작업 전체가 엄청 까다로워지는 수가 있다. 아주 작거나 불규칙한 형상의 부재에 꽂임촉 구멍을 팔 때에는, 미리 계획해서 모양을 가공하기 전에 구멍을 파두면 좋지만 그렇지 못했을 경우에는 수평을 정확하게 맞추고 클램프로 단단히 고정한 다음 구멍을 뚫는다.

직각으로 자르기의 중요성

대부분 톱으로 무언가를 자른 첫 번째 작업은 나뭇결에 수직한 방향으로 자르는 작업이었을 것이다. 하지만 이런 자르기 작업에는 좀 더 고민해야 할 요소들이 있다. 직각으로 똑바르게 자르는 것은 모든 짜임 작업에서 중요하지만 맞대기 이음에서는 더더욱 중요하다. 톱으로 자르는 동작은 두 방향으로 진행된다. 부재의 수직 방향으로 톱을 움직여 자르는 동시에 부재 아래 방향으로도 톱질을 해야 한다.

손톱을 사용하든지 기계톱을 사용하든지 항상 부재에 곧고 잘 보이게 연필선을 표시하고 작업한다. 연필선을 두껍게 그은 다음 그 중간으로 톱질을 하려고 해서는 안 된다. 연필선은 항상 가늘고 깔끔하게 표시하고 톱을 연필선에서 잘라져 버리는 쪽에 두고 자른다. 톱이 연필선과 작업자 사이에 있도록 부재를 두고 톱질을 하면 쉽다.

손톱으로 자르기

손톱으로 부재를 자를 때에는 먼저 톱을 잘리는 반대 방향으로 움직여 톱선을 만든다. 이렇게 하면 정확한 위치에 톱 길을 낼 수가 있다. 서양톱은 밀면서 부재를 자르고 당기면서 원위치시킨다. 일단 톱자국을

작거나 불규칙한 형상의 부재에 꽂임촉 구멍을 팔 때에는 클램프로 단단히 고정한 상태에서 작업해야 한다.

맞대기 이음을 정확하게 하려면 부재가 정확하게 직각으로 잘려야 한다.

손톱으로 부재를 자를 때에는 톱을 연필선에서 잘려 나가는 쪽에 두고 작업한다.

원형톱에 가이드 시스템을 같이 사용하면 정확한 직각 방향 자르기를 할 수 있다.

한때 건축 업계에서만 사용하던 각도절단기가 요즘은 많은 소규모 공방에서 자르기 작업에 사용되고 있다.

간단한 자르기용 썰매 지그를 만들어 사용하면 테이블쏘에서 정확하게 90도로 자르기 작업을 할 수 있다.

래에 두고 작업하면 힘을 덜 쓰면서 작업할 수 있다. 물론 톱날은 날카로워야 한다.

원형톱으로 자르기

원형톱을 쓰면 당연한 얘기지만 손톱보다 월등히 빠른 속도로 작업을 할 수 있는데, 더 훌륭한 점은 정확도까지 보장할 수 있다는 데 있다. 똑바로 직선으로 자르기를 하는 가장 좋은 방법은 곧은자에 대고 자르는 것이다. 똑바른 판재에 대고 잘라도 된다. 나무토막에 가이드 펜스를 대고 자르기를 해보면 펜스에서 톱선까지의 거리를 알 수 있다. 자를 연필선에서 이 거리만큼을 띄워 펜스를 두고 작업하면 된다. 상용으로 나온 원형톱 가이드 시스템을 사용하면 더 정확하게 자르기를 할 수 있다. 사진에서와 같은 페스툴(Festool)사의 가이드 레일은 고무로 된 쪼개짐 방지 장치가 장착되어 있으면서 연필선 위에 바로 클램프로 조여 사용할 수 있다. 톱날이 알루미늄으로 된 홈을 따라 움직이면서 아주 훌륭한 결과물을 얻을 수 있다. 뜯김을 방지하려면 부재 끝에 나무토막을 덧대어 작업한다.

각도절단기로 자르기

각도절단기는 대부분의 공방에서 자르기 작업에 가장 많이 쓰이는 기계이다. 이동이 가능하면서도 정확하고(너무 험하게 쓰지만 않는다면) 편리하다. 작업대에 각도절단기를 고정해두고 작은 부재를 절단할 때 사용할 수도 있다. 일반적으로 잘린 부재를 빼내기 전에 톱이 정지할 때까지 기다리는 것이 좋은데, 이러면 잘라진 부재가 톱날에 튕겨져 날라 가는 것을 방지할 수 있다.

낸 다음 부재 전체에 걸쳐 톱질을 한다. 동양톱은 반대로 당기면서 부재를 자른다.

톱질을 할 때 처음 몇 번은 톱 옆면에 손가락 등을 대고 정확한 위치를 유지한다. 검지로 톱질 방향을 가리키고 가상으로 톱질을 해보는 것도 똑바로 톱질을 하는 데 도움이 된다. 아래 방향으로 너무 많은 힘을 가하면 똑바로 톱질하기가 더 어려워진다. 자르는 것은 톱이 하는 것이고 작업자는 톱날을 똑바로만 유지한다는 생각만 하면서 톱질을 한다. 톱을 어깨보다 아

테이블쏘에서 자르기

테이블쏘는 정밀하게 자르는 작업을 할 때 내가 가장 많이 사용하는 기계이다. 자르기용 썰매 지그를 잘 만들어두면 같은 길이로 정확하게 반복해서 자를 수 있다. 테이블쏘의 유일한 제약점이라면 작업 가능한 부재의 두께 정도다. 긴 부재도 썰매 지그의 바닥면 두께만큼의 판재를 지그 옆 테이블쏘 정반 위에 두고 작업하면 잘린 다음에도 부재가 기우뚱 거리지 않고 작업이 가능하다.

못을 이용한 맞대기 이음

독자들 대부분의 첫 번째 목공 작업은 아마 두 판재를 맞대고 못으로 박아 붙여서 만들었을 것이다. 이 작업을 위해서는 먼저 부재를 정 치수대로 대패질을 하고 잘라 재단한다.

▶ 47쪽의 '직각으로 자르기의 중요성'을 참고한다.

부재에 접착제를 바르고 클램프로 조여 못을 박는 동안 미끄러져 어긋나지 않도록 한다(A, B).

손으로 못을 박을 때에는 못이 수직으로 들어가도록 주의해야 한다. 옆에서 보면서 작업하면 못이 기울어져 부재 옆면으로 삐져나오기 전에 미리 못 각도를 조정할 수 있다(C). 네일 펀치(nail set)를 사용하면 못 머리를 부재 표면 아래로 박아 넣을 수 있어서, 튀어나온 못 머리가 주변 부재에 닿아 손상시키는 것을 방지할 수 있다(D).

장식못 맞대기 이음

장식못(escutcheon pin)은 일반적으로 둥근 머리를 가진 색깔이 있는 못으로, 못 자체가 아름다워서 장식적 요소 역할을 하는데, 맞대기 이음을 튼튼히 고정하고자 할 때 사용한다. 먼저 부재를 원하는 치수로 정확하게 재단한다.

> ▶ 47쪽의 '직각으로 자르기의 중요성'을 참고한다.

대부분의 목재는 예비 구멍을 뚫고 못을 박아야 쪼개지지 않는다. 게다가 예비 구멍을 뚫어놓으면 정확히 원하는 위치에 못을 박을 수 있어 좋다.

장식못의 구경을 확인하고 예비 구멍을 뚫을 비트 크기를 결정한다. 나는 캘리퍼스를 사용하는데 장식못과 비트를 한 번에 측정하여 크기가 같은지 확인한다. 손을 떼었을 때 못이 먼저 떨어지면 못이 비트보다 작은 것이다(A).

예비 구멍을 뚫을 때에는 부재를 편평한 곳에 두거나 바이스로 고정하고 작업한다(B). 마지막으로 네임 펀치를 사용하여 못을 하나씩 박아 넣어 못 머리가 부재 표면에 딱 붙도록 한다(C).

타정기 맞대기 이음

공압으로 작동하는 에어타카(brad nailer)나 타정기
(nail gun)를 사용하면 손으로 못을 박는 것보다 열 배
는 빠르게 작업을 할 수 있지만 위험 요소에 훨씬 더
많이 노출된다. 먼저 부재를 치수대로 정확하게 재단
해 준비해둔다.

▶ 47쪽의 '직각으로 자르기의 중요성'을 참고한다.

먼저 부재에 접착제를 바르고 클램프로 조여두면
쉽게 작업할 수 있다(A). 못은 부재에 수직으로 박을
수도 있고 살짝 각도를 줘서 박을 수도 있다. 각도를
주고 못을 박으면 좀 더 지지력이 좋아진다(B).

공기 압력이 충분히 크다면 에어타카 핀 머리가 자
동으로 부재 내부로 박혀 들어가게 된다. 머리가 들어
가면서 생긴 구멍은 퍼티를 발라 채울 수 있다. 유성
퍼티보다는 수성 퍼티가 좀 더 좋은데, 퍼티를 바르고
공구를 닦기가 수월하기 때문이다. 구멍을 채우고 좀
남을 정도로 퍼티를 충분히 많이 바른다. 퍼티가 마른
다음 사포로 문질러 부재 표면을 편평하게 맞춘다(C).

> ⚠️ **주의** 타정기는 영어로 네일건(nail
> gun)으로 불리는데, 이름에 걸맞게 엄청난
> 압력과 속도로 못을 총처럼 발사하여 잘못
> 사용하면 심각한 상해를 입을 수 있다. 손
> 가락을 작업하는 부재 표면에서 항상 멀리
> 두고, 타정기 앞쪽으로 아무도 없는지 확
> 인하고 작업한다.

나사못 맞대기 이음

나사못을 사용하는 맞대기 이음은 못을 사용하는 것과 비슷하다. 단지 고정물을 못 대신 나사못을 사용할 뿐이다. 나사못에는 나사산이 있어서 못보다 강하게 결합시킬 수 있다. 먼저 부재를 원하는 치수대로 정확하게 재단해둔다.

▶ 47쪽의 '직각으로 자르기의 중요성'을 참고한다.

다른 방법과 마찬가지로 먼저 부재에 접착제를 바르고 클램프로 조여두면 나사못을 박는 동안 부재가 움직이지 않는다(A). 돌려서 박는 나사못은 못처럼 부재를 쉽게 쪼개버리지는 않지만 그래도 대부분의 경우 예비 구멍과 함께 접시머리 자리를 파두는 것이 좋다. 머리 구멍이 없으면 나사못이 부재 위로 튀어나와 있게 되고, 하드우드일 경우 예비 구멍이 없으면 아예 박혀 들어가지 않을 수도 있다.

▶ 43쪽의 '나사못 박기' 상세 내용을 참조한다.

전동 드릴에 카운터싱크 비트와 멈춤 칼라가 장착된 이중 비트를 사용하면 가장 쉽게 예비 구멍을 팔 수 있다. 나사못을 아예 안 보이게 하려면 목심 박을 자리까지 깊게 카운터싱크를 만든다(B). 나사못은 접착면에 수직이 되도록 박는다.

[TIP] 나사못에 왁스를 조금 바르고 작업하면 훨씬 쉽게 박을 수 있다.

만일 나사못 머리가 뭉개지거나 헛돌면 맞는 크기의 드라이버 비트를 사용하는지 확인해본다(C).

포켓 나사못 맞대기 이음

포켓 나사못 지그를 정확한 위치에 두고 클램프로 단단히 고정한다. 드릴 비트에 종이 테이프를 감아 구멍 깊이를 표시해둔다. 구멍을 너무 깊게 파면 나사못이 반대편으로 부재를 뚫고 튀어나오게 되므로 주의해서 나사못 구멍을 뚫는다(A).

포켓홀 나사못은 대부분 십자 머리에 셀프 태핑 (self-tapping) 나삿니를 가지고 있어서 나무에 쉽게 박힌다(B). 사진과 같이 서랍 등을 조립할 때에는 접착제를 사용하는 것을 추천하는데(C), 포켓 나사못을 쓰면 클램프가 크게 필요하지는 않다.

나사못 구멍 막기

나사못 구멍을 막기 전에 드라이버로 나사못을 한 번 더 돌려보아 단단히 조여졌는지 확인한다. 이쑤시개를 사용해서 접착제를 구멍 입구에 바르고 목심 나뭇결을 본 부재와 같이 정렬해 꽂는다(A). 망치로 목심을 쳐서 박는데 수직으로 똑바로 들어가는지 확인하면서 작업한다.

접착제가 건조되면 튀어나온 목심을 다듬어 깨끗하게 하는 데 몇 가지 방법이 있다. 유연하게 휘어지면서 톱니 좌우각이 거의 없는 플러그 톱을 쓰면 간편하고도 빠르게 튀어나온 목심을 제거할 수 있다. 주변 부재가 갈리지 않도록 신경 쓰면서 작업한다(B).

날카로운 손대패를 사용해서 목심을 정리할 수도 있다. 몇 번 연습 삼아 깎아보면 어느 방향으로 깎아야 되는지 알 수 있다. 목심이 작아질수록 깎는 속도를 늦춰 작업한다. 너무 많이 깎아 주변 부재에 잘못된 대패 자국을 남기지 않도록 주의한다(C).

라우터로 목심 정리하기

플런지 라우터는 튀어나온 목심을 아주 빠르게 제거하여 깨끗하게 만들 수 있다. 핵심은 비트 깊이를 표면보다 아주 살짝 높게 맞추는 것이다(A). 두꺼운 종이 한 장을 부재 위에 두고 플런지 깊이를 조정한다. 이렇게 하면 정확히 종이 두께만큼만 남기고 목심을 제거할 수 있다(B). 라우터를 목심 위에 두고 눌러 튀어나온 목심을 제거한다. 남아 있는 부분은 스크레이퍼나 사포로 간단히 제거할 수 있다(C).

장식용 목심 박기

상용으로 많이 판매되는 원형의 목심을 쓰면 고급 가구에서 아주 매력적으로 보이지는 않는다. 목심을 여러 형태의 장식 요소가 들어가도록 직접 제작하면 작품을 더욱 활력 있게 만들 수 있다(A). 부재에 대비되는 색깔의 목재로 사각형의 장식용 목심을 박는데, 표면을 부재 높이로 편평하게 다듬을 수도 있고, 살짝 둥근 돔 형태로 튀어나오게 만들거나 조각을 하여 모양을 만들 수도 있다.

먼저 일반적인 나사못을 박는 과정과 마찬가지로 나사못 머리가 들어갈 카운터싱크 구멍을 판다. 그다음 끌을 사용하여 원형의 구멍을 사각형으로 파낸다. 파낼 때에는 부재에 끌 선을 남기지 않도록 주의한다. 손과 눈을 믿고 조심스럽게 작업하는데, 끌 선이 겹쳐지면 안 된다(B). 사각형으로 파낸 구멍에 맞는 목심을 재단하는데, 구멍보다 살짝 크게 만든다. 사진에서 보는 사각형 구멍은 6mm 크기인데, 먼저 펜스를 대고 밴드쏘에서 먼저 대충 잘라낸다(C). 그다음 테이블쏘에서 가는 밀대를 사용하여 구멍보다 1mm 정도 크게 정재단한다(D). 즉 만들어진 목심의 크기는 7mm의 정사각형이다.

손대패로 다듬으면 톱자국을 없앨 수 있다. 그다음 끌이나 줄, 사포 등을 사용하여 끝부분을 모따기해둔다(E). 모따기를 하면 구멍에 쉽게 박을 수 있다. 약간 큰 목심이 구멍에 생긴 끌질 실수를 채워 보이지 않게 해준다. 끌을 사용하여 튀어나온 목심을 깨끗이 정리한다.

물론 대패나 라우터로 튀어나온 목심을 깎아 편평하게 만들 수 있지만, 나는 일부러 약간 튀어나오게 만들어서 수작업의 묘미를 살리는 편이다. 손대패로 주변보다 1.5mm 정도 튀어나올 때까지만 깎은 다음 120-grit의 사포로 둥글게 다듬는다.

조각을 해서 모양을 만들 때에는 모서리에서 중심

부 방향으로 깎는다. 못 쓰는 합판을 부재 위에 두고 부재를 보호하고 작업한다. 날카로운 끌을 지렛대처럼 누르면서 중심부 방향으로 깎는다(F). 수십 번 끌질을 하다 보면 아름답게 늘어선 목심을 만들 수 있을 것이다(G).

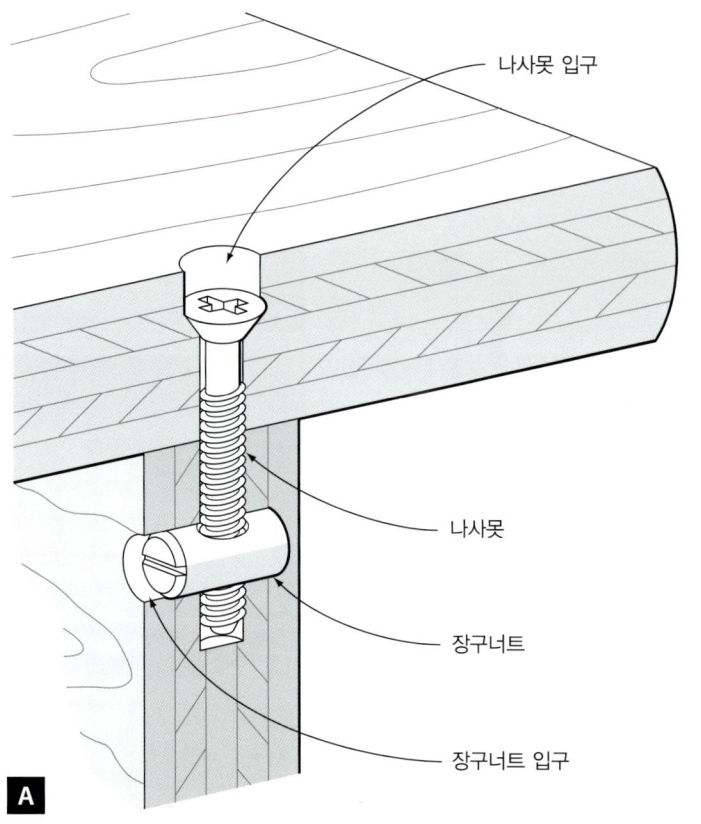

나사못 입구

나사못

장구너트

장구너트 입구

A

장구너트로 맞대기 이음

　장구너트(cross dowel)[7]는 원형의 금속 막대로 중심부에 길이 방향에 수직으로 나사산이 있는 구멍이 있다(A). M-규격 나사(machine screw)를 구멍에 끼워 넣으면 부재를 당겨 단단히 조립이 된다(B).

　장구너트를 감추고 싶으면 12mm 직경으로 카운터 싱크 구멍을 판 다음, 10mm의 장구너트보다 살짝 큰 구멍을 판다(C). 작은 나사가 들어갈 구멍도 장구너트 구멍과 만나도록 파는데, 충분히 깊게 파서 나사가 장구너트를 관통해서 지나갈 수 있도록 한다. 목심으로 구멍을 메울 것이므로 에폭시 접착제를 사용하여 장구너트를 고정하는데(D), 나사 구멍이 잘 정렬되도록 한 다음 접착제를 바른다. 장구너트 끝에는 홈이 파 있어서 일자 드라이버로 구멍을 정렬할 수 있다(E).

7) 짱구 너트. 배럴 너트 등으로도 불린다.

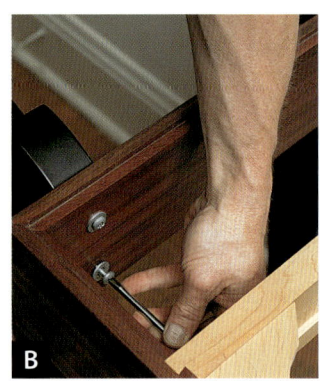

B

C

D

E

타이트-조인트 맞대기 이음

타이트-조인트(tite-joint)는 넓은 합판으로 만든 사무용 가구에서 흔히 쓰이는 고정물이다. 타이트-조인트를 사용하여 디자인하면 현장에서 조립이 가능하다.

먼저 고정물의 연결 몸체와 링이 들어갈 22mm 크기의 카운터보어 구멍을 두 개 뚫는다. 비트의 중앙에 있는 중심축이 부재를 뚫고 반대편으로 나오지 않도록 주의해서 작업한다(A). 사진에서 보는 멀티스퍼(multi-spur) 비트로 구멍을 깊게 파면 부재 뒤로 구멍이 뚫리기 쉽다. 그래서 원하는 깊이만큼 구멍을 파기 위해서 라우터를 사용하였다. 위쪽에 베어링이 장착된 플러쉬트림 비트를 라우터에 장착하고 베어링을 앞에서 뚫어놓은 구멍 내경에 대고 돌려서 연결 몸체가 들어갈 수 있을 만큼 깊이로 구멍을 깊게 만든다(B).

그다음 12mm 비트를 써서 옆 모서리면에 구멍을 뚫는다. 이 구멍으로 연결 볼트가 들어가게 된다. 미리 뚫어놓은 몸체 구멍에 닿도록 관통시켜 뚫는다(C). 3mm 드릴 비트를 사용하여 몸체를 돌리면 볼트 머리가 조여지면서 링을 당겨 두 부재를 단단히 붙이게 된다(D).

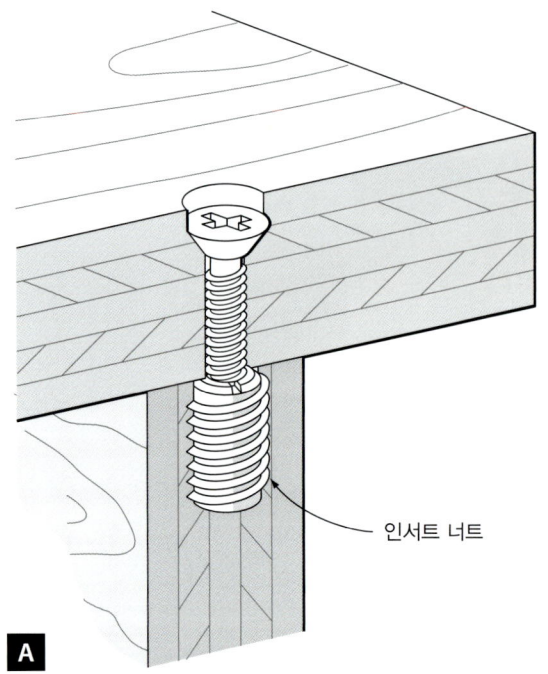

인서트 너트

인서트 너트 맞대기 이음

인서트 너트(threaded insert)는 번데기 너트, 스크류-인 슬리브(screw-in sleeve)라고도 불리는데, 너트 바깥쪽으로 목재용 나사산이 나 있어서 부재 내부에 박아 넣을 수 있는 너트형 고정물이다(A). 너트 내부 나사산은 M-규격으로 나 있고, 나사를 조이면 두 부재가 당겨 고정하게 된다. 다른 분해결합 고정물보다는 작업하기가 좀 더 까다로운데, 인서트를 수직으로 박기가 어렵기 때문이다. 인서트를 박을 때에는 좋은 공구를 사용하고 시간을 들여 세밀하게 작업한다.

먼저 인서트를 박을 구멍을 뚫는다. 모서리면에 작업할 때에는 꽂임촉 지그를 쓰면 정확히 중심에 구멍을 뚫을 수 있다(B). 지그를 제거하고 인서트 크기에 맞춰 좀 더 큰 비트로 다시 구멍을 뚫는다. 이렇게 해야 인서트를 박으면서 부재가 불룩해지는 것을 방지할 수 있다. 인서트를 박을 때 주변을 클램프로 조여 놓고 작업해도 된다.

T-드라이버나 소켓 렌치를 사용하여 인서트를 박아넣는다(C). 인서트 너트는 기울여져 박히기가 아주 쉽다. 인서트가 수직으로 박히는지 확인하면서 작업한다. 인서트 위치가 반대편 부재 나사 구멍과 일치하는지 확인한다(D).

끝면 맞춤 비스킷 결합

결합할 판재에 비스킷 위치를 표시한다(A). 부재 폭에 맞춰 원하는 개수만큼 비스킷을 박을 수 있지만, 양 끝 모서리 부근에서는 비스킷 홈이 외부로 노출되지 않도록 주의해서 위치를 잡는다. 비스킷 홈이 부재 두께의 중앙에 위치하도록 비스킷 조이너의 높이를 맞추고 작업한다. 높이 조정 펜스가 90도 위치에 잘 고정되어 있는지 확인하고 작업한다. 비스킷 조이너의 회전 날물과 펜스가 평행하지 않을 경우 적당한 심을 끼워 수평을 맞춘다. 사진에서 보는 것처럼 비스킷 조이너 옆면에 중심선이 표시되어 있다. 이 중심선이 부재의 두께의 가운데에 위치하도록 조정해도 되고, 비스킷 조이너의 눈금을 보고 부재 두께의 절반에 맞춰 작업할 수도 있다(B).

비스킷의 위치는 연필로 부재에 표시한다. 결합할 부재를 클램프로 조인 상태에서 한 번에 표시할 수도 있다(C). 비스킷 조이너를 위에서 보면 커터 중앙 위치에 중심선이 표시되어 있다. 이 선을 앞에서 표시한 연필선에 맞추고 비스킷 홈을 판다. 부재를 클램프로 작업대에 단단히 고정하거나 작업대 턱에 단단히 밀착시켜서 작업 중 흔들리지 않게 한다.

비스킷 홈을 팔 때에는 수평 펜스를 부재에 단단히 밀착시키고 작업하여 비스킷 조이너가 부재에 평행한 상태를 유지해야 한다(D). 대부분의 짜임 작업에서와 마찬가지로, 작업하기 전 못 쓰는 나무토막에 테스트 홈파기를 해봐서 세팅 값을 확인한다.

부재 모서리에 비스킷 홈을 파는 것은 비교적 쉽다. 하지만 만나는 부재의 넓은 면에 파는 것은 조금 까다롭다. 다른 판재를 사용해서 비스킷 조이너를 지지하고 작업해야 한다(E). 지지하는 판재를 부재의 끝선에 맞추고 클램프로 조인 다음, 비스킷 조이너를 이 판재에 밀착시키고 홈을 판다(F).

비스킷 홈은 적당한 속도로 눌러서 파야 한다. 너무 빨리 누르면 불필요하게 힘을 많이 가해야 하기 때문에 모터가 멈추거나 날물이 무뎌질 수 있다. 반대로 너무 천천히 작업하면 부재가 날물에 탈 수 있으므로 주의한다. 비스킷 조이너에 먼지 봉투를 장착하거나 집진기를 연결하여 작업한다.

편평한 붓을 사용하여 접착제를 비스킷 홈에 바른다. 접착제를 아껴 너무 조금 바르면 비스킷이 충분히 부풀어 오르지 않게 된다. 비스킷을 박을 때 접착제가 어느 정도 밀려나올 만큼 바른다. 비스킷 홈에는 좌우로 유격이 있으므로 비스킷이 홈의 중앙에 잘 박혔는지 확인하고 다음 비스킷을 박는다(G).

> ⚠️ **주의** 작은 부재에 작업할 때 손으로만 고정하고 작업해서는 안 된다. 클램프로 고정한 다음 작업하도록 한다.

중간 맞춤 비스킷 결합

선반이나 칸막이처럼 부재 중간에 비스킷으로 맞대기 이음을 할 때에는 조금 다른 기술이 필요하다. 확실한 것은 부재 중간에서는 수평 펜스를 사용해서 비스킷 조이너의 위치를 맞출 수 없다는 것이다. 이때에는 비스킷 조이너의 바닥면을 써서 위치를 맞춘다. 먼저 비스킷을 박을 위치를 표시한다. 직각자를 사용하여 선반의 위치를 잡는다.

선반을 붙일 옆판에 선반 부재의 바닥면이나 윗면에 맞춰 연필선을 긋고, 비스킷 홈의 중앙을 표시한다(A). 그다음 선반 부재를 90도 돌려 눕혀 그어놓은 연필선에 부재 모서리를 맞춰 클램프로 조인다. 눕혀놓은 부재의 모서리가 비스킷 홈을 팔 때 펜스 역할을 하게 된다. 펜스에 비스킷 조이너 밑면을 맞추고 비스킷 홈을 판다(B). 선반 부재 모서리에 비스킷 홈을 파는 방법은 끝면 맞춤을 할 때와 동일하다.

▶ 59쪽의 '끝면 맞춤 비스킷 결합'을 참고한다.

이렇게 결합을 할 때에는 삐져나온 접착제를 닦아내는 것이 어려울 수 있으므로, 접착제 양을 잘 조절하여 조립한다(C).

관통 꽂임촉

맞대기 이음을 관통 꽂임촉으로 튼튼하게 할 수 있다. 관통 꽂임촉은 조립이 끝난 상태에서 작업하기 때문에 아주 간단하게 구멍만 파서 적용할 수 있다.

접합면에 평행한 쪽에서 구멍을 뚫는다(A). 여기서 사용한 꽂임촉은 아주 미세하긴 하지만 건조되면서 타원 형상으로 변해서 너무 헐렁하게 구멍에 끼워졌다. 구멍도 너무 마구리면 쪽으로 붙었는데, 이러면 꽂임촉을 쳐 넣을 때 깨질 수 있어서 0.5mm 더 크게 다시 구멍을 뚫었다. 꽂임촉을 박아 넣기 전에 항상 꽂임촉 직경과 드릴 비트 크기를 확인한다.

꽂임촉의 직경은 꽂임촉 판(dowel pop)을 써서 줄일 수 있다. 상태가 좋은 트위스트 비트를 사용해서 철판에 적당한 크기로 구멍을 뚫는다. 그다음 꽂임촉을 철판 구멍에 대고 쳐서 통과시키면 크기를 조정할 수 있다. 목심이 건조되어 수축하면서 생긴 뒤틀림이 철판 구멍을 통과하면서 깎여 나가게 된다(B).

접착제를 바르기 전에 꽂임촉 끝 모서리를 사포에 갈아 모따기를 해둔다. 이러면 훨씬 쉽게 박아 넣을 수 있다(C). 접착제가 건조되면 톱으로 튀어나온 꽂임촉을 부재 표면 높이로 잘라낸다. 두꺼운 종이를 톱과 부재 사이에 끼우고 작업하면 부재 표면에 톱날 자국을 남기지 않고 작업할 수 있다. 종이 두께만큼 톱날이 들려서 부재를 손상시키지 않게 된다(D). 톱을 잡지 않은 손을 톱날 뒤쪽에 두고 작업해야 꽂임촉이 잘린 다음 앞으로 튀어나가는 톱날에 손을 다치지 않는다.

마지막으로 날카로운 끌로 남은 꽂임촉을 깎아내어 부재 표면과 맞춘다(E). 꽂임촉의 잘려진 단면은 마구리면이기 때문에 주변 부재보다 살짝 진한 색깔을 띠어 장식 요소로 역할을 하게 된다(F).

꽂임촉 지그를 사용한 막힌 꽂임촉

꽂임촉 지그를 써서 구멍을 뚫고 맞춰서 상자를 제작해본다. 부재에 꽂임촉의 중심 위치를 표시한다(A). 양 끝 모서리 부근에는 꽂임촉을 몇 개 더 넣어야 부재가 휘는 것을 방지할 수 있다. 상태가 좋은 브래드포인트 비트를 사용하여 구멍을 뚫는다. 비트의 중심축 덕분에 구멍 위치를 잡기 어려운 마구리면에서도 정확한 위치에 구멍을 뚫을 수 있다.

구멍의 깊이를 측정한 다음 비트를 지그에 꽂아두고 지그 위로 측정한 깊이만큼 테이프를 감아둔다(B). 비트 앞에 있는 브래드포인트의 길이만큼 더해 표시해야 한다. 지그가 부재 끝에 위치할 경우 같은 두께의 다른 부재를 이어놓고 지그를 지지한 다음 조여 고정한다. 이렇게 하면 지그가 작업 중에 돌아가지 않게 된다(C).

마구리면에 구멍을 뚫었으면 이어지는 판재면에도 구멍을 뚫는다. 중심핀 플러그(dowel center)를 앞서 작업한 꽂임촉 구멍에 꽂아두고 마주하는 구멍 위치를 잡을 수 있다. 모서리에서 떨어져서 이을 때에는 적당한 스페이서를 사이에 두고 작업한다. 두 부재를 맞춘 다음 망치로 살짝 때려 구멍 중심 위치를 반대 부재에 옮긴다(D). 표시한 위치에 구멍을 뚫을 때에는 드릴 프레스를 사용해야 가장 정확하게 작업할 수 있다. 펜스에 부재를 대고 비트 깊이를 맞춰 부재 반대면으로 구멍이 관통되지 않도록 한다(E).

꽂임촉에 길이 방향으로 톱자국을 몇 개 만들어 접착제가 빠져나올 수 있는 길을 만들어둔다. 그다음 꽂임촉을 박아 넣는데, 꽂임촉을 충분히 깊게 박았는지 확인할 수 있도록 높이 블록을 옆에 두고 망치로 박는다(F). 꽂임촉을 다 박았으면 부재를 조립한다. 조립시에는 납볼망치(dead-blow hammer)를 사용하고 클램프를 옆에 두어 필요할 때 즉시 쓸 수 있도록 준비해준다(G).

는다. 부재를 드릴 프레스 펜스에 단단히 고정하고 작업한다(A).

부재 수직 방향으로 구멍을 뚫을 때에는 수평 보링 기계로 작업하면 좋지만, 기계가 없을 경우에는 드릴 프레스 정반을 90도 돌려놓고 작업하면 된다. 수직 드릴 지그를 써서 정확한 위치에 부재를 단단히 고정한다(B). 만들어놓은 템플릿을 부재 위에 밀착시키고 손으로 잡거나 못으로 고정시킨다. 템플릿을 부재 모서리에 맞춰 잘 정렬한다. 모든 위치에 구멍을 뚫는데, 작업 도중에 비트를 자주 들어서 톱밥을 밖으로 배출시키고 비트를 식히면서 작업한다. 수평 방향 구멍도 같은 방법으로 작업한다(C).

> 29쪽의 '드릴 프레스 지그' 도면을 참고한다.

꽂임촉 끝을 모따기하여 쉽게 들어가도록 만든다(D). 모따기 비트를 사용하여 구멍 입구도 모따기를 해두면 좋다. 이렇게 하면 구멍을 뚫으면서 비트에 뜯긴 목재 섬유질이나 꽂임촉이 박히면서 생기는 부스러기가 혹시 생기더라도 모따기를 해서 만들어진 공간에 남아 있어 부재 사이에 틈을 만들지 않는다.

사진에서 보는 꽂임촉은 표면에 접착제가 배출될 길을 미리 만들어놓은 것들이다. 만약 접착제 배출 길이 없는 것을 사용한다면 톱자국을 길이 방향으로 몇 개 내어놓는다.

조립하기 전 한 가지 도움이 될 수 있는 과정이 있는데, 꽂임촉을 가열하는 것이다. 종이상자에 백열전구를 위에 달아놓고 임시 오븐을 만든다(E). 꽂임촉을 캔에 담은 다음 전구 밑에 두어, 꽂임촉이 열을 받으면서 수분이 어느 정도 없어질 때까지 가열한다. 이렇게 하면 좀 더 쉽게 꽂임촉을 박을 수 있다. 꽂임촉이 접착제에 닿으면 수분을 흡수하여 다시 부풀어 오르면서 구멍에 딱맞게 고정된다(F).

템플릿을 사용한 막힌 꽂임촉

부재 폭에 맞춘 템플릿을 만들어 작업해본다. 템플릿 부재에 중심선을 긋고 비트 위치를 맞춰 구멍을 뚫

은촉홈, 세로홈, 가로홈 결합

은촉홈

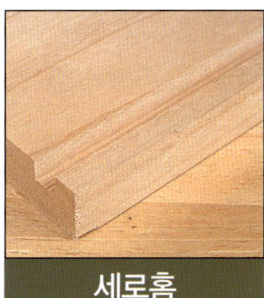

세로홈

가로홈

가로홈 은촉 결합

제혀쪽매 맞춤

턱 있는 가로홈

서랍 맞춤

딴혀 맞춤

은 촉홈(rabbet)과 세로홈(groove), 가로홈(dado)은 캐비닛 제작에 표준적으로 사용되는 짜임 방식으로, 짜임 자체는 간단하지만 지지 강도가 크고 넓은 접착면을 확보할 수 있다. 이 짜임 방식은 합판이나 파티클보드로 제작할 때 유용한데, 이런 합성 목재는 나뭇결 방향을 고려하지 않아도 되기 때문이다. 원목으로 만든 캐비닛에 이 짜임들을 사용할 때에는 언제나 마구리면이 접착되기 때문에 접착력 측면에서 이상적인 방법은 아니다. 큰 무게를 지지할 필요가 없으면서 빨리 제작해야 하는 캐비닛이나 상자를 제작할 때 정도에만 사용하는 것이 좋다. 이 짜임들은 못이나 나사못, 꽂임촉 등으로 보강할 경우 훨씬 더 견고히 제작할 수 있다.

기본적인 면과 모서리의 맞대기 이음에 간단한 반턱을 하나 추가하면 그것이 은촉홈 짜임이 된다. 이렇게 만들어진 반턱은 조립도 훨씬 쉽게 해주면서 짜임 구조에서 지지되는 면을 더 확보할 수 있다.

은촉홈과 가로홈, 세로홈 짜임은 합판으로 된 큰 판재에서부터 작은 서랍의 밑판까지 여러 상황에서 유용하게 적용이 가능하다. 이 짜임 방식을 써서 작은 서랍장이나 상자, 실내 공간을 구분하는 파티션까지 제작할 수 있다. 게다가 살짝 변형하여 사용하면 문짝 알판, 서랍 바닥판, 캐비닛의 분할대에도 적용할 수 있다.

각 짜임의 명칭은 무엇은 뜻하는가?

모서리 은촉홈과 마구리 은촉홈 짜임의 차이는 무엇인가? 세로홈과 가로홈, 제두께 가로홈은 각각 무엇인가? 용어 자체를 보면 대충 구별을 할 수 있다.

은촉홈은 부재 중간까지만 파낼 수도 있고 양쪽 끝에서 끝까지 전부 따낼 수도 있다. 부재의 양 끝 마구리 쪽에 은촉홈을 파면 캐비닛이나 상자를 만들 때 쓸 수 있는데, 원목을 사용하여 이렇게 짜임을 만들면 접착면이 항상 나뭇결면과 마구리면이 붙게 되어 이상적인 짜임으로 볼 수는 없다. 합판이나 파티클보드를 써서 제작할 때에는 어느 정도 접착력을 확보할 수 있어서 고정물이 꼭 필요하지는 않지만 그래도 쓰는 것이 지지력 증가 측면에서 좋다. 부재의 옆모서리 쪽에 은촉홈을 파고 이어서 캐비닛 뒤판이나 바닥판을 만

이 마호가니 선반장의 외부틀은 은촉홈 짜임으로, 선반은 가로홈 짜임으로 만들어졌다.

마호가니 캐비닛의 뒤판 자리는 관통 은촉홈과 막힌 은촉홈이 모두 쓰였다.

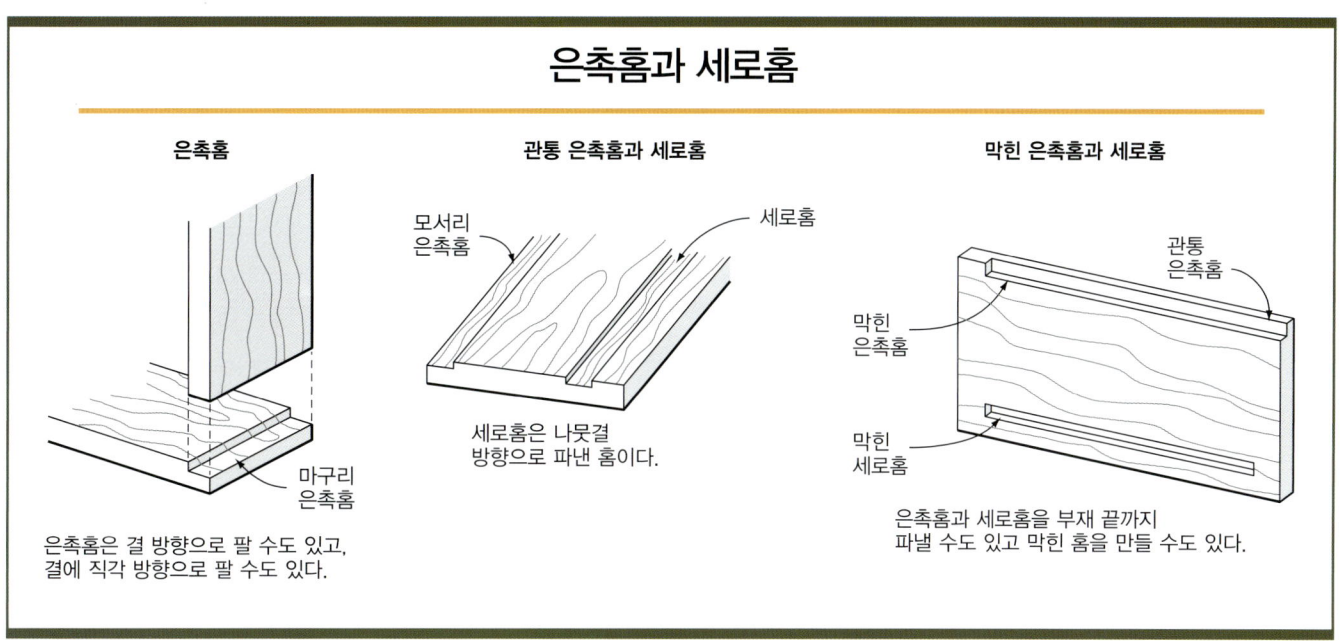

은촉홈과 세로홈

은촉홈

은촉홈은 결 방향으로 팔 수도 있고,
결에 직각 방향으로 팔 수도 있다.

마구리
은촉홈

관통 은촉홈과 세로홈

모서리
은촉홈

세로홈

세로홈은 나뭇결
방향으로 파낸 홈이다.

막힌 은촉홈과 세로홈

막힌
은촉홈

막힌
세로홈

관통
은촉홈

은촉홈과 세로홈을 부재 끝까지
파낼 수도 있고 막힌 홈을 만들 수도 있다.

들 수 있다. 하지만 원목으로 이렇게 제작할 때에는 추가로 짜임 강도를 보강할 수 있어야 한다. 반턱 쪽매 이음(shiplap)처럼 긴 부재를 정렬하여 이어 붙일 때 모서리 은촉홈 짜임이 사용되기도 한다. 세로홈은 말 그대로 부재의 모서리에 평행하게 나뭇결 방향으로 파낸 홈이다. 서랍 밑판이나 뚜껑을 끼울 때 사용할 수 있다. 세로홈은 부재를 관통해서 뚫을 수도 있고 부재 중간에 혹은 한쪽만 막히게 뚫을 수도 있다. 강도를 확보하고 깔끔하게 보이려면 부재 두께의 삼분의 일 정도 깊이로 뚫는다.

부재 표면 중간에 나뭇결 방향으로 홈을 판 것이 세로홈(groove)인데 같은 모양의 홈을 나뭇결에 직각 방향으로 파면 가로홈(dado)이라고 부른다. 두 가로홈 사이에 판재를 끼워 선반이나 캐비닛 분할판을 결합할 수 있다. 세로홈이나 은촉홈과 마찬가지로 가로홈 역시 관통 형식이나 막힌 형식 모두 만들 수 있다.

제두께 짜임(housed joint)은 선반이나 서랍 러너 등을 부재 두께만큼 가로홈에 끼워 만들어지는 결합이다. 관통 가로홈이나 막힌 가로홈을 비롯하여 통주먹장(sliding dovetail)도 제두께 짜임으로 만들 수 있다.

이 부재는 결 방향으로는 막힌 세로홈이, 나뭇결 직각 방향으로는 관통 가로홈이 파져 있다.

사진에서 보는 캐비닛의 선반처럼 제두께 가로홈 결합은 부재 두께만큼 가로홈을 파서 끼워 넣는 짜임이다.

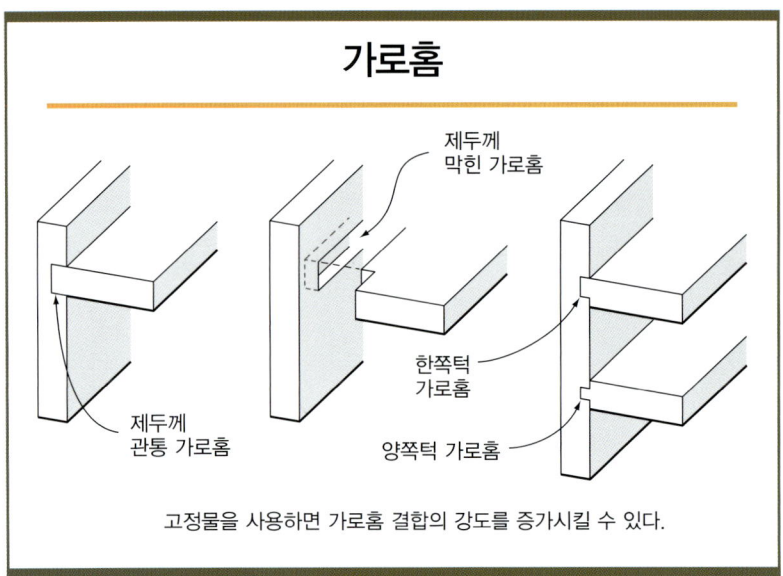

가로홈

제두께
막힌 가로홈

한쪽턱
가로홈

제두께
관통 가로홈

양쪽턱 가로홈

고정물을 사용하면 가로홈 결합의 강도를 증가시킬 수 있다.

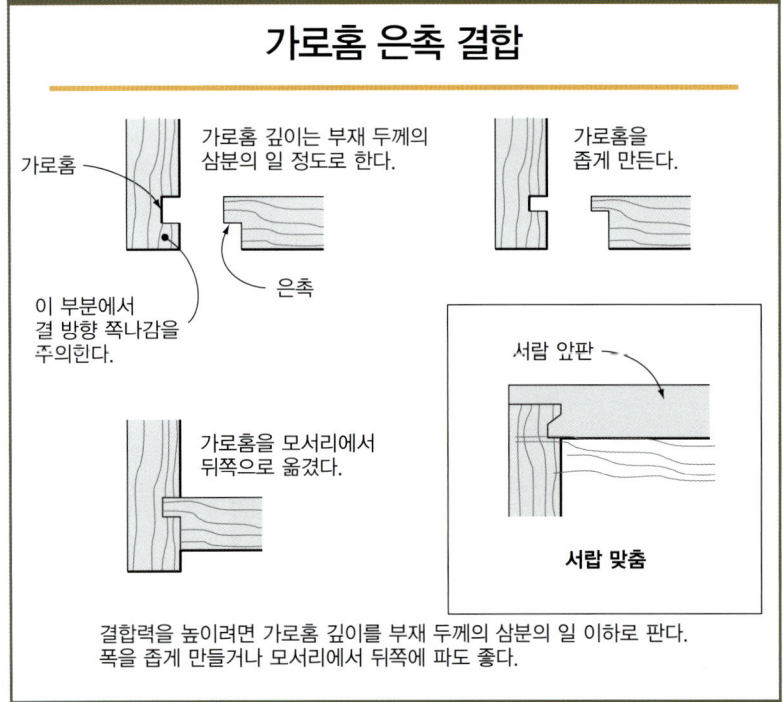

가로홈 은촉 결합

가로홈

가로홈 깊이는 부재 두께의
삼분의 일 정도로 한다.

가로홈을
좁게 만든다.

은촉

이 부분에서
결 방향 쪽나감을
주의한다.

서랍 앞판

가로홈을 모서리에서
뒤쪽으로 옮겼다.

서랍 맞춤

결합력을 높이려면 가로홈 깊이를 부재 두께의 삼분의 일 이하로 판다.
폭을 좁게 만들거나 모서리에서 뒤쪽에 파도 좋다.

원목으로 제두께 짜임을 할 때에는 접착면이 나뭇결면과 마구리면이기 때문에 빈틈없이 맞추는 것에 좀 더 신경 쓰고, 나사못이나 못으로 결합력을 강화한다.

제두께 짜임 대신 선반에 턱을 만들어 가로홈에 끼

울 수도 있다. 이렇게 만들면 결합 강도를 좀 더 높일 수 있고, 잘 부서지지 않으며 보기에도 좀 더 깔끔하다. 가로홈 은촉 결합은 부재에 은촉홈을 만들어 가로홈에 끼우는 짜임으로 접착면을 더 확보할 수 있다. 원목이나 집성목 판재에서는 가로홈 옆에 남는 부분이 결 방향으로 쪽이 나갈 수 있어서 주의해서 작업한다. 쪽나감을 방지하는 한 가지 방법은 가로홈을 가능한 한 좁게 만들고 마구리면에서 멀게 만드는 것이다. 가로홈이나 은촉홈을 낮게 파는 것도 방법인데, 되도록 부재 두께의 삼분의 일을 넘기지 않도록 한다.

가로홈 은촉 결합은 작은 틀이나 상자 제작에 사용할 수 있다. 크기가 큰 구조물은 맞추기도 어렵고 큰 부재가 움직이면서 부재가 쪽이 나가기 십상이어서 적합하지 않다. 서랍을 짤 때에는 가로홈이 옆판에 파지도록 만드는 것이 좋다. 이렇게 하면 서랍을 여닫을 때 은촉이 가로홈에 걸리면서 힘을 받을 수 있다.

서랍 맞춤(drawer lock joint)은 특별히 제작된 비트와 회전 속도 조절이 가능한 라우터 테이블을 사용하여 만든다. 서랍 비트처럼 직경이 큰 비트를 사용할 때에는 라우터 회전 속도를 10,000rpm 이하로 낮추고 사용한다. 비트 높이와 펜스 거리를 잘 맞추고 작업한다.

제혀 맞춤(tongue-and-groove)은 은촉홈과 세로홈을 사용한 짜임 방식으로 두 부재를 이어 붙이는 데 유용하게 쓰인다. 이 짜임은 단면 은촉이나 양면 은촉으로 제혀를 만든 다음 세로홈에 끼워 넣는 방식이다. 제혀를 만들 때에는 세로홈 깊이보다 작게 모두 같은 깊이로 만든다. 이렇게 해야 접착제가 들어갈 공간을 만들고 수축팽창에 대응할 수 있다. 먼저 나무토막에 짜임을 만들어 테스트해보고 작업한다. 합판으로 만들 때에는 나뭇결을 고려할 필요 없이 왼쪽에서 오른쪽으로 이송하면서 작업한다.

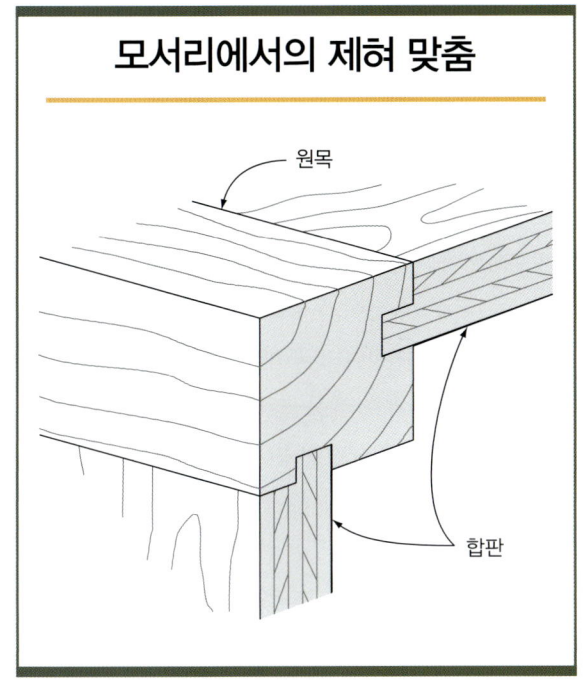

모서리에서의 제혀 맞춤

원목

합판

모서리에 생긴 나뭇결 직각 방향 뜯김은 은촉홈을 만들면서 제거된다.

은촉홈이나 세로홈을 먼저 파내야 할 경우에는 나뭇결에 직각 방향인 가로홈을 파낼 때 뜯길 위험을 감수해야 한다.

나뭇결 방향

은촉홈이나 세로홈, 가로홈을 만들 때에는 부재가 뜯기지 않도록 주의해야 한다. 특히 나뭇결에 직각 방향으로 팔 때에는 마지막에 톱날이나 비트가 부재를 뚫고 나오면서 뜯기기 때문에 더욱 주의해야 한다. 뜯김을 방지하는 방법에는 몇 가지가 있다. 첫 번째 방법은 가장 간단한 방법인데, 나뭇결에 직각 방향 홈을 먼저 파고 그다음 세로 방향 홈을 파는 것이다. 이렇게 하면 직각 홈에서 뜯긴 부분을 세로홈을 파면서 제거할 수 있다.

부재 뒤쪽에 톱날이 통과되는 곳에 마스킹 테이프를 붙이고 가공할 수도 있다. 금긋기칼로 톱날이 지나가는 자리에 미리 칼금을 그어두고 작업하는 것도 한 가지 방법이다. 이 방법은 비싼 무늬목이나 모서리 스트립이 있어서 후속 작업을 할 수 없을 때 사용하면 좋다. 하지만 대부분의 경우에는 그냥 부재를 3mm 정도 넓게 재단한 다음 홈을 다 파고 마지막에 정치수로 끝을 쳐 내면 뜯김이 발생하더라도 깔끔하게 제거된다.

짜임 파내기

짜임 가공 방법에 있어서, 힘이 들지만 효과적인 끌로 쳐내는 방법부터 잘 튜닝된 홈대패(rabbet plane)를 사용하여 좀 더 만족스러운 결과를 얻을 수 있는 것까지 다양한 방법을 사용할 수 있다. 라우터와 테이블쏘는 홈을 파낼 때 가장 많이 쓰이면서 제일 적합한 기계라고 할 수 있다. 하지만 막힌 홈을 파내는 데에는 이들 기계가 새로운 문제점을 발생시킨다는 것도 알아두어야 한다. 이들 기계로는 홈의 끝부분을 둥근 모서리로밖에 만들 수 없다. 이것은 기계 장치들의 날물이 회전하면서 가공하기 때문에 발생하는 현상이다. 하지만 아래의 위쪽 사진에서 확인할 수 있듯이 라우터와 톱은 서로 다른 모양으로 막힌 홈을 만든다. 일반적으로 라우터로 가공할 때 훨씬 깨끗하게 가공할 수 있다.

나는 막힌 홈을 가공할 때 라우터를 더 선호하는데, 후속 정리 작업이 더 간편하기도 하지만 사고의 위험성도 더 적기 때문이다. 회전하는 톱날의 제일 높은 부분 뒤쪽에 부재가 계속 접촉해 있을 경우, 강력한 힘으로 부재를 들어 올리면서 밀어버려서 작업자 쪽으로 날려 보내는 킥백이 발생할 가능성이 있다. 막힌 홈을 파낼 때는 부재를 중간에 멈추고 위로 들어 올려야 하는데 이때 특히 킥백이 발생할 가능성이 높다. 테이블쏘 조기대에 멈춤 블록을 두고 작업하더라도 여전히 위험한 것은 마찬가지이다. 반면에 라우터 테이블에서 라우터의 회전력은 부재를 펜스 쪽으로 밀기 때문에 이런 킥백(kickback) 현상은 발생하지 않는다. 라우터를 손으로 잡고 작업할 때에도 적당한 크기의 비트를 사용하고 그리 깊지 않은 홈을 가공한다면 킥백 가능성은 거의 없다.

테이블쏘와 라우터를 써서 만든 막힌 홈. 연필로 검게 칠한 부분이 추가로 제거되어야 할 부분이다.

은촉홈, 세로홈, 가로홈 결합 정도를 맞출 때에는 손대패를 써서 수놈 부재를 깎아내어 조정한다.

결합부 맞추기

은촉은 맞추기가 아주 간단하다. 홈에 촉이 들어가도록 두께만 맞추면 되기 때문에다. 하지만 세로홈과 가로홈은 맞추기 어렵기로 아주 악명이 높다. 계속 깎아도 잘 안 들어가다가 한순간에 아빠 신발에 아기 발이 들어가듯이 쑥 들어가 버리기 일쑤다.

이들 짜임은 한 번에 맞추기보다는 홈을 좀 좁게 판 다음 수놈 부재의 두께를 손대패나 끌, 스크레이퍼, 톱날 등으로 조금씩 깎아가면서 맞추는 것이 좋다. 샌딩으로 맞추는 것은 추천하지 않는데, 부재 모서리를 점점 둥글게 만들어서 느슨하게 끼워지고 보기에도 엉성해 보인다.

부재가 원목일 경우에는 손대패로 맞추는 것이 좋다. 한 면을 편평하게 만들어놓은 다음 반대면을 깎아서 두께를 맞춘다.

판재 재료는 긁어내어 맞춘다. 긁어낼 부분을 연필로 표시한 다음 스크레이퍼로 긁어내어 연필선이 다 사라지면 홈에 맞춰 본다. 그래도 안 맞으면 이 작업을 반복하면 된다.

수공구로 마구리 은촉홈 만들기

수공구로 은촉홈을 만들려면 따낼 부분을 정확하게 표시하고 똑바로 자르는 기술이 필요하다. 은촉홈을 따낼 부위의 마구리면과 앞면에 모두 칼금을 긋는다(A, B). 원목 부재를 사용한다면 결합할 부재 두께보다 살짝 좁게 표시한다. 이렇게 하면 접착제를 바르고 클램프로 조일 때 쉽게 작업할 수 있다. 먼저 켜기톱(rip saw)이나 열장 장부톱(dovetail saw)을 사용하여 부재 마구리면에 톱질을 한다. 부재 폭이 넓을 경우에는 바이스에 비스듬하게 물려놓고 작업하면 양쪽 칼금을 모두 보면서 작업할 수 있다. 톱을 기울여 표시한 깊이까지 톱질을 한 다음 뒤집어 반대편도 같은 방식으로 톱질한다(C). 그다음 양쪽 톱선을 연결하여 가운데 부분을 켜면 옆면 톱질을 끝낼 수 있다. 어깨면을 자를 때에는 부재를 펜스에 클램프로 조여놓고 자른다.

톱으로 따낸 어깨면은 턱대패(shoulder plane)로 다듬는다(D). 양쪽 모서리에서 가운데 방향으로 대패질을 해야 뜯기지 않고 작업할 수 있다. 아니면 부재 뒤에 어깨면에 맞춰 나무토막을 대고 작업해도 된다. 턱대패는 은촉홈을 따낼 수 있도록 만들어져 있다. 대팻날이 날카롭고 대패 면이 잘 맞춰져 있는지 확인하고 작업한다. 부재에 펜스를 클램프로 조여놓고 작업해도 되고 대패의 펜스를 사용할 수도 있다. 깊이 게이지로 은촉홈이 정확히 파졌는지 확인한다(E).

라우터와 펜스를 사용하여
마구리 은촉홈 만들기

라우터에 펜스를 부착하고 일자 비트를 끼워 마구리 은촉홈을 만든다. 비트의 직경은 파낼 은촉홈의 폭만큼 넓은 것으로 고른다. 비트 직경이 작으면 모서리쪽을 먼저 파내고 원하는 폭으로 한 번 더 작업한다. 라우터 펜스에 보조 펜스를 추가로 장착하면 지지 면적이 넓어져서 안정적으로 작업할 수 있다(A).

부재에 은촉홈의 깊이를 표시한다. 플런지 라우터일 경우에는 최종 깊이로 멈춤 못을 조정해둔다(B, C). 깊은 은촉홈은 여러 번에 걸쳐 조금씩 파낸다(D). 마지막으로 파낼 때에는 부재가 뜯기지 않도록 주의한다. 라우터를 5cm 정도 남기고 멈춘 다음 남은 부분은 역방향으로 가공하면 뜯기지 않고 파낼 수 있다. 이 방법은 모서리 은촉홈에도 동일하게 적용이 가능하다.

부재 앞면에 펜스를 직각을 맞춰 클램프로 조여놓은 다음 작업하는 방법도 있다. 펜스 부재는 그냥 모서리가 직선인 판재를 쓰면 된다. 라우터 베이스의 바깥 모서리에서 비트의 외경까지의 거리를 측정한다(E, F). 이 거리만큼 띄워 펜스를 장착하면 된다. 작업하기 전에 펜스가 모서리에 정확히 직각인지 확인한다(직각 지그일 경우에는 자동으로 직각이 맞춰진다)(G).

▶ 23쪽의 '직각 지그' 도면을 참고한다.

부재를 작업대에 단단히 고정한다. 비트 위치가 부재에 표시한 연필선과 일치하는지 한 번 더 확인한다(H). 결합되는 반대편 은촉홈을 만들려면 모서리에서 동일하게 떨어진 곳에 펜스를 세팅해야 한다. 펜스에서 모서리까지의 거리와 동일한 폭의 판재를 하나 재단해서 모서리에 나무토막을 대고 맞추면 이 작업을 쉽게 할 수 있다(I).

은촉홈 비트로 마구리 은촉홈 만들기

베어링이 장착된 은촉홈 비트를 사용하면 마구리 은촉홈을 아주 효율적으로 만들 수 있다. 이 비트는 여러 직경의 베어링을 바꿔 장착할 수 있어서 파넬 홈의 폭을 조절할 수 있다. 은촉홈 폭에 맞는 크기의 베어링을 장착한다(A).

은촉홈 깊이로 비트를 내려 세팅한다(B). 비트 베어링이 부재 모서리에 닿은 상태에서 가공을 시작한다. 적절한 속도로 라우터를 부재 왼쪽에서 오른쪽으로 (비트가 회전하면서 부재를 마주치도록) 이송하며 작업한다(C). 부재가 뜯기지 않게 작업하려면 모서리에 도달하기 전에 라우터 이송을 멈추고 반대 방향(모서리에서 안쪽으로)으로 깎는다. 깊이가 깊은 은촉홈은 몇 번 나눠서 깎아내는데, 베어링이 부재 모서리보다 더 내려가지 않았는지 확인하면서 작업한다.

라우터 테이블에서
마구리 은촉홈 만들기

라우터 테이블에서 은촉홈을 파는 것은 이동식 라우터에 펜스를 달고 작업하는 것과 비슷하지만, 몇 가지 중요한 차이점이 있다.

> 72쪽의 '라우터와 펜스를 사용하여 마구리 은촉홈 만들기'를 참고한다.

라우터 테이블에서 라우터는 뒤집혀서 테이블 아래에 장착되어 있다. 따라서 부재 이송을 라우터로 작업할 때와 반대로 오른쪽에서 왼쪽으로 해야 비트 회전 방향에 맞서는 방향이 된다. 펜스의 각도는 그리 중요하지 않다. 부재를 펜스에 대고 작업하기만 하면 직각으로 홈을 팔 수 있다.

[TIP] 집진기를 연결하고 작업하면 톱밥이 날리지 않는다.

펜스의 위치를 원하는 은촉홈 폭으로 맞춘다(A). 부재가 펜스에 밀착되도록 단단히 잡고 오른쪽에서 왼쪽으로 이송한다. 부재 뒤쪽에 나무토막을 대고 작업하면 뜯김을 방치할 수 있다(B).

폭이 좁은 부재는 뒤쪽에 넓은 나무토막을 대고 작업하면 펜스에 직각을 유지하기가 쉽다(C).

테이블쏘에서 마구리 은촉홈 만들기

테이블쏘에서 두 번만 자르면 은촉홈을 쉽게 만들 수 있다. 먼저 썰매 지그에 부재를 올리고 어깨면을 자른다(A). 그다음 부재를 수직으로 들어 장부촉 지그에 물리고 나머지 면을 잘라 은촉홈을 완성한다(B).

[변형 방법] 부재를 썰매 지그에 눕혀놓고 톱날을 여러 번 통과시켜 마구리 은촉홈을 만들 수 있다. 멈춤 블록을 두고 작업하여 마지막 어깨면의 위치를 맞춘다. 부재를 톱날 두께보다 작게 조금씩 움직이면서 작업한다. 이렇게 하면 작업시간은 좀 더 걸리겠지만 은촉홈 면을 편평하게 만들 수 있다.

⚠ **주의** 잘라져 떨어져 나가는 쪽을 펜스 반대편에 두어 나무 조각이 펜스와 톱날 사이에 끼면서 발생하는 킥백을 방지한다.

변형 방법

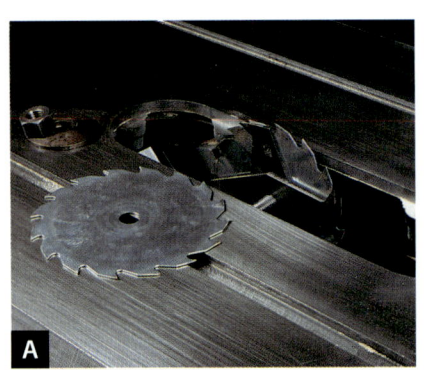

다도날을 사용하여 마구리 은촉홈 만들기

다도날(dado blade)을 쓰면 은촉홈을 아주 훌륭하게 만들 수 있다. 다도날을 원하는 폭으로 조합하여 만든다(A). 필요하면 날 사이에 심을 끼워 폭을 맞춘다. 치퍼날과 톱날 높이를 잘 맞춰야 매끄럽고 편평하게 은촉홈을 팔 수 있다. 마이터 게이지를 사용하여 부재를 톱날에 수직으로 이송한다(B). 같은 폭으로 여러 개 작업할 때에는 마이터 게이지 펜스에 멈춤 블록을 붙이고 작업한다.

마구리 은촉홈 보강하기

원목 부재에서의 마구리 은촉홈 결합은 결 방향 면과 마구리면이 만나면서 접착력이 충분히 강하지 않다. 따라서 고정물을 추가하여 결합 강도를 높이는 것이 좋다. 합판이나 파티클보드는 원목 부재보다는 좀 더 강한 접착력을 확보할 수 있지만 고정물을 쓰면 접합면이 터져 나가는 것을 막을 수 있다(A).

합판으로 된 은촉홈 몸체에 나사못을 박는다. 충분히 긴 나사못을 사용하여 지지력을 높이는데, 수직으로 박아서 나사못이 부재 옆면으로 튀어나오지 않도록 주의한다.

➤ 43쪽의 '나사못 박기'를 참고한다.

목심을 박아 합판의 마구리 은촉홈의 지지력을 높일 수도 있다. 구멍 파는 각도를 수직에서 살짝 눕히면 지지력을 더 크게 할 수 있다(B). 원목 부재의 이중 은촉홈 결합에는 작은 목심을 박는다(C). 목심 구멍을 팔 때 주의해서 작업하고 목심의 직경이 은촉홈의 크기보다 작아야 결합면에서의 접착력을 확보할 수 있다.

수공구로 모서리 은촉홈 만들기

먼저 부재에 모서리 은촉홈의 폭만큼 칼금을 긋는다. 이렇게 하면 파낼 위치를 표시하면서 작업 정확도도 높일 수 있다(A). 이때 마킹 게이지의 날이 나뭇결을 타고 따라가지 않도록 마킹 게이지 머리를 부재 모서리에 단단히 붙이고 작업한다.

표시한 선에 맞춰 펜스를 부재에 클램프로 조인다. 대패를 수직으로 유지하고 깎아내는데, 좁은 폭의 은촉홈은 대패가 기울어지기 쉬우므로 특히 주의해서 작업한다(B). 사진에서 보는 78번 홈대패는 은촉홈을 팔 때 잡아주는 펜스가 장착되어 있다. 한쪽 손으로 펜스가 부재 모서리에 단단히 붙도록 밀면서 작업한다(C). 대패의 펜스는 양쪽으로 옮겨 달 수 있어서 나뭇결에 따라 파내는 방향을 바꿀 수 있다.

A

B

C

D

E

F

변형 방법

라우터 테이블에서 모서리 은촉홈 만들기

라우터 테이블에 일자 비트를 끼우고 모서리 은촉홈을 만든다. 일자 비트가 좋은 이유는 비트 직경이 작아서 남은 부분 없이 깨끗하게 깎아내기 때문이다. 원하는 폭으로 비트에서 펜스까지의 거리를 조정하여 맞춘다(A). 비트를 손으로 돌려보면서 비트 날이 펜스에서 제일 멀어질 때를 기준으로 거리를 조정해야 한다. 펜스 자체는 라우터 테이블 정반 모서리와 평행하게 놓일 필요는 없다. 은촉홈 폭보다 넓은 직경의 비트를 사용할 때에는 사진 B처럼 펜스를 비트 양쪽으로 벌리고 세팅한다. 부재 모서리를 펜스에 단단히 밀착시키고 오른쪽에서 왼쪽으로 이송하면서 작업한다(C).

중간에 멈추는 막힌 은촉홈을 만들 때에는 펜스에 멈춤 블록을 원하는 위치에 클램프로 조여놓고 작업한다(D). 멈춤 블록 근처에서는 부재를 천천히 이송하여 부재가 떨리지 않도록 주의한다.

원목 부재에 라우터로 은촉홈을 파면 종종 끝에서 뜯길 수 있는데, 특히 엇결일 경우 많이 발생한다. 이때는 이송 속도를 늦추고 파는 깊이를 작게 하거나 역방향 이송으로 라우터 길을 미리 내놓은 다음 작업한다(E).

▶ 21쪽의 '역방향으로 가공하기' 도해를 참고한다.

캐비닛의 뒤쪽 알판을 끼울 때 같이 막힌 은촉홈은 팔 때에는 후속 수작업을 좀 해야 한다. 그래도 테이블쏘에서 막힌 홈을 파는 것보다는 라우터를 사용하는 것이 훨씬 안전하게 작업할 수 있다(F).

[변형 방법] 라우터를 손으로 들고 부재 위에서 은촉홈을 만들 수도 있다. 이때는 라우터를 왼쪽에서 오른쪽으로 움직이면서 가공한다.

테이블쏘에서 모서리 은촉홈 만들기

테이블쏘를 사용하면 관통 모서리 은촉홈을 쉽고 정교하게 만들 수 있다. 효과적이긴 하지만 좀 느린 방식은 부재의 가공할 면을 정반에 붙이고 여러 번 톱날을 통과시켜 파는 것이다. 아니면 두 번 만에 은촉홈을 만들 수도 있다. 먼저 부재 앞면을 정반에 대고 한 번 켠다. 이때 톱날이 부재 위쪽으로 드러나지 않기 때문에 톱날 나오는 위치를 미리 확인하고 절대 손이 그 근처에 있지 않도록 한다(A).

높은 보조 펜스를 조기대에 붙이고 부재를 세워 지지한다.

그다음 수직면을 자르는 두 번째 켜기를 한다(B).

> ⚠️ **주의** 은촉홈을 만들면서 떨어져 나가는 조각이 펜스와 톱날 사이에 끼면 킥백이 일어난다. 항상 조기대 반대쪽에서 잘려 나가도록 부재를 두고 작업한다.

다도날을 사용하여 모서리 은촉홈 만들기

관통 은촉홈을 만들 때 다도날을 사용하면 한 번에 파낼 수 있다. 원하는 폭으로 다도날을 조합하여 만든다(A). 나무로 된 보조 펜스를 조기대에 붙이고 다도날이 보조 펜스 안쪽으로 들어가게 세팅한 다음 작업하면 부재 모서리까지 깨끗하게 잘려 나간다(C). 이렇게 하면 부재가 들리면서 톱날을 타고 킥백되는 것도 방지할 수 있다. 부재를 천천히 이송하면서 작업하고 항상 밀대를 사용한다.

수압대패로 모서리 은촉홈 만들기

모서리 은촉홈은 수압대패로도 만들 수 있다. 캐비닛 뒤판의 반턱 쪽매 이음을 할 때 이 방식을 사용한다. 수압대패는 나무결 방향으로 홈을 팔 때만 사용한다.

대팻날 덮개를 제거하고 펜스를 당겨 은촉홈의 폭만큼만 날이 노출되도록 맞춘다(A). 부재의 강도와 대팻날이 예리한 정도에 맞춰 0.8~1.5mm 정도가 깎이도록 앞 정반 높이를 세팅한다(B). 밀대를 사용하여 부재를 이송한다(C). 그다음 다시 앞 정반을 0.8~1.5mm 더 낮추고 한 번 더 깎아낸다. 이 작업을 은촉홈이 원하는 깊이가 될 때까지 반복한다. 파진 은촉홈 면은 뒤 정반에서 지지가 된다. 따라서 깎기 시작할 때에만 부재를 수평으로 유지하는 것에 신경 쓰고 작업한다.

수공구로 세로홈 파기

수공구로 세로홈을 팔 때에는 모서리에 평행하도록 정렬하는 것에 신경 써야 한다. 장부 그무개(mortising gauge)를 원하는 폭으로 맞추고 세로홈을 표시한다. 사용할 끌 폭에 맞춰 그무개를 세팅하면 좋다(A). 그무개 머리를 부재 모서리에 단단히 밀착시키고 칼금을 긋는다. 그무개를 충분히 깊게 눌러서 칼금이 쉽게 보일 수 있도록 한다. 그다음 끌을 사용하여 양쪽 세로홈 선에 V 홈을 파낸다(B). 끌을 뒤집어 빗면이 아래쪽으로 가게 두고 작업하면 끌이 부재로 파고 들어가지 않게 홈을 팔 수 있다. 작은 골을 만들 정도로만 살짝 파낸다.

등대기톱을 사용하여 깊이 방향으로 켠다. 처음 몇 번은 끌로 파낸 세로홈 선에 톱을 단단히 끼우고 톱질을 한다. 파낼 깊이만큼 톱날 옆면에 테이프를 붙여두고 작업하면 쉽게 깊이를 확인할 수 있다(C).

막힌 세로홈은 좀 다른 방식으로 작업해야 한다. 먼저 끌을 사용하여 막힌 끝부분을 파낸다. 이렇게 하면 톱이 멈추는 위치를 만들어둘 수 있다(D). 그다음 끌로 파낸 위치까지 톱질을 하여 파내면 된다.

양쪽 톱선 사이는 끌로 쳐내어 파낸다(E). 나뭇결을 확인하여 뜯기지 않도록 주의해서 작업한다.

끌 대신 라우터 대패를 사용하여 파내면 아주 간편하게 세로홈을 파낼 수 있다(F).

[변형 방법] 45번이나 55번 복합 대패(combination plane) 역시 관통 세로홈 작업에 아주 잘 사용할 수 있다. 세로홈 폭에 맞는 일자날을 끼우고 작업한다. 처음 몇 번은 얕은 깊이로 파내어 대패 길을 만들고 나머지를 깎으면 좋다. 대패의 펜스가 작업대 턱이나 벤치독 등에 걸리지 않는지 확인하고 작업한다.

변형 방법

라우터 테이블에서 세로홈 만들기

라우터 테이블은 막힌 세로홈을 파내는 데 가장 적합한 도구이다. 멈춤 블록을 펜스나 정반에 클램프로 조여놓을 수 있고, 킥백의 위험도 없으면서 후속 마무리 작업도 그리 많지 않다.

비트 크기를 세로홈 크기에 맞춰 고른다(A). 대부분의 판재는 표시된 치수보다 살짝 작게 출시되므로 작업하기 전에 부재 두께를 정확하게 측정하고 홈파기 작업을 한다. 못 쓰는 나무토막에 먼저 테스트해보는데, 부재 두께보다는 살짝 좁게 파는 것이 좋다. 대부분의 수종은 비트 높이를 3mm로 맞추고 파내면 된다. 펜스의 위치는 비트날을 돌려 제일 가깝게 한 상태에서 측정하여 맞춘다(B). 부재를 펜스에 단단히 밀착시킨 다음 비트 오른쪽에서 왼쪽으로 이송하면서 작업한다(C).

막힌 세로홈을 파낼 때에는 펜스에 시작과 끝 위치를 정확하게 표시한 다음 작업해야 한다. 비트에 나무토막을 댄 다음 손으로 비트를 돌려보면 나무토막을 밀어내게 되는데, 더 이상 밀리지 않는 위치가 비트날의 끝선이 된다. 펜스에 나무토막 위치를 연필선을 수직으로 그어놓으면 쉽게 비트 위치를 확인할 수 있다. 반대쪽 펜스에도 동일하게 반복하여 펜스에 비트 폭만큼 연필선 두 개를 표시해둔다(D).

부재에 파낼 홈의 끝을 표시한다. 첫 번째 끝선을 펜스에 표시한 비트 연필선 중 왼쪽 선에 맞춰 놓는다. 멈춤 블록을 부재의 뒤쪽 끝에 맞춰 펜스에 클램프로 조인다(E). 부재를 옮겨 오른쪽 끝선에 맞춰 놓고 다른 멈춤 블록을 클램프로 고정한다.

[TIP] 라우터로 깎아낸 톱밥이 멈춤 블록과 부재 사이에 끼기가 쉽다. 6T 합판을 멈춤 블록 아래 놓고 클램프로 조인 다음, 합판을 빼내면 톱밥이 날아가서 사이에 끼지 않는다.

비트 위에 부재를 두고 조심스럽게 내리면서 오른쪽 멈춤 블록에 붙인 다음, 왼쪽 편도 동일하게 반복한다. 부재를 앞뒤로 살짝 움직이면서 내려놓으면 날물에 부재가 타는 것을 막을 수 있다(F). 부재를 완전히 내려놓아 정반에 밀착이 됐으면 멈춤 블록에 닿을 때까지 이송하면서 깎아낸다. 끝까지 깎았으면 부재를 펜스에 단단히 밀착된 상태에서 부드럽게 들어올린다(G). 부재를 멈춤 블록 쪽으로 밀면서 들어 올리는 것도 도움이 된다.

라우터 테이블에서 홈을 판 다음에는 끌로 둥근 모서리를 쳐낸다. 폭이 넓은 끌을 홈의 옆면에 대고 끝 모서리까지 조금씩 옮겨가면서 끌 선을 만든다(H). 그다음 홈의 깊이만큼 쳐서 파낸다.

E

1단계. 부재를 앞뒤로 살짝 움직여 가면서 비트 위로 내린다. 이렇게 하면 비트날에 부재가 타는 것을 방지할 수 있다.

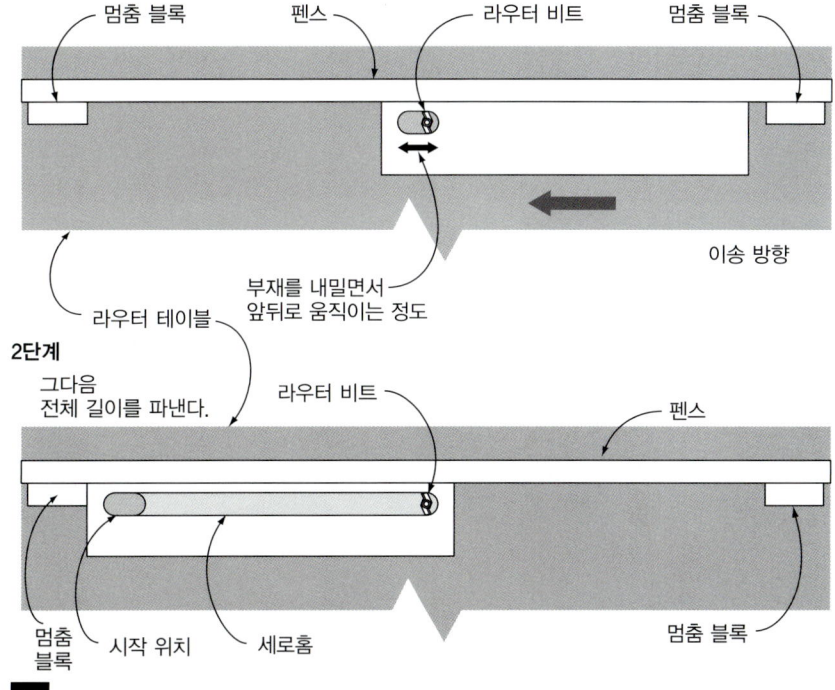

멈춤 블록　　펜스　　라우터 비트　　멈춤 블록

이송 방향

부재를 내밀면서 앞뒤로 움직이는 정도

라우터 테이블

2단계

그다음 전체 길이를 파낸다.

라우터 비트　　펜스

멈춤 블록　　시작 위치　　세로홈　　멈춤 블록

F

G

H

변형 방법

테이블쏘에서 관통 세로홈 만들기

테이블쏘는 관통 세로홈을 파기에 아주 적합한 기계이다. 조기대에 닿는 부재 모서리가 편평하고 튀어나온 부분이 없는지 미리 확인한다. 작은 부재는 밀대를 사용하여 작업한다. 복합날이나 켜는날을 사용하면 원목이나 인공판재 모두 쉽게 세로홈을 파낼 수 있다(A). 폭이 넓은 세로홈은 톱날을 여러번 통과시켜 파내는데, 조기대를 조금씩 이동시키면서 작업한다(B).

[TIP] 부재 정 가운데에 세로홈을 팔 때에는 조기대를 움직이지 않고 부재를 뒤집어서 한 번 더 파내면 작업 시간을 줄일 수 있다.

세로홈에 남아 있는 톱날 자국은 끌이나 라우터 대패로 정리한다. 조기대를 아주 조금씩 움직이면서 작업하면 톱날 자국 없이 홈을 팔 수도 있다.

[변형 방법] 다도날은 관통 세로홈을 파도록 고안된 도구이다. 다도날을 사용하면 넓은 폭 홈을 한 번에 파낼 수 있다. 대신 너무 빠르지 않은 적당한 이송 속도를 유지해야 한다. 밀대를 사용하여 부재를 밀고 테이블쏘 정반에 부재가 편평하게 맞닿아 있는지 확인하면서 작업한다. 깊은 세로홈은 한 번에 파내지 말고 톱날을 조금씩 올려가면서 파낸다.

수공구로 관통 가로홈 만들기

  톱날 옆면을 지지할 보조 판재를 부재에 수직으로 맞춰둔다(A). 이 지지판은 곧고 수직이어야 하며, 톱날 옆면이나 부재 모서리에 파낼 깊이를 미리 표시해 둔다. 톱날 옆면을 지지판에 견고하게 붙인 상태에서 톱질을 한다(B). 톱질을 한 다음 가운데 가로홈의 가운데 부분은 끌로 쳐내 없앤다. 마지막으로 라우터 대패를 사용하여 면을 다듬는다(C).

변형 방법

라우터로 관통 가로홈 만들기

넓은 판재 중간에 가로홈을 라우터로 파려면 정렬에 특히 신경 써야 한다. 직각 지그를 사용하여 라우터를 가이드한다. 파낼 가로홈 폭에 맞는 비트를 고른다. 가로홈을 제두께 짜임으로 사용할 때에는 파낼 비트 직경과 끼울 부재 두께를 정확히 일치시켜서는 안 된다. 가로홈을 살짝 좁게 판 다음 끼울 부재 두께를 다듬어 홈에 맞추어야 한다(A). 라우터 베이스 외경에서부터 비트 날까지 거리를 측정한다(B). 지그를 부재에 대고 직각인지 확인한다(C, D). 라우터 베이스를 지그에 단단히 붙이고 이송하여 홈을 판다(E).

▶ 23쪽의 '직각 지그' 도해를 참고한다.

[변형 방법] 판재에 가로홈을 팔 때에는 상용으로 나와 있는 펜스와 클램프를 사용할 수 있다. 사진에서 보는 제품은 Festool사에서 나온 것으로 직선 펜스에 수직으로 부착된 가이드 레일을 따라 라우터가 움직이게 되어 있다. 스페이서 판재를 사용하여 정확한 위치에 라우터를 정렬한다. 모서리끼리 딱 붙여 맞추면 된다. 같은 스페이서 판재를 사용하면 대칭되는 반대편 부재를 가공할 수 있다.

라우터 테이블에서 관통 가로홈 만들기

부재 마구리면에서 가로홈까지 거리와 동일하게
펜스를 조정하여 맞춘다(A). 일자 비트를 사용하여
가로홈을 판다.

가지고 있는 가장 큰 비트보다 폭이 넓은 가로홈을
팔 때에는 부재와 펜스 사이에 스페이서 판재를 사용
한다. 스페이서를 끼우고 홈을 파면 부재를 펜스에서
그만큼 멀리 띄운 상태에서 가공이 된다. 그다음 스페
이서를 빼고 다시 한번 가공한다. 비트 회전 방향의
역방향인 오른쪽에서 왼쪽으로 부재를 이송하면서
가공하는 것을 잊지 않도록 한다(B). 부재 뒤쪽에 나
무토막을 대고 가공하면 뜯김을 방지할 수 있다. 가공
시에는 부재가 항상 펜스에 닿아 있는지 확인하고 각
도가 틀어지지 않도록 주의한다(C).

변형 방법

테이블쏘에서 관통 가로홈 만들기

테이블쏘에서 썰매 지그 위에 부재를 두고 톱날을 여러 번 통과시켜 관통 가로홈을 파낸다. 썰매 지그 양쪽에 가로홈 폭에 맞춰 멈춤 블록을 클램프로 조인다. 부재들 길이가 정확히만 재단되어 있다면 가로홈 역시 정확히 같은 폭으로 파지게 된다(A). 멈춤 블록과 부재 사이에 나무 조각이 낄 경우 원하는 폭으로 파지지 않으므로 주의한다. 부재를 한 번 파낸 다음 옆으로 조금 이동한 후 연속해서 파낸다.

폭이 좁은 부재라면 쉽게 작업할 수 있는데, 가로홈의 양쪽 끝선에 맞춰 톱질을 하고 가운데 부분을 파낸 다음 톱날로 홈을 정리한다(B). 일단 대충 가운데 부분을 파낸 다음 부재를 회전하는 톱날 위에 두고 좌우로 움직이면 톱자국을 깨끗하게 없앨 수 있다. 부재를 앞뒤로 움직이면서 반복하여 작업한다.

[변형 방법] 같은 방식으로 다도날을 사용하여 테이블쏘에서 작업할 수도 있다. 다도날을 조합하여 원하는 가로홈 폭으로 만든다. 썰매 지그가 없다면 마이터 게이지를 사용해서 작업한다.

라우터를 사용하여 막힌 가로홈 만들기

막힌 가로홈은 부재 모서리 쪽에서는 보이지 않는
다. 이런 막힌 가로홈은 라우터와 보조 펜스를 사용하
여 부재 위에서 가공하는 것이 가장 좋다. 먼저 파넬
가로홈을 부재에 정확하게 표시한다(A). 그다음 표시
된 선을 눈으로 확인하면서 정확한 위치에 라우터를
위치시킨다(B). 라우터 베이스에 가려 표시한 선이
잘 보이지 않을 경우에는 라우터 베이스에 위치를 표
시하고 작업한다. 라우터를 가로홈의 끝에 맞춰 부재
에 올려놓고 연필로 라우터 베이스 위치를 표시한다
(C). 직각 펜스를 사용하여 라우터를 가이드할 수도
있다(D).

➤ 86쪽의 '라우터로 관통 가로홈 만들기'를 참고한다.

라우터 테이블에서 막힌 가로홈 만들기

라우터 테이블에서 막힌 가로홈을 만들 수 있다. 먼저 라우터 테이블 펜스에 비트의 위치를 연필로 표시한다(A). 같은 길이로 반복해서 파낼 때에는 라우터 테이블 정반이나 펜스에 멈춤 블록을 클램프로 조여 놓고 작업한다(B). 멈춤 블록의 위치를 잡을 때에는 펜스에 표시한 비트 위치 연필선을 기준으로 조정한다. 못 쓰는 나무토막으로 먼저 파보고 제대로 세팅되었는지 확인한다. 라우터 테이블에서 다른 막힌 홈을 파는 방식과 마찬가지로 부재를 멈춤 블록에 대고 비트 위로 내린 다음 이송하여 파내고 앞쪽 멈춤 블록에 부재가 닿으면 들어 올려 가공을 끝낸다(C).

▶ 82~83쪽의 '라우터 테이블에서 세로홈 만들기'를 참고한다.

라우터 테이블에서 가로홈을 파내면 나뭇결에 직각 방향으로 깎이면서 거스러미가 올라온다. 이것은 날카로운 끌로 깨끗하게 정리한다(D). 가로홈 끝부분은 끌로 쳐내서 직각 모서리로 만든다(E).

가로홈에 끼워지는 부재는 막힌 홈에 맞춰 모서리를 따내야 한다. 손톱이나 테이블쏘에서 따내면 된다(F, G).

모서리는 딱 필요한 만큼만 따낸다. 캐비닛이나 상자 등 제작하는 구조물을 먼저 가조립하여 안쪽의 치수를 측정하고, 이 치수대로 부재를 따내면 된다.

턱 있는 가로홈 결합

턱 있는 가로홈(shouldered dado) 결합은 단순한 제 두께 가로홈(housed dado) 결합보다 안정되어 보이고 실제로 결합 강도도 조금 더 강하다. 먼저 관통 가로 홈을 원하는 방식으로 만든다(85~88쪽 참조). 가로홈 폭은 끼워질 부재 두께의 절반 정도로 파야 턱을 만들어 끼울 수 있다.

턱의 길이는 걸쳐질 수 있을 정도로 튀어나와야 하는데, 3mm 정도면 된다. 나뭇결의 직각 방향으로 깎아내기 때문에 어느 정도 빠르게 부재를 이송해야 비트 날에 타는 것을 방지할 수 있다(A).

[TIP] 부재 뒤쪽으로 나무토막을 대고 작업하면 뜯김을 방지할 수 있다.

홈의 깊이는 부재 두께의 절반 이상을 넘지 않도록 한다. 홈이 깊어지면 부재 자체의 강도가 약해진다. 원목 재질일 경우 나는 부재 두께의 삼분의 일 정도로 홈을 파는 것을 선호한다. 이 정도만 파도 충분한 강도를 확보할 수 있으면서 보기에도 좋다.

플런지 라우터에 일자 비트를 끼우고 펜스를 사용하여 끼워지는 부재에 턱을 파낸다(B). 이 방식을 사용할 경우 라우터를 기울이지만 않는다면 같은 폭으로 턱을 파낼 수 있다. 라우터 베이스를 부재에 적당한 압력으로 눌러 밀착되도록 한다. 첫 번째 파내기를 한 다음 두 번째로 파낼 때에는 처음 일부분만 파내보고 잘 맞춰지는지 확인하고 전체를 파낸다. 이 방식은 라우터 테이블이나 테이블쏘에서 은촉홈을 만들 때에도 동일하게 쓸 수 있다. 홈이 살짝 작을 때에는 턱 대패나 홈대패, 불노우즈(bullnose) 대패를 사용하여 결합면을 다듬는다(C).

한쪽 턱 가로홈 결합

한쪽 턱 가로홈(single-shouldered dado) 결합은 만들기도 쉽고 간단하게 끼워 맞출 수 있다. 먼저 다른 가로홈 결합과 같은 방법으로 가로홈을 판다. 관통 가로홈이나 막힌 가로홈 모두 적용 가능하다(A).

가로홈에 끼워 맞출 부재에는 은촉홈을 파낸다. 라우터를 들고 가공해도 좋고, 라우터 테이블에서 가공하는 것도 가능하다. 라우터 테이블에서 가공할 때에는 펜스와 비트 사이 간격이 없도록 해야 모서리가 모두 깎여 나간다. 가로홈을 판 다음 비트 높이를 그대로 둔 상태에서 부재를 세워 펜스에 대고 마구리 쪽에 은촉홈을 판다(B).

➤ 74쪽의 '라우터 테이블에서 마구리 은촉홈 만들기'를 참고한다.

은촉홈의 반대면을 대패질하거나 스크레이퍼로 긁어내어 가로홈 폭에 맞춘다. 부재 표면을 연필로 까맣게 칠하고 연필선이 사라질 때까지 깎아내면 고르게 깎을 수 있다(C).

라우터 테이블에서
가로홈 은촉 결합 만들기

모서리에서 만나는 가로홈 은촉 결합을 만들려면 가로홈 끝이 끼워지는 부재 두께만큼 모서리에서 떨어져 있어야 한다. 끼울 부재 두께를 기준 삼아 펜스 위치를 조정하면 되는데, 못 쓰는 나무토막에 먼저 테스트를 해봐서 잘 맞는지 확인한다(A). 라우터 테이블에 일자 비트를 끼우고 가로홈을 파낸다.

[TIP] 부재 두 개를 나란히 두고 한 번에 가로홈을 파면 펜스 지지력을 좀 더 확보할 수 있어서 틀어지는 것을 막을 수 있다.

부재가 흔들리지 않게 주의하면서 작업한다. 펜스가 떨어져 있는 비트 부근에서는 특히 더 주의한다(B).

라우터 테이블에서 가로홈을 판 비트 높이를 그대로 두고, 펜스 위치만 조정하고 은촉홈을 파낸다. 비트와 펜스 사이에 간격이 없는 무간격 펜스(zero-clearance fence)를 사용하면 뜯김을 최소화할 수 있다. 은촉홈을 따라 부재에 칼금을 미리 그어놓고 작업해도 좋다(C). 아주 얕게 먼저 파낸 다음 펜스를 재조정하여 원하는 폭으로 다시 한번 파내는 방식으로 작업해도 뜯김을 방지할 수 있다. 부재 앞면을 라우터 테이블 정반에 붙이고 은촉홈을 파낼 수도 있다. 하지만 이 경우에는 비트 높이와 펜스 위치를 모두 조정하고 작업해야 한다.

테이블쏘에서 가로홈 은촉 결합 만들기

테이블쏘에서 다도날을 사용하여 가로홈 은촉 결합을 한 번에 만들 수 있다. 끼울 부재 두께만큼 다도날에서 펜스까지의 거리를 맞춘다(A). 폭이 넓은 부재라면 바로 조기대에 단단히 붙인 상태에서 작업한다. 밀대나 마이터 게이지를 같이 사용하는 것도 도움이 된다. 은촉도 같은 방식으로 작업하면 되는데, 썰매 지그에서 작업하는 것도 좋은 방법이다. 멈춤 블록을 은촉홈 위치에 맞춰 클램프로 조여놓는다. 다도날을 써서 한 번에 은촉홈을 파낼 수도 있고 일반날로 여러 번 깎아 작업한다(B).

테이블쏘에서 6-6-6 기법으로
가로홈 은촉 결합 만들기

시간이 바로 돈인 바쁜 캐비닛 제작소에서 주로 사용하는 방법인 6-6-6 기법을 사용하면 효율적으로 서랍을 제작할 수 있다. 이 방식은 한 번 테이블쏘를 세팅해놓으면 밑판을 끼울 세로홈을 포함한 모든 부재를 같은 세팅 값으로 가공이 가능하다.

다도날을 6mm 폭으로 조합한다. 톱날의 높이도 6mm로 맞추고, 조기대의 간격 역시 톱날에서 6mm 띄워 세팅한다. 보조 펜스를 써서 부재를 지지한다. 테이블쏘를 세팅했으면 못 쓰는 나무토막을 가공해 보아 모든 값들이 정확한지 확인한다(A).

먼저 서랍 앞뒤판 부재에 나뭇결에 직각 방향 가로홈 가공을 한다. 부재 두 개를 나란히 놓고 한 번에 가공하거나 마이터 게이지를 사용하면 안전하게 부재 이송을 할 수 있다(B).

은촉홈은 부재를 수직으로 세워 가공한다. 그래서 높은 보조 펜스를 사용하는 것이 좋다. 서랍 옆판 부재를 조기대에 단단히 밀착한 상태에서 톱날에 통과시켜 가공한다. 가공하면서 부재가 기울거나 흔들리면 안 된다(C). 그다음 모든 부재에 밑판을 끼울 세로홈을 동일하게 판다. 모든 부재는 서랍 바닥 쪽이 조기대에 닿은 상태에서 가공해야 하는 것에 주의한다(D). 서랍 속통을 조립한 다음 앞판을 추가로 가공한다.

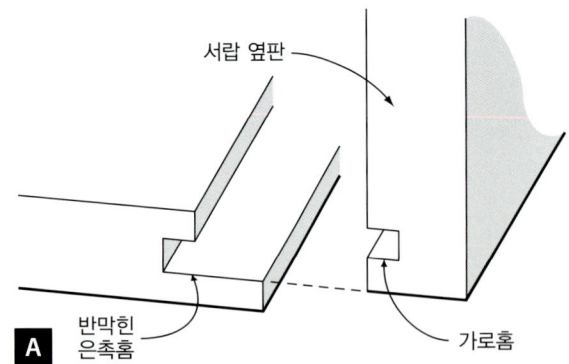

서랍 옆판

반막힌
은촉홈

가로홈

A

B

C

D

테이블쏘에서
반 막힌 가로홈 은촉 결합 만들기

반 막힌 가로홈 은촉 결합(half-blind dado rabbet joint)은 결합 강도가 그리 세진 않지만 한쪽 면에서 결합부가 보이지 않으면서 간단하게 반복 작업이 가능해서 쓸모 있는 방법이다(A). 이 방법으로 나는 서랍을 만들려고 한다.

먼저 서랍 옆판 부재에 가로홈을 파내도록 테이블쏘의 조기대를 조정하는데, 모서리에서 서랍 앞뒤판 부재 두께의 2/3 정도 떨어진 위치에 가로홈이 파져야 한다. 톱날 폭 만큼만 파내면 된다(B). 썰매 지그와 멈춤 블록을 사용하여 작업을 할 수도 있다.

앞판 부재를 수직으로 세운 다음 다도날을 사용하여 마구리면에 가로홈과 혀를 가공한다. 라우터 테이블에서 가공할 수도 있는데, 이 경우에도 테이블쏘에서 먼저 몇 번 톱질을 해놓은 다음 가공하는 것이 좋다(C).

만들어진 혀의 한쪽을 테이블쏘에서 끝을 일부 잘라내어 끼워지는 부재의 가로홈과 맞춰지게 한다(D). 먼저 끝부분을 살짝만 살라내어 잘라진 부재가 톱날과 멈춤 블록 사이에 끼지 않도록 만들고 작업한다. 최종적인 맞춤은 옆쪽 부재의 마구리면을 깎거나 앞판 부재의 안쪽을 다듬어 조정한다.

[TIP] 잘라진 부분을 사용하여 가로홈에 부재가 잘 끼워지는지 확인할 수 있다.

서랍 맞춤

라우터 테이블에 비트를 세팅하고 먼저 못 쓰는 합판에 가로홈 파기를 해본다(A). 그다음 비트의 윗부분만 펜스에서 튀어나오도록 조정한 다음 세로홈 파기를 한다.

[TIP] 비트 사이에 틈이 없는 펜스에 집진기를 사용하고 라우터 회전 속도를 가장 낮은 값으로 맞추고 작업한다.

비트의 높이를 조정한 다음 나무토막에 테스트해본다(B). 결합부가 너무 빡빡하면 비트 높이를 좀 낮춘다. 비트를 낮출수록 결합부의 혀 부분이 작아진다. 나는 12mm 정도로 높이를 맞추고 작업하니 가장 이상적인 결합부를 만들 수 있었다. 물론 펜스도 조정해야 하는 것을 잊으면 안 된다. 펜스를 비트에서 너무 멀게 두면 모서리가 딱 맞게 결합되지 않는다. 반대로 너무 가까우면 결합부가 제대로 맞아 들어가지 않는다. 결합부가 꼭 맞을 때까지 비트 높이를 조정하면서 펜스 간격을 움직여 조정한다.

은촉홈 서랍 맞춤

비트를 펜스에서 앞쪽으로 좀 더 빼낸 다음 서랍 맞춤을 만들면 은촉홈이 있는 서랍 맞춤을 만들 수 있다. 먼저 테이블쏘에서 다도날을 사용하여 파낼 부위를 어느 정도 제거해둔다(A). 그다음 라우터 테이블 펜스를 조정한 다음 부재를 천천히 이송하면서 가로홈 가공을 한다(B). 은촉홈이 있는 서랍 앞판을 만들면 덮방이나 반덮방 서랍을 만들 수 있다(C).

A

B

수공구로 제혀쪽매 맞춤 만들기

관통 세로홈은 복합 대패를 쓰면 쉽게 작업할 수 있다. 사진에서 보는 45번 대패는 다른 복합 대패가 모두 그렇듯이 세밀하게 정렬을 맞춰서 작업하는 동안 잘 지지되도록 한다(A). 대팻날을 너무 빼면 대패질할 때 떨림이 발생하므로 주의한다.

혀 부분은 홈대패를 써서 만든다(B). 대패를 부재 모서리에 직각으로 대고 작업해야 어깨 부분이 혀에 수직으로 만들어진다. 만들어진 혀 길이가 끼워질 세로홈 깊이와 같도록 대패 펜스를 조정한다.

라우터로 제혀쪽매 맞춤 만들기

세로홈은 플런지 라우터에 일자 비트를 끼우고 파낸다. 플런지 라우터를 쓰면 파내는 깊이를 쉽게 조정할 수 있다. 라우터 가이드에 보조 펜스를 부착한 다음 부재에 밀착시켜 작업한다(A). 모서리에 세홈을 팔 때에는 라우터 베이스가 닿는 면이 좁기 때문에 작업하기가 조금 불안하다. 이때는 부재 옆에 다른 판재를 겹쳐 놓고 클램프로 조인 다음 작업한다(B).

라우터 테이블에서 홈파기 비트(slotting cutter)를 끼운 다음 작업할 수도 있다. 펜스를 양쪽으로 대고 그 사이에 부재를 끼워 작업하는 것도 라우터를 지지하는 좋은 방법이다(C).

은촉홈 비트(rabbeting bit)를 라우터에 끼우고 부재를 눕힌 상태에서 한쪽씩 은촉홈을 파내어 혀 부분을 만든다(D). 혀의 길이는 충분히 길게 만들어 결합부에서 부재를 지지할 수 있어야 하지만, 너무 길 경우 혀 자체가 쉽게 부러진다.

A

B

C

D

라우터 테이블에서
제혀쪽매 맞춤 만들기

　베어링이 장착된 홈파기 비트를 라우터 테이블에 끼우고 세로홈을 판다. 홈의 깊이는 비트 날에서부터 베어링까지의 거리가 되는데 깊이가 맞는지 확인하고 작업한다. 다른 크기의 베어링으로 바꿔 장착하면 홈의 깊이를 조정할 수 있다(A). 그래도 홈의 깊이가 너무 깊을 경우에는 펜스를 사용해서 펜스 사이에 비트를 집어넣고 거리를 조정할 수 있다(B, C). 홈파기 비트로 혀 부분도 파낼 수 있다. 비트 높이를 맞춰서 한쪽 은촉홈을 파내고 부재를 뒤집어 반대편도 파낸다(D).

　이 방식으로 작업을 하려면 부재는 편평하면서 양쪽 면이 평행해야 한다. 작업할 때 부재를 아래로 눌러 정반면에 밀착된 상태를 유지한다.

테이블쏘에서 제혀쪽매 맞춤 만들기

테이블쏘에서 일반적인 켜키 작업과 동일한 방식으로 작업하여 관통 세로홈을 파낼 수 있다. 부재를 정반과 조기대 양쪽 면에 밀착되도록 붙잡은 상태에서 적당한 이송 속도로 작업한다. 필요하다면 보조 펜스를 붙이고 부재를 지지해도 좋다(A). 톱날이 한 번 지나가면 대략 3mm 정도 폭의 세로홈이 파진다. 물론 다도날을 사용하면 폭이 넓은 세로홈을 좀 더 빨리 파낼 수 있다. 부재를 뒤집어 가면서 작업하면 부재 정중앙에 세로홈이 파진다.

톱날을 일반날로 바꾸고 혀를 가공한다. 처음 두 번은 부재를 수평으로 잡고 밀어 어깨면을 따낸다(B). 그다음 부재를 수직으로 들고 혀의 옆면을 가공한다. 이때 잘라 떨어지는 부분이 조기대 바깥쪽에 위치하도록 해야(C) 톱날과 조기대 사이에 조각이 끼어 킥백이 일어나는 것을 막을 수 있다. 톱날 높이는 어깨면보다 조금 낮게 해서 따내고, 남은 부분은 끌로 다듬는다. 보조 펜스를 사용하면 부재를 더 잘 지지할 수 있다. 첫 번째 가공한 부분이 잘 맞는지 확인하고 나머지 부재를 가공한다.

혀를 가공할 때 보조 펜스와 다도날을 사용하여 작업할 수도 있다. 보조 펜스를 쓰면 다도날이 펜스 안쪽으로 들어가게 할 수 있다(D). 이렇게 하면 킥백도 발생하지 않고 안전하게 작업할 수 있는데, 한 가지 중요한 점은 톱날이 부재 안쪽에 숨어 있기 때문에 항상 밀대를 사용하여 작업해야 한다는 것이다. 부재 모서리면 직각이 맞아야 혀의 어깨면도 직각이 맞는다. 먼저 못 쓰는 나무토막에 테스트하여 잘 맞는지 확인하고, 필요하면 톱날 높이와 펜스 위치를 조정한다.

모서리 제혀쪽매 맞춤

모서리 제혀쪽매 맞춤(tongue-and-groove corner joint)을 사용하면 결합력이 좋은데다가 구조물 자체의 강성도 증가시킬 수 있다. 하지만 이 맞춤 방식은 나뭇결을 고려할 필요가 없는 합판 같은 인공판재에만 적용될 수 있는 제약이 있다.

부재끼리 결합되는 바깥면을 단차 없이 매끈하게 만들려면 라우터 테이블에 일자 비트를 끼우고 펜스 간격을 조절하여 세팅한다. 모서리 부재에 세로홈을 파고 끼워 넣을 합판을 사용하여 펜스 간격을 조정하면 된다. 라우터 테이블 세팅이 끝났으면 부재와 같은 재질의 못 쓰는 나무토막에 먼저 시험해본다(A).

나는 원목으로 된 모서리 부재가 합판보다 머리카락 두께 정도로 살짝 더 튀어나오도록 만드는 것이 가장 좋다고 생각한다. 본 부재 전에 연습으로 가공해보아 세팅값이 맞는지 확인한다. 가공을 좀 더 간단하게 하기 위해 제혀쪽매는 모두 관통시켜 만든다.

먼저 부재에 첫 번째 세로홈을 판다. 그다음 부재를 뒤집은 다음 두 번째 세로홈을 판다. 모서리 부재의 바깥면이 되는 쪽에 표시를 하고 이 면을 펜스에 대고 가공한다(B). 세로홈 깊이가 깊을 경우 비트 높이를 높여가면서 여러 번 가공하거나, 테이블쏘에서 미리 적당히 톱자국을 내놓은 다음 라우터 테이블에서 최종 높이로 가공한다. 합판에 혀를 만들 때에는 폭과 길이를 살짝 작게 하여 헐겁게 만드는 것이 나중에 접착제가 들어갈 공간을 확보하는 데 좋다(C).

▶ 98~99쪽의 '라우터로 제혀쪽매 맞춤 만들기' 또는 '라우터 테이블에서 제혀쪽매 맞춤 만들기'를 참고한다.

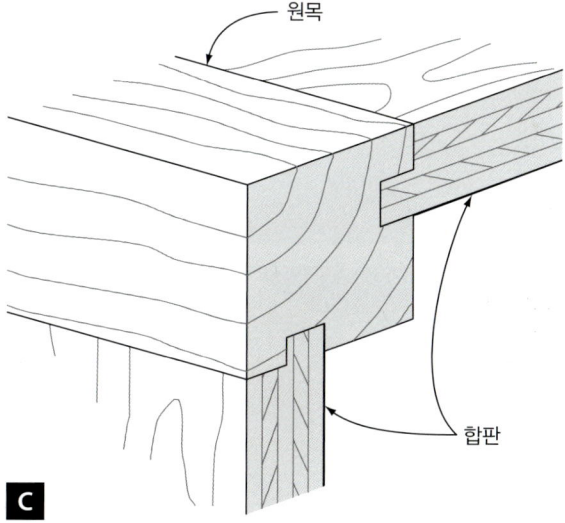

원목

합판

단차 없는 제혀쪽매 모서리 맞춤

단차 없는 제혀쪽매 모서리 맞춤(flush-corner tongue-and-groove joint)에서는 세로홈을 모서리 부재가 아니라 합판에 만든다(A). 합판 중앙에 세로홈을 파야 하는데 먼저 한 면을 펜스에 대고 톱날을 통과시킨 다음, 합판을 뒤집어 반대면을 펜스에 대고 한 번 더 톱날을 통과시킨다. 다도날을 사용하여 한 번에 파낼 수도 있다.

모서리 부재에 혀를 가공할 때에는 바깥쪽 턱을 먼저 만든다. 부재에 어느 면이 바깥쪽인지 확실하게 표시해두고 작업한다. 가공이 끝난 부재는 톱날과 가깝게 있으므로 주의해야 한다. 한쪽 턱 가공이 끝난 모습을 사진 B에서 볼 수 있다.

바깥면의 두 개의 턱 가공이 끝났으면 안쪽 턱을 깎아낸다. 톱날을 머리카락 두께 정도로 살짝 내려서 잘라진 조각이 톱날에 끼어 뒤로 튀어나가지 않게 한다. 항상 그렇듯이 먼저 못 쓰는 나무토막에 시험해보아서 톱날 높이와 펜스의 간격을 확인한다(C). 가공된 혀는 끌이나 턱대패로 다듬어 완성한다.

딴혀쪽매 맞춤 만들기

쪽매 맞춤 방법 중 하나인 딴혀쪽매 맞춤(loose tongue)은 세로홈이 파진 부재에 딴혀를 사용하여 결합하는 방식이다(A). 딴혀쪽매 맞춤에서는 딴혀를 접착제를 사용하여 양쪽 세로홈에 결합하게 된다. 홈의 폭은 좀 넉넉하게 하여 접착제가 들어갈 공간을 확보해야 하는데, 혀를 끼워 넣었을 때 힘없이 빠져 나와도 안 되고 망치로 때려야만 들어갈 정도가 돼서도 안 된다. 접착제를 바른 후 망치로 살짝 두드려 들어가는 정도가 좋다. 인공 판재를 사용할 경우에는 합판으로 혀를 만들어야 수축 팽창에 대한 걱정을 안 할 수 있다. 원목 혀는 원목 부재를 결합할 때 사용한다. 원목 혀를 사용할 때에는 나뭇결이 세로홈 방향에 직각으로 되게 만들어야 최대 강도를 확보할 수 있다.

먼저 관통 세로홈을 테이블쏘나 플런지 라우터에 일자 비트를 써서 만든다.

> ▶ 84쪽의 '테이블쏘에서 관통 세로홈 만들기'를 참고한다.

막힌 세로홈으로 만들 수도 있는데 이때는 라우터 테이블에서 일자 비트를 사용하여 가공한다(B). 멈춤 블록을 펜스에 클램프로 조여두고 부재를 비트 위로 내리면서 가공을 시작한다. 비트 높이를 최종 높이로 세팅한 다음 정반에 3~6mm 인서트를 두고 부재를 들어 올린 상태에서 먼저 가공한다. 그다음 인서트를 빼고 가공하면 큰 저항 없이 원하는 깊이로 세로홈을 파낼 수 있다. 비트 높이를 올려 가면서 세로홈을 파낼 수도 있다. 어떤 방법을 써서 가공하든 부재 앞면에서 같은 위치에 홈이 파지도록 펜스에 잘 밀착시키고 작업한다.

만들어진 혀가 너무 빡빡하게 끼워지면 스크레이퍼나 대패로 긁어낸다. 샌더로 작업하면 모서리가 둥

나뭇결을 직각으로 만들어야 최대 강도를 확보할 수 있다.

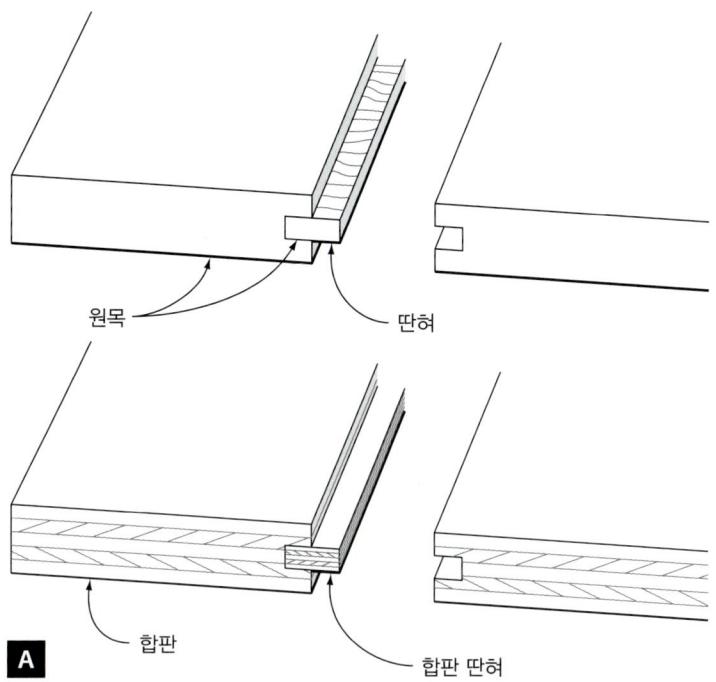

A 원목 / 딴혀 / 합판 / 합판 딴혀

B

C

글어질 뿐만 아니라 두께 조절도 어렵기 때문에 웬만하면 하지 않는다(C). 세로홈 전체 길이에 대해 혀 두께를 확인한다.

모서리 쪽매 맞춤도 딴혀를 사용하여 만들 수 있는데, 이때 사용되는 혀는 반드시 합판 같은 인공 목재이어야 한다. 원목으로 된 모서리 부재에 결이 직각 방향인 원목 혀를 쓰게 되면 결합부가 빠지거나 직각이 틀어질 수 있다.

홈파기 비트를 라우터 테이블에 장착하고 사용할 혀의 두께에 맞춰 세로홈을 판다(D). 이런 방식의 작업을 많이 해야 하는데 원하는 두께의 홈파기 비트가 없다면 비트 자체를 그라인더에 갈아내어 사용할 합판 두께에 맞추고 작업하는 것도 좋다. 모서리 부재는 합판 부재보다 좀 더 두껍게 제작해야 세로홈을 파낸 다음에도 강도를 확보할 수 있다. 작을 경우에는 세로홈끼리 부재 내부에서 만나게 될 수도 있기 때문이다.

관통 세로홈은 가짜 혀(false tongue)를 양 끝에 끼워 장식을 할 수 있다. 가짜 혀는 사진에서 보는 것 같이 마호가니나 월넛 등의 색깔이 대비되는 재질로 만들면 좋다(E).

연귀면

복합 연귀 결합

➤ 테이블쏘에서 복합 연귀 결합 만들기 (p. 111)

비스킷 연귀 결합

➤ 비스킷 보강 연귀 결합 (p. 112)

딴혀 연귀 결합

➤ 딴혀 연귀 결합 (p. 113)
➤ 합판 딴혀 (p. 113)
➤ 원목 딴혀 (p. 114)

꽂임촉 연귀 결합

➤ 수공구로 꽂임촉 연귀 결합 만들기 (p. 115)
➤ 라우터 테이블에서 꽂임촉 연귀 만들기 (p. 116)
➤ 라우터 템플릿을 사용하여 꽂임촉 연귀 결합 만들기 (p. 117)
➤ 테이블쏘에서 꽂임촉 연귀 결합 만들기 (p. 118)
➤ 일자 연귀촉 만들어 끼우기 (p. 119)
➤ 주먹장 꽂임촉 연귀 결합 만들기 (p. 120)

은촉홈 연귀 결합

➤ 은촉홈 연귀 결합 (p. 121)

락 마이터

➤ 락 마이터 (p. 122)

상자 구조를 연귀 짜임으로 결합할 경우 다른 짜임과 다른 한 가지 특별한 차이점이 생긴다. 부재의 마구리면이 겉으로 드러나지 않고 나뭇결면만 보이도록 할 수 있다는 것이다. 핑거나 주먹장같이 마구리면이 보이는 짜임과는 다르게 짜임 구조가 보이지 않으면서 알판으로 쓴 합판도 드러나지 않는 장을 만들 수 있다.

이렇게 만들어진 연귀 결합은 깨끗하고 깔끔하게 보이지만, 안타깝게도 접착제만으로 이어진 연귀 결합은 강도가 약하다. 왜냐하면 45도로 잘려진 연귀면은 마구리면은 아니지만 그렇다고 나뭇결면도 아닌 그 중간쯤 되는 성질을 가지기 때문에 최적의 접착 강도를 확보할 수는 없다. 즉 접착제를 쓸 수 없는 면은 아니지만 그렇다고 아주 좋은 면도 아닌 것이다. 이때 꽂임촉이나 연귀촉, 비스킷 등을 사용함으로써 연귀 결합의 강도를 상당히 크게 만들 수 있다.

연귀 결합면은 절반은 마구리면이고 절반은 나뭇결면이다. 뒤쪽에 보이는 상자는 연귀 결합을 보강하기 위해 꽂임촉을 사용하였다.

두꺼운 부재로 연귀면을 만들어 이어보면 아주 작은 각도 오차가 누적되어 큰 결힘을 만들어내는 것을 확인할 수 있다.

원형톱으로 연귀면을 정확하게 재단하려면 펜스를 꼭 사용해야 한다.

연귀면 재단하기

부재를 연귀로 재단할 때에는 고려해야 할 사항이 한 가지 더 늘어난다. 단순 연귀라 하더라도 정확한 길이와 더불어 모서리에 완벽한 직각으로 재단해야 하며, 복합 연귀일 경우에는 여기에 더해 복잡한 과정이 더 추가된다. 즉 연귀 재단에서는 일관성이 핵심적 요소가 되는데, 모든 재단면은 원하는 각도와 정확히 일치해야 한다. 0.5도 정도만 틀어져도 오차는 누적되어 결국 보기에도 시원찮고 결합도 되지 않게 된다. 특히 부재가 두껍거나 넓을수록 그 오차는 더 커진다. 정확히게 재단하는 것만이 조립할 때 허둥대는 것을 줄이는 유일한 방법이다.

연귀 재단은 작은 상자이건 큰 판재를 사용한 장이건 모두 전동 기계를 쓰는 것이 가장 좋다. 정확도가 핵심인 연귀 결합에서는 전동톱을 써야만 정확하고도 쉽게 반복 작업을 할 수 있다.

원형톱

내가 어릴 적 봐왔던 원형톱으로는 연귀면을 정확하게 자르는 것이 불가능했다. 하지만 오늘날의 원형톱은 톱날을 특정 각도에 고정하고 회전 속도를 조정할 수 있어서 꽤 정확하게 각도 재단을 할 수 있다. 전용 가이드 레일 시스템과 함께 사용하면 부재 전체 길이에 대해서도 연귀면을 만들 수 있다.

복합 각도절단기

복합 각도절단기(compound miter saw)는 자를 수 있는 부재의 폭이 제한적이다. 하지만 대부분의 작은 상자 구조를 만드는 데에는 이것도 괜찮게 쓰일 수 있다. 슬라이딩이 추가된 각도절단기라면 좀 더 넓은 부재를 자를 수 있다. 각도절단기를 사용할 때에는 항상 부재가 잘 지지되어 있는지 확인해야 한다. 같은 길이로 반복 작업을 하려면 멈춤 블록을 고정해놓고 재단한다.

테이블쏘

회전축이 기울어지는 테이블쏘에서는 연귀 재단을 비교적 쉽게 할 수 있다. 재단할 부재는 편평해야 하며 톱날 각도가 정확하게 맞아떨어져야 한다. 마이터 게이지로 부재를 밀면서 자르기를 할 수 있는데, 이때에는 보조 펜스를 사용하여 부재 지지력을 확보한다. 펜스에 멈춤 블록을 두고 작업할 수도 있다.

작업 전에 마이터 게이지를 90도에 맞추고 톱날과 정확히 직각인지 다시 한번 확인한다. 그리고 톱날을 45도 기울여 세팅한다. 나는 잘려져 나간 조각이 톱날 바깥쪽으로 떨어지는 것을 선호한다. 연귀자나 조합 직각자를 사용하여 톱날 각도가 정확히 45도인지 확인한다. 멈춤 블록을 두고 작업하여 부재 길이를 확인한다.

라우터 테이블, 면치기

마이터 비트를 끼운 라우터 테이블이나 원하는 각도의 커터를 끼운 면치기에서도 연귀 재단을 할 수 있다. 부재가 곧고 편평하다면 이 방식으로 아주 정확한 재단을 할 수 있다. 특히 연귀면이 45도가 아닌 특정 각도라면 더 적합하다. 락 마이터(lock miter) 비트는 단순 연귀보다 강한 결합을 쉽게 만들 수 있는 특수 비트이다. 이 비트를 사용할 때에는 비트 높이를 정확하게 맞추는 연습이 좀 필요하다.

슬라이딩 복합 각도절단기는 반복해서 연귀면을 만들 때 좋다. 일반적인 각도절단기도 사용할 수 있지만 자를 수 있는 부재 폭이 한정되어 있다.

회전축이 기울어지는 테이블쏘에서는 톱날 각도만 정확하게 세팅되면 아주 정확한 연귀 재단을 할 수 있다.

부재를 재단하기 전에 못 쓰는 나무토막으로 먼저 테스트 재단을 하여 연귀자로 잘려진 각도를 확인해보고 본 작업을 한다.

연귀 재단을 위한 면치기 커터나 라우터 비트는 다양한 각도로 상점에서 구할 수 있다.

블록 대패를 사용하면 연귀면을 정확하게 다듬을 수 있다.

디스크 샌더는 빠르게 연귀면을 다듬을 수 있다. 지그를 써서 직각으로 딱 맞아 떨어지는 두 연귀면을 만들 수 있다.

연귀면 다듬기

완벽한 각도로 자르기를 해주는 기계와 재단 후 바로 접착제를 바를 수 있을 만큼 날 자국이 없는 표면을 만들어내는 톱날을 항상 기대할 수 없다. 하지만 잘 정비된 블록 대패나 낮은 각도의 평대패를 가지고 몇 번만 가볍게 대패질을 해주면 재단된 연귀면을 매끄럽게 다듬을 수 있다. 대패질을 하기 전에 부재를 바이스에 단단히 물려놓고, 연귀면의 양쪽 끝에서 중앙으로 대패질을 한다. 각도를 조정하려고 너무 많이 깎아내서는 안 된다. 깎아내는 만큼 부재의 길이 자체가 줄어들기 때문이다.

45도 슈팅보드(donkey's ear shooting board)는 넓은 부재의 연귀면을 다듬을 때 쓰는 지그이다. 슈팅보드의 멈춤면에 부재를 대고 클램프로 고정한다. 멈춤면 쪽으로 밀면서 대패질을 하여 연귀면을 다듬는다. 대패 몸통 옆면을 지그의 밑면에 대고 작업하면 각도를 맞출 수 있다.

디스크 샌더를 사용하면 연귀면을 빨리 다듬을 수 있다. 샌더의 디스크면은 정반에 대해 정확하게 90도로 세팅되어 있어야 한다. 작업할 때에는 나듬을 부재를 디스크의 왼쪽 면에 대어 디스크의 회전력이 부재를 아래쪽으로 밀도록 해야 한다. 정반에 있는 마이터 게이지 홈에 러너를 끼우고, 러너에 정확히 90도로 재단된 판재를 나사못으로 고정한다. 이렇게 하면 45도 연귀면을 양쪽으로 두 개 확보할 수 있는데, 양쪽의 각 면에서 다듬어진 두 부재를 맞춰보면 항상 90도가 맞게 된다. 폭이 넓은 부재는 높은 펜스를 사용하여 지지한다.

45도 슈팅보드

바이스에 물려서 사용한다.

손대패

밑면

펜스

까치발

45도 밑면

부재를 여기에 지지한다.

연귀면 접착

접착면이 미끄러지지 않도록 하는 추가 장치가 없을 때에는 연귀 결합면을 클램핑하는 데 두 명의 작업

복합 연귀 각도

아래 각도는 4면 연귀 맞춤 시 톱날과 마이터 게이지의 경사각(단위:도)이다.

경사각	톱날 각도	마이터 게이지 각도
5	44¾	85
10	44¼	80⅛
15	43	75½
20	41½	71¼
25	39¾	67
30	37¾	63½

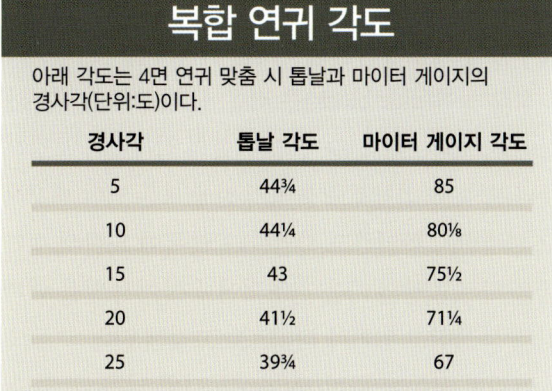

연귀 결합을 클램핑하려면 좀 기발한 방식이 필요하다. 그중 몇 가지 방식을 사진에서 볼 수 있다: 작은 상자용 마스킹 테이프, 큰 상자를 위한 밴드 클램프와 클램핑 블록

클램핑 블록을 부재에 접착해 사용하면 쉽게 조립할 수 있다. 조립이 끝나면 끌과 쳐내 떼어내고 손대패나 벨트 샌더로 다듬으면 된다.

자가 필요하다. 게다가 접착 블록이나 꽂임촉을 추가했을 경우 막대 클램프로 부재를 조이면 처음 조이는 방향으로 너무 많은 압력이 가해져서 결합면이 어긋난다. 사실상 일반적인 클램프로 연귀 결합을 맞추는 것은 거의 불가능하다고 할 수 있다. 정사각형 모양의 상자일 경우 대각선 방향으로 클램프를 조여 조립할 수는 있다. 하지만 대부분의 경우 연귀면을 조립하려면 상황에 맞게 여러 종류의 클램프를 사용해야 한다. 마스킹 테이프, 밴드 클램프, 클램핑 블록 등이 그 방법이다.

항상 접착제를 바르지 않고 먼저 가조립을 해본다. 가조립을 통해 어떤 클램핑 방법을 사용할지 결정할 수 있다. 그다음 접착제를 포함해서 조립에 필요한 모든 장비를 한 곳에 모아 정렬해둔다. 노란색 목공 접착제(yellow aliphatic resin glue)는 흰색 접착제나 에폭시보다 빨리 굳기 때문에 클램핑을 할 수 있는 시간이 적다. 하지만 대부분의 수종에서 접착선이 덜 보이게 하는 장점이 있다.

작은 상자를 만들 때에는 마스킹 테이프도 좋은 대안이 될 수 있다. 밴드 클램프는 다루기도 불편한데다가 균일한 압력으로 조이려면 기술이 좀 필요하다. 물론 한 번에 빨리 결합시킬 수는 있지만 항상 모든 접착면에 충분한 압력을 주지는 못한다. 클램핑 블록은

모든 연귀면에 가장 확실한 압력을 가할 수 있는 대안이지만, 제 위치에 두고 조일 때까지 상당한 시간이 필요하다.

조립하기 전에 접착면 수관을 막아두는 사이징(sizing)을 하는 것도 좋은 방법이다. 이렇게 하면 접착제가 수관부에 빨려 들어가서 말라버리는 현상을 막을 수 있다. 접착면에 접착제를 바른 후 나무토막으로 긁어낸 다음 조금 두었다가 조립 직전에 다시 접착제를 바르고 작업한다.

연귀 결합 보강하기

연귀 결합을 오래도록 유지하려면 결합력을 증가시킬 수 있는 방법을 추가해야 한다. 연귀면 자체가 마구리면과 나뭇결면의 중간 성질을 갖기 때문에 최적을

연귀 결합 보강 방식

접착 블록

접착 블록

꽂임촉

연귀면의 2/3 정도
지점에 꽂임촉을 끼운다.

꽂임촉 나뭇결 방향

주먹장촉

딴혀

모서리에서 2/3 정도 되는 지점에 딴혀를
끼울 수 있는 세로홈을 파면 폭이 넓은 딴혀를
끼울 수 있어서 강도를 증가시킬 수 있다.

연귀면
딴혀

딴혀의 나뭇결 방향

접합력을 만들 수 없기 때문이다. 연귀 결합에 쓰이는 대부분의 보강 방식은 겉에서는 보이지 않는다.

접착 블록(glue block)은 작은 상자 구조의 내부에 붙여 사용되는데, 단순 연귀 결합의 접착력을 보강해 준다. 블록을 접착제로 붙이기 전에 모든 면이 깨끗하고 편평한지 확인하고 작업한다. 블록에 노란색 접착제를 바르고 붙인 다음 건조되어 움직이지 않을 때까지 잠시 붙잡고 있거나 테이프로 고정해둔다.

연귀면 사이에 딴혀(spline)를 끼워 넣을 수 있다. 접합되는 두 연귀면에 세로홈을 파고 딴혀를 끼워 넣는다. 세로홈을 되도록 안쪽에 파면 깊게 팔 수 있다. 딴혀의 나뭇결 방향은 접합되는 부재 나뭇결과 일치해야 한다. 결합하는 부재가 합판일 경우 합판으로 된 딴혀를 사용한다.

꽂임촉을 추가하면 연귀 결합을 돋보이게 할 수 있다. 연귀촉에 접착제를 바른 후 홈에 끼워 넣는다. 접착제가 굳은 다음 꽂임촉을 샌더나 스크레이퍼, 손대패 등을 사용하여 다듬는다. 주먹장촉을 끼우면 특히 더 아름답게 만들 수 있는데, 이 방식을 '가짜 주먹장(mock dovetail)'이라고 부르기도 한다.

접착 블록을 상자 안쪽에 붙이는 것은 연귀 결합을 보강하는 전통적인 방식 중 하나이다.

테이블쏘에서 복합 연귀 결합 만들기

부재의 개수와 옆 각도에 따라 복합 연귀각을 계산하고 테이블쏘의 날 각도와 마이터 게이지를 세팅한다(A). 두 각도는 각각 독립적으로 세팅해야 한다. 먼저 마이터 게이지 각도를 조정한 다음 나무토막을 하나 잘라보고 각도를 측정한다. 그다음 톱날 각도를 맞추고 다시 한번 테스트해본다. 정확하게 세팅될 때까지 몇 번 테스트해보고 조정한다.

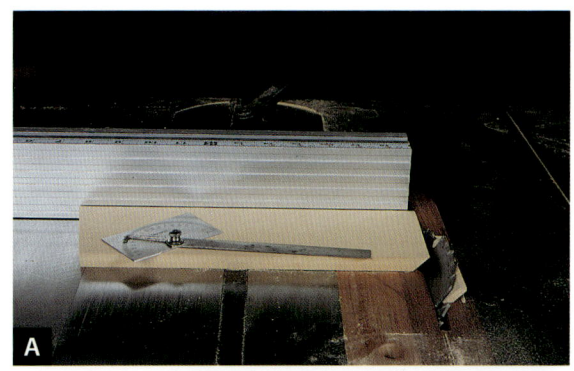

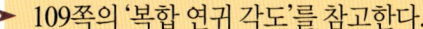

➤ 109쪽의 '복합 연귀 각도'를 참고한다.

[TIP] 마이터 게이지 각도를 세팅할 때 트루핏(True–Fit) 같은 맞춤 시스템을 사용할 수 있다. 이것을 사용하면 마이터 게이지 막대 바깥쪽의 각도를 측정할 수 있어서 좀 더 정확하게 자를 수 있다.

먼저 모든 부재의 한쪽을 세팅된 각도로 잘라낸다(B). 그다음 마이터 게이지를 앞뒤로 뒤집어서 톱날 반대쪽 마이터 게이지 홈에 끼우고 부재 길이만큼 멈춤 블록을 세팅한다. 부재 반대쪽을 동일하게 잘라낸다(C).

복합 연귀 결합 역시 딴혀나 끼움촉 같은 보강재가 필요할 것이다. 마지막으로 부재의 옆면을 옆 각도에 맞춰 켜낸다. 사진에서 보는 것 같이 10도 복합 연귀일 경우, 톱날을 10도 기울여 윗면과 아랫면의 모서리를 각각 쳐낸다(D).

비스킷 보강 연귀 결합

먼저 선호하는 방식으로 연귀면을 잘라내어 부재를 준비해둔다.

➤ 106쪽의 '연귀면 재단하기'를 참고한다.

비스킷을 연귀면에 추가하게 되면 겉에서는 보이지 않으면서 강도를 증가시킬 수 있다(A). 먼저 부재와 동일한 두께의 못 쓰는 나무토막에 비스킷 홈을 파보아 홈이 제대로 파지는지 확인한다. 이때 비스킷 홈이 부재를 관통되어 뚫리지 않는지 확인해야 한다. 부재를 작업대에 단단히 고정한 다음 비스킷 홈을 판다.

그다음 연귀면에 접착제를 바르고 살짝 닦아내는 사이징 작업을 해둔다. 비스킷 홈과 연귀면에 접착제를 바른 다음 비스킷을 끼워 부재를 결합한다(B).

딴혀 연귀 결합

딴혀를 중간에 끼운 연귀 결합 역시 먼저 연귀면을 재단해두어야 한다(A). 딴혀를 끼울 홈을 팔 때 톱날 각도는 연귀면을 재단할 때 세팅된 그대로 사용하면 된다. 조기대를 톱날에 가깝게 붙이고 마이터 게이지로 부재를 밀면서 가공한다. 부재를 가공하기 전 못 쓰는 나무토막에 테스트를 해봐서 톱날 높이와 조기대의 거리 세팅이 맞는지 다시 한번 확인한다(B). 톱날이 조기대 쪽으로 기우는 톱이면 조기대를 반대편으로 옮기고 작업한다. 복합 연귀 결합에 끼울 딴혀 홈을 팔 때에는 부재를 수직으로 세우고, 연귀면 가공을 할 때 세팅된 톱날 각도를 그대로 두고 작업한다(C).

변형 방법

[변형 방법] 라우터 테이블에서 각도 지그로 부재를 지지하면서 딴혀 홈을 팔 수도 있다. 사진에서 보는 목재는 MDF 판재인데 충분히 넓어서 클램프로 부재를 고정할 수 있다. 일자 비트를 라우터 테이블에 끼우고 지그가 비트를 완전히 지나가도록 가공한다. 딴혀 홈이 깊을 때에는 비트 높이를 조금씩 높이면서 여러 번에 걸쳐 가공한다. 지그를 비트 오른쪽에서 왼쪽으로 움직이면서 가공한다. 이렇게 해야 비트 회전력이 지그를 펜스쪽으로 밀착시키게 된다.

합판 딴혀

합판이나 MDF 같은 인공 판재를 결합할 경우에는 합판으로 된 딴혀를 사용한다. 딴혀 홈의 폭과 같은 두께의 합판이면 더 좋다. 재단된 딴혀를 스크레이퍼로 긁어내면서 딴혀 홈 폭에 맞추는 작업만 하면 된다(A). 좀 더 장식 요소를 더하려면 노출되는 양쪽 끝에 하드우드로 된 조각을 끼워 넣을 수 있다(B). 끼워 넣는 조각의 나뭇결 방향은 홈의 깊이 방향으로 맞춘다.

원목 딴혀

원목으로 된 상자나 통에는 원목 재질의 딴혀를 끼운다. 곧은결 목재를 재단하여 준비한다. 딴혀의 나뭇결 방향은 끼울 부재와 동일하게 해야 수축 팽창에 대응할 수 있다. 즉 딴혀의 나뭇결 방향은 길이 방향이 아닌 폭 방향으로 되어야 하며, 이 말은 수압대패나 손대패로 대패질하기가 어렵고 길이 방향으로 쉽게 부러진다는 뜻이다. 하지만 반대로 결합력이 필요한 폭 방향으로는 부러뜨리는 것이 거의 불가능하다.

먼저 결합할 상자의 깊이보다 조금 더 넓은 판재를 대패질하여 준비한다. 그다음 테이블쏘에서 나뭇결에 직각으로 적당한 두께로 자른다. 홈 두께만큼의 최종 재단 작업은 펜스를 두고 밴드쏘에서 한다(A). 부재 폭이 좁기 때문에 연필을 밀대로 써서 작업한다. 원하는 두께로 부재가 잘라지는지 먼저 연습을 해본다.

잘라진 딴혀를 작업대의 벤치훅에 걸고 블록 대패로 깎아내면서 최종 두께로 맞춘다(B). 작업 시에는 나뭇결 방향으로 부러지지 않도록 주의한다. 하지만 부러지더라도 딴혀로 사용하는 데 큰 문제는 없다. 부러진 부위가 겉에서 보이지도 않고 기능상으로도 별 문제가 없기 때문이다.

딴혀의 폭이 홈 깊이에 맞는지 다시 한번 확인하고 필요하면 대패로 깎아내어 맞춘다(C). 블록 대패로 몇 번 깎아내면 깨끗하게 다듬을 수 있다. 딴혀의 길이는 부재보다 조금 크게 두고 조립한 다음 튀어나온 부분을 준이나 끌, 대패로 다듬는다. 딴혀를 끼운 연귀 결합은 단순 연귀 결합보다 조립이 수월하다. 딴혀 덕분에 조립 중에 접합면이 미끄러지지 않기 때문이다(D).

수공구로 꽂임촉 연귀 결합 만들기

상자 나뭇결과 일치하는 무늬목으로 꽂임촉을 만들어 끼우면 자세히 보지 않으면 알아차리기 어려울 정도로 안 보이게 할 수 있다. 먼저 등대기톱이나 열장 장부톱을 사용하여 상자 모서리에 톱자국을 만든다(A). 모두 같은 깊이로 파서 톱자국이 일관되게 만들어야 한다. 수직이 아닌 약간 비스듬하게 파면 지지력을 좀 더 높일 수 있다.

꽂을 무늬목이 톱자국보다 두꺼울 경우에는 망치로 무늬목을 몇 번 두드려 펴서 두께를 맞춘다(B). 접착제를 바르면 접착제의 수분 때문에 무늬목이 부풀어 올라 딱 맞게 된다. 끌을 사용하여 튀어나온 부분을 깨끗하게 깎아낸다(C). 무늬목 꽂임촉은 주변 부재와 잘 어울리면서 거의 보이지 않게 된다.

A

변형 방법

라우터 테이블에서 꽂임촉 연귀 만들기

라우터 테이블에 일자 비트를 끼우고 꽂임촉 지그를 사용하여 작업한다. 꽂임촉 지그는 홈파기를 하는 동안 결합된 상자 부재를 45도로 유지할 수 있도록 지지해주는데, 편평한 판재에 45도로 기울어진 펜스를 부착하여 만든다.

[TIP] 지그를 만들 때 나사못 같은 고정물을 사용할 경우에는 비트 최고 높이보다 위쪽에 장착해야 한다.

상자에 꽂임촉을 끼울 위치를 표시한다. 꽂임촉 지그에 상자를 밀착 시킨 상태에서 표시한 꽂임촉 위치에 맞게 라우터 테이블 펜스를 조정한다(A). 모든 홈이 대칭이라면 펜스 위치를 세팅한 다음 부재를 뒤집어 가면서 작업할 수 있다. 홈을 파는 동안 상자가 지그에 밀착되도록 단단히 지지한다.

[변형 방법] 부재를 좀 더 잘 지지하려면 부재를 양쪽으로 지지하는 요람형(cradle) 지그를 사용한다. 이 지그를 쓰면 가공하는 동안 지그가 펜스에 잘 붙어 있는지만 신경 쓰면 된다. 지그 두께만큼 부재가 옆으로 움직이는 것을 고려하여 펜스를 조정한다.

라우터 템플릿을 사용하여 꽂임촉 연귀 결합 만들기

크기가 큰 장을 연귀로 조립한 다음 꽂임촉 홈을 파는 것은 그리 쉽지 않다. 라우터 테이블에서 작업하기에는 고정하고 이송하기가 만만치 않기 때문이다. 이때는 플런지 라우터에 일자 비트를 끼우고 템플릿 가이드를 사용하여 꽂임촉 홈을 팔 수 있다(A).

합판이나 MDF 판재를 가공하려는 장 깊이와 동일한 폭의 직사각형으로 재단한 다음, 정 가운데와 꽂임촉 홈 위치에 선을 긋고 각각의 꽂임촉 홈 크기만큼 표시해둔다(B). 라우터 테이블에 템플릿 가이드 직경과 동일한 크기의 일자 비트를 끼운다. 펜스와 비트 사이의 거리를 조정하여 원하는 위치로 세팅한다.

파낼 각 홈의 가운데에 비트를 두고 관통되어 구멍이 뚫릴 때까지 천천히 부재를 내린다. 드릴을 사용하여 가운데 구멍을 미리 파두어도 좋다. 이어서 부재를 밀어 원하는 크기만큼 홈을 파낸다. 꽂임촉 구멍이 좌우 대칭이라면 한쪽 홈을 파내고 부재를 뒤집어 반대쪽을 가공하면 된다(C). 템플릿 가이드가 파내진 홈에서 부드럽게 미끄러져야 하는데, 필요하면 구멍에 왁스를 발라둔다.

템플릿을 부재의 연귀 결합 부위에 두고 꽂임촉 홈을 판다. 꽂임촉 홈의 길이는 템플릿의 홈의 길이와는 무관하다. 플런지 라우터를 눌러 비트의 깊이를 조정하면 꽂임촉 홈의 길이를 조정할 수 있다(D).

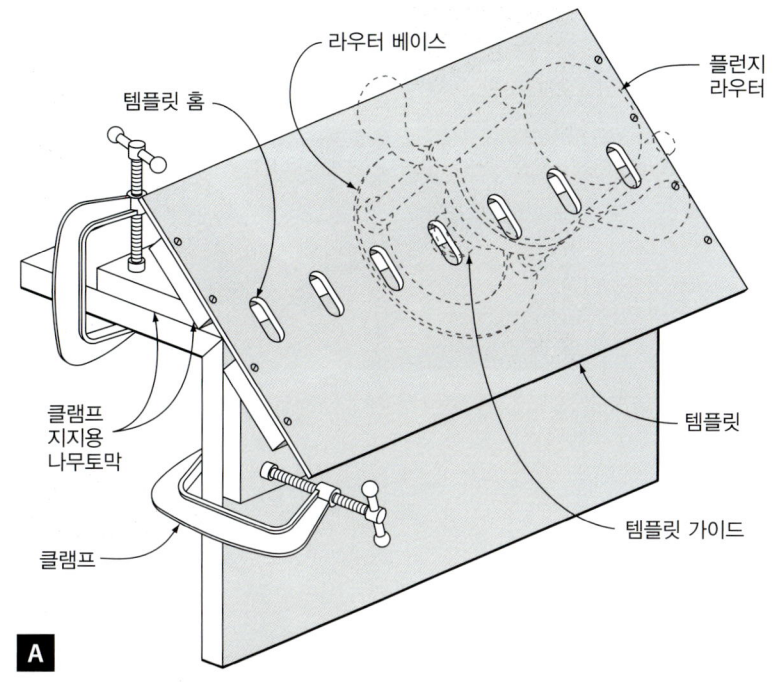

라우터 베이스
템플릿 홈
플런지 라우터
클램프 지지용 나무토막
템플릿
클램프
템플릿 가이드

A

B

C

D

테이블쏘에서 꽂임촉 연귀 결합 만들기

커다란 상자에 연귀 꽂임촉 홈을 파려면 부재를 지지할 수 있는 커다란 지그가 필요하다. 연귀촉 지그를 썰매 지그에 클램프로 고정한다. 지그의 양팔을 이어주는 부재는 부재 끝을 맞춰주는 멈춤 블록 역할도 하게 된다(A). 지그 뒤쪽 판재는 부재 뜯김을 방지해준다. 뒤쪽 판재를 지지하는 블록을 양면테이프로 붙인 다음 클램프로 확실히 고정하고 작업한다(B).

[변형 방법] 크기가 작은 연귀촉 지그는 테이블쏘 조기대에 바로 대고 작업할 수도 있다.

변형 방법

일자 연귀촉 만들어 끼우기

일자 연귀촉을 만들 때 맨 처음 해야 할 것은 밴드
쏘를 사용하여 원하는 폭과 두께보다 좀 크게 부재를
가재단하는 것이다. 정재단은 테이블쏘에서 하는데,
부재가 얇기 때문에 꼭 밀대를 사용하여 작업한다.

꽂임촉 부재는 나뭇결이 길이 방향으로 되도록 재
단한다(A). 꽂임촉은 홈에 가볍게 들어갈 정도로 두
께를 맞춘다. 블록 대패를 사용하여 두께를 조정하면
된다. 높이가 낮은 벤치훅에 부재를 대고 대패질하면
움직이지 않고 작업할 수 있다. 망치로 쳐서 꽂임촉을
박아 넣는데, 홈의 아랫면까지 잘 맞닿는지 확인한다
(B).

밖으로 튀어나온 꽂임촉은 밴드쏘로 조심스럽게
잘라낸다. 톱날에 시선을 고정하고 작업하여 상자 자
체에 톱자국이 생기지 않도록 주의한다(C). 블록 대
패로 깎아 최종 마무리하는데, 모서리에서 안쪽으로
대패질해야 뜯기지 않는다. 꽂임촉은 상자 부재와 같
은 재질로 만들더라도 항상 더 진한 색을 띄게 된다.
드러난 면의 나뭇결 방향이 45도로 잘린 부분적인 마
구리면이기 때문이다. 마감재를 바르고 나면 더 진하
게 보인다.

주먹장 꽂임촉 연귀 결합 만들기

연귀 결합에 주먹장 모양의 꽂임촉을 끼워 넣으면 장식 요소를 더할 수 있다. 꽂임촉 홈을 팔 때에는 일자 모양의 홈을 팔 때 사용하는 연귀촉 지그를 그대로 사용한다(A).

> ➤ 116쪽의 '라우터 테이블에서 꽂임촉 연귀 만들기'를 참고한다.

다른 점은 일자 비트 대신 주먹장 비트를 사용한다는 것이다. 주먹장 비트 날물을 아끼려면 일자 비트로 먼저 한 번 파내고 주먹장 비트로 다시 한번 파내는 방법도 있다.

꽂임촉용 부재는 원하는 크기보다 크게 재단해서 준비해둔다. 홈을 팔 때 사용한 비트를 그대로 두고 비트를 펜스 안쪽으로 집어넣은 상태에서 꽂임촉을 가공한다(B). 비트 높이는 부재보다 조금 더 위로 나오게 하고 가공하면 쉽게 맞출 수 있다. 잘 들어가지 않으면 펜스를 살짝 뒤로 민 상태에서 한 번 더 깎아낸다. 꽂임촉을 끼워보고 필요하면 부재를 뒤집어 한 번 더 깎아낸다(C). 꽂임촉이 홈에 쉽게 들어갈 때까지 펜스를 조절해가면서 계속 가공한다. 꽂임촉 바닥면을 깎아내어 맞출 수도 있다. 바닥면은 결방향 면이기 때문에 쉽게 대패질이 되어 효과적으로 폭을 줄일 수 있다.

접착제를 발라 꽂임촉을 끼운 다음에 밴드쏘에서 튀어나온 부분을 잘라내고, 손대패나 샌더로 다듬어 정리한다. 삐져나온 접착제는 끌로 긁어내어 제거하고 작업한다(D). 상자 모서리에서 안쪽 방향으로 대패질을 해야 뜯기지 않는다.

은촉홈 연귀 결합

은촉홈 연귀 결합을 만들 때에는 먼저 다도날을 사용하여 은촉홈 부분을 가공한다. 끼워지는 부재 두께로 은촉홈 폭을 맞추고 파내면 된다(A). 마이터 게이지에 보조 펜스를 장착하고 부재를 펜스에 대고 밀어서 가공한다. 연귀면을 만들 때에는 테이블쏘 톱날을 45도 기울이고 작업한다. 마이터 게이지로 부재를 지지하여 밀면서 가공한다(B).

맞춰지는 부재를 가공면에 대고 연귀면이 끝나는 곳에 표시를 한다(C). 톱날 왼쪽에서 맞춰질 부재 연귀면을 가공한다. 이렇게 하면 톱날이 부재 쪽으로 기울어진 상태가 된다. 톱날 높이를 세밀하게 조정하여 표시한 곳까지 연귀면을 만든다(D). 마지막으로 썰매 지그를 사용하여 수직으로 어깨면을 잘라낸다(E).

락 마이터

락 마이터(lock miter) 비트는 속도 조절이 가능한 라우터 테이블에서만 사용해야 한다(A). 비트 직경이 크기 때문에 회전 속도를 10,000rpm 정도로 낮추어야 하기 때문이다.

먼저 부재를 수평으로 두고 가공한다(B). 간격 없는 펜스와 집진기를 사용하여 작업한다. 맞춰지는 부재는 수직으로 잡고 가공한다(C). 이 맞춤을 할 때에는 비트 높이가 정확하게 세팅되어야 한다. 제대로 맞추려면 나무토막에 여러 번 연습을 해보면서 높이를 조정할 필요가 있다(D).

핑거 맞춤

핑거 맞춤

사개결합

핑거 맞춤(finger joint)은 외관이 독특하면서도 매우 강한 결합 방식이다. 맞물리는 각각의 핑거가 나뭇결면끼리의 접합면을 만들어 전체적으로 매우 넓은 접합 면적을 확보할 수 있다. 핑거 맞춤은 관통 방식의 짜임이기 때문에 항상 마구리면이 겉으로 드러나게 된다. 도서관에서 사용하는 오래된 카드 트레이라면 이 모양새가 멋있어 보이겠지만, 적용 상황에 따라 적절하지 않을지도 모른다. 따라서 이 방식을 사용하기 전에 본인이 디자인 한 상자나 장에 핑거 짜임이 어울리는지를 먼저 고려해야 한다.

한 가지 더 고려할 사항은 짜임을 어떤 방식으로 만들 것인가이다. 만일 수공구로 짜임 만드는 것을 선호한다면 관통 주먹장(through dovetail)으로 만드는 것이 더 낫다. 주먹장은 각 짜임의 간격을 원하는 대로 배치할 수도 있고 물리적인 결합력까지 더 확보할 수 있기 때문이다. 핑거 맞춤은 상자 여러 개를 전동공구로 만들 때 가장 이상적인 결합 방식이다.

핑거 만들기

핑거를 만드는 가장 간단한 방법은 테이블쏘와 지그를 사용하는 것이다. 다도날과 마이터 게이지 홈을 따라 잘 움직이는 지그를 같이 쓰면 수십 개의 핑거도 반복해서 만들 수 있다. 각각의 핑거는 최적의 접합면을 만들면서 보기에도 매력적이다.

라우터용 주먹장 지그를 사용해서 핑거를 만들 수도 있다. 지그를 조금 손봐 변형시킨 다음 다른 비트를 사용하면 된다. 라우터나 테이블쏘를 제대로 쓰면 완벽하게 들어맞는 핑거 짜임을 수백 개라도 만들 수 있다. 이 방식을 쓰면 동일한 간격의 핑거가 만들어지는데, 직접 만든 템플릿을 사용하면 다양한 핑거 간격으로도 만들 수도 있다.

폭이 넓은 핑거 맞춤은 이 불장같이 큰 장을 짜는 데 적합하다. 여기에서는 결합력을 강화하기 위해 핀을 추가하였다.

핑거 맞춤은 관통식 짜임이기 때문에 마감을 하고 나면 어두운 마구리면이 겉으로 드러나게 된다. 작은 상자에서는 장식적 요소로 보일 수 있다.

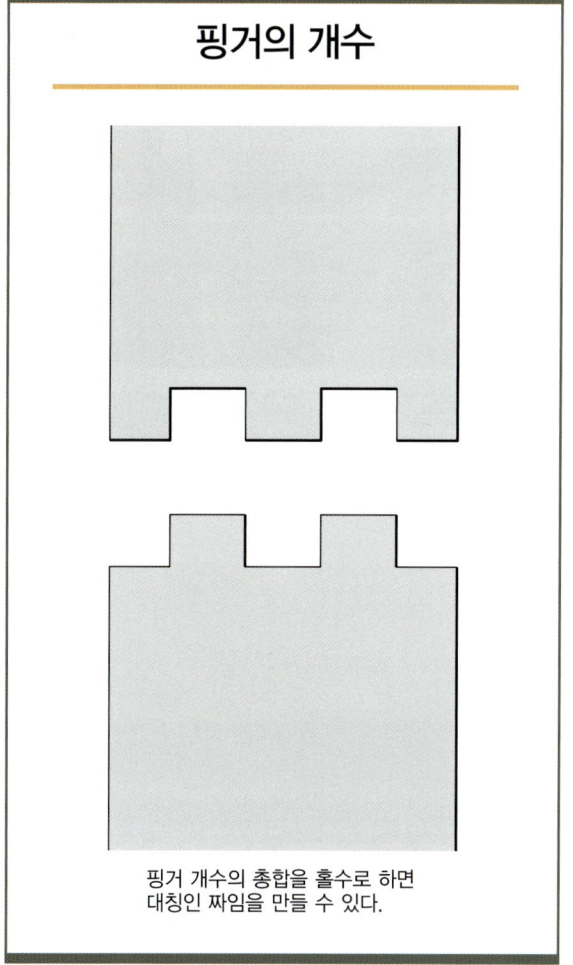

핑거 개수 계산하기

핑거 결합을 배치하려면 사전에 약간의 계획이 필요하다. 먼저 각 핑거의 폭을 결정한다. 그다음 부재의 크기를 핑거 폭의 배수로 하여 재단한다. 이렇게 하면 가장 일반적인 핑거 결합을 만들 수 있다. 한 가지 유의할 점은 대칭 모양의 핑거 결합을 만들려면 핑거의 총 개수가 홀수이어야 한다는 것이다. 이러면 결합면의 양쪽 끝이 모두 핑거이나 모두 핑거 홈이 된다. 핑거의 개수가 짝수이면 한쪽 끝은 핑거 다른 쪽은 핑거 홈인 모양으로 결합부가 만들어진다.

테이블쏘 지그를 사용하면 가장 쉽게 핑거 결합을 만들 수 있다. 핑거 폭과 동일한 키를 사용하여 간격을 맞추는 것이 핵심이다.

핑거 결합을 만드는 라우터용 지그가 상용으로 나와 있지만, 각 핑거의 간격을 변화시키면서 만들려면 직접 템플릿을 만들어 써야 한다.

핑거의 개수

핑거 개수의 총합을 홀수로 하면
대칭인 짜임을 만들 수 있다.

핑거의 개수가 홀수이면 양쪽 끝에 모두 핑거가 위치하게 된다. 반대로 핑거 개수가 짝수이면 한쪽 끝은 핑거, 반대쪽은 핑거 홈이 만들어진다.

핑거가 부재 위로 튀어나오는 방식으로 짜임을 만들면 조립할 때 핑거 폭에 맞는 카울을 만들어 사용해야 한다.

핑거를 부재 두께보다 살짝 짧게 만들면 편평한 카울을 결합부에 바로 대고 클램프로 조여 조립할 수 있다. 다듬을 때에도 나뭇결면을 0.5mm 정도만 깎아내면 되기 때문에 훨씬 수월하게 작업할 수 있다.

핑거 결합에서 부재 두께 고려하기

핑거 결합은 다른 모든 관통 짜임 방식과 마찬가지로 주의해서 세팅할 필요가 있다. 만일 핑거가 부재 표면보다 조금 튀어나오게 만들고 싶다면 튀어나오는 만큼 핑거 길이를 늘려 만들어야 한다. 이렇게 튀어나오는 핑거 결합 방식을 쓰면 124쪽에 나오는 이불장처럼 모서리에 핑거 모양대로 요철이 만들어진다.

편평하고 매끈한 핑거 결합을 만드는 방식에는 두가지가 있다. 첫 번째 방식은 핑거를 부재 두께보다 1.5mm 정도 길게 만들고 결합하는 것이다. 조립한 후에 튀어나오는 부분은 제거하면 된다. 이 방식의 단점은 짜임 간격에 맞는 클램핑 카울(caul)을 사용해야만 모든 결구 부위에 압력을 가하면서 조립할 수 있다는 점이다.

두 번째 방식은 반대로 연필선 정도만큼 부재 두께보다 짧은 핑거를 만드는 것이다. 이렇게 하면 훨씬 쉽게 조립할 수 있는데, 아무 카울이나 사용해도 결합부에 압력을 가해 조립을 할 수 있기 때문이다(물론 카울 표면에 왁스를 발라 부재에 붙어버리지 않도록 해야 한다). 또 한 가지 장점은 매끈하게 만들기 위해 깎아내는 부분이 마구리면이 아닌 나뭇결면이기 때문에 대패질이나 샌딩이 훨씬 수월하게 된다. 0.5mm 정도만 깎아내면 되기 때문에 손대패나 샌더로 빠르게 작업할 수 있고, 조립 중에 생긴 찍힌 자국이나 긁힘도 함께 제거되는 이점도 있다.

반턱 사개결합

반턱 사개결합(halved joint)은 아주 단순하지만 장식적 요소도 있는 짜임인데, 사실상 크게 만든 핑거 결합이라고 볼 수 있다. 어떤 짜임 방식을 쓸 수 있는지 결정을 하는 데 고려할 사항은 충분한 접착 면적이 확보되는지이다. 반턱 사개결합에서는 대부분의 접착면이 마구리면과 나뭇결면으로 만나게 된다. 나뭇결면끼리의 접착면이 많지 않은 반턱 사개결합은 결합력을 확보하려면 보강이 반드시 필요하다. 못이나 핀, 나사못, 꽂임촉 등 어떤 고정물도 사용할 수 있다.

이 짜임 방식의 장점은 만들기가 쉽다는 데 있다. 그리고 짜임부를 가공한 후에도 부재 자체의 강도가 크게 약해지지 않는다. 짜임을 만들고 나면 나뭇결면과 대비되어 짙은 색으로 드러나는 마구리면이 주목을 끌게 된다.

반턱 사개결합은 수공구나 테이블쏘를 이용하여 만든다. 짜임부 절단선을 똑바로 직각이 맞도록 그려 넣은 다음, 한쪽 부재를 먼저 잘라내고 깨끗이 다듬은 다음 가공된 부재를 반대편 부재에 대고 맞춰지는 절단선을 표시한다.

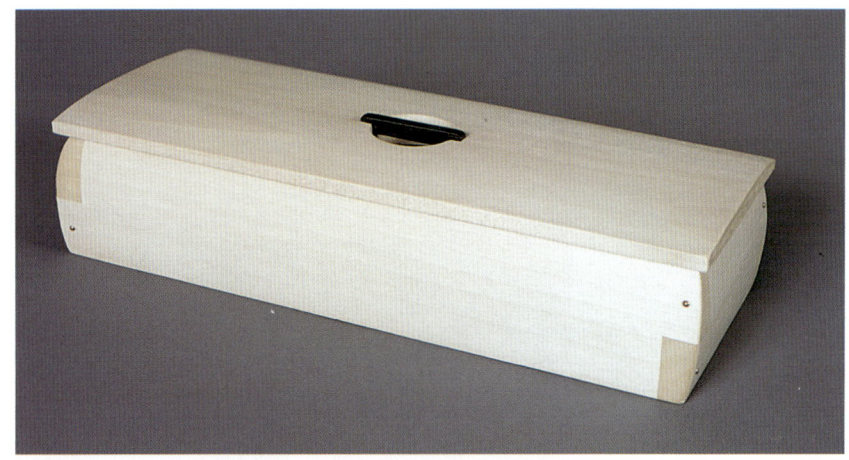

저자가 반턱 사개결합을 써서 만든 이 상자는 우아하면서도 간결한 아름다움을 보여준다.

작은 상자에서 반턱 사개결합은 수공구나 전동공구로 쉽게 만들 수 있고, 만들어진 짜임부의 강도가 그대로 유지된다.

테이블쏘에서 핑거 결합 만들기

먼저 다도날을 조합해서 원하는 핑거 두께로 세팅한다. 만들려는 장이나 상자의 폭이 핑거 두께의 배수가 되도록 해야 부재 양끝에서 모두 같은 크기의 핑거가 만들어진다. 트루핏 시스템(Tru-Fit system)같이 마이터 게이지 블록이 붙어 있는 마이터 게이지를 사용하거나, 아니면 두 개의 마이터 게이지를 보조 펜스로 연결하여 사용한다. 먼저 세팅된 다도날로 보조 펜스에 첫 번째 홈을 파낸다(A).

그다음 나무토막 하나를 다도날 두께와 정확히 같도록 재단하여 준비한다. 이 나무토막은 다음 홈을 파낼 위치를 맞춰주는 간격 핀으로 사용된다. 메이플 같은 하드우드 재질로 만드는 데 반으로 잘라 쓸 수 있도록 충분히 긴 부재로 만든다. 두 개로 자른 간격 핀 중 하나는 펜스에 파진 홈에 끼워둔다(B).

보조 펜스를 핑거 폭만큼 톱날 왼쪽으로 이동시킨다. 이때 두 번째 간격 핀을 사용한다. 톱날과 미리 끼워둔 간격 핀 사이에 끼워보면 정확하게 간격을 맞출 수 있디(C). 간격이 핑기 폭보다 멀면 결합부가 너무 빡빡해지므로 주의해야 한다. 두 번째 간격 핀이 첫 번째 간격 핀과 톱날에 밀착되어 눌러지도록 맞추는 것이 좋다. 이렇게 간격을 맞춘 상태에서 보조 펜스를 나사못이나 클램프로 고정한다.

[TIP] 간격 핀을 손대패로 한두 번 밀어서 살짝 좁게 만들어 사용하면 느슨하게 결합되도록 짜임을 만들 수 있다.

첫 번째 부재를 간격 핀에 대고 톱날을 통과시켜 홈을 파낸다(D). 그다음 부재를 옮겨 파낸 홈을 간격 핀에 끼우고 두 번째 홈을 파낸다(E). 이 과정을 계속 반복하면 모든 핑거 홈을 만들 수 있다. 가공하는 동안 부재가 정확히 수직과 직각을 유지하도록 잘 지지한다(F).

첫 번째 부재에 맞춰지는 두 번째 부재를 가공할 때에는 아까 사용한 간격 핀을 다시 한번 사용한다. 두 번째 간격 핀을 펜스에 끼워둔 첫 번째 간격 핀과 부재 사이에 두고 톱날에 밀착시킨다(G). 이렇게 첫 번째 홈을 파낸 다음에는 펜스에 끼워둔 간격 핀에 홈을 끼우고 두 번째 홈을 파낸다. 이 과정을 반복하면 두 번째 부재에도 핑거 홈을 파낼 수 있다. 이렇게 만들어진 짜임 부위는 서로 끼워봤을 때 빠지지 않을 정도의 결속력을 만들어야 하지만 망치로 때려 끼울 정도로 빡빡하면 안 된다(H).

라우터 테이블에서 핑거 결합 만들기

핑거 폭이 넓거나 간격이 일정하지 않을 때 그리고 넓은 판재에 핑거 결합을 만들 때에는 라우터 테이블에서 가공한다. 라우터 테이블 정반 양쪽 모서리에 지지되어 앞뒤로 움직이는 슬라이딩 테이블을 만들어 사용할 수도 있고, 정반에 홈이 파져 있으면 마이터 게이지를 사용하여 작업할 수도 있다(A). 부재에 파낼 핑거 위치와 크기를 표시하고(B), 밴드쏘에서 먼저 홈을 대충 따낸다(C). 라우터 테이블에 폭이 넓은 일자 비트를 끼우고 높이를 맞춰 세팅한다.

부재를 펜스에 대고 라우터 비트에 첫 번째 핑거 홈 위치를 맞춘 상태에서 멈춤 블록을 클램프로 조여둔다. 부재를 단단히 고정하고 비트를 통과시켜 첫 번째 핑거 홈을 파낸다. 핑거 위치가 좌우 대칭이라면 부재를 뒤집어 반대편에도 동일한 핑거 홈을 파낸다(D). 멈춤 블록과 부재 사이에 간격 블록을 끼우면 그만큼 부재가 이동하여 다음 핑거 홈을 파낼 수 있다. 원하는 폭의 간격 블록을 사용하여 계속하여 핑거 홈을 파낸다(E). 맞춰질 반대편 부재에 핑거 홈을 팔 때에는 세팅된 멈춤 블록을 그대로 두고 라우터 비트 폭과 동일한 간격 블록을 하나 더 끼운 다음 첫 번째 홈을 파내면 된다. 각 블록에 두꺼운 종이 심을 끼워서 작업하면 맞춤 정도를 조정할 수 있다(F).

자체 제작한 템플릿을 사용하여 핑거 결합 만들기

핑거 결합에서 핑거의 크기나 패턴을 변경하여 만들려면 라우터 테이블에서 템플릿을 만들어 사용한다.

> ▶ 좌측의 '라우터 테이블에서 핑거 결합 만들기'를 참고한다.

템플릿을 사용하여 핑거 결합을 만들 때에는 플러쉬트림(flush-trimming) 비트를 사용하기 때문에, 템플릿을 오프셋 없이 원하는 핑거의 모양과 정확이 같게 만들어야 한다(A). 오른쪽 사진에서와 같이 폭이 넓은 핑거용 템플릿을 만들 때에는 템플릿을 비트 위에서 앞뒤로 움직여 핑거 홈을 파내면 된다.

제작한 템플릿을 부재에 대고 파낼 홈을 표시하고, 먼저 직소(jigsaw)를 사용하여 핑거홈을 대충 잘라낸다(B). 그다음 템플릿을 다시 부재에 대고 클램프로 조이거나 양면테이프를 붙여 고정한다. 템플릿이 앞서 부재에 표시한 선과 일치하게 정렬되었는지 다시 한번 확인한다. 베어링이 샹크 쪽에 있는 탑마운트 플러쉬트림 비트(top-mounted flush-trimming bit)를 써서 가공한다. 비트를 조금씩 내리면서 파내는데, 이렇게 하면 처음엔 템플릿에 닿았던 베어링이 나중에는 앞서 파낸 부재 면을 타고 가공하게 된다(C). 핑거홈 모서리에 둥글게 남아 있는 부분은 날카로운 끌로 쳐내 다듬는다(D). 끌질은 양쪽 면에서 가운데 쪽으로 해야 쪽이 나가지 않는다.

켈러 주먹장 지그를 사용하여
핑거 결합 만들기

켈러 주먹장 지그(Keller dovetail jig)와 오프셋 트리밍 비트를 사용하면 핑거 결합을 만들 수 있다. 여기서는 주먹장 지그의 직선 핑거를 사용하게 된다. 탑마운트 베어링이 있는 직경 14mm의 비트를 사용하면 템플릿의 핑거에 넉넉하게 맞는다. 판재 두 개를 겹쳐서 템플릿에 장착하는데 마구리면은 정확히 일치하도록 하면서 양쪽 모서리는 14mm 어긋나게 해야 한다. 14mm 폭의 나무토막을 재단해서 사용하면 좀 더 쉽게 정렬할 수 있다(A).

부재 중심에 연필선을 긋고 이 선을 지그의 가운데 핑거 홈에 맞춘다(B). 부재를 지그에 클램프로 고정하고 멈춤 블록을 지그에 클램프로 고정하여 나머지 핑거 홈 위치를 맞춘다(C).

라우터에 비트를 장착하고 비트 높이를 파낼 핑거 길이에 템플릿 두께를 더한 만큼으로 맞추는데 머리카락 두께만큼 살짝 낮춘다. 나무토막에 대고 비트 높이를 맞추면 된다(D). 라우터 스위치를 컨 상태에서 베이스를 지그에 댄다. 그다음 지그를 따라 라우터를 기울어지지 않게 유지하면서 가공한다(E).

밴드쏘에서 핑거 결합 만들기

밴드쏘를 써서 핑거 결합을 만들 수 있다. 톱날이 날카롭게 연마되어 있고 미세 조정을 할 수 있는 펜스만 있으면 놀라울 정도로 좋은 결과물을 얻을 수 있다.

먼저 핑거 간격을 정하고 부재에 연필선을 그어 표시한 다음, 그무개로 한 번 더 선을 긋는다(A). 이렇게 표시한 선을 따라 잘라낼 수 있도록 정밀하게 밴드쏘의 펜스를 조정할 수 있어야 한다. 잘라낼 핑거의 깊이에 맞춰 펜스에 멈춤 블록을 클램프로 고정한다.(B). 첫 번째 핑거 면을 톱질한 다음, 부재를 뒤집어 대칭되는 반대쪽 핑거 면도 동일하게 톱질한다. 이런 방식으로 부재의 세로 핑거 면을 모두 톱질해둔다(C).

맞춰지는 부재를 톱질할 때에는 부재와 펜스 사이에 밴드쏘 톱날 두께만큼의 스페이서를 끼워둔다(D). 이 상태에서 맞춰지는 부재를 톱질한다. 핑거의 개수가 많을 때에는 펜스를 조정하고 첫 번째 부재 핑거면을 자른 다음 스페이서를 끼우고 계속해서 부재를 톱질을 하면 된다.

그다음 잘려 나갈 부분을 대충 밴드쏘에서 따낸다. 폭이 좁은 톱날을 사용하여 작은 반경으로 잘라낸다(E). 표시한 그무개 선에 최대한 가깝게 되도록 잘라내는 것이 좋다. 그다음 펜스를 조정하여 맞추고 그무개 선을 따라 잘라낸다. 핑거 홈이 모서리 쪽에 있는 부재는 작업이 비교적 쉽다(F). 핑거 몸통까지 잘라내지 않도록 주의한다. 핑거 사이에 있는 핑거 홈은 톱날을 최대한 그무개 선에 밀착한 상태에서 톱날을 돌려서 자르기 시작한다. 부재를 천천히 이송하면서 그무개 선 전체를 톱질하여 잘라낸다(G).

테이블쏘에서 직각이 아닌
핑거 결합 만들기

직각이 아닌 핑거 결합을 만들 때에는 먼저 부재 마구리를 원하는 각도로 재단한다(A). 그다음 마이터 게이지에 붙일 펜스를 앞에서 재단한 부재 마구리 각도와 동일한 각도로 만든다. 긴 나무토막을 대패질한 다음 원하는 각도로 잘라 스페이서로 사용한다.

> 128쪽의 '테이블쏘에서 핑거 결합 만들기'를 참고한다.

직사각형으로 재단된 판재에 앞서 만든 각도 스페이서를 붙이고 보조 펜스에 나사못으로 고정한다(B). 각도 스페이서를 하나 더 만들어 좀 더 위쪽에 딱 맞게 끼워 넣고, 나사못으로 한 번 더 고정한다. 이렇게 만든 각도 펜스에 부재를 대고 다도날과 핑거 스페이서를 사용하여 핑거 홈을 파낸다(C).

수공구로 반턱 사개결합 만들기

수공구로 반턱 사개결합을 만들려면 먼저 그무개로 어깨면 칼금을 표시해야 한다. 칼금이 나뭇결의 직각 방향으로 그어지면서 부재 표면에 깨끗한 절단선을 미리 만들어준다. 부재 앞뒷면에 모두 칼금을 긋고 연결되는 모서리에도 빼먹지 않고 그어준다. 나뭇결과 같은 방향인 옆면은 연필선만 그어도 충분하다. 부재에 절단면을 표시하는 것은 맞춰지는 두 부재 중 한쪽에만 한다(A). 표시한 부재를 바이스에 수직으로 물리는데 최대한 가공 부위 가깝게 잡아서 톱질할 때 움직임이나 진동이 생기지 않게 해야 한다. 옆면으로 표시한 연필선에서 잘라 따내지는 쪽에 톱을 두고 수직으로 톱질을 한다(B).

옆면 톱질이 끝났으면 어깨면 칼금에 끌질을 한다. 끌을 부재 표면에 대고 살짝 끌어보면 칼금에 걸리게 되는데 이때 가볍게 한 번 망치로 친 다음 끌을 뒤집어 깎아 따내면 된다. 이 작업을 가볍게 몇 번 한 다음 뒤집어서 반대면도 동일하게 작업한다. 끌질을 할 때에는 어깨면이 완벽하게 수직이 되도록 주의해서 작업한다. 양쪽 면에 끌질을 했으면 부재를 바이스에 물리고 양면이 연결되는 모서리면에도 끌질을 한다. 이렇게 하면 세 개의 끌질한 면이 연결되어 어깨면이 만들어진다(C). 이제 톱을 어깨면 끌선의 잘라내어지는 쪽에 두고 톱질을 하여 잘라낸다. 폭이 넓은 끌로 톱질한 면을 깎아내어 칼금에 딱 맞도록 다듬는다. 어깨면은 그무개 선보다 안쪽으로 살짝 더 파낼 수도 있는데, 표면은 그대로 두고 부재 속만 더 파내야 한다(D). 잘라진 어깨면과 옆면이 정확히 수직으로 편평한지 확인한다(E). 이제 맞춰지는 부재에 금긋기칼로 칼금을 긋는다. 부재를 작업대 벤치독에 대고 반대쪽 부재를 맞대어놓고 어깨면에 대고 칼금을 내면 된다. 칼금을 내면서 맞춰치는 면끼리 표시를 해두면 조립할 때 쉽게 작업할 수 있다(F).

테이블쏘에서 반턱 사개결합 만들기

테이블쏘에서 반턱 사개결합을 따내기 전에 먼저 그무개로 모든 어깨면에 칼금을 내어둔다. 칼금을 그으면 나뭇결면에 직각 방향으로 표면 조직이 미리 잘라진다. 나뭇결 방향과 같은 옆면은 연필선만 표시해도 된다.

> ➤ 135쪽의 '수공구로 반턱 사개결합 만들기'를 참고한다.

한쪽 부재에 맞춰 톱날을 세팅하면 반대쪽 부재도 같은 세팅에서 작업할 수 있다. 멈춤 블록을 썰매 지그에 물려서 어깨면에 톱날을 맞춘다. 나는 부재 두께보다 살짝 작게 어깨면을 따내는데 이렇게 하면 접착제를 발라 조립하기가 쉽다(A). 멈춤 블록은 톱날에서 가까운 쪽에 대고 작업한다. 이렇게 해야 톱밥이 멈춤 블록과 부재 사이에 끼었더라도 덜 잘라지게 되어 재작업으로 수정이 가능하다.

옆면을 자를 때에는 잘라져 떨어지는 부분을 멈춤 블록 반대쪽으로 두고 작업한다(B). 반대로하면 킥백이 발생할 수 있다. 작업할 때 부재를 수직으로 잘 고정하고 썰매지그 아랫면에 똑바로 맞닿아 있도록 주의한다. 톱날 높이는 어깨면보다 살짝 낮게 맞추고 작업한다.

반턱 사개결합 보강하기

반턱 사개결합은 접착 면적이 적어서 꽂임촉이나 나사못으로 보강할 필요가 있다. 먼저 짜임을 배치하고 원하는 방식으로 작업해서 결합면을 만든다.

► 135쪽의 '수공구로 반턱 사개결합 만들기'를 참고한다.

구멍의 위치를 긁는 송곳(scratch awl)으로 표시한다(A). 자로 재서 표시할 수도 있고 그냥 눈으로 봐서 위치를 잡아도 된다. 드릴 비트를 필요한 만큼 빼서 구멍의 깊이를 세팅한다(B). 드릴 비트에 마스킹 테이프를 감아 깊이를 표시할 수도 있다(C). 드릴로 구멍을 팔 때에는 부재 모서리에 평행하게 맞춰 접합부에 수직이 되어야 한다.

꽂임촉은 직경이 작은 것을 써야 박아 넣으면서 마구리면이 터지는 것을 방지할 수 있다. 그리고 최대한 원형으로 된 꽂임촉을 사용하도록 한다. 대부분의 꽂임촉은 건조하면서 타원형으로 변형되기 때문이다.

꽂임촉은 살짝 길게 만들고, 끝 모서리 부분은 사포로 갈아내어 모따기를 해둔다.

이쑤시개를 사용하여 구멍에만 접착제를 바른다. 꽂임촉에 바른 접착제는 구멍에 박아 넣으면서 벗겨져 밖으로 흘러버리기 때문이다. 쇠망치로 꽂임촉을 박아 넣는다. 박아 넣는 깊이는 망치질 소리로 확인할 수 있다. 꽂임촉이 다 박히면 망치질 소리가 둔탁한 소리에서 높은 소리로 바뀐다(D).

접착제가 다 마르면 톱이나 끌을 사용하여 튀어나온 부분을 잘라낸다. 끌질을 할 때 너무 세게 쳐내면 꽂임촉을 박은 부재 표면이 뜯길 수 있으니 주의한다. 여러 방향에서 끌질을 해서 꽂임촉을 부재와 편평하게 맞춘다(E).

장부 짜임

막힌 장부

관통 장부

장부촉을 여러 개 만들어 판재를 이어붙이는 방식을 사용하면 튼튼하면서도 짜임부가 드러나지 않는 장을 만들 수 있다. 이 방식은 단순한 제두께 가로홈 결합보다 강도 면에서 우수한데, 나뭇결면으로 된 접착면을 더 많이 확보할 수 있기 때문이다. 하지만 이러한 나뭇결면 접착면이 나오려면 폭 방향으로 장부촉을 여러 개 만들어야 한다.

관통 장부에 벌림 쐐기를 박는 방식을 사용하면 큰 결합 강도를 만들 수 있을 뿐만 아니라 디자인 세부요소를 작품에 더할 수 있게 된다. 방두산지(loose wedge)를 박아 고정할 때에는 장부촉이 충분히 길어야 찢어져 나가는 것을 방지할 수 있다.

나뭇결 방향

장붓구멍은 끌과 망치같은 수공구로 파낼 수도 있고 플런지 라우터, 각끌기, 드릴 프레스 같은 기계장치를 사용할 수도 있다. 어떤 방식을 사용하든지 장부 짜임을 배치할 때 항상 기억해두어야 할 것은 장부촉과 장붓구멍 부재의 나뭇결 방향이다. 장을 만들 때 수직으로 서는 부재에 대부분 장붓구멍을 파게 되는데, 이 장붓구멍에는 나뭇결면보다 마구리면이 더 많게 된다. 이 마구리면은 접착력이 거의 없기 때문에 결합력을 만들어내지 못한다. 비틀리는 스트레스를 가하게 되면 장이나 책꽂이는 금세 부서져 떨어져 나가게 된다. 그렇기 때문에 접착력있는 나뭇결면을 확보하기 위해 가능한 많은 수의 장부촉과 장붓구멍을 배치하는 것이 필요하다.

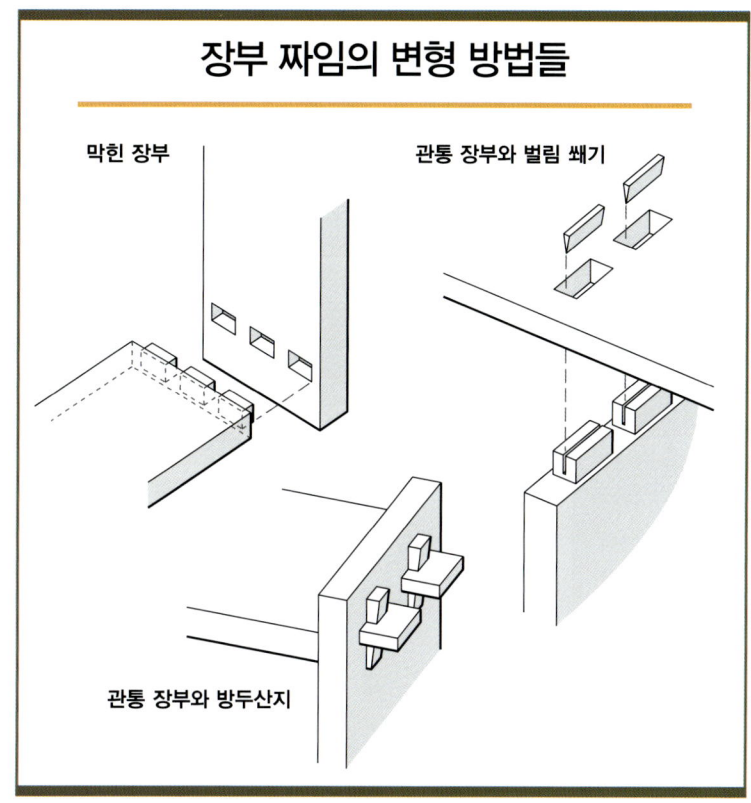

장부 짜임의 변형 방법들

막힌 장부

관통 장부와 벌림 쐐기

관통 장부와 방두산지

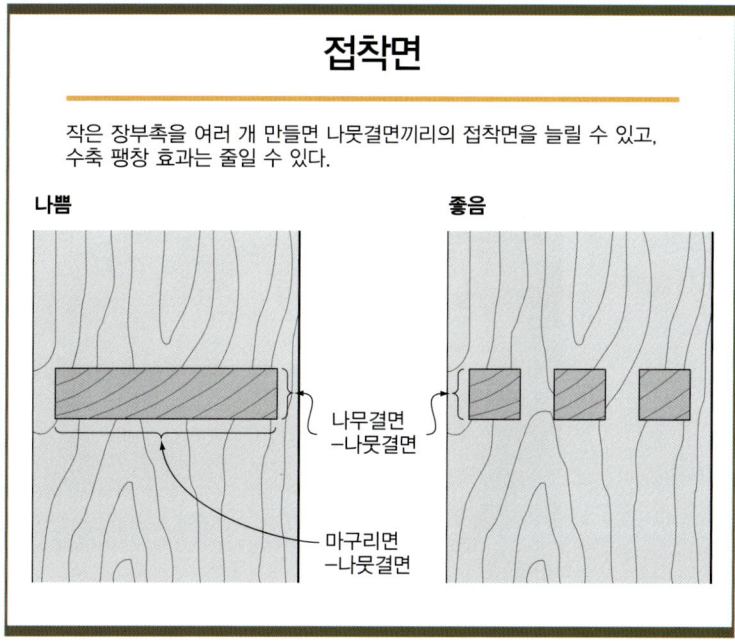

접착면

작은 장부촉을 여러 개 만들면 나뭇결면끼리의 접착면을 늘릴 수 있고, 수축 팽창 효과는 줄일 수 있다.

나쁨

좋음

나무결면
－나뭇결면

마구리면
－나뭇결

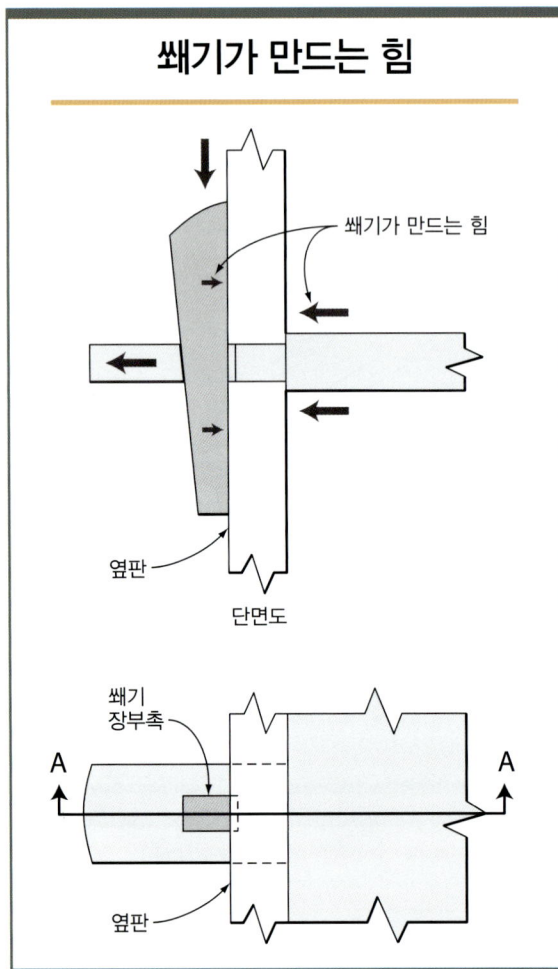

쐐기가 만드는 힘

쐐기가 만드는 힘

옆판

단면도

쐐기
장부촉

A

A

옆판

관통 장부 보강하기

관통 장부는 방두산지를 끼워 강도를 크게 증가시킬 수 있다. 이 방법을 쓰면 장부촉이 장붓구멍에 느슨하게 들어가지만 방두산지가 끼워지면서 자동차 주차 브레이크가 당겨지듯이 부재를 단단히 고정하게 된다. 방두산지는 세 군데에서 압력을 발생시킨다. 방두산지의 뒷면은 부재 외부 표면에 밀착되어 반작용으로 장부촉을 밖으로 밀어낸다. 이 힘들이 합쳐져서 장부촉의 어깨면을 결합되는 부재 안쪽 면으로 강하게 당긴다. 그 결과 짜임부는 단단히 고정되게 된다.

한 가지 주의할 점은 장부촉 끝부분이 충분히 길어서 방두산지를 박았을 때 장부촉이 쪼개지지 않아야 한다는 것이다. 왼쪽 사진에서 보는 장부촉은 방두산지를 망치로 25번이나 강하게 때려 넣긴 했지만 결국 나뭇결대로 쪼개졌다. 더 짧은 장부촉은 방두산지를 박아 넣을 때 쪼개질 가능성이 훨씬 높다.

장부촉 끝이 충분히 길어야 쐐기를 박으면서 나뭇결대로 쪼개지지 않는다.

수공구로 막힌 장붓구멍 파기

먼저 장붓구멍의 위치를 부재에 표시한다. 맞춰지는 부재와 장붓구멍이 잘 맞는지 다시 한번 확인한다(A).

손드릴로 장붓구멍 가운데를 판다. 반대쪽으로 관통되지 않도록 주의해서 파는데, 비트 앞쪽에 튀어나와 있는 리드 스크류 길이를 생각해서 구멍을 파야 한다. 비트에 구멍 깊이를 표시해두고 가볍게 파는 것이 좋다(B).

마지막으로 장붓구멍 폭과 동일한 폭의 끌로 양 끝 모서리를 직각으로 파낸다(C). 깊은 쪽은 지렛대처럼 끌을 들면서 가운데 부분을 파내는 데 모서리가 둥글어지지 않도록 주의한다(D).

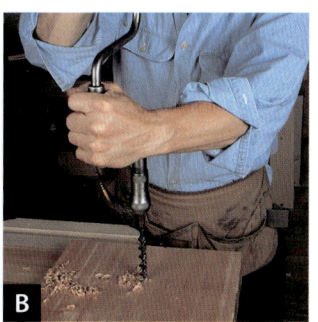

플런지 라우터로 막힌 장붓구멍 파기

플런지 라우터로 장붓구멍을 팔 때 첫 번째 과정은 부재에 구멍 위치를 표시하는 것이다. 곧은 막대나 직각 지그를 부재에 클램프로 조인다. 라우터 베이스에서 비트의 날까지의 오프셋 거리를 계산하여 정확한 위치에 조이도록 한다(A).

장붓구멍 끝에 비트를 맞춘 상태에서 라우터 베이스 위치를 부재에 표시한다. 표시한 선까지만 구멍을 파내면 된다(B). 또는 나무토막을 멈춤 블록으로 써서 이 위치에 두고 클램프로 고정해둘 수도 있다(C). 비트 날을 조금씩 내리면서 구멍을 파낸다.

장붓구멍 모서리를 직각으로 쳐낸다. 장부촉과 같은 폭의 나무토막으로 확인하면서 작업하면 좋다. 나무토막을 끼워봤을 때 너무 꽉 끼는 곳이나 들어가지 않는 부분을 파내면 된다(D).

템플릿과 플런지 라우터를 사용하여 막힌 장붓구멍 파기

템플릿을 써서 작업을 하려면 먼저 템플릿 가이드와 비트 날 사이의 오프셋 간격에 대해 이해해야 한다. 두 직경의 거리를 빼거나 직접 사이 간격을 측정하여 이를 바탕으로 템플릿을 제작한다. 장붓구멍의 폭은 라우터 비트 직경과 같게 한다(A).

12mm 두께의 MDF 판재나 합판을 장붓구멍 부재 폭으로 재단해둔다. 가운데에 중심선을 긋고 장붓구멍의 위치와 길이를 표시한다. 라우터 테이블에 템플릿 가이드 외경과 같은 직경의 일자 비트를 끼운다.

앞에서 그은 중심선에 비트 중심이 오도록 펜스를 조정하고 고정한 다음, 장붓구멍 크기에 맞춰 멈춤 블록을 양쪽에 고정한다(B). 각 장붓구멍 위치에 라우팅하여 관통 구멍을 만든다. 장붓구멍 위치가 등간격이라면 장붓구멍 하나를 파낸 다음 라우터 테이블 세팅을 그대로 두고 부재를 뒤집어 가공하면 편리하다. 장붓구멍 끝에 좀 더 작은 크기의 비트로 미리 구멍을 뚫어놓으면 좀 더 쉽게 라우팅을 할 수 있다. 템플릿 가이드가 파낸 구멍에 들어가서 잘 움직이는지 확인한다. 필요하면 왁스를 좀 바른다.

템플릿 모서리에 펜스를 접착제와 나사못으로 고정한다. 펜스가 있으면 부재에 좀 더 쉽게 고정할 수 있다. 나사못을 박기 전에 예비 구멍을 뚫어놓으면 좋은데, 특히 MDF 판재의 모서리에는 예비 구멍 작업 후 나사못을 박는다(C).

플런지 라우터에 템플릿 가이드를 장착하고 장붓구멍을 판다(D). 콤프레서에 연결된 공기 호스를 옆에 두고 불어내거나 집진기로 빨아들여 나무 조각이 템플릿에 끼지 않도록 한다.

각끌기로 막힌 장붓구멍 파기

각끌기(hollow-chisel mirtiser)는 각끌기 몸체와 각끌 사이의 간격보다 앞쪽에는 구멍을 팔 수 없는 제약이 있다. 장붓구멍 위치가 이 사이에 있는지 미리 확인한다. 속이 빈 각끌 안쪽에 드릴 비트를 장착하는데 각끌과 비트 사이 간격을 가깝게 해야 구멍이 잘 파진다. 그렇다고 너무 가까우면 부재가 타버린다. 이 두 세팅 값 사이에 여유가 거의 없기 때문에 주의하여 세팅한다. 날물은 날카롭게 연마되어 있어야 한다 (A).

장붓구멍 위치를 부재에 표시하고 각끌기 펜스를 조정하여 맞춘다. 그다음 비트를 원하는 깊이로 조정한다. 클램프로 부재를 고정하는데 만일 클램프를 조일 수 없다면 스페이서 블록을 몇 개 끼워 두어 부재를 누른다. 부재를 클램프로 고정해두면 비트를 장붓구멍에서 빼낼 때 부재가 위로 들리지 않아 편리하다.

먼저 장붓구멍 양쪽 끝에 각끌기로 구멍을 낸다 (B). 각끌기로 구멍을 팔 때에는 중심부에 항상 나무가 있어야 한다. 그렇지 않으면 각끌기를 내릴 때 비트 날이 옆으로 미끄러져 버린다. 각끌에 나 있는 톱밥 구멍이 안쪽으로 들어가게 장착해야 작업할 때 뜨거운 톱밥이 손에 떨어지지 않는다(C).

라우터 테이블에서 숨은 장부촉 만들기

숨은 장부촉을 라우터 테이블에서 가공할 수 있다.
먼저 장부촉면을 한 번에 깎을 수 있는 큰 직경의 비
트를 장착한다. 부재 뒤쪽에 덧댈 수 있는 나무토막을
준비해서 뜯김을 방지한다(A). 먼저 장부촉의 한쪽
면을 가공하고 반대쪽 면은 조금씩 깎아 장부촉 두께
가 장붓구멍에 잘 맞춰지는지 확인하면서 작업한다.
캘리퍼로 장부촉 두께를 재도 되고 장붓구멍에 끼워
보면서 맞출 수도 있다(B).

장부촉 위치를 부재에 표시한 다음 각 장부촉의 옆
면을 손톱으로 잘라낸다. 장부촉 어깨면을 지나서까
지 톱질이 되지 않도록 주의해서 작업한다(C). 각 장
부촉 사이는 직쏘를 사용해서 따낸다(D). 직쏘로 최
대한 장부촉에 가깝게 따낸 다음 남은 끝부분을 끌로
정리한다. 라우터로 깎은 어깨면에 대고 끌질을 하면
된다.

라우터와 템플릿을 사용하여
관통 장붓구멍 파기

라우터를 템플릿에 대고 관통 장붓구멍을 팔 때에는 라우터 비트 높이를 부재 반대편 표면에서 살짝 위로 맞추고 작업한다. 먼저 얇은 카드나 두꺼운 종이를 부재 옆 작업대 위에 올려놓는다. 템플릿 위에서 작업할 것이기 때문에 비트 높이를 맞출 때에도 템플릿을 부재 위에 올려놓는 것을 잊으면 안 된다. 템플릿 위에 라우터를 올리고 플런지를 내려 비트 날이 올려놓은 카드에 닿도록 한다. 이 상태에서 높이를 고정하고 다시 한번 높이를 확인한다(A).

템플릿을 부재의 바깥 면이 되는 쪽에 올려두고 구멍을 판다. 이렇게 하면 잘못해서 라우터 비트가 부재를 완전 관통되더라도 안쪽 면에 뜯김이 발생하여 보이지 않는다. 라우터로 구멍을 다 팠으면 조심스럽게 남은 부분을 정리한다. 비트 높이가 정확하게 세팅되었으면 연필 뒤로 살짝 눌러만 줘도 남은 부분이 깨지면서 떨어져 나간다(B).

장붓구멍의 모서리를 끌로 다듬어 직각으로 만든다. 안쪽 면을 먼저 따내면서 연습을 좀 한 다음 좀 더 잘 보이는 바깥 면을 다듬는다(C).

플런지 라우터로 관통 장부촉 만들기

먼저 플런지 라우터에 직경이 큰 비트와 펜스를 장착한다. 펜스에 길이가 긴 보조 펜스를 추가로 달면 가공할 때 지지력이 좋아진다. 장부촉의 한쪽 면을 먼저 깎아낸다. 펜스를 단단히 부재에 밀착시키고 가공하는데 특히 시작할 때와 끝날 때 더 주의해야 한다. 라우터를 적당한 압력으로 아래로 누른 상태에서 작업한다(A).

장부촉의 반대쪽 면도 같은 방식으로 깎는데, 먼저 일부분만 가공한 다음 장붓구멍에 끼워봐서 맞춤 정도를 확인하고 나머지 전체를 깎는다. 가공한 장부촉이 살짝 두꺼울 때에는 턱대패(shoulder plane)나 불노우즈 대패(bullnose plane)로 다듬어 맞춘다(B). 장부촉의 두께를 맞췄다면 절반 정도 작업이 끝난 것이다. 사실 지금 가공한 면은 마구리-나뭇결면 결합이기 때문에 접착면으로는 그리 쓸모가 없다. 잘 끼워 들어가도록 맞추되 이 작업에 너무 땀을 빼지는 말자.

이제 짜임 가공에서 더 중요한 장부촉의 옆면을 부재에 표시한다. 부재를 세워 장붓구멍에 대보고 연필선을 긋는다(C). 표시한 선대로 밴드쏘에서 따내는데 장부촉의 어깨면 넘어서까지 가공되지 않도록 주의한다(D). 각 장부촉 사이에 떼어낼 부분도 최대한 가깝게 밴드쏘로 따낸다.

그다음 라우터 비트의 높이를 다시 맞추고 장부촉 사이를 깎아내어 어깨면을 가공한다(E). 라우터를 장부촉 사이 홈에 두고 펜스를 단단히 밀착시킨 다음, 플런지를 내려 가공한다. 또는 비트를 내린 상태에서 옆에서 조금씩 깎아도 된다. 장부촉 안쪽까지 깎지 않도록 주의해서 작업한다. 깎이는 나무나 비트 상태에 따라 어떤 방법으로 하는 것이 맞는지 알 수 있을 것이다. 마지막으로 장부촉 모서리에 둥글게 남은 부분을 끌로 쳐내 다듬는다.

방두산지로 고정한 장부 짜임

장부 짜임에 방두산지를 끼우면 결합력을 증가시킬 수 있다. 관통 장부촉을 장붓구멍에 맞춰 끼운 다음 부재 앞면 위치를 장부촉에 연필로 표시한다. 장부촉 자체의 맞춤 정도는 상대적으로 느슨해도 된다. 실제 결합력은 방두산지에서 만들어지게 된다(A).

그다음 방두산지를 박아 넣을 구멍을 장부촉에 표시하는데, 구멍이 부재 안쪽에 위치하도록 위치를 잡아야 방두산지를 끼웠을 때 아래로 빠지지 않는다.

▶ 140쪽의 '관통장부 보강하기'를 참고한다.

방두산지를 박을 구멍은 방두산지 각도에 맞춰 경사지게 파야 한다.

▶ 149쪽의 '방두산지 만들기'를 참고한다.

6.5T 합판이나 MDF로 라우터 템플릿을 제작한다. 템플릿 뒷면에 쐐기 형상으로 각도를 준 부재를 접착제로 붙여 적당한 각도로 템플릿이 기울어지게 만든다. 쐐기 부재는 7도 정도 기울어지도록 테이블쏘에서 재단하여 준비한다. 템플릿의 가운데에 장붓구멍 위치를 연필선으로 표시한다(B). 그다음 라우터 테이블에서 템플릿에 구멍을 파는데, 주의할 점은 템플릿 가이드와 비트 직경의 차이를 계산하여 구멍 크기를 정해야 한다. 구멍을 파낼 비트는 되도록 작은 직경의 것을 사용하여 모서리가 너무 둥글게 되지 않도록 한다.

변형 방법

장부축 중심에 연필선을 표시한 다음, 템플릿을 이 선에 맞춰 정렬하고 클램프로 고정한다. 라우터를 템플릿에 대고 각도가 있는 장붓구멍을 파낸다. 라우터로 파낸 장붓구멍 모서리는 끌로 다듬어 직각으로 맞추는데, 7도로 기울어진 각도가 그대로 유지되도록 주의해서 작업한다(C). 방두산지가 들어갈 구멍은 짜맞출 상자의 안쪽으로 파고 들긴 하지만 크게 신경 쓸 필요는 없다. 이 안쪽 각도는 짜임에 영향을 주지 않는다. 7도 기울기로 만들어진 방두산지를 끼울 구멍에 대보아서 크기를 확인하고 끌로 다듬어 치수를 맞춘다. 장붓구멍을 끌로 살짝 다듬어 모따기를 해두면 방두산지를 박을 때 뜯기지 않는다.

관통 장부 짜임을 보강하는 또 다른 방법으로 장부축에 벌림쐐기를 박아 넣을 수도 있다.

▶ 139쪽의 '장부 짜임의 변형 방법들' 도해를 참고한다.

[변형 방법] 방두산지 구멍을 각도를 줘서 파내는 것이 어렵다면, 수직으로 파낸 구멍에 이중(겹친) 방두산지를 박아 넣어도 된다. 라우터에 템플릿 가이드를 장착하고 템플릿에 대고 수직으로 방두산지 구멍을 판다. 수직으로 구멍을 파기 때문에 템플릿을 기울일 필요가 없다. 아니면 구멍 위치를 표시한 다음 끌로 쳐내 구멍을 파내도 된다. 그다음 두 개의 방두산지를 경사면끼리 맞대어 겹쳐 놓는다. 이러면 겹쳐진 산지의 양쪽 뒷면은 평행하기 때문에 파낸 방두산지 구멍에 바로 끼울 수 있으면서 쐐기 효과는 그대로 유지하여 관통 장부를 단단히 잡아주게 된다.

방두산지 만들기

방두산지가 제대로 힘을 쓰려면 방두산지와 구멍 각도가 같아야 한다. 방두산지 모양은 오른쪽 A에 나와 있는 몇 가지 예가 있으니 참고한다.

먼저 방두산지를 만들 부재를 적당한 폭으로 재단하여 구멍에 쉽게 들어가도록 만든다. 그다음 간단한 각도 지그를 사용하여 밴드쏘에서 각도 면을 따낸다. 각도 지그를 밴드쏘 펜스에 대고 가공한다(B). 원하는 방두산지 두께를 못 쓰는 나무토막에 표시해서 준비해둔다. 이 나무토막을 방두산지 부재에 대고 밴드쏘 펜스를 조정하여 거리를 맞춘다.

손대패를 바이스에 거꾸로 물려놓고 방두산지를 밀어 경사면을 다듬는다. 부재를 밀대로 밀면서 작업하여 손가락이 날물에 다치지 않게 한다(C). 끌이나 벨트 샌더로 경사면을 다듬을 수도 있다.

방두산지는 접착제를 사용하지 않고 고정이 되기 때문에 나중에 빼낼 수 있다. 물론 영구적으로 고정할 때에는 접착제를 사용할 수도 있다. 방두산지를 쇠망치로 때려서 구멍에 박아 넣는다. 박히는 소리가 둔탁한 음에서 고음으로 바뀔 때까지 박아 넣으면 된다. 박다보면 충분히 박혔다는 것을 알 수 있을 것이다 (D).

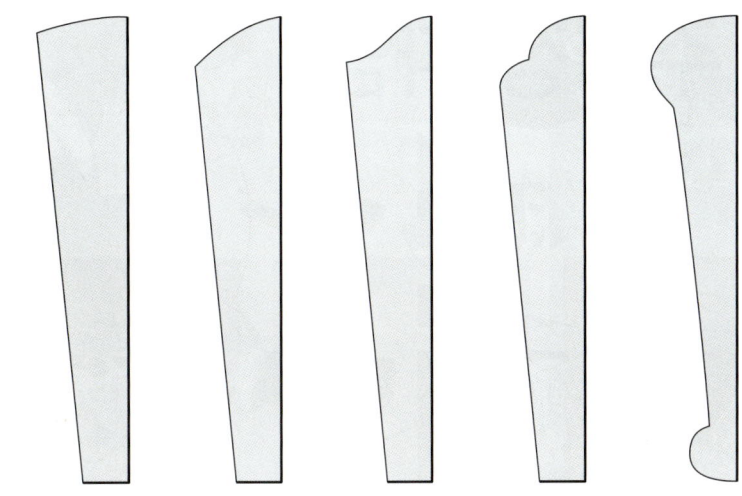

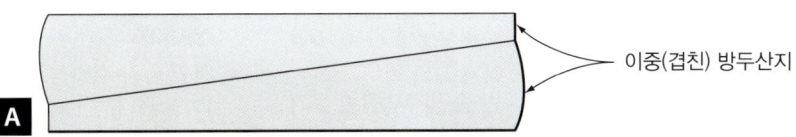

이중(겹친) 방두산지

주먹장 짜임

관통 주먹장

반 숨긴 주먹장

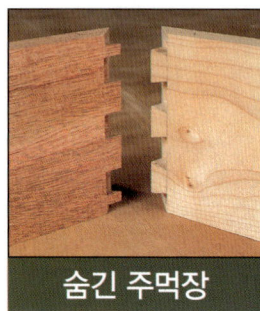

숨긴 주먹장

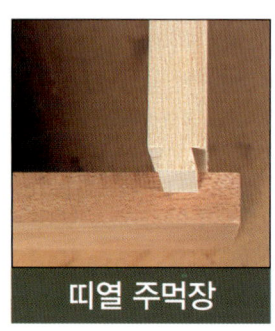

띠열 주먹장

홈 주먹장

주먹장은 짜임의 훌륭함을 보여주는 전형적인 방식이라고 할 수 있다. 비둘기 꼬리 모양의 테일과 핀 결구가 물리적인 결속력을 만들면서 나뭇결면끼리의 접착 면적도 확보할 수 있어서 장을 만들 때 쓰는 짜임 중에서 가장 견고한 방식이다. 섬세한 보석함에서부터 큰 캐비닛까지 주먹장 짜임을 쓰면 섬세한 외형과 함께 강도를 확보할 수 있다. 서랍을 만들 때에도 강도나 외형적 아름다움 측면에서 주먹장만큼 훌륭한 짜임은 없다. 그렇기 때문에 주먹장 짜임은 수백년 전에 만든 가구에서 발견할 수 있으면서 동시에 현대의 작품에도 적용되고 있다. 물론 서랍을 단순히 타카핀으로 고정하거나 은촉홈을 따고 핀으로 박을 수도 있지만, 오래 사용할 가구라면 주먹장을 선택하는 것이 좋다. 강도가 훌륭할 뿐만 아니라 본인이 지닌 기술 수준을 대변해주기 때문이다.

주먹장 짜임의 강도는 각도가 있는 테일과 핀에서 나온다고 할 수 있다. 이 구조에서 오는 물리적인 결합력이 접착제가 없다고 해도 부재를 단단히 결속시키게 된다. 따라서 테일과 핀이 많을수록 지지하는 힘과 접착 면적이 증가한다.

주먹장 배치

주먹장으로 짜인 부분을 한쪽 옆에서 보면 나팔 모양의 테일 부분과 각도가 있는 마구리면인 핀 부분이 도드라져서 보여서 특유의 형상을 나타내게 된다. 하지만 이어지는 다른 쪽 면에서는 테일과 핀이 둘 다 직선으로 보여 핑거 짜임과 구분하기 어렵다. 따라서 서랍 통을 만들 때에는 테일 부분을 옆면으로 핀 부분을 앞뒷면으로 배치하는 것이 좋다. 이렇게 하면 보기에도 좋고 서랍을 당길 때 받는 힘을 가장 잘 지지할 수도 있게 된다. 캐비닛이라면 테일을 수직 부재에 핀을 윗면과 아랫면에 배치한다. 이 방식이 중력으로 인한 당기는 힘을 지지할 수 있게 해준다.

주먹장 짜임이 이 작은 상자에 품격을 더해준다.

이렇게 작게 만들어진 핀은 훌륭한 솜씨의 징표이다.

주먹장으로 짜인 서랍 부재가 조립되는 위치로 펼쳐져 있다. 핀 부분은 앞뒤판으로, 테일 부분은 옆판으로 배치되어 있다.

▶ 주먹장 설계 가이드라인

주먹장에서는 테일과 핀이 정확히 같은 크기일 때 가장 강한 결합력이 나온다. 하지만 그렇게 강한 결합력이 필요하지 않을 때에는 테일을 핀보다 두 배에서 세 배 정도 크게 만들면 좀 더 정돈된 모습으로 짜임을 만들 수 있다.

- 수공구로 주먹장을 만들 때에는 핀의 크기가 사용하는 끌의 폭보다 살짝 큰 정도로 하면 좋다. 끌이 테일 사이에 딱 맞아서 따내는 것이 수월하게 된다.
- 테일과 핀의 각도는 1:8에서 1:5 사이를 유지하는 것이 좋다. 이렇게 하면 테일 끝부분에서 결 방향 쪼개짐을 방지할 수 있다.
- 모서리에는 반절짜리 핀을 배치한다. 이러면 최고의 강도를 확보할 수 있다.

테일과 핀의 배치

등간격 배치

일정한 간격으로 핀을 배치하려면 먼저 양쪽 모서리에 반절짜리 핀의 가운데에 중심선을 긋는다.
자를 한쪽 중심선에 대고 원하는 숫자로 간격을 나눈다.

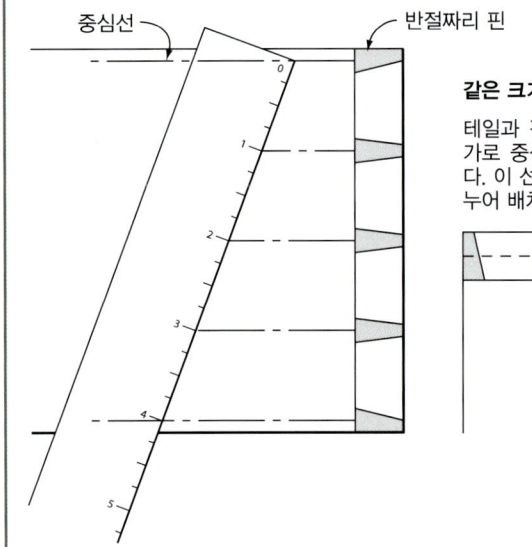

중심선

반절짜리 핀

같은 크기 배치

테일과 핀을 같은 크기로 배치할 때에는 가로 중심선을 같은 간격으로 나누면 된다. 이 선을 눈으로 봐서 원하는 비율로 나누어 배치하면 등간격 배치를 할 수 있다.

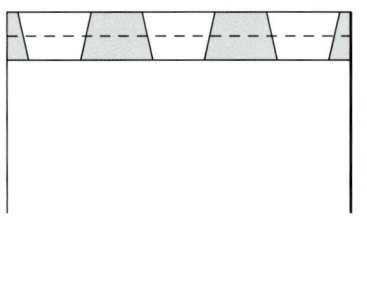

주먹장의 변형 방법

관통 주먹장은 장인 가구의 상징이라고 볼 수 있다. 하지만 주먹장이 널리 쓰이게 되면서 다른 목적에 맞게 변형되어 적용되고 있다.

관통 주먹장은 결합 강도도 강하고 짜임부가 결합되는 두 부재의 옆면에 노출되어 보이게 된다. 이것은 작업의 과정을 자랑하거나 디자인 요소로도 사용될 수 있는 장점이 있다. 하지만 가끔은 서랍 앞판 같이 한쪽 면에서는 짜임부가 보이지 않는 것이 좋을 때도 있다. 이럴 때에는 반 숨긴 주먹장(half-bline dovetail)이나 겹친 주먹장(lapped dovetail)이 효과적이다.

반 숨긴 주먹장

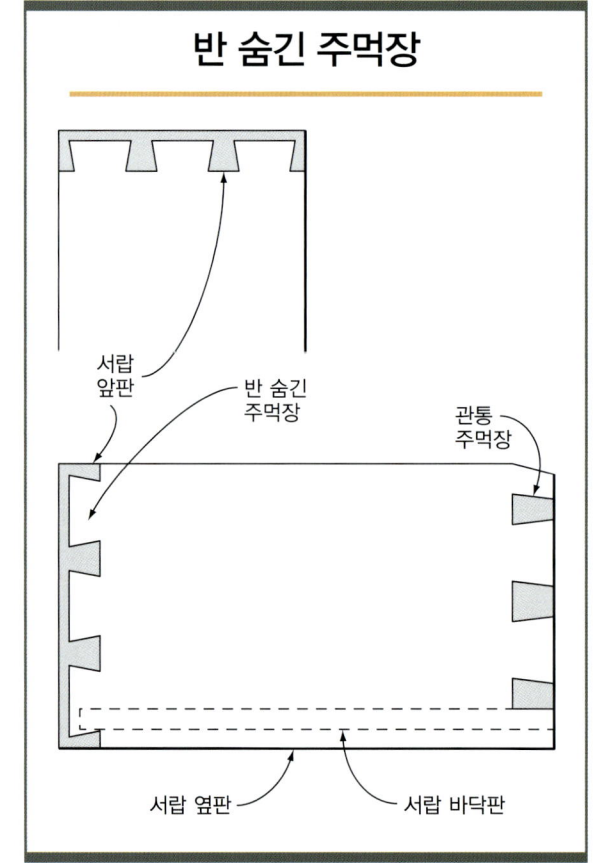

서랍 앞판

반 숨긴 주먹장

관통 주먹장

서랍 옆판

서랍 바닥판

숨긴 주먹장(full-blind, secret dovetail)은 겉에서는 짜임부가 안 보여야 하지만 강한 결합력이 필요할 때 사용된다. 숨은 이중 겹침 주먹장(secret double-lapped dovetail)은 한때 상자나 트레이를 만들 때 자주 사용되었는데, 강한 결합력을 보이면서도 그 이유를 겉으로 드러내지 않는 방식이다. 장을 짤 때에도

사용되었는데, 이렇게 하면 얇은 마구리면만 겉으로 드러나게 된다. 이 방식의 좀 더 멋진 변형 방법으로 연귀 숨긴 주먹장(mitered blind dovetail)이 있다. 이 방식은 최고급 책상이나 상자, 시계의 상자구조나 기둥의 주추(plinth)나 처마 돌림띠(cornice) 등에 여전히 사용된다.

관통 주먹장

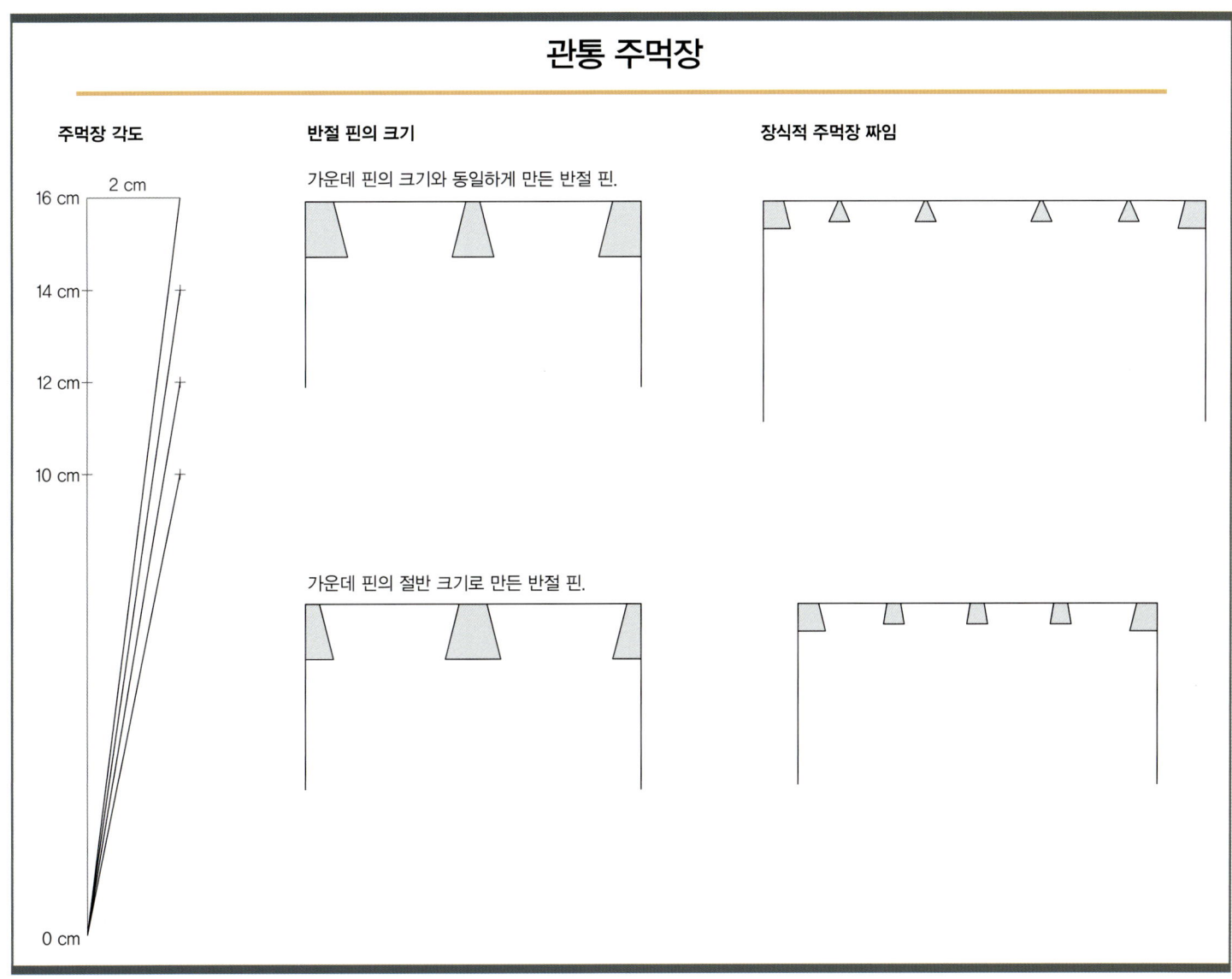

주먹장 각도

반절 핀의 크기

가운데 핀의 크기와 동일하게 만든 반절 핀.

가운데 핀의 절반 크기로 만든 반절 핀.

장식적 주먹장 짜임

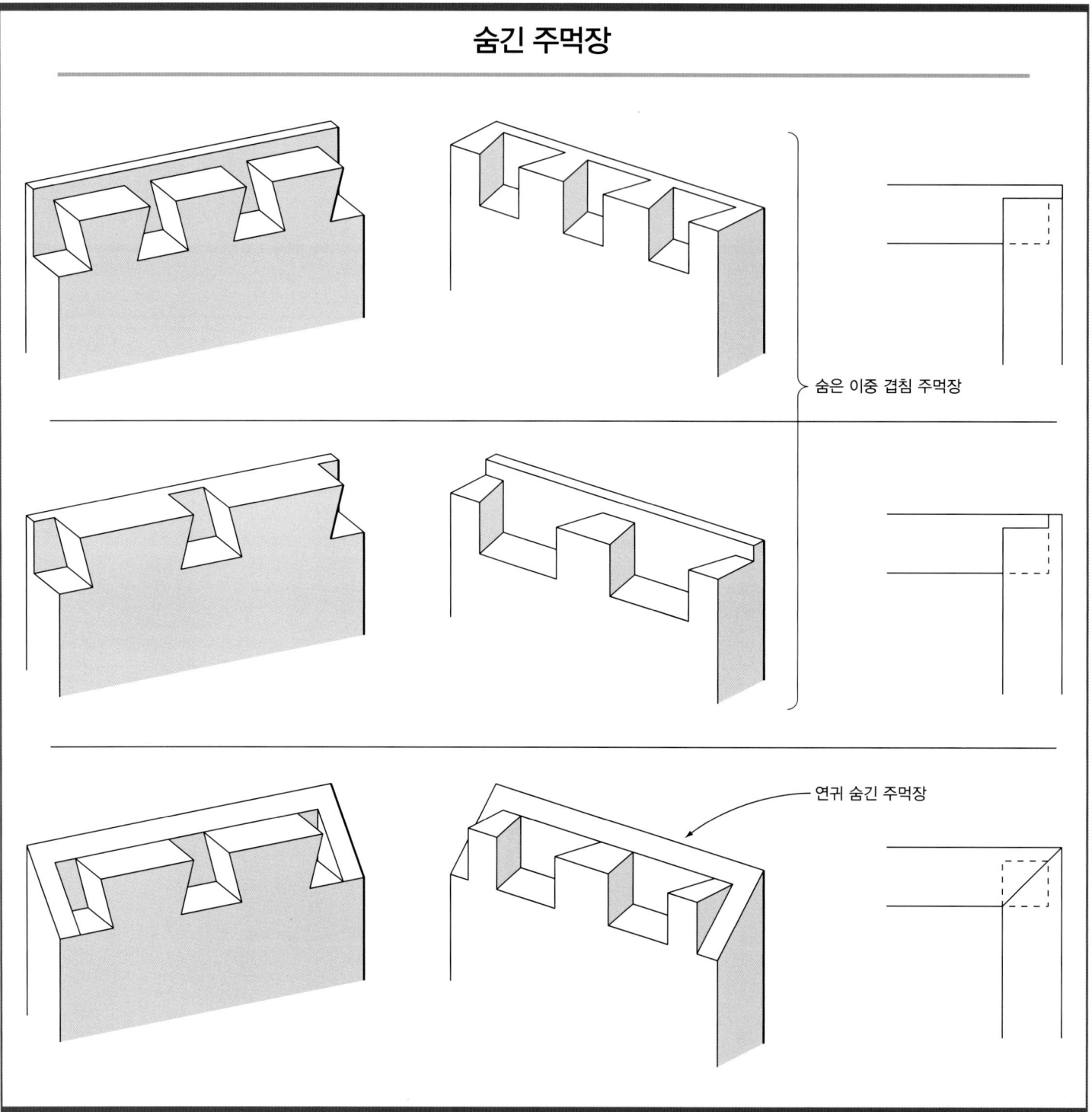

숨긴 주먹장

숨은 이중 겹침 주먹장

연귀 숨긴 주먹장

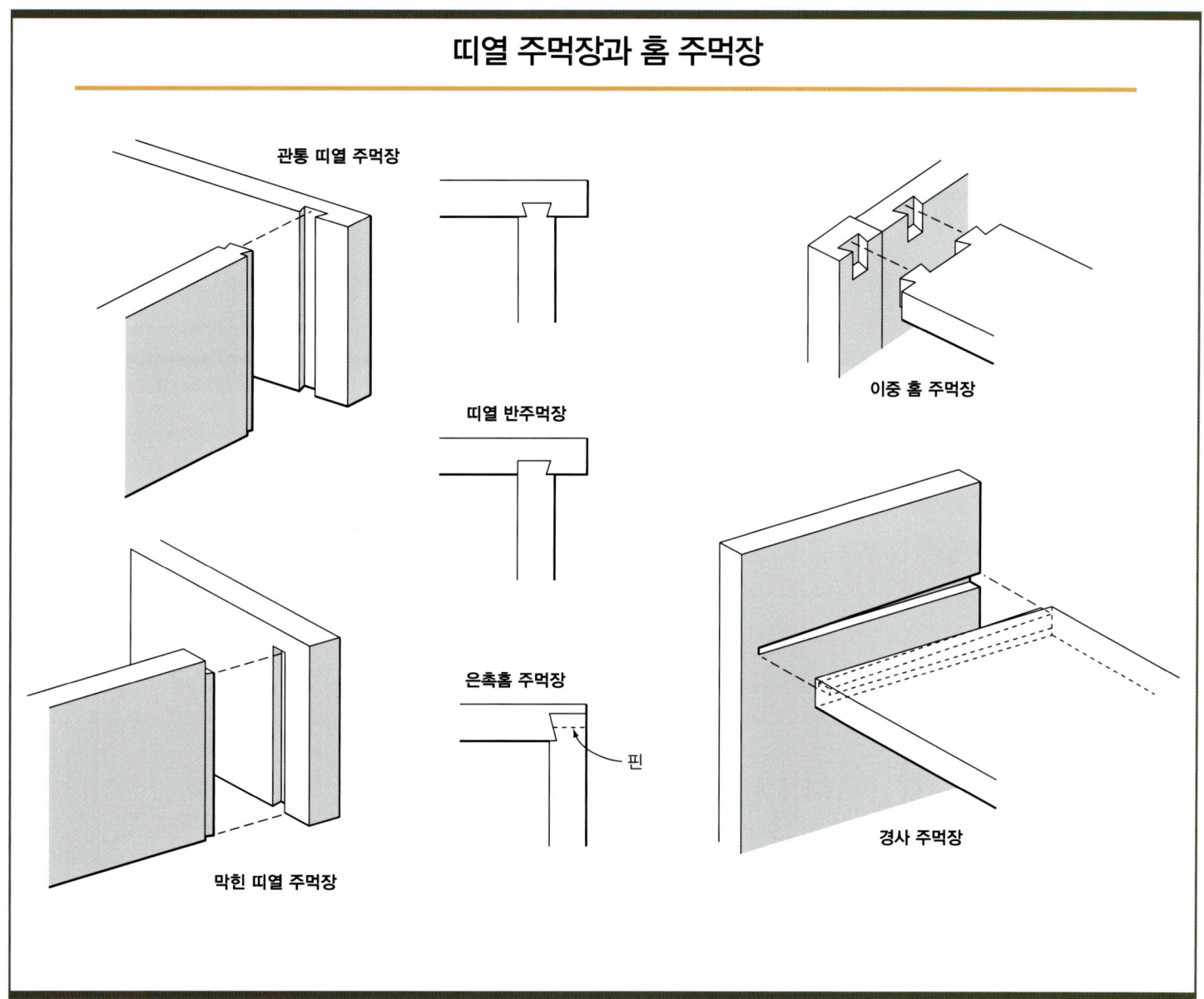

띠열 주먹장(sliding dovetail)은 장이나 상자에 모두 쓰인다. 장 구조에 쓰이면 옆판이 휘는 것을 방지해준다. 양쪽으로 돌출된 앞판을 가진 서랍에서 띠열 주먹장을 사용할 수 있다. 이렇게 하면 튀어나온 부분이 서랍 옆판을 가려주게 된다.

홈 주먹장(slot dovetail)은 장 구조에서 작은 부재로 강도를 보강할 때 사용된다. 다리의 상부나 모서리에 주먹장이 끼워지면서 장을 단단히 고정하게 된다. 장 상부에 끼울 경우 윗판을 부착하는 레일로 사용될 수 있다.

띠열 주먹장과 홈 주먹장

관통 띠열 주먹장

띠열 반주먹장

막힌 띠열 주먹장

이중 홈 주먹장

은촉홈 주먹장

핀

경사 주먹장

▶ 테일과 핀 중에 무엇을 먼저 만들 것인가?

테일과 핀 중에 무엇을 먼저 깎을 것인가는 항상 논란의 중심에 있다. 답을 얻으려면 두 방법을 모두 해보고 어떤 방식이 본인에게 맞는지 확인하면 된다. 나는 대부분 테일을 먼저 가공한다. 이렇게 했을 때 장점 중의 하나는 부재 여러 개를 바이스에 동시에 물리고 한 번에 작업을 할 수 있다는 것이다. 물론 작은 장식적인 핀이나 숨긴 주먹장에서는 핀을 먼저 만들어야 한다. 하지만 반 숨긴 주먹장을 포함한 그 외의 모든 주먹장에서는 테일을 먼저 만드는 것이 디자인을 하거나 배치하고 깎을 때 모두 더 쉽게 작업할 수 있다. 물론 내 의견에 동의하지 않는 절반 정도의 목공인들이 존재한다! 먼저 직접 실험해보고 선호하는 방식을 찾도록 한다.

수공구로 주먹장을 만들 때의 팁

끌을 다룰 줄 알고 톱으로 직선을 따낼 수 있다면 누구나 연습을 통해 수공구로 주먹장 만드는 법을 익힐 수 있다. 가공하는 동안 몇 번 조정하면서 고치면 짜임부를 딱 맞게 만들 수 있다.

바이스에 테일 부재를 물릴 때 각도를 기울이는 것을 선호하는 사람들도 있다. 이렇게 하면 작업대나 바닥에 수직으로 톱질을 할 수 있다. 이 방식은 똑바로 톱질하는 법을 연습할 수 있지만, 내가 추천하는 방식은 테일 부재를 작업대에 평행하게 두고 원하는 각도로 톱을 기울여 톱질을 하는 것이다. 톱이 부재에 직각을 유지하는 것은 매우 중요한데, 그렇지 않으면 최종 결과물에서 틈새가 생기고 만다.

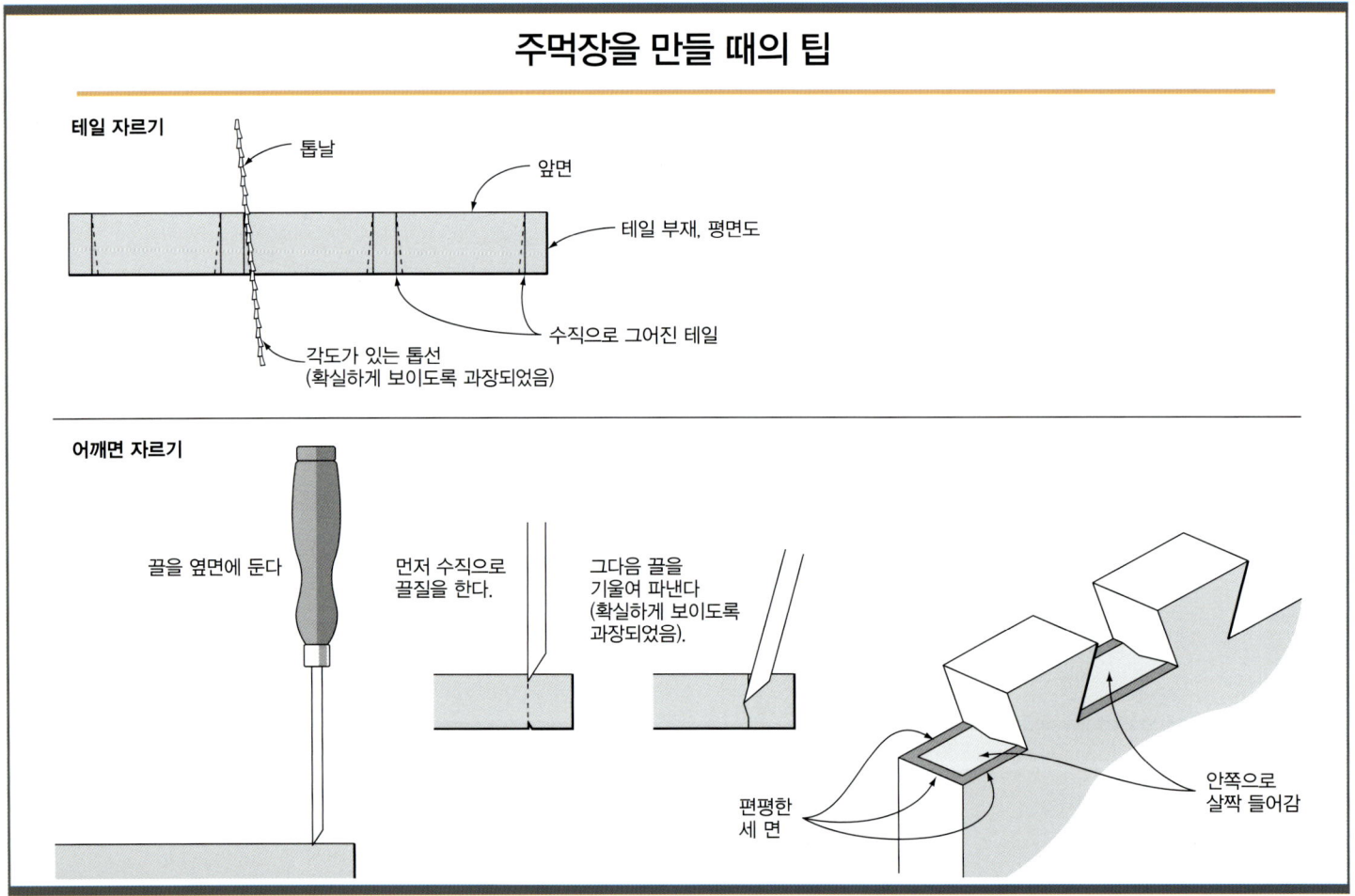

주먹장을 만들 때의 팁

테일 자르기
- 톱날
- 앞면
- 테일 부재, 평면도
- 수직으로 그어진 테일
- 각도가 있는 톱선 (확실하게 보이도록 과장되었음)

어깨면 자르기
- 끌을 옆면에 둔다
- 먼저 수직으로 끌질을 한다.
- 그다음 끌을 기울여 파낸다 (확실하게 보이도록 과장되었음).
- 편평한 세 면
- 안쪽으로 살짝 들어감

핀의 밑단과 테일 부재가 만나는 부분이 매끈하게 이어지게 하려면 칼금을 따라 깨끗하게 잘라내는 것이 중요하다. 이걸 확실하게 할 수 있는 한 가지 방법은 먼저 끌의 평평한 면을 칼금에 대고 수직으로 가볍게 쳐내는 것이다. 그다음 나머지 부분은 안쪽에서 칼금쪽으로 끌을 기울여 쳐낸다. 매끈한 어깨 면을 확보할 때까지 이 작업을 한 다음 나머지 부분을 작업한다.

쳐내는 안쪽을 살짝 더 파서 언더컷을 만들면 결합선을 제대로 만드는 데 도움이 된다. 반대로 덜 파져서 튀어나온 부분이 있으면 결합선을 떠보이게 만든다. 사실 이 면은 마구리면이므로 면끼리 만나더라도 접착력이 없다.

맞지 않는 주먹장 고치기

주먹장을 정확하게 깎는 것은 어려운 일이다. 특히 소나무나 전나무 같은 소프트우드 목재는 더 힘들다. 나뭇결이 일정한 하드우드에 비해 소프트우드는 쉽게 으스러지기가 쉽다. 게다가 톱질을 할 때 누구나 어느 정도는 실수를 하게 마련이다. 따라서 안정된 손재주를 익히는 것보다 더 중요한 것은 실수한 부분을 고치는 방법을 아는 것이다. 여기에 몇 가지 간단한 기술을 소개한다.

꼬리 부분 각도를 양쪽으로 아주 살짝 더 기울여 만든다. 그러면 결합했을 때 목재 섬유 조직이 눌려 압축하면서 완벽하게 맞아떨어지게 된다. 이 방식은 하드우드에도 적용할 수 있지만, 일부 강한 목재에서는 조금도 압축되지 않을 수도 있다. 따라서 어느 정도로 더 기울일지를 결정하는 데 매우 주의해야 한다. 톱날 각도를 아주 조금만 더 기울여서 꼬리 부분의 바깥쪽이 머리카락 정도만큼만 넓게 가공한다. 이렇게 한 후 클램프로 조이면 틈이 채워지면서 작은 실수들을 안보이게 만들 수 있다.

짜임부를 만들면서 잘라낸 조각들을 잘 보관하고

소프트우드에서는 테일의 각도를 아주 살짝 더 기울여 가공한다. 짜임부를 결합하면 목재 섬유소가 눌리면서 빈틈없이 단단하게 맞아떨어진다.

핀 부위를 실수로 좀 작게 가공했으면 가공하면서 떨어져 나온 나뭇조각을 접착제로 붙이고 마스킹 테이프로 고정해둔다. 접착제가 굳은 다음 다시 톱질을 하여 정확한 치수로 결합부를 가공한다.

있으면 쉽게 실수들을 고칠 수 있다. 짜임부를 완벽하게 만들기 전까지는 절대 나무 조각들을 버리지 않도록 한다. 특히 꼬리부를 만들면서 잘라낸 마구리 부분은 잘 보관해두어야 한다. 이 부분은 나뭇결과 색깔이 본 부재와 완벽하게 맞아떨어지기 때문이다. 핀을 너무 작게 만들었을 때 이 부분을 조각낸 후 접착제를 발라 끼워 넣으면 된다. 끼운 후 테이프로 붙이거나 스프링 클램프로 조여 둔다. 접착제가 굳은 다음 결합부를 톱으로 다시 가공한다.

주먹장 라우터 지그

주먹장을 만들 때 수공구를 사용하는 것은 수많은 제작 방법 중 한가지 일 뿐이다. 시중에는 훌륭한 주먹장용 라우터 지그가 여러 종류 나와 있다. 관통 주먹장 전용 지그도 있고, 반 숨긴 주먹장만 가공할 수 있는 전용 지그도 있다. 여러 가지 용도로 사용할 수 있는 다목적 지그도 있는데, 두 가지 주먹장을 모두 만들 수 있으면서 주먹장 외에 다른 몇 가지 짜임을 만들 때에도 쓸 수 있다. 하지만 이들 지그의 본질적인 차이점은 목적이 아니라 짜임부를 깎는 방식에 있다.

켈러 지그(Keller jig)같은 관통 주먹장 지그를 사용할 때에는 부재를 하나씩 가공해야 하는데, 먼저 상부에 베어링이 장착된 주먹장 비트로 가공한 다음, 베어

켈러 주먹장 지그는 베어링이 장착된 비트를 사용할 수 있도록 템플릿이 만들어져 있다. 한 번에 한 부재씩 가공한다.

링이 있는 일자 비트로 교체하여 다시 한번 가공한다. 이 비트들은 지그의 템플릿 핑거를 따라 움직이면서 세팅된 짜임부의 크기와 간격대로 부재를 가공하게 된다.

여기서 가장 중요한 부분은 지그의 지지판에 정확하게 맞춰 세팅하는 것이다. 세팅값에 따라 폭이 결정되고 결과적으로 핀에 딱 맞게 만들 수 있다. 지그 세팅에 있어서 깊이는 정밀도를 결정하는 데 중요한 요소는 아니다.

옴니지그(Omnijig)같은 복합 지그는 관통 주먹장과 반 숨긴 주먹장을 모두 만들 수 있다. 이런 지그들은 지그 핑거 사이를 움직이도록 템플릿 가이드를 사용한다.

리 지그(Leigh jig)는 다양한 주먹장 비트를 사용할 수 있는 핑거 템플릿을 가지고 있다. 각 핑거들은 수직과 수평, 안쪽과 바깥쪽으로 움직일 수 있어서 다양한 두께의 부재를 가공할 수 있다. 게다가 테일과 핀의 크기도 조정할 수 있고, 180도 뒤집어 쓸 수도 있어서, 사실상 거의 모든 복잡한 상황에 대응할 수 있는 범용성을 가지고 있다.

먼저 테일 부분을 가공하도록 지그를 세팅하고, 그다음 핑거 템플릿의 위치만 조정하면 자동으로 맞물리는 핀을 깎을 수 있다. 이런 지그들의 장점은 테일과 핀의 개수와 간격을 조정할 수 있다는 것이다. 그리고 테일과 핀의 맞춤 정도를 미세하게 조정할 수도 있다. 완벽하게 맞는 짜임을 만들려면 지그를 조금씩 조정하면서 시험해 봐야 한다. 하지만 일단 어떻게 사용하는지 익히고 난 다음에는 결과물의 완성도와 다재다능한 기능 때문에 지그를 쓰지 않는 다른 방법을 시도하는 것이 어려울 정도다.

반 숨긴 주먹장 지그를 사용할 때에는 두 판재를 안쪽면이 보이도록 세팅한다. 템플릿 가이드와 주먹장 비트를 끼운 라우터를 템플릿을 따라 이동하면서 깎아낸다. 만들어진 짜임부는 크기와 간격이 딱 맞게 된다.

반 숨긴 주먹장 지그에서 가공 깊이

비트가 높을 때

비트

핀

라우터 비트

주먹장 비트를 높게 하면 핀이 좁게 만들어지지만, 핀 소켓은 그대로 유지된다.

핀 소켓

비트가 낮을 때

비트

핀

주먹장 비트를 낮게 내리면 더 넓은 핀이 만들어진다.

핀 소켓

이 지그를 사용할 때 주의해야 할 점은 비트의 깊이 조정이다. 왜냐하면 테일과 핀이 한 번에 가공되기 때문에 비트가 너무 낮으면 핀이 너무 **빡빡하게** 가공되어 맞지 않게 되기 때문이다. 반대로 비트를 너무 높게 맞추면 결합부가 헐거워진다. 가장 좋은 방법은 전용 라우터를 준비한 다음 비트 높이를 세팅하고 결과물이 잘 나왔으면 절대로 비트 높이를 움직이지 않는 것이다. 전용으로 사용할 라우터가 없다면 높이 블록을 하나 만들어놓고 동일한 깊이로 비트를 세팅하면 된다.

워밍업

목공을 하는 사람들은 좀 어리석은 면이 있는 편이어서 비싼 목재에 바로 주먹장을 만드는 것 같은 무모한 시도를 종종 하곤 한다. 하지만 워밍업은 모든 육체적인 활동에서 보편적인 기술이다. 달리기를 하기 전에 스트레칭을 하고, 스케치를 하기 전에 드로잉 패드에 큰 원들을 그려보고, 야구를 하기 전에 캐치볼을 한다. 주먹장을 깎는 우리들 말고는 모두 워밍업을 하는 것 같다.

값비싼 하드우드을 자르기 전에 5분간만 연습을 해보자. 이 책에 워밍업을 하는 데 도움이 될 만한 몇 가지 연습방법을 소개해두었다. 이 연습법으로 5분간 연습을 하고 본 작업에 착수한다면 나중에 그렇게 한 자신에게 고마워할 것이다.

► 160쪽의 '5분 연습 주먹장'을 참고한다.

한동안 주먹장을 만들어 보지 않았다면 이 과정을 통해 손과 눈이 다시 기억을 찾을 수 있을 것이다. 주먹장을 처음 만들어 보는 것이라면 연습을 통해 가공 과정을 익힐 수 있고 자신감을 얻을 수 있다.

옴니지그는 관통 주먹장과 반 숨긴 주먹장 모두 가공할 수 있다.

리 지그의 핑거를 조정하면 테일 간격을 조정할 수 있어서 좀 더 재미있는 모습의 관통 주먹장을 만들 수 있다.

반 숨긴 주먹장 지그는 주먹장 비트와 템플릿 가이드를 사용할 수 있는 템플릿을 사용한다. 맞춰지는 두 부재를 안쪽 면이 보이게 세팅하고 한 번에 파낼 수 있다.

"5분 연습 주먹장"을 하면서 만들어진 결과물. 수공구로 주먹장을 만드는 기초를 배우는 학생들이 만든 것들이다.

5분 연습 주먹장

실제 부재를 가공하기 전에 이 연습을 하면서 워밍업을 한다. 열장 장부톱과 연필, 끌, 나무망치가 필요하다.

먼저 5cm x 7cm, 15T 정도의 부재를 두 개 준비한다. 소프트 메이플이나 오리나무 같은 무른 하드우드가 좋다. 부재 하나에 맞춰지는 부재의 두께를 연필로 표시하고(A), 바이스에 수직으로 물린다.

먼저 테일부를 톱질한다. 톱으로 표시한 연필선까지 켜는데 톱날을 살짝 각도를 주고 작업한다. 부재 두께 방향으로는 수평으로, 연필선에 대해서는 각도를 주고 작업하는 것이다. 테일의 한쪽 톱질을 끝냈으면 반대편도 켠다. 꼬리 각도가 어떻게 되는지는 신경 쓸 필요 없다. 만들어진 테일 부재를 핀 부재에 대고 옮겨 표시할 것이다. 부재를 90도 돌려 바이스에 물리고 어깨면을 톱질하여 테일을 완성한다(B).

완성된 테일 부재를 핀 부재에 대고 옮겨 그린다(C). 떨어져 나가는 쪽에 연필선을 그으면 된다. 재조립을 쉽게 하기 위해 부재 앞뒷면에도 연필선을 표시해둔다. 이때는 마구리면에 수직으로 선을 그어야 한다. 연필선이 표시된 핀 부재를 바이스에 수직으로 물린다.

잘라 떨어지는 쪽에 톱을 대고 연필선을 따라 톱질을 한다. 톱날을 연필선대로 각도를 비틀어 잡지만 톱질은 수평으로 곧게 해야 한다. 테일 소켓 부분 톱질이 끝나면 양쪽으로 두 개의 반쪽 핀이 만들어진다(D).

끌로 연필선을 따라 쳐내어 가운데 부분을 제거한다. 끌질은 양쪽 면에서 부재 중심 방향으로 해야 하며 가끔씩 끌을 뉘어서 쳐내 나무를 제거한다(E). 테일과 핀을 결합하여 잘 맞는지 확인한다.

수공구로 관통 주먹장 만들기

수공구로 관통 주먹장을 만든다. 먼저 그무개를 부재 두께보다 살짝 작게 맞춰 고정한다. 테일 부재에는 네 면에 모두, 핀 부재는 앞면에만 칼금을 넣는다. 반쪽 핀은 모서리면에 칼금을 낼 필요가 없다(A).

자유각도자를 테일과 핀 각도에 맞춰 세팅한다. 각도를 1:5에서 1:8 사이로 하면 좋다. 세팅된 각도를 직각으로 재단된 부재에 옮긴다. 2cm 간격에 10cm를 띄우면 1:5 경사각을 만들 수 있다(B). 칼금선에 테일 끝 위치를 표시한 다음, 부재의 앞면에 테일 모양을 그려 넣는다. 마구리면에 수직으로 연장선을 표시한다. 부재 뒷면에도 자유각도자로 경사선을 그려 넣으면 톱질을 할 때 정확하게 절단되고 있는지 이중으로 확인할 수 있다.

[TIP] 두께가 얇은 부재는 두 개를 모서리와 마구리면을 맞춰 겹쳐놓은 다음 바이스에 같이 물리고 작업한다.

톱선이 가늘게 나는 열장 장부톱으로 테일을 잘라낸다. 부재를 바이스에 수직으로 물리고 톱날 각도를 이울여 테일을 잘라내는 방법을 익힌다. 몸에서 먼 쪽 모서리에 톱을 대고 톱날 반대 방향으로 밀어 먼저 톱길을 낸다. 그다음 서서히 마구리면을 가로질러 아래로 잘라 나가는데, 톱날이 부재를 가로질러 정확히 수평인지 확인한다. 그다음 기울인 톱날 각도를 유지하면서 칼금선까지 톱질을 끝낸다(C). 떨어져 나가는 부분은 끌을 칼금선에 대고 쳐서 없앤다. 끌을 옆에서 보면서 쳐내려야만 정확히 수직으로 끌을 잡고 쳐내고 있는지 확인할 수 있다. 테일의 모서리 부분은 깨끗하게 잘라 떼어내고 어깨면은 편평하거나 살짝 안쪽으로 들어가도록 만든다. 끌질을 끝낸 다음에는 끌을 살짝 기울여 어깨면에 언더컷을 만든다(D).

반쪽 핀이 들어갈 소켓 자리는 앞뒷면과 모서리면에서 모두 끌질을 해서 세면이 한 평면으로 만들어지도록 한다. 그다음 끌 선에 가깝게 톱을 두고 톱질을 하여 불필요한 부분을 제거한다. 마지막으로 끌을 써서 마구리면을 깎아 정리한다. 어깨면을 좀 더 안쪽으로 파서 언더컷을 만들 수도 있다(E). 핀 부재를 가공하기 전에 모든 테일 부분을 완성하여 준비해둔다.

완성된 테일 부재를 핀 부재 위에 두고 모양을 옮긴다. 핀 부재를 바이스에 충분히 높게 물려놓고 테일 부재가 수평으로 맞춰지도록 다른 편평한 판을 뒤에 받쳐 놓는다. 나는 손대패를 옆에 두고 테일 부재를 올려놓아 수평을 맞춰 작업한다. 날카로운 금긋기칼로 테일 모양을 핀부재의 마구리면에 옮긴다(F). 표시한 금에 맞춰 앞뒷면에 수직선을 긋는다.

핀은 부재 앞뒷면에 대해서는 각도를 틀고 그무개 선에 평행하게 잘라내야 한다(G). 톱을 잘라 떨어져 나가는 쪽에 두고 작업하는 것을 잊지 않도록 한다.

끌로 쳐낸 핀 부재의 불필요한 부분을 제거한다. 먼저 끌을 아래로 아주 살짝 친 다음 끌 베벨이 있는 쪽을 아래쪽으로 하여 누워서 조금씩 떼어낸다. 부재를 작업대에 클램프로 단단히 고정하거나 벤치독에 밀착시킨 상태에서 작업을 진행한다(H).

잘 만들어진 주먹장은 손의 압력만으로 조립이 되어야 한다. 이래야만 접착제가 들어갈 틈이 확보되고 접착제 수분 때문에 목재가 살짝 부풀어 오르면서 강하게 맞물려 조립된다. 맞춤 정도를 확인한 다음에는 나무토막을 대고 망치로 살살 치거나 납볼 망치로 조심스럽게 두들겨 다시 떼어낸다(I).

켈러 지그와 라우터로
관통 주먹장 만들기

켈러 지그(Keller jig)로 주먹장을 만들 때에는 전용 주먹장 비트로 먼저 테일부를 가공한다. 비트가 평행한 핑거를 가진 테일 템플릿을 따라 움직이게 된다. 테일부를 가공한 방식 그대로 핀의 소켓부도 깎아낸다. 각도가 있는 핀 템플릿이 테일을 가공한 주먹장 비트와 딱 맞게 설계되어 있다. 테일 부재가 얇을 경우에는 여러 장 겹쳐서 한 번에 가공할 수도 있다. 멈춤 블록을 고정해두면 같은 간격으로 여러 부재를 연속해서 가공하는 것도 가능하다(A).

켈러 지그를 사용할 때에는 비트 높이를 잘 맞춰야 한다. 그렇다고 잘못 맞추었을 때 아주 망치는 것은 아니다. 비트 깊이를 부재 두께에 지그의 두께(12mm)를 더한 값보다 살짝 작게 맞추면 된다.

나무 블록에 깊이를 표시해두고 비트를 세팅하는데, 나무 블록이 좀 길어서 라우터 베이스에 안정되게 붙어 있으면 좋다(B). 테일 부재 마구리면에 중심선을 표시하고 이 선을 두 핑거 사이에 위치하도록 맞춘다. 부재를 클램프로 조여 고정한다.

> ⚠️ **주의** 가공하기 전에 비트 깊이를 두 번 확인한다. 그리고 비트에 달린 베어링이 템플릿 핑거 부분에 닿아 있는지 확인하고 비트가 클램프나 멈춤 블록을 지나지는 않는지 점검한 다음 가공한다.

테일 부분을 가공한 다음에는 핀 부재를 바이스에 물리고 가공한 테일 부재를 그 위에 올려놓는다. 손대패나 적당한 높이의 나무토막을 사용하여 테일 부재 반대쪽을 받쳐놓아 평행을 유지하게 두면 좋다. 그다음 가공된 테일 모양을 핀 부재에 금긋기칼로 옮긴다 (C).

켈러 지그를 세팅할 때 지그 지지판이 아주 중요한 역할을 한다. 지지판의 위치가 핀의 폭을 결정하기 때문이다. 따라서 처음 지그를 사용할 때 잘 맞춰 두어야 한다. 핀 부재에 옮겨놓은 테일의 모양과 핀 템플릿의 각도가 일치하도록 맞춘다(D). 템플릿을 지지판에 대해 앞뒤로 움직이면 맞춤 정도를 빡빡하거나 느슨하게 조정할 수 있다.

일자 비트를 라우터에 장착하고 핀 부분을 가공한다. 핀 부재의 앞면이 지그 반대쪽으로 향하도록 두고 클램프로 고정한다. 멈춤 블록을 사용하면 칼금을 긋지 않고도 동일한 핀 부재를 가공할 수 있다(E).

> ⚠️ **주의** 라부터를 처음 지그에 갖다 댈 때 조심해서 작업해야 한다. 회전 하는 비트가 금속으로 된 지그 몸체에 닿지 않아야 한다. 그리고 가공하는 도중에 라우터가 기울어지거나 흔들리지 않게 주의한다.

리 지그와 라우터로
관통 주먹장 가공하기

리 지그(Leigh Jig)에서 관통 주먹장을 만들 때에는 부재를 모두 수직으로 물리고 가공한다. 먼저 지그 위쪽에 가공할 부재 두께의 간격 유지용 판재를 클램프로 조인다(A). 지그에 템플릿 핑거를 깔고 관통 핀(through-pin) 모드로 돌려놓는다. 핀 모드에서는 벌어진 핑거들이 작업자와 가깝게 바깥쪽으로 향하게 된다. 테일 부재를 먼저 가공할 때에도 이렇게 하는 것이 짜임부를 시각화하여 배치하기가 좀 더 쉽다. 테일 부재 마구리면을 템플릿 핑거 바로 아래 딱 붙이고 앞서 물려놓은 간격 유지용 판재에 뒷면을 밀착해서 클램프로 고정한다(B).

원하는 테일의 개수와 간격대로 템플릿 핑거를 조정한다. 부재 오른쪽에 여분의 핑거들을 두면 가공할 때 라우터 베이스가 지지되는 면적을 확보할 수 있다(C). 가이드 핑거들을 나사로 조여 고정한다.

그다음 고정된 핑거 조합을 180도 돌려 관통 테일(through-tail) 모드로 바꾼다. 각 모드는 템플릿 옆에 아이콘과 함께 색깔로 표시되어 있다(D). 이 모드에서는 평행한 핑거를 사용하게 되며 앞서 배치한 핀들과 자동으로 간격이 딱 맞게 된다. 눈금자를 ≤1에 두고 핑거 조합을 고정한다. 라우터에 템플릿 가이드와 주먹장 비트를 장착하고 비트 높이를 부재 두께와 핑거 템플릿 두께를 합한 것보다 살짝 작게 맞춘다. 템플릿 핑거에 라우터 베이스를 밀착시키고 가공한다(E). 테일 전부를 한 번에 깎는다.

템플릿 핑거를 다시 180도 뒤집어 핀 모드로 바꾼다(F). 이때 맞춰 놓은 핑거 조합들은 절대 풀지 않는다. 짜임부의 맞춤 정도는 템플릿 핑거를 앞뒤로 움직여서 조정할 수 있다. 핑거 자체에 각도가 있기 때문에 지그 바깥쪽을 사용할수록 더 넓은 핀들이 만들어지게 된다. 눈금에 표시된 핀의 폭으로 맞춤 정도를 조정한다. 템플릿 가이드와 비트 크기에 따른 가공량 변화를 고려하여 조정한다. 일자 비트와 테일 가공에서 썼던 템플릿 가이드를 사용하여(G), 왼쪽에서 오른쪽으로 각 핑거 사이를 천천히 움직이며 라우팅한다.

본 부재를 가공하기 전에 못 쓰는 나무토막에 연습을 해보면 맞춤 정도를 확인할 수 있다. 원하는 맞춤 정도가 나왔으면 이때 눈금 위치를 기록해둔다(H).

옴니지그와 라우터로
관통 주먹장 만들기

옴니지그(Omnijig)로 관통 주먹장을 만들 때에는 부재를 지그에 수직으로 세워 고정한다. 이 지그는 테일 템플릿과 핀 템플릿이 모두 같은 방향으로 되어 있기 때문에 템플릿 핑거를 앞뒤로 조정하면서 가공해야 한다. 브래킷 스페이서를 조정하여 템플릿 위치를 결정하고 이에 따라 테일 혹은 핀을 가공할 수 있다. 브래킷이 연결된 축에 달린 너트를 돌리면 미세하게 위치를 조정할 수 있다. 주먹장을 만들 때에는 전용 비트와 템플릿 가이드를 사용한다.

가공할 부재에 맞춰 전면 클램프를 조정한다. 가공할 부재보다 두꺼운 나무 판재를 지그 상단에 끼우고 상단 클램프를 조정하여 이 판재를 고정한다(A). 넓은 판재를 사용하거나 짧은 판재라면 두 개를 끼워 클램프가 휘어지지 않도록 한다. 브래킷 막대에 달린 스페이서를 지그에 가까운 위치로 옮긴다(B).

그다음 핑거 템플릿을 스페이서 바깥쪽에 두고 눌러 고정하여 앞서 끼운 판재에 지지되도록 한다. 테일 부재를 전면 클램프 아래쪽에 앞면이 바깥으로 향하게 한 다음, 왼쪽으로 붙여 앞서 끼워놓은 판재 상단과 부재 마구리면이 일치하도록 정렬한다(C).

[TIP] 끼워놓는 판재를 가공할 부재보다 3~6mm 두꺼운 것으로 고른다. 핑거 템플릿과 테일, 핀 부재가 모두 이 판재에 맞춰 정렬된다. 이때 부재를 관통해서 깎아야 하기 때문에 비트가 부재 바깥으로 나올 수밖에 없고, 끼운 판재가 부재보다 두꺼워야 비트가 지그에 닿지 않는다.

템플릿 핑거를 조정하여 원하는 간격으로 맞춘다. 핑거의 직선 부분이 테일 부재 마구리면 위에 위치하는지 확인한다. 주먹장 비트를 부재 두께에 템플릿 두께를 더한 길이와 같거나 살짝 짧게하여 라우터에 장착한다(D). 한쪽 면의 테일을 가공하고 부재를 반시계 방향으로 돌려 다시 장착하고 반대편도 가공한다(E).

핀을 가공하려면 얇은 스페이서 또는 브래킷 막대의 너트와 세 개의 검정색 와셔 중 첫 번째 것 사이에서 템플릿 위치를 재조정한 후, 옆쪽 멈춤 장치를 1/2인치 조정한다. 아니면 1/2인치 스페이서를 왼쪽 멈춤 장치 사이에 끼워도 된다. 핀 부재를 앞면이 바깥으로 오도록 지그에 장착하고 클램프로 단단히 고정한다. 핑거의 각도 있는 부분이 이제 핀 부재 마구리면 위에 오는지 확인한다(F).

일자 비트와 이에 맞는 템플릿 가이드를 라우터에 장착하고 핑거 사이를 움직여 라우팅한다. 맞춰 봤을 때 너무 빡빡하면 브래킷 막대 너트를 시계 방향으로 돌려 핀이 좀 더 작게 가공되도록 한다. 반대로 너무 느슨할 경우 반시계 방향으로 돌리면 핀 크기가 좀 더 크게 만들어진다(G).

목공 기계로 관통 주먹장 만들기

테이블쏘와 밴드쏘를 사용하여 주먹장을 만들 수 있다. 먼저 핀 부재에 자유각도자로 원하는 핀 각도를 표시한다.

▶ 161쪽의 '수공구로 관통 주먹장 만들기'를 참고한다.

테이블쏘에 다도날을 세팅한다. 다도날의 폭은 테일 소켓보다는 작아야 한다. 높날 높이를 부재 두께보다 살짝 작게 맞춘다. 핀 각도대로 마이터 게이지 각도를 틀어 맞추고 마이터 게이지에 보조 펜스를 덧대어 가공하는 동안 부재를 잘 지지할 수 있도록 한다 (A).

눈으로 확인하여 톱날에 부재 절단선을 맞추고 핀의 한쪽 면을 먼저 가공한다(B). 표시한 대로 정확하게 가공되지 않아도 괜찮다. 가공된 핀 모양대로 테일 부재에 옮겨 그대로 가공하기 때문이다. 표시한 선에 할 수 있는 만큼 최대한 가깝게만 가공하면 된다. 마이터 게이지를 반대쪽으로 틀어 핀의 두 번째 면을 같은 방식으로 가공한다.

> ⚠️ **주의** 마이터 게이지 각도를 틀었을 때 게이지 몸체가 다도날을 지나가지 않는지 다시 한번 확인한다.

작업대에 두 개의 멈춤 블록을 준비한다. 테일 부재를 한쪽 멈춤 블록에 밀착시킨 상태에서 두 부재를 다른 멈춤 블록에 모서리면을 정렬하여 맞춘다. 핀 모양을 테일 부재에 옮겨 표시한다. 금긋기칼을 최대한 핀에 가깝게 밀착시킨 상태에서 표시해야 한다. 잘못하면 금긋기칼이 나뭇결을 따라 미끄러질 수 있으니 주의한다(C).

칼금을 따라 연필선을 추가로 그어 잘 보이게 만들고 떨어져 나가는 부분에는 빗금을 그어 표시해둔다. 밴드쏘로 표시한 선 바로 옆을 잘라내는데(D), 톱날이 항상 잘라 떨어져 나가는 쪽에 있어야 한다. 칼금을 지나서 자르지 않도록 주의한다.

끌로 어깨면을 따라 양쪽 면에서 중심부로 쳐내 마무리한다. 테일 옆면을 끌로 조금씩 벗겨내어 정밀하게 맞춘다. 한쪽 끝에서 시작해서 반대쪽까지 순서대로 작업하면 된다. 모든 핀과 테일을 한 번에 맞추려고 하지 않는다(E). 서로 맞춰지는 부분을 숫자로 표시해두고 작업한다.

연귀 어깨면 관통 주먹장

어깨면이 연귀로 된 관통 주먹장 짜임은 일반적인 관통 주먹장에 비해 외형적으로 좀 더 세련된 모습을 만들 수 있다는 장점이 있다. 물론 여전히 결합부의 마구리면이 보이기는 하지만 앞쪽 모서리면이 맞대기가 아닌 45도 연귀로 만나 깔끔하게 보인다(A).

한쪽 모서리에 연귀면이 있는 주먹장 짜임을 부재에 표시한다. 테일 부재에는 앞뒷면과 한쪽 모서리에만 칼금을 넣는다. 칼금을 넣지 않은 반대쪽 모서리면에 연귀면을 조합직각자를 사용하여 연필로 표시한다. 그다음 관통되는 테일을 깎는데, 연귀면이 있는 마지막 테일은 각도를 주지 않고 가공한다. 연귀가 있는 쪽은 직선으로 자른다(B). 이제 열장 장부톱으로 연귀면을 잘라낸다. 가공된 테일을 핀 부재에 옮기고 가공한다(C).

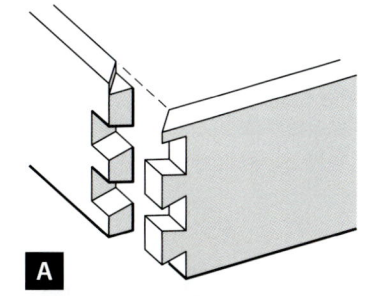
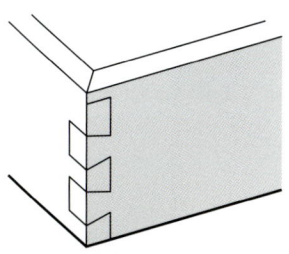

A

B

C

수공구로 반 숨긴 주먹장 만들기

반 숨긴 주먹장 짜임은 서랍을 만들 때 흔히 쓰인다. 짜임부가 옆면에서만 보이고 앞쪽에서는 서랍 앞판에 가려지게 된다.

▶ 152쪽의 '반 숨긴 주먹장'을 참고한다.

이 짜임을 만들 때에는 서랍 앞판에 두 개의 서로 다른 칼금을 그어야 한다. 하나는 다른 주먹장처럼 테일 부재의 두께를 표시하는 칼금이다. 서랍 앞판의 안쪽면에 서랍 옆판 두께보다 살짝 작게 표시한다. 다른 하나는 덮히는 깊이를 표시하는 선이다. 서랍 앞판의 마구리면에 전체 두께의 2/3 정도 위치에 칼금을 긋는다(A). 이 칼금을 그으면서 맞춰놓은 그무개 그대로 테일 부재 앞뒷면과 모서리에도 칼금을 긋는다(B).

서랍 옆판에 테일을 배치하여 표시한다. 자유각도자를 사용하는데 보통 1:5에서 1:8 사이 값을 쓴다. 테일의 크기는 보통 핀 크기보다 두세 배 정도 크게 한다. 먼저 핀 폭을 끌로 쳐내기 쉬운 크기로 정해두어야 한다(C).

테일 부재를 바이스에 정확히 수직으로 물리고 잘라낸다. 톱을 테일 각도대로 기울이고 수평으로 톱질한다. 연습을 계속하면 정확하게 잘라낼 수 있다(D).

칼금선을 따라 끌로 쳐내 따낸다. 처음에는 아주 약하게 끌을 쳐야 한다. 끌은 쐐기처럼 움직이기 때문에 처음에 너무 세게 치면 칼금에서 벗어날 수 있다. 몇 번 수직으로 치고 나서는 끌을 수평으로 쥐고 따낸다(E). 각 테일의 모서리를 깔끔하게 정리하고 핀 소켓과 만나는 면이 편평한지 확인한다. 이 만나는 면 안쪽을 살짝 더 파서 언더컷을 만들 수도 있는데, 이러면 맞출 때 어느 정도 도움이 된다.

서랍 앞판을 바이스에 물린다. 앞서 가공한 테일 부재를 그 위에 올리고 반대쪽을 손대패로 받쳐 수평을 유지한다. 편평한 나무 판재를 밑에 깔아두면 좀 더 쉽게 정렬할 수 있다. 서랍 옆판의 마구리면을 앞판에 그어놓은 칼금에 맞춘다. 테일 부재를 단단히 고정하고 금긋기칼로 테일 모양을 핀 부재 마구리면에 옮긴다(F). 테일 모양을 어떻게 만들었든지 간에 이렇게 해서 짝이 맞는 핀 부재를 옮겨 그릴 수 있다.

핀 부재를 뒤집어 바이스에 물린다. 톱날 각도를 기울여 쥐고 핀 부재를 자른다. 양쪽에 그어놓은 칼금까지 톱질을 하는데 칼금보다 더 많이 잘라내서는 안 된다(G).

그다음 끌로 쳐내 불필요한 부분을 제거한다. 처음에는 수직으로 아주 약하게 친 다음 끌의 베벨면이 아래로 가게 옆으로 들고 따내 제거한다(H). 이렇게 칼금선까지 반복하여 작업한다. 끌로 쳐낸 면은 살짝 언더컷이 있도록 해야 맞춰지는 선이 잘 나온다(I).

테일을 하나씩 점검하여 맞춤을 확인한다. 끼워 봤을 때 압력을 받아 눌린 면은 살짝 빛이 나게 된다. 이 부분을 끌로 더 깎아낸다. 한쪽 끝에서 시작해서 반대쪽으로 차례로 작업한다(J).

리 지그와 라우터로
반 숨긴 주먹장 만들기

리 지그로 반 숨긴 주먹장을 만들 때에는 한 번에 부재 하나씩 가공한다. 지정된 깊이로만 가공할 수 있는 전용 주먹장 비트로 부재를 가공해야 최고의 결과물을 얻을 수 있다. 부재 두께, 테일 크기와 간격에 따라 템플릿 핑거를 조정할 수 있다. 리 지그는 전용 주먹장 비트와 템플릿 가이드와 함께 사용한다.

간격 맞춤용 판재를 지그 상단에 장착하고 클램프로 조인다(A). 조립식 핑거의 높이를 간격 판재에 맞춰 조정한다. 조립식 핑거를 돌려 반 숨긴 테일 가공 모드로 바꾸고 판재 위에 올려놓는다. 모드는 아이콘과 색깔 코드로 확인할 수 있다. 눈금자를 돌려 테일 부재 두께보다 머리카락 굵기 정도 작게 맞춘다(B).

테일 부재를 지그에 수직으로 물린다. 물릴 때에는 조립식 핑거 아랫면에 마구리면을 딱 붙이고 좌측 멈춤 블록에 밀착시켜야 한다. 조립식 핑거를 살짝 들어 올리면 원하는 배치로 핑거들을 조정하기가 수월해진다(C). 핑거들을 원하는 간격으로 조정하고 나사못을 조여 고정한다. 오른쪽으로 여분의 핑거들을 끼워놓으면 라우터 베이스가 흔들리는 것을 방지할 수 있다.

못 쓰는 나무토막에 조립식 핑거를 다시 세팅하고, 라우터에 11mm 템플릿 가이드와 13mm 주먹장 비트를 장착한다. 비트 높이를 비트 매뉴얼에 적혀있는 대로 조정한다. 비트 높이를 조정하면 핀의 크기가 달라지는데, 깊게 깎을수록 핀 크기가 커진다. 못 쓰는 나무토막에 연습 가공을 해봐서 올바르게 비트가 세팅되었는지 확인한다.

➤ 158쪽의 '반 숨긴 주먹장 지그에서 가공 깊이'를 참고한다.

먼저 부재 모서리를 따라 오른쪽에서 왼쪽으로 역방향 가공(climb cut)을 한다. 이렇게 하면 부재 앞면에 날자국이 생겨 뜯김을 방지할 수 있다(D). 그다음 모든 핑거 사이를 따라 왼쪽에서 오른쪽으로 가공한다. 테일 가공이 끝났으면 부재를 빼내고 대신 못 쓰는 판재를 수직으로 물리는데, 3mm 정도 지그 위로 돌출되도록 하고 왼쪽 멈춤 블록에는 딱 붙여놓는다.

그다음 핀 부재를 앞서 물려놓은 판재면과 모서리가 일치하도록 수평으로 세팅한다(E). 조립식 핑거를 들어 올리고 작업하면 좀 더 쉽게 할 수 있다. 핑거를 180도 돌려 반 숨긴 핀 모드로 바꾸고 눈금자를 테일 부재 두께로 맞춘다(F). 맞춘 핑거를 핀 부재 위로 올려놓고, 라우터를 왼쪽에서 오른쪽으로 움직이며 핀을 가공한다.

핀이 모두 만들어지면 테일 부재와 잘 맞는지 확인한다(G). 짜임부가 너무 헐거우면 비트를 살짝 내리고 새로운 판재에 다시 시험해본다. 알맞은 비트 높이를 찾았으면 동일한 크기의 높이 블록을 하나 만들어 다음에 같은 짜임을 만들 때 사용한다.

> ⚠️ **주의** 핀 부재에서는 역방향 가공을 하지 않는다. 마구리면 쪽으로 가공하는 것이기 때문에 오른쪽에서 왼쪽으로 라우터를 움직였다가는 나무 표면을 타면서 홱 빨려 들어가게 된다.

옴니지그와 라우터로
반 숨긴 주먹장 만들기

옴니지그를 써서 반 숨긴 주먹장의 두 부재를 한 번에 파낼 수 있다. 핑거 템플릿과 12.7mm(1/2in) 주먹장 비트, 15.88mm(5/8in) 템플릿 가이드를 함께 사용한다. 먼저 템플릿 가이드를 라우터에 장착하고 주먹장 비트를 끼운다. 비트의 깊이를 대략 15mm 정도로 맞춘다. 지그의 슬라이딩 멈춤 막대를 모두 풀고 옆으로 치운다. 매뉴얼에 나와 있는 측면 멈춤 블록 조절 방법을 숙지한다. 클램프 막대를 부재 두께로 조정한다.

여기에서는 서랍에 쓰일 반 숨긴 주먹장을 만들어 본다. 서랍 옆판을 수직으로 지그에 물리는데 안쪽 면이 바깥으로 향하게 한다. 부재를 지그면보다 높게 올리고 측면 멈춤 블록에 맞대어 고정한다(A). 서랍 앞판을 안쪽 면이 위로 가도록 지그면에 수평으로 올리고 마구리면을 서랍 옆판에 딱 붙인다. 그다음 수직으로 물린 옆판 부재를 다시 조정하여 마구리면이 서랍 앞판 윗면과 일치하도록 맞춘다(B).

브래킷 스페이서를 조정하여 템플릿 핑거의 끝이 서랍 앞판 마구리면에서 15mm 정도 떨어지도록 한다. 측면 멈춤 블록의 위치를 조정하여 두 부재가 11mm 비껴나도록 만든다(C). 부재 뜯김을 방지하기 위해 먼저 수직 부재를 마구리면 오른쪽에서 왼쪽으로 역방향 가공을 한다(D). 그다음 각 핑거 사이에 라우터를 왼쪽에서 오른쪽으로 조심스럽게 통과시키면서 라우팅 작업을 한다. 모든 핑거 사이를 전부 가공했는지 확인한다(E).

범용 지그를 사용하여
반 숨긴 주먹장 만들기

범용 지그(generic jig)를 써서 두 판재를 한 번에 가
공할 수 있다. 조립식 핑거를 타고 가공할 수 있는 알
맞은 크기의 주먹장 비트와 템플릿 가이드가 필요하
다. 항상 본 부재를 가공하기 전에 못 쓰는 나무토막
에 먼저 시험해보도록 한다. 이 방식에서는 가공 깊이
가 맞춤 정도를 결정하는 중요한 요소가 된다.

▶ 158쪽의 '반 숨긴 주먹장 지그에서 가공 깊이'를 참고한다.

테일 부재(서랍 옆판)를 지그에 수직으로 물리는데,
서랍 안쪽 면이 바깥을 향하도록 한다. 테일 부재를 높
게 올리고 핀 부재(서랍 앞판)를 안쪽 면이 위로 올라
가도록 하고 마구리면을 테일 부재에 딱 붙인다. 두 부
재 모두 측면 멈춤 블록에 맞닿아 있는지 확인한다(A).
수직 부재를 다시 조정하여 마구리면이 수평 부재 윗
면과 일치하게 만들고 클램프로 단단히 고정한다(B).

비트를 라우터에 장착하고 높이를 맞춘다. 이 높이
를 맞추는 부분이 짜임을 가공하는 데 핵심적인 부분
이다. 최종적으로 딱 맞는 높이를 찾았으면 높이 블록
을 하나 가공하여 다음번 가공에도 사용한다. 라우터
와 비트 하나를 이 지그 전용으로 지정하여 세팅 값을
바꾸지 말고 사용하는 것도 좋은 방법이다(C).

라우터 스위치를 켜고 베이스의 모서리를 핑거 템
플릿 모서리에 댄 다음 안쪽으로 집어넣으면서 가공
한다. 라우터를 핑거 위에서 바로 내리면 안 되고, 가
공중에 라우터를 기울이거나 들지 않는다(D). 라우터
를 오른쪽에서 왼쪽으로 움직이면서 수직부재의 앞
면을 먼저 깎아낸다. 이렇게 역방향 가공을 하면 뜯김
을 방지할 수 있다. 그다음 각 핑거 사이를 왼쪽에서
오른쪽으로 조심스럽게 움직이면서 가공한다. 마지
막 단계는 가공면을 따라 역방향으로 다시 한번 라우

팅 하는 것인데, 이렇게 하면서 원하는 깊이로 제대로
가공했는지 확인할 수 있다.

리 지그와 라우터로 은촉홈이 있는 반 숨긴 주먹장 만들기

리 지그를 사용하면 은촉홈이 있는 주먹장도 반 숨긴 주먹장처럼 깎을 수 있다. 지그에 부재를 하나씩 물려 가공하는데, 먼저 수직 부재 짜임부를 깎고 이어서 수평 부재를 가공한다. 옆판이 앞판 안쪽으로 들어가 가려지는 서랍 구조를 만들 때에는 먼저 서랍 앞판 모서리를 따라 은촉홈을 먼저 가공한다. 그리고 못쓰는 나무토막에 똑같은 은촉홈을 파서 준비해둔다. 10mm 직경의 은촉홈 비트를 라우터 테이블에 끼우고 부재 둘레를 따라 은촉홈을 판다. 이때 부재 뒤에 나무토막을 덧대어 뜯김을 방지한다(A).

파낸 은촉홈 깊이와 동일한 두께로 스페이서 블록을 하나 만들어서 양면테이프로 측면 멈춤 블록에 붙여놓는다. 이렇게 하면 서랍 옆판을 앞서 파낸 은촉홈만큼 옆으로 이동시켜 가공할 수 있다. 서랍 옆판 부재의 모서리면을 붙여놓은 스페이서 블록에 맞대고 조립식 핑거 템플릿 아랫면에 부재 마구리면이 맞닿도록 수직으로 물린다(B). 라우터로 옆판 부재를 깎는다. 부재 앞면을 따라 오른쪽에서 왼쪽으로 역방향 가공을 먼저 한다. 그다음 라우터를 왼쪽에서 오른쪽으로 각 핑거 사이를 이동시키며 가공한다(C). 이렇게 스페이서를 붙인 상태에서 테일 부재 가공을 마친다.

그다음 스페이서를 떼어내고 은촉홈을 따내 준비한 나무토막을 지그에 수직으로 물린다. 은촉홈을 파낸 서랍 앞판을 수평으로 지그에 물리는데, 수직으로 물린 나무토막에 마구리면을 맞대어 위치를 맞춘다(D). 항상 그랬듯이 본 부재를 가공하기 전에 못 쓰는 나무에 먼저 연습을 해보도록 한다(E).

기울어진 반 숨긴 주먹장

서랍 앞판에 쓰이는 기울어진 주먹장은 짜임부를 배치할 때 일반적인 주먹장과는 다른 기술이 필요하다. 왜냐하면 일반적인 테일 모양으로 주먹장을 배치하면 테일의 끝 부분에서 짧은 나뭇결이 생기면서 강도가 약해지기 때문이다(A).

먼저 서랍 앞판을 원하는 각도로 재단한다. 테일 부재 마구리면에 그무개를 밀착시킨 상태에서 칼금을 긋는다(B). 그다음 자유각도자를 테일의 한쪽 각도에 맞추고 부재에 표시한다. 반대쪽 각도로 다시 자유각도자를 맞추고 동일하게 표시한다. 이 두 각도는 부재가 기울어진 만큼 조정된 값이어야 한다. 즉, 테일의 각 중심부가 부재 모서리에 평행한 선과 일치하도록 만들어, 마치 기울어지지 않고 직각인 부재에 그린 테일처럼 만들어야 한다(C).

부재에 테일을 다 그린 후, 그대로 수공구로 따낸다.

➤ 172쪽의 '수공구로 반 숨긴 주먹장 만들기'를 참고한다.

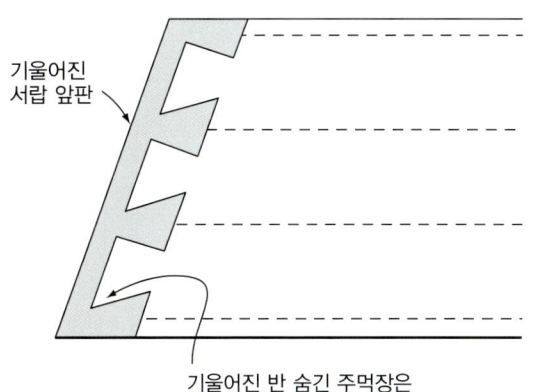

기울어진
서랍 앞판

기울어진 반 숨긴 주먹장은
나뭇결에 평행하게 테일을 배치해야 한다.

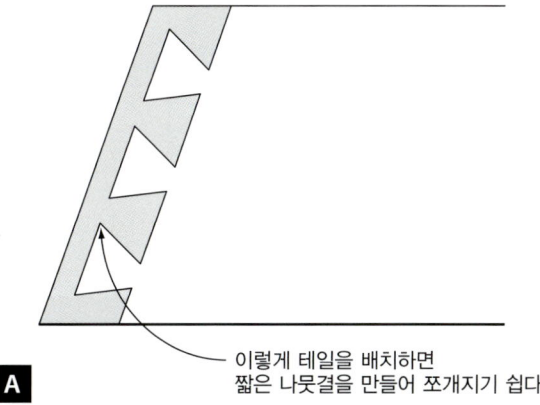

이렇게 테일을 배치하면
짧은 나뭇결을 만들어 쪼개지기 쉽다.

A

B

C

위에서 본 모습

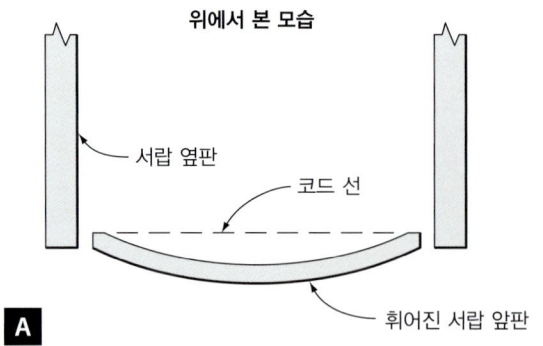

서랍 옆판

코드 선

휘어진 서랍 앞판

A

B

C

휘어진 앞판용 반 숨긴 주먹장

앞판이 휘어져 있을 경우에는 호의 양 끝을 연결한 직선(코드 선, chord)에 수직인 주먹장을 만들어야 한다(A).

서랍 앞판의 호를 만들기 위한 템플릿을 만든다. 템플릿 하나로 앞쪽 호와 뒤쪽 호 모두 그릴 수 있으나, 이렇게 하면 두 호의 중심은 일치하지 않는다. (물론 이 정도의 차이는 그리 중요하지는 않다.) 호를 그릴 때 안쪽 면 끝에 옆판에 수직인 편평한 면을 조금 남긴다. 호 모양으로 앞판을 만들고 양 끝을 대패질하여 편평한 면을 만들어도 된다. 이 편평한 면의 폭은 서랍 옆판 부재 두께와 비슷한 정도여야 한다. 서랍 옆판의 어깨면이 이 편평한 곳에 지지된다(B).

서랍 옆판에 일반적인 방법으로 테일을 가공한다.

▶ 172쪽의 '수공구로 반 숨긴 주먹장 만들기'를 참고한다.

테일부 가공이 끝났으면 서랍 앞판을 바이스에 세팅하고 테일 부재를 위에 올려 핀 모양을 표시한다(C). 테일 부재를 뒤쪽에서 받쳐 평행하게 만들고 작업한다. 핀은 반 숨긴 주먹장처럼 서랍 앞판에 똑바로 들어가도록 판다.

은촉홈 숨긴 주먹장

은촉홈을 파서 완전히 숨긴 주먹장에서는 테일과 핀이 모두 보이지 않아 그냥 단순한 은촉 결합처럼 보인다. 구조물의 옆이나 위에서 보면 은촉홈의 마구리면이 드러나 보일 수 있다. 이 짜임에서는 핀을 먼저 만드는데, 만들어진 핀 모양대로 테일을 만드는 것이 좀 더 쉽기 때문이다.

먼저 핀 부재에 테일 부재 두께보다 살짝 작게 그무개로 칼금을 표시한다. 그다음 은촉홈으로 따낼 선을 표시하면 테일과 핀으로 짜임이 만들어질 정사각형의 단면을 갖는 부분이 만들어진다. 맞춰지는 테일 부재에도 동일하게 은촉홈을 표시한다(A). 다도날을 끼운 테이블쏘 혹은 은촉홈 비트를 끼운 라우터 테이블에서 은촉홈을 따낸다.

황동판이나 판지로 주먹장 게이지를 만든다. 원하는 테일 각도를 표시하고 가위로 오려내면 된다. 이 주먹장 게이지를 사용하여 핀 부재에 테일 소켓과 핀을 표시한다(B). 열장 장부톱을 기울여서 표시한 핀을 톱질한다.

➤ 172쪽의 '수공구로 반 숨긴 주먹장 만들기'를 참고한다.

테일 소켓을 빨리 파내려면 직경이 작은 일자 비트를 끼운 플런지 라우터를 쓰면 된다. 라우터를 잘 지지한 상태에서 오른쪽에서 왼쪽으로 역방향 가공을 하면 조정하기 쉽다. 은촉홈 깊이에서 살짝 모자라는 정도까지 플런지 깊이를 맞추고 작업한다(C). 나머지는 끌을 사용하여 그어놓은 칼금까지 깨끗하게 따낸다(D).

테일 부재에 핀 부재를 수직으로 세워 테일을 표시한다(E). 표시한 대로 테일을 가공한다.

연귀 숨긴 주먹장

연귀 숨긴 주먹장(full-blind mitered dovetail)을 만들면 곁에서는 연귀선만 보이고 테일과 핀은 연귀면 안에 숨어 안 보이게 된다. 두 부재는 같은 두께이어야 연귀 짜임이 잘 들어맞는다.

부재 두께와 정확히 일치하게 그무개를 세팅하고 (A), 두 부재의 안쪽 면에만 칼금을 긋는다. 그다음 부재 바깥 모서리에서 45도로 연귀선을 표시한다(B). 이제 은촉홈 비트로 두 부재에 은촉홈을 따낸다. 은촉홈은 부재 두께의 2/3 정도면 좋다. 양쪽 모서리는 연귀면으로 삼각형 모양으로 딸 것이다. 두 부재에 금긋기칼로 양쪽 모서리면에 연귀선을 표시한다.

주먹장 게이지로 핀을 표시한다.

▶ 181쪽의 '은촉홈 숨긴 주먹장'을 참고한다.

바깥쪽에 있는 반쪽 핀에는 연귀 결합면을 만들어야 한다. 열장 장부톱으로 연귀면을 최대한 깔끔하게 잘라낸다. 나중에 맞춤 정도를 확인하고 다듬는다 (C). 톱을 기울여 쥐고 핀을 자른다. 부재 위로 톱선이 좀 삐져나오는 것은 상관없지만 연귀면이 되는 부분을 지나서까지 자르면 안 된다.

표시한 칼금과 은촉홈에 맞춰 핀을 파낸다. 라우터에 일자 비트를 끼우고 작업하면 좀 더 빨리 파낼 수 있다(D). 아직 은촉홈을 파내지는 않는다. 이 부분이 부재를 지지해주면서 표시하는 데 도움을 주기 때문이다(E). 핀 부재를 테일 부재 위에 올리고 멈춤 블록에 두 부재를 맞대어놓는다. 두 부재 모서리면을 잘 맞춘 다음 금긋기칼로 테일을 표시한다. 그다음 끌로 대충 쳐내어 연귀면을 만든다(F).

스큐 블록 대패(skew block plane)처럼 날물이 바닥면 바깥으로 나오는 대패를 사용하여 45도 연귀면을 정확하게 다듬는다(G). 넓은 45도 연귀 블록을 옆에 붙여놓고 대패를 지지한다.

연귀 숨긴 주먹장을 딱 맞게 하려면 조심스럽게 맞춤 정도를 조정해야 한다. 톱을 수평과 수직 두 방향 모두 기울여 쥐고 테일을 깎아낸다(H).

라우터로 불필요한 부분을 제거한다. 그다음 끌로 핀 소켓과 반쪽 핀 소켓을 다듬어 칼금선과 연귀선에 맞춘다(I).

관통 띠열 주먹장

띠열 주먹장을 만들기 전에 먼저 부재가 편평하게 재단되고 대패 자국이 제거되었는지 확인한다. 짜임부를 만든 다음에 손대패나 사포, 스크레이퍼 등으로 부재를 다듬으면 맞춤 정도에 영향을 주기 때문이다 (A).

먼저 주먹장 홈을 판다. 12mm 주먹장을 만든다면 6mm 일자 비트를 라우터 테이블에 장착하고 가운데에 일자 홈을 먼저 파내는데 원하는 깊이보다 살짝 얕게 판다. 부재 마구리면을 펜스에 밀착시키고 밀어 비트가 최종 주먹장 홈의 중심부에 위치하도록 한다 (B).

그다음 주먹장 비트를 장착하고 최종 깊이로 홈을 판다. 한 번에 가공하여 원하는 깊이로 파낸다. 부재를 아래로 눌러 정반에 밀착시켜서 일정한 깊이로 홈이 파지도록 한다. 가공하는 도중 부재가 살짝 뜬 것 같으면 다시 한번 누르고 두 번 비트를 지나가도록 한다. 부재 뒤에 나무토막을 덧대어 가공하여 뜯김을 방지할 수 있는데, 아예 부재를 좀 크게 만들고 나중에 뒤쪽을 잘라내서 뜯긴 부분을 없애도 된다. 테이블 인서트는 비트를 제외하고 최대한 막아줄 수 있는 크기의 것을 끼운다(C).

테일 부재도 라우터 테이블에서 가공하는데, 부재를 수직으로 들고 깎는다. 앞서 세팅한 비트를 그대로 두고 작업하면 완벽하게 맞출 수 있다. 펜스를 조정하여 비트의 일부분만 나오도록 만든다. 부재 한쪽 면을 깎고 반대쪽도 이어서 깎는다. 부재 두께와 동일한 나무토막을 먼저 깎아봐서 펜스의 위치를 정밀하게 조정한다. 조금 더 깎아야 한다면 현재 펜스 위치를 라우터 테이블 정반에 연필로 표시하고 펜스 클램프를 푼 다음 톡톡 쳐서 연필선보다 살짝 뒤로 가게 만들어 비트를 좀 더 노출시킨다. 펜스를 조정하여 양쪽 면을 한 번씩 더 가공할 수 있다(D).

펜스 위치를 잘 조정한 것 같지만 너무 깎는 것이 아닐까 의심스러울 때에는 종이를 한 장 펜스와 부재 사이에 끼우고 가공해본다. 종이 두께만큼 부재를 비트에서 밀어내어 0.05mm 정도 두께를 확보할 수 있다. 지폐 한 장을 끼운다면 0.08mm 정도 된다(E). 가공한 짜임부가 너무 빡빡하다면 끼웠던 종이를 빼고 다시 한번 가공한다. 부재 폭이 좁다면 손대패로 펜스에 닿는 면을 한두 번 밀어 살짝 좁은 테일을 만들 수도 있다.

부재를 끼워보기 전에 테일의 마구리면을 손대패로 한 번만 깎는다(F). 이렇게 하면 접착제가 들어갈 수 있는 공간을 확보할 수 있다. 다른 방법으로 테일 부재를 가공할 때 비트를 머리카락 두께만큼 살짝 내리고 가공할 수도 있다. 여전히 너무 빡빡하게 끼워진다면 비트의 높이를 깊이 게이지로 다시 한번 확인해본다. 아니면 조합직각자를 게이지로 사용할 수도 있다. 가공된 깊이는 모두 일정해야 한다(G).

⚠ **주의** 항상 부재가 끝나는 점에서 비트가 노출되는 것을 인지하고 있어야 한다. 비트가 나오는 곳에서 먼 곳에 손을 두고 작업한다.

막힌 띠열 주먹장

막힌 띠열 주먹장은 관통 띠열 주먹장과 제작하는 방식이 완전히 동일하다. 한 가지 다른 점은 라우터 테이블의 펜스에 멈춤 블록을 쓴다는 점이다. 멈춤 블록과 부재 사이에 톱밥이나 나뭇조각이 끼면 가공 정밀도에 영향을 주기 때문에 블록 아래에 스페이서를 두고 정반에서 좀 띄운 다음 클램프로 조인다(A).

주먹장 홈의 끝을 직각으로 다듬을 수도 있고, 반대로 그대로 두고 테일 끝을 잘라내 둥근 홈 부분이 걸리지 않게 할 수도 있다. 테일 부분을 깎고 맞춤 정도를 확인한 다음에는 일정 부분을 잘라내어 두 부재를 끼웠을 때 맞아떨어지게 해야 한다. 등대기톱으로 필요 없는 부분을 잘라낸다. 그다음 끌로 어깨면과 일치하도록 다듬는다(B). 어깨면은 살짝 안쪽으로 들어가게 언더컷을 만드는 것도 좋다. 테이블쏘를 정밀하게 세팅한 다음 어깨면을 잘라내는 방법도 있다.

띠열 주먹장은 손의 압력만으로 미끄러져서 결합되도록 해야 한다. 그래도 다시 분리할 때에는 나무망치를 써야 한다. 슬롯 아래쪽에만 걸칠 수 있는 멈춤 블록을 클램핑하여 고정해놓고 테일 부재를 때려 떼어낸다. 때릴 때 테일 부재가 기울어지지 않도록 주의한다. 관통 띠열 주먹장에서는 양쪽 끝이 잘 맞는지 확인해야 했지만 막힌 주먹장에서는 들어가는 쪽 면만 잘 맞는지 확인하면 된다(C).

수공구로 한쪽 면 띠열 주먹장 만들기

한쪽 면 띠열 주먹장은 비교적 쉽게 만들 수 있는데, 테일 부의 한쪽 면이 편평하기 때문이다.

► 155쪽의 '띠열 주먹장과 홈 주먹장'을 참고한다.

테일의 각도를 정하고 자유각도자를 그 각도로 맞춘다(A). 판재 하나를 준비해서 양쪽 마구리면에 이 각도를 표시하고 모서리를 대패로 깎아 기울어진 면을 만든다(B). 이렇게 만들어진 톱 가이드를 부재 위에 클램프로 조이고 톱날을 기울어진 면에 맞대어 부재를 자른다(C). 톱날을 단단히 쥐고 원하는 깊이보다 더 깊게 파지 않도록 주의한다.

홈의 반대쪽은 수직으로 톱질해야 하기 때문에 톱 가이드의 수직면에 대고 작업한다. 가이드가 부재에 대해 정확히 수직인지 다시 한번 확인한다(D). 원하는 깊이까지 수직으로 톱질한다(E).

양쪽으로 톱질한 가운데 부분은 끌과 망치로 떼어낸다(F). 그다음 라우터 대패로 깎아 정확한 깊이로 홈을 다듬는다(G).

자유각도자를 써서 테일 부재에 잘라낼 위치를 표시한다. 앞에서 썼던 톱 가이드를 바이스에 수직으로 물리고 테일 부재를 여기에 정렬해 고정한 다음, 폭이 넓은 끌을 써서 테일 모양을 깎는다(H). 테일 부재의 뒷면을 손대패로 깎아서 맞춤 정도를 조정한다(I).

라우터로 한쪽 면 띠열 주먹장 만들기

라우터로 한쪽 면 띠열 주먹장을 깎을 때에는 부재를 주먹장 비트보다 머리카락 두께 정도 두껍게 재단해 준비해둔다. 이렇게 해야 나중에 맞춤 정도 조정이 가능하다. 먼저 일자 비트를 써서 홈을 파는데, 이때 주먹장 홈의 중심에 비트 중심을 맞춰서는 안 된다. 펜스를 조정하여 주먹장 홈의 한쪽 면이 깎이도록 맞추고, 깊이를 조금씩 깊게 해서 전체 깊이를 가공한다. 부재 뒤에 나무토막을 덧대어 뜯기지 않도록 한다 (A).

이제 주먹장 비트를 장착하고 비트 높이를 앞서 파놓은 홈 깊이로 맞춘 다음 한 번에 주먹장 홈을 깎는다. 항상 비트 회전 방향으로 부재를 움직이면서 가공한다(B).

테일은 부재 한쪽 면에만 깎는다(C). 맞춤 정도는 편평한 면을 대패질해서 조정한다. 마구리면에 연필로 깎아낼 부분을 표시한 다음 대패나 스크레이퍼로 균일하게 깎아낸다. 이러면 테일이 그만큼 작아지게 된다. 잘 맞아 들어갈 때까지 맞춤 정도를 확인하고 반복한다(D).

> ⚠️ **주의** 한번 파놓은 홈을 다시 한번 가공하여 크게 만들 때에도 비트 회전 방향으로 부재를 이송해야만 한다. 이때는 비트에 한쪽 면만 닿으면서 깎이게 되는데, 통상적인 이송 방향인 오른쪽에서 왼쪽으로 움직일 경우 위험한 역방향 가공이 될 수 있다. 깎이는 면에 따라 왼쪽에서 오른쪽으로 이송해야 하는지 확인하고 작업한다.

은촉홈 띠열 주먹장

라우터 테이블을 사용하여 일반적인 은촉홈을 가
공하는 방식으로 은촉홈 띠열 주먹장을 만들 수 있다.
부재를 라우터 테이블 정반에 평행하게 놓고 주먹장
비트를 사용하여 가공하면 된다. 부재 뒤에 나무토막
을 덧대어 뜯기지 않도록 한다.

부재 두께보다 살짝 작게 홈이 파지도록 펜스를 조
정한다(A). 펜스에 바로 부재를 대고 깎지 말고 여러
차례 조금씩 깎아 최종 가공폭을 맞춘다. 테이블쏘에
서 먼저 일부분을 가공하고 라우터 테이블에서 마무
리 가공을 하는 방법을 써도 된다.

비트 높이를 그대로 둔 채 맞춰지는 테일 부재를 가
공하면 완벽하게 맞아떨어지는 짜임부를 만들 수 있
다. 펜스를 움직여 비트가 펜스 속으로 감춰지도록 한
다. 테일 부재를 수직으로 잡고 가공한다(B). 처음에
는 조금만 깎은 다음 부재를 맞춰보고 부족하면 펜스
를 조금 더 밀어 가공한다(C). 목심을 박아 결합부를
좀 더 강하게 만들 수 있다.

경사진 띠열 주먹장

띠열 주먹장에 경사면을 만들면 딱 맞으면서도 강하게 결합되는 짜임을 만들 수 있다. 테일과 홈에 경사 각도를 주어 처음에는 느슨하게 들어가다가 다 끼워졌을 때에는 강하게 물리게 된다.

직각 지그에 보조 펜스를 달고 부재에 클램프로 고정한다. 고정하기 전에 부재에 주먹장 홈의 위치를 연필로 표시해두면 라우터 위치를 좀 더 쉽게 잡을 수 있다. 먼저 일자 비트를 사용하여 주먹장 홈의 가운데 부분을 대충 파놓는다(A). 주먹장 비트로 바꿔 낀 다음 원하는 깊이로 다시 가공하는데 라우터 베이스가 펜스에 맞닿아 있는 상태를 정확히 유지하면서 작업한다(B).

보조 펜스와 직각 지그 사이의 짜임 초입에 1.5mm 정도 되는 심을 끼우고 다시 한번 라우팅하여 경사진 홈을 만든다. 심이 펜스의 끝이 아니라 부재 모서리 위치에 끼워졌는지 확인하고 작업한다. 막힌 띠열 주먹장일 경우에는 끌로 홈의 끝부분을 직각으로 다듬는다. 스페이서 블록을 사용하면 끝선이 맞는 홈을 파낼 수 있다. 라우터 베이스 크기를 고려하여 정확한 위치에 스페이서 블록을 고정한다(C).

➤ 72쪽의 '라우터와 펜스를 사용하여 마구리 은촉홈 만들기'를 참고한다.

홈을 팔 때 사용한 비트를 라우터 테이블에 장착하여 경사진 테일을 가공하는데, 비트가 펜스 속으로 들어가게 세팅하고 깎는다. 1.5mm 정도 두께의 심을 부재의 펜스에 닿는 면 끝에 테이프로 붙인다. 이렇게 하면 부재 앞부분만 펜스에서 살짝 뜨게 하여 경사진 테일을 만들 수 있다. 반대쪽 테일은 심을 떼고 펜스에 평행하게 깎는다(D).

수공구로 홈 주먹장 만들기

수공구로 홈 주먹장(slot dovetail)을 만드는 첫 번째 과정은 가로대에 테일부를 만드는 것이다. 만든 테일을 장의 옆판에 옮겨 그리게 된다. 그무개를 세팅하고 어깨면에 칼금을 긋는다. 어깨면과 어깨면 사이 간격이 맞는지 가조립된 장에 대고 확인한다. 자유각도자를 쓰거나 아니면 그냥 눈대중으로 테일의 각도를 부재에 표시한다. 가로대 부재를 바이스에 물리고 열장장부톱으로 따낸다(A).

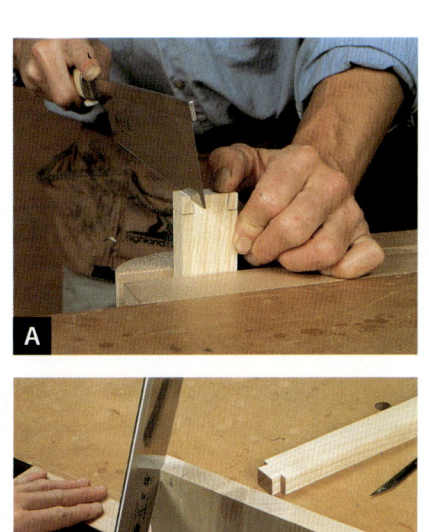

만들어진 테일 모양을 금긋기칼로 장 옆판에 옮긴다. 가로대 부재를 나무토막이나 손대패 같은 것으로 지지해 수평을 유지한다. 직각자를 써서 가로대 부재가 옆판에 수직인지 확인한다(B). 가로대 부재 두께만큼 그무개로 칼금을 긋는다. 표시한 칼금선까지 금긋기칼로 테일 선을 연장하여 수직으로 긋는다. 톱을 기울여 테일 홈에 톱질을 한다(C).

끌로 쳐내 홈을 깨끗이 따낸다. 맞춤면이 잘 맞게 하려면 칼금선보다 살짝 안쪽으로 파는 언더컷을 만드는 것도 좋다(D).

어깨면이 하나인 홈 주먹장도 같은 방식으로 만들면 된다. 차이점은 그냥 한쪽 어깨면을 만들지 않는 것이다. 테일을 표시하고 잘라낸다. 옆판에 홈을 표시한다. 홈을 사진 C처럼 따낸다.

테일 반대쪽 편평한 모서리를 손대패로 다듬으면서 맞춤 정도를 확인한다(E). 다른 장부 결합과 마찬가지로 부재 아래쪽에 작은 어깨면을 만들면 홈파기에서 생긴 상처나 뜯긴 부위를 감출 수 있다(F).

라우터 테이블에서 홈 주먹장 만들기

라우터 테이블에서 주먹장 비트를 써서 홈 주먹장을 만들 수 있다. 먼저 부재 홈 위치에 맞춰서 펜스를 조정한다. 펜스에서 가까운 쪽 홈 면을 먼저 깎는다. 멈춤 블록을 사용하여 깎는 길이를 조정한다(A). 일자 비트나 드릴날을 써서 불필요한 부분을 먼저 대충 쳐내고 작업하는 것도 좋다. 라우터 비트로 둥글게 가공된 모서리는 끌로 다듬어 직각으로 만든다.

가조립된 장에 가로대 부재를 올려보아 넉넉하게 끼워지는지 확인한다(B).

같은 주먹장 비트를 사용하여 라우터 테이블에서 가로대 부재를 가공한다. 라우터 테이블 가공에 앞서 테이블쏘나 밴드쏘를 써서 따낼 부위를 대충 잘라내 둔다. 그다음 부재를 라우터 테이블에 수직으로 세우고 뒤에 나무토막을 대어 지지한 다음 테일부를 가공한다(C).

테이블쏘에서 홈 주먹장 만들기

가로대 부재의 테일을 가공하는 또 다른 방법으로 테이블쏘를 사용할 수 있다. 썰매 지그에 멈춤 블록을 대고 어깨면을 먼저 자른다. 표시한 부분보다 살짝 아래까지 잘리도록 톱날 높이를 맞춘다(A).

그다음 테일 각도대로 톱날 각도를 조정하고 마이터 게이지에 부재를 지지하여 테일을 만든다. 마이터 게이지 펜스에 멈춤 블록을 대어 잘리는 위치를 세팅한다. 톱날의 높이는 앞서 자른 어깨면보다 살짝 아래까지 잘리도록 맞춘다(B). 톱날이 만나는 모서리는 끌로 다듬어 깨끗하게 만든다.

이중 홈 주먹장

폭이 넓은 가로대는 잘못하면 뒤틀릴 수 있다. 이때는 이중 홈 주먹장으로 짜임을 만들면 해결할 수 있다. 장 옆판에 홈이 너무 깊게 만들어져서 불안할 때에는 바깥쪽 테일만 톱으로 잘라 길이를 줄인다. 3mm 정도만 잘라내도 큰 차이를 만들어낸다(A). 만들어진 두 개의 테일을 장 옆판에 옮겨 표시하고 홈을 따내 완성한다(B).

프레임 짜임

프 레임 짜임은 가구를 만드는 데 쓰이는 두 번째로 중요한 구조이다. 다양한 가구들을 만드는 데 쓰이는 프레임은 상자 짜임 방식보다 작고 가벼운 부재들로 구성되어 있다. 프레임은 단독으로 사용되어 거울이나 액자, 침대 머리판이 되거나 다른 구조와 맞물려 탁자나 의자, 스툴 등이 될 수도 있다. 게다가 알판을 가운데에 끼우면 캐비닛이나 책상 같은 큰 구조물도 될 수 있다.

프레임 구조에 사용되는 부재는 크기가 작기 때문에 이들을 결합하기 위해서는 맞대기나 연귀, 장부, 겹이음 등 다양한 짜임 방식을 써야 한다. 이런 짜임 방식 중 일부는 상자 짜임에서 쓰인 것과 동일하지만, 작은 부재 크기에 맞춰 강도를 희생하지 않으면서도 접착 면적을 확보할 수 있도록 다시 해석해야 한다.

맞대기 이음

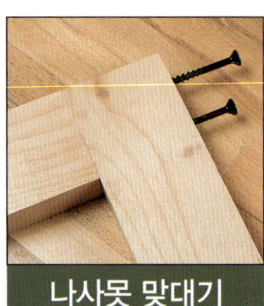

나사못 맞대기

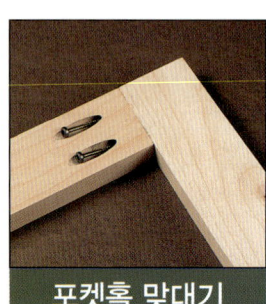

포켓홀 맞대기

꽂임촉 맞대기

비스킷 맞대기

프레임 맞대기 이음은 여러 상황에서 쓰일 수 있겠지만 제일 흔하게 적용되는 곳이 캐비닛의 전면 프레임(face frame)이다. 전면 프레임은 합판이나 파티클보드로 만든 캐비닛의 모서리를 가려주는데, 여기에 경첩을 달거나 선장식을 만들기도 한다. 보통 전면 프레임은 접착제로 붙인 다음, 못이나 나사못으로 고정해서 단순 맞대기 이음이 갖는 단점을 해결한다. 이러면 캐비닛 앞면 자체의 강도도 좋아지고 전면 프레임이 좀 더 강하게 고정되게 된다.

프레임 맞대기 이음 보강하기

모두들 프레임 부재를 맞대어놓고 망치로 못을 박아 이음을 만든 경험이 있을 것이다. 하지만 최고의 작품을 만들려면 뒤틀림과 장력을 이겨내도록 더 보강을 하는 것이 좋다.

나사못을 세로대에 관통시키고 가로대에 박아 전면 프레임을 결합할 수 있다. 나사못이 충분히 길면 좋은 결합력을 확보할 수 있다. 한 가지 기억해야 할 것은 캐비닛의 전면 프레임이기 때문에 나사못이 보인다는 것이다. 카운터싱크 구멍을 판 다음 목심을 박으면 나사못을 가릴 수 있다.

포켓 나사못은 전면 프레임 조립을 빨리 할 수 있도록 개발되었다. 맞대기 이음 부위를 단단히 당겨서 접착제를 발라 조립할 때 사실상 클램프 대용으로 쓸 수 있다. 전면 프레임 조립에서는 항상 그렇듯이 나사못을 박기 전에 프레임 부재들이 편평한지 확인하고 작업한다. 꽂임촉 역시 전면 프레임 조립에 사용된다. 꽂임촉은 나무 재질이기 때문에 조립된 전면 프레임을 못이나 나사못으로 몸통에 조립할 때 아무 고민 없이 작업할 수 있다. 꽂임촉 구멍을 뚫을 때에는 집중해야 한다. 이어지는 꽂임촉 구멍이 어긋나기가 쉽기 때문이다.

전면 프레임은 합판으로 된 모서리를 가려준다.

카운터싱크 구멍을 뚫고 긴 나사못으로 전면 프레임을 결합한다.

곧은 막대를 대고 작업하면 전면 프레임에 포켓 나사못을 박을 때 정렬하기가 쉽다.

전면 프레임을 꽂임촉으로 결합할 수 있지만, 다른 방법에 비해 구멍을 정렬하기가 좀 까다롭다.

비스킷 홈 위치는 부재 폭 방향 중심에 잡는다.

비스킷 조이너의 펜스 각도를 나무 블록으로 점검한다. 나무 블록이 펜스의 양쪽 끝에서 모두 잘 맞아 떨어져야 한다. 펜스 각도가 어긋났으면 양면테이프를 심으로 써서 조정한다.

비스킷 조이너의 깊이 방향 중심선을 프레임 부재 중심과 맞춘다.

벤치독이나 클램프로 지지판을 밀리지 않게 한 다음, 여기에 부재를 대고 작업한다.

비스킷 결합은 간단하면서도 강한 방법이다. 결합 강도가 좋은 이유는 비스킷이 두 프레임 부재의 나뭇결면에 접착제로 강하게 결합되기 때문이다. 부재 두께가 아주 두꺼운 경우에는 이중으로 비스킷을 박을 수도 있다. 꽂임촉처럼 비스킷 재질이 나무이기 때문에 조립된 전면 프레임에 추가로 못이나 나사못을 박는 데 아무 지장이 없다. 폭이 좁은 부재라도 한쪽으로 치우쳐서 비스킷 구멍을 만들어 결합할 수 있다. 하지만 비스킷 조이너가 정확한 결과물을 항상 자동으로 보장하지는 않는다. 특성을 이해하고 주의를 기울여 작업할 필요가 있다.

정확하게 비스킷 홈 파기

여기에 정확하게 비스킷 홈을 팔 수 있는 방법을 소개한다. 먼저 비스킷 조이너의 펜스가 회전 날과 평행한지 확인한다. 아주 조금만 평행도에 차이가 있어도 마주보는 두 부재를 파면 오차 정도가 두 배가 된다. 부재 두께에 대해 정확히 가운데에 비스킷 홈을 파는 것이 기본이지만, 이어지는 두 부재의 같은 쪽 면을 기준으로 작업하면 항상 단차 없이 맞아떨어진다.

부재를 손으로만 붙잡고 비스킷 홈을 파지 않도록 한다. 항상 뒤쪽에 지지턱을 두고 작업하거나 클램프로 부재를 작업대에 고정해두고 비스킷 홈을 판다.

맞대기 이음 자르기

맞대기 이음에서는 항상 두 방향으로 부재를 자르게 된다. 90도로 만나는 대부분의 맞대기 이음에서는 부재를 가로질러 직각으로 자르는 동시에 부재 아래쪽으로도 직각으로 잘라야 한다. 손톱으로 자를 때에는 연필선에서 잘라지는 쪽에 톱을 두고 연필선이 보이도록 자른다. 톱밥을 치우면서 톱질을 하여 선을 항상 보면서 작업한다.

각도절단기를 사용할 때 긴 부재일 경우 부재를 잘 지지하여 수평이 유지되도록 한다. 멈춤 블록을 사용하면 잘리는 곳 위치를 지정하여 같은 길이로 자를 수 있다. 자를 부재가 딱 두 개일 때에도 멈춤 블록을 세팅하고 작업하는 것이 낫다. 정확하게 일치하는 두 부재를 만들 수 있기 때문이다.

물론 테이블쏘를 쓴다면 아주 훌륭한 자르기 작업을 할 수 있다. 슬라이딩 테이블이 장착되어 있지 않다면 썰매 지그나 마이터 게이지를 사용한다. 정확히 직각으로 잘리는지 가끔 확인하면서 작업한다.

> 자세한 자르기 작업에 대해서는 40쪽의 '맞대기 이음'을 참고한다.

맞대기 이음부는 편평하고 직각으로 잘려야 한다. 두 부재를 모아서 한 번에 자를 때 톱이 기울어져 있으면 길이가 달라진다.

여러 부재를 동일하게 자를 때에는 멈춤 블록을 사용한다.

테이블쏘 썰매 지그의 직각도를 미리 확인하는데, 특히 사용 횟수가 많을 경우에는 꼭 점검하고 작업한다. 더불어 톱날의 각도가 정확히 직각인지도 확인한다.

A

C

B

D

E

나사못으로 보강한 맞대기 이음

맞대기 이음을 만들 때에는 아주 간단한 몇 가지만 지켜주면 되지만, 좋은 결과물을 만들려면 이 몇 가지가 아주 중요하다. 먼저 부재는 뒤틀리거나 휘어지지 않고 편평해야 하며, 부재 앞면과 폭 방향에 대해 정확히 직각으로 재단되어야 한다. 모서리가 직각으로 대패질되어야 하는데, 특히 맞대기 이음을 할 모서리 면은 특히 더 신경 써야 한다(A).

프레임 세로대 부재에 나사못 머리가 들어갈 정도로 충분히 큰 지름의 비트로 구멍을 뚫는다. 나사못 머리 크기보다 구멍이 작으면 부재가 손상된다. 구멍의 깊이는 나사못이 어느 정도 지지력을 가질 수 있도록 충분히 깊으면서도 일정하게 만든다(B).

부재 두께가 얇거나 아주 강한 재질이라면 예비 구멍을 추가로 뚫는다. 끝이 송곳 형태로 되어 있는 나사못은 예비 구멍이 없어도 부재를 쪼개지 않으면서도 들어가지만, 그래도 같은 재질의 나무토막에 미리 시험해보아 문제없는지 확인하고 사용한다. 예비 구멍의 직경은 나사못 몸통보다 살짝 작은 크기로 뚫는다. 나사못 몸통은 나사산이 없는 부분을 말한다(C).

가로대의 마구리면에 접착제를 발라서 그리 크지는 않지만 추가 지지력을 확보한다. 그다음 부재를 작업대에 편평하게 두고 나사못을 박는다. 부재를 벤치독에 밀어 지지하거나 클램프로 조여 뒤로 밀리지 않게 하고 작업한다. 나사못에 왁스를 조금 바르면 쉽게 박을 수 있다(D). 다른 방법으로 미리 프레임에 접착제를 발라 클램프로 조여서 붙여놓은 다음 나사못을 박을 수도 있다(E). 나사못을 박은 다음 구멍에 목심을 박아 나사못을 감춘다.

포켓홀 나사못 맞대기 이음

포켓홀은 프레임의 안쪽 면에 뚫리기 때문에 나사못 구멍이 보이지 않아 고민거리가 하나 줄게 된다. 게다가 나사못이 나삿니를 만들면서 박히는 셀프 태핑(self-tapping) 방식이기 때문에 아주 빨리 작업을 끝낼 수 있다. 짧은 예비 구멍과 함께 카운터싱크를 동시에 파주는 전용 이중 비트 하나로 구멍을 한 번에 뚫는다. 포켓 나사못을 쓸 때에는 프레임을 클램프로 잡아줄 필요도 없다.

포켓홀 지그에 부재를 장착하고 전용 비트로 포켓홀을 뚫는다(A). 먼저 깊이 고리(depth-stop collar)를 조정하여 맞춘 후 작업한다. 깊이를 맞출 때에는 먼저 얇은 심을 바닥에 깔고 비트를 지그 구멍에 끼운다. 그다음 깊이 고리를 여기에 맞춰 잠그면 된다. 이렇게 하면 잘못해서 지그까지 뚫어버려서 비트가 망가지는 것을 방지할 수 있다(B)

드릴로 구멍을 뚫고 드릴밥을 깨끗이 제거한다(C). 드릴 비트는 충분히 긴 파일럿 비트가 있어서 예비 구멍이 만들어질 수 있어야 한다. 포켓 나사못을 구멍에 끼우고 박아 넣는다. 박기 전에 가로대 마구리면에 접착제를 바르고 작업한다(D).

막힌 꽂임촉 맞대기 이음

꽂임촉 지그를 써서 구멍을 뚫고 꽂임촉을 박아 맞대기 이음을 결합한다. 지그 세팅이 제대로 됐는지 재확인하고 부재에 가능한 한 수직으로 구멍을 뚫는다. 구멍이 수직이 아닐 경우 프레임이 뒤틀리게 된다. 프레임 부재들을 작업대 위에 올려놓고 꽂임촉 위치를 표시한다(A).

가로대를 바이스에 단단히 고정한 다음 꽂임촉 지그를 마구리면에 장착한다(B).

지그에 표시된 꽂임촉 구멍 크기 중에 적당한 것을 골라 표시한 연필선에 맞춘다(C). 여기서는 24mm 두께의 부재에 6mm 꽂임촉을 사용했다. 브래드 포인트 비트(brad point bit)를 써서 구멍 중심이 흔들리지 않게 구멍을 뚫는다. 비트의 깊이를 계산할 때 브래드 포인트의 길이까지 합해야 하는 것을 잊지 않는다. 큰 직경의 비트는 브래드 포인트의 길이도 길기 때문에 잘못하면 관통되어 버릴 수도 있다. 반대로 덜 뚫어서 꽂임촉 길이보다 구멍 깊이가 얕을 경우에는 아무리 클램프로 조여도 결합되지 않는다(D). 비트에 마스킹 테이프를 감아 파낼 구멍 깊이를 표시하고 작업한다(E).

각 가로대에 구멍을 뚫는데 매번 표시한 연필선과 지그를 정확히 맞춰야 한다(F). 그다음 세로대를 바이스에 물리고 꽂임촉 구멍을 뚫는다. 가로대에 뚫은 깊이와 동일하게 작업한다(G).

드릴 비트와 꽂임촉의 직경을 비교해본다. 꽂임촉은 건조하면서 대부분 타원형으로 변형되는데, 이럴 경우 뚫어놓은 구멍에 안 들어갈 수 있다. 이때는 꽂임촉을 간이 오븐에 넣어 가열하면 간단히 해결할 수 있다. 건조되면서 크기가 줄어 쉽게 구멍에 들어간다. 건조된 꽂임촉에 접착제를 바르면 다시 부풀어 오르면서 구멍에 딱 맞아진다(H).

꽂임촉 표면에 나선형이나 직선으로 접착제 골이 파있는 것을 사용한다. 결합할 때 이 골을 따라 접착제가 빠져나오게 된다. 구멍 입구에 접착제를 바르고 꽂임촉을 박으면, 꽂임촉이 접착제를 구멍 안으로 밀어 넣게 되고 공간을 채우고 남은 접착제는 밖으로 밀려 나온다(I). 접착제를 바르기 전에 작업대 옆에 클램프를 바로 사용할 수 있도록 준비해둔다. 어느 정도 압력을 가해 클램프를 조여야 결합이 완성된다(J).

관통 꽂임촉 맞대기 이음

꽂임촉은 길수록 튼튼하다. 부재를 관통해서 꽂임촉을 박으면 긴 길이 덕분에 결합력이 증가되고 장식적 요소도 추가할 수 있다. 특히 꽂임촉 지그가 없을 때 이 방법을 쓰면 좋다.

부재에 꽂임촉 위치를 표시한다(A). 드릴 프레스를 사용하여 세로대에 관통 구멍을 뚫는다. 부재 두께에 대해 가운데에 구멍이 뚫리도록 펜스를 대고 작업한다. 드릴 프레스 정반에 연필선을 그어 구멍의 위치를 표시해둔다. 부재 밑에 나무판을 깔아 드릴 프레스 정반을 보호한다. 부재를 관통해서 구멍을 뚫는데, 중간중간 비트를 들어 올려 드릴밥을 배출하면서 작업한다(B).

프레임 부재들을 조립할 상태로 정렬하여 맞대어 놓고 클램프만 조여 가조립한다. 그다음 세로대에 뚫어놓은 구멍을 연장하여 가로대에도 구멍을 뚫는다. 비트에 원하는 깊이를 표시해두고 작업한다. 드릴을 부재에 평행하게 유지하면서 직선으로 뚫어 세로대의 구멍이 더 커지지 않도록 주의한다. 세로대에 뚫어놓은 모든 구멍에 맞춰 가로대에 구멍을 뚫는다(C).

꽂임촉은 박아 넣으면서 뭉개지는 것을 고려하여 약간 길게 준비해둔다. 꽂임촉을 가로대 구멍에 끼워 넣고 남은 부분이 세로대 폭보다 충분히 길게 튀어나오는지 확인한 다음 부재에 접착제를 바른다. 큰 망치와 클램프를 미리 옆에 준비해두고 작업한다. 접착제는 가로대의 마구리면과 꽂임촉 구멍 입구에만 바른다. 꽂임촉에까지 접착제를 발라도 구멍에 들어가면서 다 삐져나오게 된다(D).

벌림쐐기 관통 꽂임촉 맞대기 이음

꽂임촉 결합 중에서 가장 강하게 결합되면서 보기에도 매력적인 방식이 관통 꽂임촉에 벌림쐐기를 박아 넣는 것이다. 꽂임촉을 물리적으로 벌려줌으로써 접착 면적이 작더라도 강하게 고정할 수 있다. 쐐기를 박을 홈의 방향은 벌어지면서 누르는 면이 나뭇결 방향이 아니라 마구리면이 되도록 맞춘다. 이렇게 해야 쐐기를 박을 때 나뭇결대로 쪼개지는 것을 방지할 수 있다. 프레임 끝에 만들 때에는 모서리를 딱 맞추기 보다는 T자 형태로 나무를 좀 남겨두어 결대로 떨어져 나가는 것을 방지한다.

▶ 앞쪽의 '관통 꽂임촉 맞대기 이음'을 참고하여 구멍을 뚫는다.

가로대 구멍에 꽂임촉을 박고 손톱으로 벌림쐐기를 박을 홈을 만든다. 열장 장부톱으로 켜서 홈을 만들면 쐐기 두께도 얇게 만들어야 된다(B). 아니면 밴드쏘에서 펜스를 대고 홈을 만들 수도 있다. 홈의 깊이는 꽂임촉 길이의 1/3 정도면 충분하다(C).

▶ 376쪽의 '쐐기 만들기'를 참고한다.

벌림쐐기는 둥근 구멍에 박히기 때문에 잠깐 시간을 써서 쐐기 모서리를 둥글게 만들도록 한다. 블록 대패로 몇 번만 깎으면 충분히 둥근 모서리를 만들 수 있다(D). 가로대 마구리면과 꽂임촉 구멍에 접착제를 바른다. 접착제를 바르기 전에 클램프를 옆에 준비하고 두 부재를 조립할 때 필요하면 사용한다. 클램프를 제거하고 쇠망치로 벌림쐐기를 박아 넣는다(E). 톱으로 튀어나온 벌림쐐기와 꽂임촉을 잘라내는데 본 부재까지 톱질하지 않도록 주의한다(F). 마지막으로 날카로운 블록 대패를 써서 꽂임촉을 깎아 정리한다(G).

비스킷 맞대기 이음

비스킷을 사용하면 짜임부가 보이지 않으면서도 강한 맞대기 이음을 만들 수 있다. 비스킷 홈을 부재 두께의 중간에 맞춰 뚫는다. 중간에 맞춰 뚫는다 하더라도 전면부를 부재에 표시하고 같은 면을 기준으로 작업해야 단차 없이 조립할 수 있다. 비스킷 크기는 부재 폭에 맞춰 튀어나오지 않을 크기를 사용해야 하는데, 부재가 너무 좁을 경우에는 안 보이는 쪽 모서리로 치우쳐 구멍을 뚫을 수도 있다. 먼저 나무토막에 홈을 파보아서 어느 정도 폭으로 홈이 파지는지 확인하고 작업한다.

프레임에 비스킷의 위치를 표시한다(A). 부재를 클램프로 고정한 턱이나 벤치독에 지지하여 뒤로 밀리지 않도록 한다. 세로대에 비스킷 홈을 판다(B). 그다음 가로대 마구리면에도 비스킷 홈을 만든다. 작업할 때 비스킷 조이너가 정확히 수평을 유지해야 홈이 똑바로 파진다(C).

파진 홈에 붓으로 접착제를 충분히 바른다(D). 비스킷은 접착제에 닿자마자 부풀어 오르기 때문에 옆에 클램프를 미리 준비해두고 조립한다(E).

다중 비스킷 맞대기 이음

두꺼운 프레임일 경우에는 다중 비스킷을 박아 결합한다. 비스킷 홈을 양쪽 면에 가깝게 두 개 뚫으면 된다. 비스킷 홈의 중심 위치를 표시한다(A). 그다음 부재 깊이 방향으로 비스킷 홈의 위치를 부재 모서리에 표시한다(B).

비스킷 조이너를 첫 번째 홈 위치로 세팅한 다음 표시한 비스킷 위치에 모두 홈을 뚫는다(C). 그다음 펜스를 조정하여 두 번째 홈에 맞춘다(D). 첫 번째와 마찬가지로 표시한 모든 위치에 두 번째 비스킷 홈을 판다(E). 펜스를 조정하는 대신 펜스와 부재 사이에 편평한 심을 끼워 깊이 방향 홈의 위치를 바꿀 수도 있다. 끼워 넣는 심은 편평하고 두께가 적당해서 올바른 위치에 홈이 파져야 한다.

[TIP] 부재를 정확하게 대패질해서 준비했다면 앞면을 기준으로 첫 번째 비스킷 홈을 판 다음 부재를 뒤집어 뒷면을 기준으로 두 번째 홈을 파낼 수도 있다. 이렇게 작업할 때에는 부재 양쪽 면에 동일한 위치로 연필선을 표시하고 작업한다.

비스킷에 접착제를 바르기 전에 클램프를 옆에 두고 바로 조일 수 있도록 준비해둔다(F).

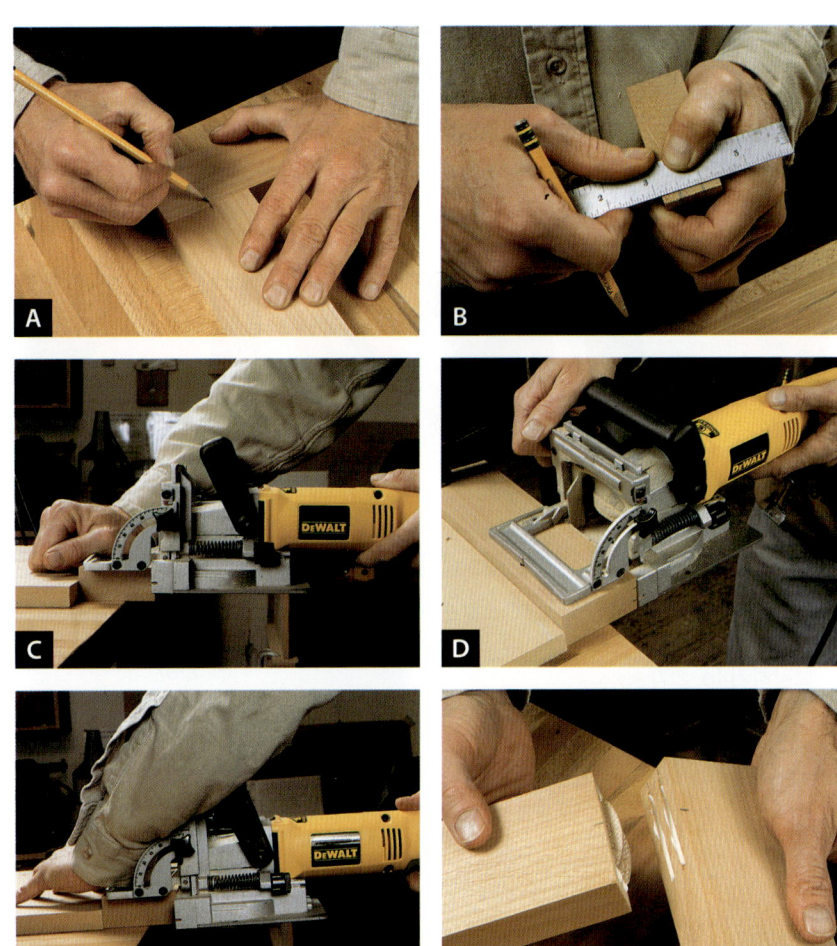

연귀 결합

맞대기 연귀 결합

비스킷 연귀 결합

끼움촉 연귀 결합

석장 장부 연귀 맞춤

연귀촉 결합

프 레임 연귀 결합은 마구리면 없이 나뭇결
면만 보이도록 하고 싶을 때 유용하게 쓰
인다. 마구리면이 노출되지 않기 때문에
프레임 내부나 외부의 몰딩 패턴이 끊이지 않게 만

들 수 있다. 이런 연귀 결합은 액자나 거울 프레임에
많이 사용된다. 전면 프레임이나 문틀에서 몰딩이
추가될 경우나 마구리면 노출을 피하고 싶을 때에도
쓰인다.

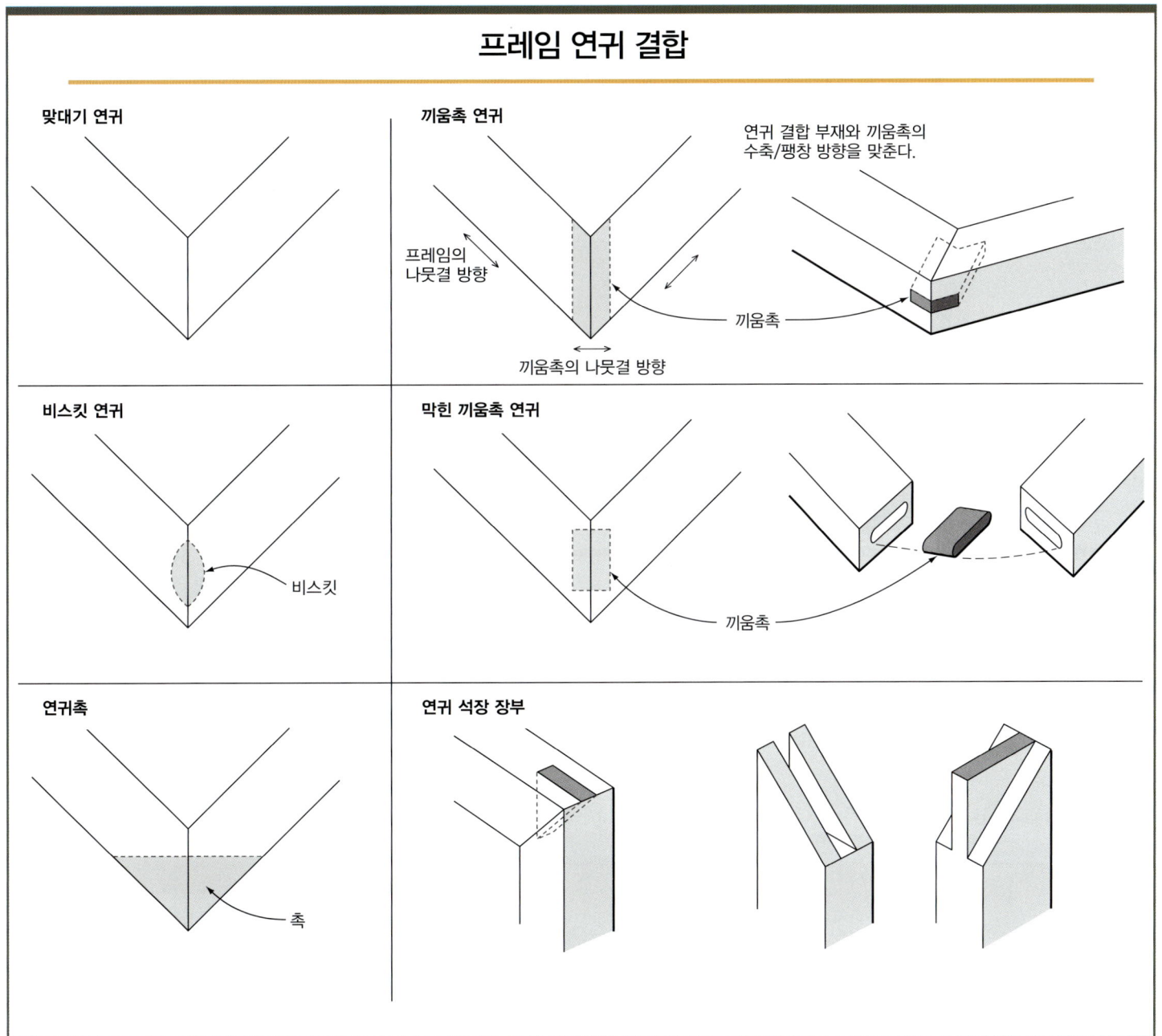

프레임 연귀 결합

맞대기 연귀

끼움촉 연귀

연귀 결합 부재와 끼움촉의
수축/팽창 방향을 맞춘다.

프레임의
나뭇결 방향

끼움촉

끼움촉의 나뭇결 방향

비스킷 연귀

비스킷

막힌 끼움촉 연귀

끼움촉

연귀촉

촉

연귀 석장 장부

연귀면 자르기

연귀면은 정밀하게 잘라져야 한다. 정확한 각도에서 살짝만 벗어나도 부재를 연결했을 때 결합면에서는 큰 간극이 만들어진다. 대부분의 연귀면은 90도를 양분하는 것이라 각각의 마구리면이 45도 각도를 이룬다. 90도가 아닌 각도로도 연귀 결합을 할 수 있다. 어떤 각도든 절반으로 나눠 두 부재를 자르면 된다.

등대기톱을 눈으로 보면서 똑바로 맞추고 연귀면을 자를 수도 있고 연귀통(miter box)을 써서 자를 수

손톱으로 연귀면을 완벽하게 자르려면 연습이 필요하다.

도 있는데, 어떤 방법이든 최종 마무리 손질 없이 손톱으로만 연귀면을 만드는 것은 어려운 일이다. 연귀통에서 몰딩을 자를 때에는 톱질을 몰딩 바깥쪽이 아니라 안쪽 방향으로 해야 뜯김을 방지할 수 있다. 어떤 톱을 쓰는지에 따라서 자르는 방향이 결정되는데, 유럽식은 밀면서 자르고, 동양식은 당기면서 자른다.

각도절단기나 복합 각도절단기를 쓰면 좀 더 정확한 각도로 잘린 결과물을 반복적으로 만들어낼 수 있다. 긴 부재를 각도절단기로 자를 때에는 부재를 잘 받쳐서 수평을 유지해야 한다. 멈춤 블록을 쓰면 같은 길이로 반복 재단을 할 수 있다.

몰딩을 자를 때 잘라지는 톱질 방향이 부재 안쪽으로 들어가는 방향이 되도록 해야 뜯긴 부분이 안쪽에 만들어진다.

각도 분할하기

90°

45°

60°

30°

콤파스를 사용하여 임의 각도를 이분할 할 수 있다. 먼저 중심에서 동일 거리에 두 점(X)을 표시하고 각 X점에서 또다시 각각 호를 그려 만나는 점을 C라고 하면, 선 AC가 각도를 이분할 하는 선이 된다.

X

C

A

X

연귀면을 만들 때 테이블쏘는 가장 마지막에 선택하는 대안이다. 마이터 게이지가 테이블쏘 정반의 마이터 홈을 따라 정밀하게 움직이는 일은 거의 발생하지 않기 때문이다. 홈에 유격이 있어 대부분 헐겁게 움직이는데, 이를 해결하기 위해 마이터 게이지 러너에 인서트를 끼우기도 한다. 마이터 게이지의 각도는 톱날이 부재를 마이터 게이지로 미는 방향으로 세팅한다. 이렇게 하면 좀 덜 깨끗하게 잘리긴 하지만 더 안전하게 작업할 수 있다. 이 방향을 올라가는 방향이라고 부르는데, 이러면 부재에 거스러미가 좀 더 많이 발생하긴 한다. 반대로 내려가는 방향으로 작업하면 좀 더 깨끗한 절단면을 만들 수 있지만 부재가 톱날로 당겨져 들어갈 수도 있는 위험성이 있다.

액자 지그를 만들어 테이블쏘에서 사용하면 가장 좋은 결과물을 얻을 수 있다. 이 지그는 90도로 재단된 합판을 톱날에 대해 45도 틀어서 러너가 달린 베이스 판재에 장착한 것으로, 이를 사용하면 항상 90도로 딱 맞는 두 부재를 만들 수 있다. 합판이 45도에서 살짝 틀어져서 장착되었더라도 좌우가 상보적으로 잘리기 때문에 맞춰보면 90도가 된다. 맞춰지는 두 부재를 왼쪽 오른쪽에서 각각 한 번씩 자르는 것을 잊지 않는다.

복합 각도절단기를 쓰면 정확한 연귀면을 반복적으로 만들 수 있다.

톱날이 부재를 마이터 게이지 쪽으로 밀어내도록 각도를 세팅한다.

펜스가 정확히 90도로 재단되었으면 펜스 양쪽에서 각각 잘린 두 부재는 맞춰보면 90도가 된다.

액자 지그를 사용하면 지그 두께만큼 톱날 높이가 줄어들기 때문에 두꺼운 부재는 자를 수 없다. 하지만 게이지 홈에 딱 맞는 러너 두 개와 정밀하게 재단된 펜스만 있다면 연귀면 재단 수준을 크게 높일 수 있다. 곧은결 제재법(quarter-sawn)으로 제재된 러너를 쓰면 좌우 움직임을 최소화할 수 있다.

> ▶ 더 많은 자르는 기술에 대해서는 106~107쪽의 '연귀면 재단하기'를 참고한다.

액자 지그에 멈춤 블록을 써서 잘리는 위치를 맞춘다.

블록 대패로 아주 살짝 깎아 연귀면을 다듬는다.

연귀면 다듬기

대부분의 연귀면은 어느 정도 다듬는 공정을 거쳐야 빈틈없이 딱 맞출 수 있다. 날카롭게 잘 튜닝된 블록 대패가 있다면 신중하게 몇 번만 대패질을 하여 깨끗한 연귀면을 만들 수 있다. 일반 평대패로도 연귀 슈팅보드와 함께 사용하면 부재를 다듬을 수 있다. 대패질 방향은 나뭇결이 뜯기지 않는 정방향으로 하고 날물은 날카롭게 연마되어 있어야 한다.

연귀 트리머(miter trimmer)도 연귀면을 다듬는 도구이다. 단두대같이 생긴 날이 엄청난 지렛대와 맞물려 단단한 나무라도 얇게 깎아낼 수 있다. 제대로 사용하려면 미세 튜닝을 거쳐야 하지만 유리면같이 깨끗한 면을 얻을 수 있다는 것은 아주 즐거운 일이다.

손톱으로 잘린 연귀면은 연귀 슈팅보드에서 다듬어 맞춘다.

디스크 샌더로도 연귀면을 효과적으로 다듬을 수 있다. 러너가 하나 있는 액자 지그로 부재를 지지하고 디스크에 연귀면을 다듬는다. 지그의 양쪽을 한 번씩 사용해서 맞춰지는 두 부재를 다듬어야 한다. 디스크 샌더는 항상 왼쪽 반원만 사용하는데 이렇게 해야 회전력이 부재를 아래로 당겨 안정적으로 작업할 수 있다. 정반이 디스크에 정확히 90도를 유지하는지 확인한다.

연귀 결합 보강하기

연귀 결합에 추가 보강을 더해주면 많은 이점이 생긴다. 연귀 결합 자체만으로는 그리 큰 결합 강도를 지니지 않는데, 왜냐하면 본질적으로 맞대기 이음방식과 같기 때문이다. 그리고 연귀면은 나뭇결면과 마구리면의 중간정도의 성격을 갖기 때문에 접착력을 그리 강하게 만들어낼 수 없다. 못이나 타카, 핀같은 고정물을 추가하여 연귀 프레임의 강도를 쉽게 증가시킬 수 있다.

타이트 조인트(Tite-Joint) 같은 숨은 고정물이나 볼트를 뒷면에 가로질러 고정하는 방법도 있다. 하지만 더 쉽고 강한 방식이 비스킷을 사용하는 것이다. 양 연귀면에 박힌 비스킷은 강력한 접착면을 만들어낸다. 꽂임촉도 쓰일 수 있으나 정확하게 맞추는 것이 훨씬 더 까다롭다.

타카를 액자 프레임에 가로질러 박아 넣으면 빨리 고정할 수 있다.

연귀 트리머는 펜스를 정확히 45도로 맞추고, 깎는 동안 부재가 미끄러지지 않게 단단히 고정한다.

디스크 샌더의 왼쪽 반원에서 작업해야 부재가 정반에 잘 붙어 있게 된다.

연귀면에 박은 비스킷으로 나뭇결면 접착력을 확보할 수 있다.

끼움촉은 연귀면을 연결하면서 나뭇결면 접착면을 만들어준다. 끼움촉의 나뭇결은 프레임 부재와 같게 해야 최고의 강도를 만들어낼 수 있다.

끼움촉에 핀을 박아 넣으면 강도가 증가되고 보기에도 아름답다.

끼움촉(loose spline)을 연귀면 사이에 집어넣어 접착 면적을 추가로 확보하고 장식적 요소도 더할 수 있다. 접착제를 바르기 전에 끼움촉 홈을 판다. 끼움촉을 대비되는 색깔의 나무를 쓰거나 앞쪽에서 핀을 박아 더 드러나게 할 수 있다. 끼움촉 덕분에 앞뒤로 미끄러지지 않기 때문에 조립도 좀 더 수월하게 할 수 있다. 보기도 좋고 결합 강도도 확보하려면 끼움촉의 두께와 길이를 정확하게 만들어야 한다.

연귀촉은 결합부를 강하게 잡아주면서 디자인 요소를 더해준다.

전면 연귀촉은 강하면서 눈에 잘 띈다.

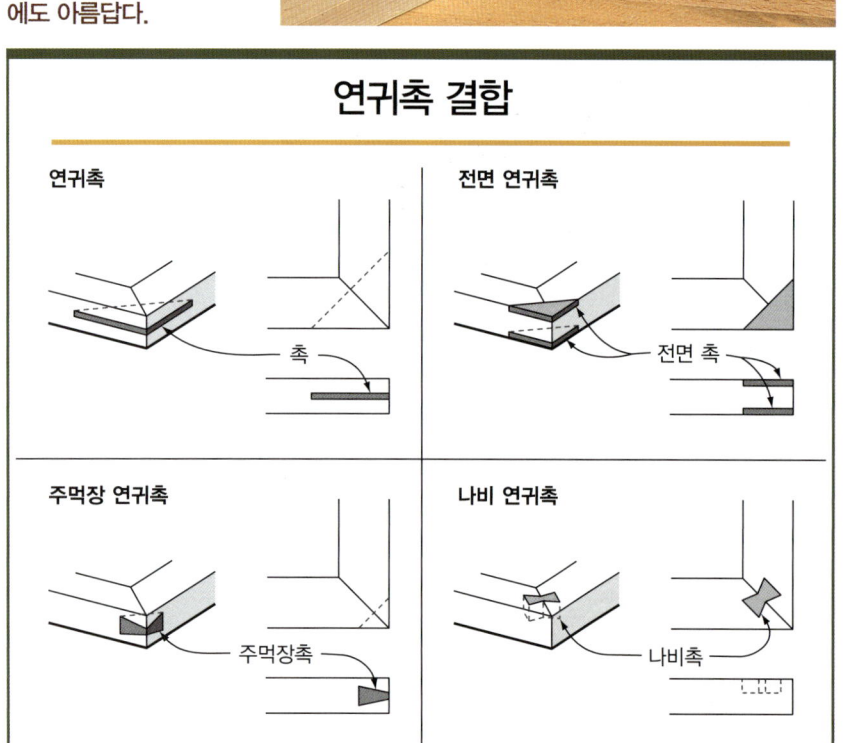

연귀촉 결합

연귀촉

촉

전면 연귀촉

전면 촉

주먹장 연귀촉

주먹장촉

나비 연귀촉

나비촉

연귀촉은 부재에 접착제를 발라 조립한 다음 만드는데, 연귀 결합면에 직각으로 테이블쏘나 라우터 테이블에서 연귀촉 홈을 파고 다른 나무로 촉을 끼워 넣어 완성한다. 이렇게 연귀면에 직각으로 홈을 파면 나뭇결면이 드러나게 되어 연귀촉이 강하게 접착된다. 박아 넣은 연귀촉은 연귀 결합의 강도를 증가시킬 뿐 아니라 멋있게 드러나는 짜임 구조도 만들어낸다.

연귀 결합에 접착제 바르기

연귀면 접착을 할 때 고려해야 할 중요한 사실은 연귀면이 접착제를 빨아들인다는 것이다. 연귀면이 완전한 마구리면은 아니지만 그래도 접착제를 꽤 많이 빨아들이기 때문에 바른 접착제가 금세 말라버리기 쉽다. 접착제를 평소보다 좀 더 바르고 붙일 수도 있지만 이러면 접착제가 부재에 흡수되기 전에 이리저리 흘러 작업대와 부재가 지저분해진다. 좋은 방법은 접착제를 미리 한 번 발라 코팅을 해서 수관을 메우는 사이징(sizing) 작업을 해두는 것이다. 사이징한 연귀면에 접착제를 바르면 접착제가 흡수되지 않고 남아 있게 된다.

접착제를 바르기 전에 클램프를 미리 준비해두어야 한다. 액자 프레임 정도 크기는 밴드 클램프로 조이면 적절한 압력을 줄 수 있다. 결합부 바로 위에 블록을 대고 클램프로 조이면 압력을 좀 더 가할 수 있다. 못 쓰는 나무토막을 연귀모양으로 잘라 클램핑 블록으로 사용한다. 클램프를 여러 개 사용할 때에는 손잡이가 서로 떨어져 있어야 하고 블록이 미끄러지지 않도록 한다. 클램핑 블록에 사포를 붙여놓으면 미끄럼을 방지할 수 있다.

▶ 더 많은 클램핑 방법에 대해서는 108~109쪽의 '연귀면 접착'을 참고한다.

연귀면에 접착제로 사이징 작업을 해두면 결합력을 높일 수 있다.

밴드 클램프로 조이면 액자 프레임에 동일한 압력이 가해진다.

클램핑 블록을 쓰면 결합면에 바로 압력을 가할 수 있다.

연귀 결합

조합직각자로 45도 연귀선을 표시한다. 직각자를 부재 모서리에 단단히 붙인 상태에서 작업한다. 표시한 연귀선을 연장하여 모서리에 수직선을 그어두면 자를 때 도움이 된다(A).

손톱으로 연귀면을 자른다. 톱질할 때 주의할 점은 톱질 방향이 하나는 연귀선을 따라 부재를 가로질러서 또 하나는 수직 아래 방향으로 동시에 되어야 한다는 것이다. 연습을 하면 잘 할 수 있다(B). 연귀통(miter box)은 연귀면을 대충 자를 때 쓰이는 오래된 비상용품으로, 인테리어 목수들이 주로 사용한다. 45도로 미리 파진 홈에 톱을 단단히 붙이고 부재를 자르면 된다(C).

잘려진 연귀면은 블록 대패로 가볍게 몇 번 다듬는다. 날카롭게 잘 튜닝된 대패로 주의해서 작업하면 몇 초 만에 연귀면을 매끄럽게 만들 수 있다. 부재 앞뒷면에 수직으로 대패를 쥐는 것에 신경 써서 작업한다(D).

못으로 연귀 결합 보강하기

단순한 프레임이라면 못이나 타카핀을 박아 결합력을 늘릴 수 있다. 먼저 밴드쏘나 각도절단기를 사용하여 연귀면을 재단한다(A). 연귀면에 접착제를 바르고 밴드 클램프나 연귀 클램프로 조여 조립한다. 접착제가 굳도록 하루 정도 지나면 못을 박을 수 있다.

아주 단단한 나무라면 먼저 예비 구멍을 뚫어두어야 못에 쪼개지지 않는다. 조립된 프레임을 작업대 다리가 있는 부위에 두고 지지한 다음 망치질을 해야 진동이 발생하지 않는다(B). 타카핀을 박는 것도 좋은 방법이다. 핀을 여러 개 박을 때에는 모두 같은 방향에서 박아야 부재 내부에서 핀끼리 부딪혀 휘지 않는다. 단단한 옹이 부위는 피해서 박고 손가락을 핀이 나가는 방향 반대쪽에 있도록 두고 주의하며 작업한다(C).

마지막으로 네일펀치(nail set)로 못이나 타카핀 머리를 박아 부재 안으로 집어넣고, 마감재를 바르기 전에 퍼티를 바른다(D).

비스킷 연귀 결합

연귀면 사이에 비스킷을 끼워 넣어 결합 강도를 증가시킬 수 있다. 비스킷이 겉에서 보이지 않으려면 연귀면 길이보다 짧은 비스킷을 사용해야 한다. 비스킷 홈은 나뭇결면을 따라 파야 접착력을 확보할 수 있다.

연귀 결합을 할 부재 앞면에 비스킷 중심 위치를 표시한다(A). 각 프레임 부재에 비스킷 홈을 파는데 전체 두께에 대해 가운데에 홈이 위치하도록 세팅한다. 완벽하게 부재 가운데에 홈을 파야 하는 것은 아니다. 맞춰지는 두 부재를 같은 방향 면을 기준으로 비스킷 조이너를 대고 홈을 파면 된다. 비스킷 조이너를 움직이지 않도록 잡고 기준면에 평행하게 맞추고 홈을 판다(B).

비스킷 홈 안에 접착제를 충분히 발라야 비스킷을 끼우면 부풀어 올라 꽉 잡아주게 된다. 연귀면은 미리 접착제를 발라 사이징 작업을 해둔다(C). 미리 클램프를 옆에 준비해두고 조립을 시작한다(D).

라우터 테이블에서
끼움촉 연귀 결합 만들기

연귀면 사이에 끼움촉을 끼울 홈을 라우터 테이블에서 만들어본다. 우선 끼움촉은 프레임 부재와 나뭇결 방향을 같게 맞춰 수축 팽창에 대응할 수 있도록 준비한다. 끼움촉으로 쓸 나무는 본 부재와 대비되는 다른 색깔을 쓸 수도 있고 같은 색으로 만들 수도 있는데, 같은 색 나무라도 마구리면이 드러나기 때문에 끼움촉을 완전히 안 보이게 할 수는 없다.

너무 깊지 않은 끼움촉 홈은 라우터 테이블에서 파낼 수 있다. 라우터 테이블에 원하는 폭의 일자 비트를 장착한다(A). 끼움촉의 위치를 가능한 한 부재의 중심으로 맞춘다. 부재 두께가 두꺼운 경우에는 끼움촉을 이중으로 끼울 수 있는데, 이때는 각 홈의 위치를 정확히 측정한다(B).

연귀 끼움촉 지그를 사용해 끼움촉 홈을 판다(C). 라우터 테이블의 펜스를 조정하여 프레임 부재에 표시한 홈 연필선에 비트가 위치하도록 맞추고, 클램프로 단단히 고정한다(D). 깊은 홈은 한 번에 파려고 하지 말고, 여러 번에 걸쳐 파낸다. 여러 번 파낼 때에는 프레임 부재를 지그에 클램프로 고정하거나 손으로 단단히 잡고 비트를 통과시켜 단차가 안 생기도록 가공한다(E). 맞춰지는 부재에 홈을 팔 때에는 지그의 두 번째 펜스에 대고 파내야 한다. 이렇게 해야 같은 면을 기준으로 홈이 파지기 때문에, 홈이 부재의 정중앙이 아니더라도 단차 없이 맞춰지게 된다(F).

[변형 방법] 홈파기 비트(slotting cutter)를 써서 끼움촉 홈을 파낼 수도 있다. 비트 날물과 간격이 없는 펜스를 사용해 비트가 원하는 만큼만 노출되도록 조정한다. 부재를 여러 개 겹쳐서 한 번에 파내면 지지도 잘되고 뜯김도 방지할 수 있다. 모든 부재의 기준면이 정반 쪽으로 가도록 작업한다.

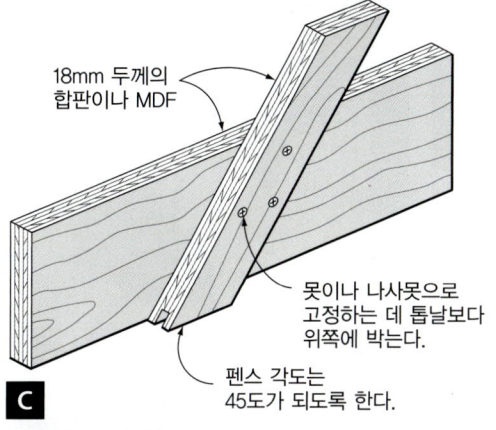

18mm 두께의 합판이나 MDF

못이나 나사못으로 고정하는 데 톱날보다 위쪽에 박는다.

펜스 각도는 45도가 되도록 한다.

변형 방법

A

B

C

D

E

변형 방법

테이블쏘에서 끼움촉 연귀 결합 만들기

테이블쏘를 사용하면 끼움촉 홈을 한 번에 만들 수 있다. 조기대를 조정하여 표시한 끼움촉 위치에 톱날이 위치하도록 세팅한다. 연귀 지그를 조기대에 붙여 단단히 잡는다. 여기에서는 일반 톱날로 폭이 3mm인 홈을 파려고 한다. 더 얇은 톱날로 좁은 홈을 팔 수도 있다(A).

톱날 높이는 파낼 홈 깊이로 맞춘다(B). 첫 번째 부재를 적당한 속도로 밀면서 끼움촉 홈을 판다. 부재를 너무 천천히 밀면 나무가 탈 수 있다(C). 맞춰지는 두 번째 부재는 연귀 지그의 두 번째 펜스에 대고 홈을 판다. 부재를 지그에 단단히 고정하고 작업하는데 클램프로 조여두고 하는 것도 한 방법이다(D).

[변형 방법] 폭이 넓은 끼움촉 홈은 다도날을 사용한다. 이때는 톱날 저항이 있으므로 지그에 부재를 클램프로 고정하고 작업한다. 부재가 뜯길 경우에는 뒤에 지지 판재를 덧대거나 홈 모양대로 칼금을 그어두고 파낸다.

끼움촉을 끼우고 추가로 목심을 가로질러 박으면 강도도 강해지고 재미있는 모습을 만들 수 있다. 끼움촉의 접착제가 굳은 다음 드릴 프레스에 브래드 포인트 비트를 끼우고 구멍을 판다. 목심에 접착제를 바르고 망치로 박아 넣은 다음 튀어나온 부분은 끌로 매끄럽게 다듬는다(E).

▶ 55쪽의 '장식용 목심 박기'를 참고한다.

멀티라우터를 사용하여 막힌 끼움촉 연귀 결합 만들기

멀티라우터(multirouter)같이 부재를 옆에서 라우팅할 수 있는 라우팅 기계는 막힌 끼움촉 홈을 파는 데 최적화된 장비이다.

라우터에 파낼 홈 폭과 동일한 직경의 비트를 장착한다(A). 부재를 45도로 고정할 수 있도록 클램프가 붙은 펜스와 정반에 부착된 멈춤 장치를 세팅한다. 라우팅 도중에 움직이지 않도록 부재를 정반에 클램프로 단단히 고정한다(B). 파낼 홈의 길이만큼 비트의 좌우 움직임 폭을 조정한다. 좌우 모두에 멈춤 장치를 세팅하는 것을 잊지 않도록 한다(C). 그다음 홈의 깊이를 세팅한다. 세팅된 대로 모든 부재에 홈을 동일하게 파낸다. 파낸 홈이 부재 두께에 대해 정확히 중심이 있지 않을 경우 맞춰지는 부재는 그만큼 보상해서 홈을 파야 한다(D).

끼움촉으로 쓸 부재를 대패로 마름질하고 길이를 밴드쏘로 대충 자른 다음 마지막으로 테이블쏘에서 두께와 폭을 맞춰 재단한다. 끼움촉의 폭은 파낸 홈의 폭과 동일해야 한다. 두께와 폭이 일정한 긴 부재로 만들어 잘라 쓰면 된다(E).

▶ 222쪽의 '끼움촉 만들기'를 참고한다.

끼움촉의 모서리는 파낸 구멍에 맞도록 둥글게 만들어야 한다. 라우터 테이블에 라운드오버 비트를 장착하고 높이를 맞춰 부재 두께 절반이 둥글려지도록 세팅한다(F). 홈 반지름과 일치하는 라운드오버 비트가 없을 때에는 끼움촉 폭을 살짝 줄이고 45도로 모서리를 모따기해서 끼워 넣을 수도 있다. 끼움촉에 접착제를 발라 한쪽 부재에 끼운 다음 튀어나온 길이가 적당한지 확인한다. 그다음 연귀면에도 접착제를 발라 두 부재를 결합한다(G).

끼움촉 만들기

끼움촉은 프레임 부재와 동일한 나무로 만들어도 되지만, 눈에 잘 띄도록 대비되는 색깔의 나무를 쓸 수도 있다. 끼움촉의 나뭇결이 프레임 부재와 동일한 방향이어야 하는 것을 잊으면 안 된다. 이렇게 해야 모든 부재가 같은 방향으로 수축 팽창을 하게된다.

먼저 끼움촉 부재로 쓸 나무를 밴드쏘로 대충 잘라 재단한다(A). 그다음 테이블쏘에서 홈 폭이나 그보다 살짝 큰 두께로 정재단한다. 부재가 톱날을 지나갈 때 꼭 밀대로 부재를 밀도록 한다. 조금 두껍게 만든 다음 대패로 살짝 깎아내어 톱날 자국도 없애면서 두께를 맞춘다(B). 테이블쏘나 손톱을 사용하여 원하는 길이로 잘라낸다(C).

> ⚠️ **주의** 썰매 지그에서 끼움촉처럼 짧은 부재를 자를 때에는 잘라진 부재가 멈춤 블록과 톱날 사이에 끼기 쉽다. 잘라진 부재를 잘 잡고 있어야 킥백이 되어 얼굴 쪽으로 날아오는 것을 방지할 수 있다. 부재를 잡을 때에는 손으로 직접 잡지 말고 연필 같은 것을 사용한다.

석장 장부 연귀 맞춤

석장 장부 연귀 맞춤은 연귀 결합이라기보다는 장부 짜임에 더 가까운 결합 방식이다. 하지만 그 결과물은 겉에서 보기에 연귀 결합처럼 보인다. 맞춰지는 두 부재는 장부 짜임처럼 암수로 서로 다르게 만들어진다. 한 부재는 마구리면을 45도로 잘라 연귀면을 만들고, 맞춰지는 부재는 직각으로 자른다. 사진 A에서 연필로 표시한 부분이 짜임을 위해 깎여져 나갈 부분이다. 끝이 연귀로 재단된 부재에는 직각으로 장부홈을 파고 직각으로 재단된 부재에는 두 개의 연귀 어깨면이 있는 장부촉을 만든다. 연귀 재단된 부재 가운데에 홈파기를 할 때는 다도날과 장부 지그를 사용한다. 부재를 장부 지그에 수직으로 세워 클램프로 고정한다. 톱날 높이를 조정해 홈 높이가 연귀면 끝선에 맞게 세팅한다. 홈파기할 부재를 모두 파낸다(B).

연귀면이 있는 장부촉은 연귀 지그를 사용해 만든다. 톱날 높이를 부재의 모서리선에 맞춰 조정한다(C). 연귀 지그에 부재를 대고 한쪽 면을 깎아낸다. 장부촉을 만들 부재 모두 한쪽 면을 동일하게 깎는다(D).

장부촉의 반대면을 깎을 때에는 톱날 조기대를 다시 조정해야 한다. 부재 반대쪽을 모두 깎아내야 하는데, 부재와 지그 사이에 얇은 스페이서를 끼워 살짝 띄워 가공하면 지그를 파먹지 않고 가공할 수 있다(E).

[변형 방법] 폭이 넓은 끼움촉 홈은 다도날을 사용한다. 이때는 톱날 저항이 있으므로 지그에 부재를 클램프로 고정하고 작업한다. 부재가 뜯길 경우에는 뒤에 지지 판재를 덧대거나 홈 모양대로 칼금을 그어두고 파낸다.

가공된 두 부재를 끼워 봤을 때 손의 압력만으로 끼워져 들어가야 한다. 조립한 다음에는 클램프로 부재 앞뒷면을 눌러 고정한다(F).

변형 방법

변형 방법

연귀촉 결합

연귀촉 결합을 만들려면 먼저 연귀 결합을 한 프레임의 접착제가 완전히 굳어야만 한다(A). 손대패나 스크레이퍼, 사포 등으로 부재 간 단차를 없앤 다음 연귀촉의 위치를 표시한다. 결합된 프레임을 바이스에 물리고 작업한다(B).

라우터 테이블에 일자 비트를 끼우고 연귀촉 홈을 판다. 이렇게 하면 바닥이 편평한 홈이 깔끔하게 만들어진다. 연귀 지그로 부재를 지지하고 작업한다. 비트 높이는 파낼 홈 깊이로 맞추어놓는데, 그렇다고 한 번에 파는 것은 저항이 커서 불가능하다. 지그에 조립된 프레임 부재를 살짝 위로 올려놓고 클램프로 고정한 다음 비트를 통과시켜 얕은 홈을 판 다음 계속해서 부재를 낮추면서 점차 깊게 파낸다. 한쪽 모서리에 홈이 다 파졌으면 부재를 돌려 다음 모서리도 동일하게 작업한다(C).

[변형 방법] 부재 폭이 넓으면서 연귀촉 깊이가 깊을 때에는 테이블쏘에서 연귀 지그로 부재를 지지하고 작업할 수 있다. 조기대에 지그와 부재를 빈틈없이 붙인 상태에서 이송해 홈을 파야 한다.

밴드쏘에서 연귀촉으로 쓸 부재를 일차 재단한다. 길이가 긴 각재를 적당한 두께와 폭으로 가재단한다. 대비되는 색깔의 나무를 쓰면 끼워 넣은 연귀촉이 디자인 요소가 될 수 있다(D).

테이블쏘에서 연귀촉을 이차 재단하여 원하는 두께로 만든다. 얇은 밀대를 써서 톱날에 부재를 통과시킨다(E). 연귀촉의 폭은 필요한 크기보다 크게 만들고 길이도 어느 정도 길게 잘라놓는다. 연귀촉은 치수를 정확히 만들 필요가 없다. 어차피 홈에 끼워 넣고 튀어나온 부분을 깎아 다듬을 것이기 때문이다.

연귀촉을 벤치훅에 지지해놓고 홈 폭에 딱 맞아 들어가도록 대패로 밀어 두께를 다듬는다. 연귀촉은 크기가 작기 때문에 블록 대패로도 충분히 작업할 수 있다. 다듬는 연귀촉 뒤로 다른 연귀촉을 하나 더 두어 대패 바닥면을 지지하고 다듬는다(F). 연귀촉은 홈에 넉넉하게 들어가야 접착제가 들어갈 공간을 확보할 수 있다. 연귀촉은 홈의 바닥에 닿도록 끝까지 들어가야 한다. 접착제가 밀려 나왔다 하더라도 다시 한번 양쪽 바닥면에 닿았는지 확인한다(G). 접착제가 군은 다음 부재 겉면에서 튀어나온 부분을 밴드쏘에서 따낸다. 그다음 손대패나 사포로 다듬어 겉면과 높이가 같아지도록 다듬는다(H).

[TIP] 대패로 다듬을 때에는 모서리에서 시작해서 안쪽 방향으로 대패질을 한다. 반대로 하면 연귀촉 나뭇결에 엇결로 깎이기 때문에 뜯기거나 쪽이 나간다.

주먹장 연귀촉 결합

주먹장 연귀촉 홈은 일자 연귀촉 홈을 파는 것과 동일한 방식으로 작업한다. 비트만 주먹장 비트를 써서 작업하면 된다. 일자 비트로 가운데를 먼저 파고 작업하면 주먹장 비트 날물을 아낄 수 있다. 일자 비트 대신 테이블쏘에서 홈을 파내도 된다(A). 프레임 정 가운데에 일자로 홈을 팠으면 펜스를 그대로 둔 채로 비트만 주먹장 비트로 바꿔 끼우고 다시 한번 파낸다. 일자로 판 홈이 가운데가 아니었다면 펜스를 조정하여 다시 세팅하고 주먹장 홈을 판다(B).

주먹장 연귀촉도 홈을 팔 때 썼던 동일한 비트로 가공한다. 주먹장 비트의 큰 쪽 두께보다 좀 큰 두께로 부재를 대패질해서 준비한다. 높이 역시 가공할 때 펜스에 지지가 되도록 좀 크게 만들어야 한다. 주먹장 비트를 펜스 속으로 들어가게 세팅한 부재 한쪽 면을 깎아내고, 이어서 반대면도 깎는다. 양쪽 면을 깎은 다음 먼저 파놓은 홈에 끼워서 맞춤 정도를 확인한다. 너무 빡빡하지 않고 홈에 쉽게 들어갈 정도로 맞추면 된다(C).

앞면 연귀촉 결합

앞면 연귀촉은 아마 우연한 실수로 처음 만들어졌을 것이다. 연귀촉을 만들 때 펜스를 잘 못 조정하여 홈이 한쪽으로 치우치게 하여 작업하면 만들어지는데, 결과물이 꽤 근사하게 보인다. 이렇게 새로운 연귀 결합 보강 방식이 탄생된 듯싶다. 앞면 연귀촉 홈은 일반 연귀촉 홈을 만드는 방법과 동일하다. 펜스만 프레임 앞에 홈이 만들어지도록 조정하면 된다.

연귀촉 홈은 프레임 앞뒷면에 모두 판다. 톱날 높이를 홈 깊이로 조정한다(A). 연귀 지그에 대고 한 면에 홈을 파고 부재를 뒤집어 반대면을 동일하게 파내면 같은 크기의 양쪽 대칭으로 홈을 팔 수 있다(B).

촉으로 사용할 부재는 밴드쏘에서 일차로 가공하고 테이블쏘에서 정재단한다. 연귀촉 부재는 파낸 홈보다 좀 더 두껍게 만들어서 조립할 때 클램프로 직접 조일 수 있게 한다(C).

양쪽 연귀촉에 접착제를 바르고 한 번에 부재에 붙이는데 파낸 홈 바닥면에 촉이 정확히 맞닿도록 해야 한다. 클램프로 조여 고정한다(D). 접착제가 굳은 다음 튀어나온 부분을 대패로 깎아 면을 맞춘다(E).

나비 연귀촉 결합

프레임 앞뒷면에 나비장을 상감하는 나비 연귀촉 결합은 강도와 외관을 모두 좋게 만드는 방법이다. 연귀 내부에 막힌 끼움촉이나 비스킷을 박아 일차 보강을 해놓는다. 나비장은 대비되는 색깔의 나무로 만드는데, 실제 나비 연귀촉보다 폭과 두께를 좀 더 크게 해서 준비해둔다. 종이 판지나 판재로 나비 연귀촉 모양을 만들어 템플릿으로 쓰면 같은 모양을 부재에 반복해서 표시할 수 있다(A).

표시한 나비장 모양을 밴드쏘에서 최대한 가깝게 따낸다. 밴드쏘 정반을 기울일 수 있으면 약 5도 정도 기울여서 따내는 것이 좋다(B). 따낸 나비장을 끌로 다듬어 최종 모양으로 만든다. 끌질을 할 때는 부재를 벤치훅이나 바이스에 잘 걸어놓은 상태에서 손을 날물 뒤에 두고 작업한다. 나비장 모양을 다 만들었으면 옆 모서리면과 마구리면을 5도 정도 경사지게 깎아낸다. 이러면 한쪽 면이 반대쪽보다 살짝 작은 나비장을 만들 수 있다(C).

프레임 모서리에서부터 거리를 재서 나비장 위치를 잡고, 나비장을 따라 금긋기칼로 표면에 표시를 한다. 이때 나비장 크기가 작은 쪽을 바닥으로 가게 한 후 단단히 붙여 움직이지 않도록 한다. 이렇게 하면 나비장을 박을 때 구멍보다 큰 위쪽이 끌질하면서 생긴 공간을 채우게 된다. 표시할 때 사용한 나비장과 그어놓은 금에 숫자를 표시해서 짝을 맞춘다(D).

금긋기칼로 표시한 칼금에 연필선을 추가로 그어 잘 보이게 만든다. 라우터에 직경이 작은 비트를 끼우고 깊이를 나비장 두께보다 살짝 작게 맞춘다. 그다음 그어놓은 선을 잘 보고 선 안쪽을 라우터로 파낸다. 라우터는 시계 반대 방향으로 돌리면서 파는 역방향 가공을 하는데 이렇게 하면 비트를 선에서 안쪽으로 미는 힘이 생겨 라우터를 좀 더 잘 조정할 수 있다. 그렇다 하더라도 한 번에 많이 파지 않고 조금씩 파내는 것이 좋다(E).

칼금 선을 따라 끌로 모서리를 정리한다. 끌을 수직으로 쥐고 아래로 치는데, 모서리는 특히 주의해서 작업한다. 끌이 아래로 깊이 들어갈수록 끌의 베벨면이 인접한 면을 손상시키게 되는데, 모서리에서는 각도를 좀 더 줘서 쳐내면 깔끔하게 작업할 수 있다(F).

나비장을 파낸 구멍에 가조립해서 잘 맞는지 확인한다. 그다음 구멍 바닥면과 모서리에 접착제를 바르고 나비장을 딱 맞아 들어갈 때까지 망치로 쳐서 박아 넣는다(G). 클램프로 조이면 더 확실하게 끼워 넣을 수 있다. 접착제가 굳은 다음 손대패로 튀어나온 부분을 깎아 편평하게 다듬는다(H).

겹이음과 석장 장부 짜임

모서리 반턱 겹이음

➤ 수공구로 모서리 반턱 겹이음 만들기 (p. 236)
➤ 라우터 테이블에서 모서리 반턱 겹이음 만들기 (p. 237)
➤ 테이블쏘에서 모서리 반턱 겹이음 만들기 (p. 238)

T형/십자 반턱 겹이음

➤ 수공구로 T형/십자 반턱 겹이음 만들기 (p. 239)
➤ 테이블쏘에서 T형/십자 반턱 겹이음 만들기 (p. 240)

주먹장 겹이음

➤ 주먹장 겹이음 (p. 241)

연귀 반턱 겹이음

➤ 라우터로 연귀 반턱 겹이음 만들기 (p. 242)
➤ 테이블쏘에서 연귀 반턱 겹이음 만들기 (p. 243)

모서리 석장 장부 짜임

➤ 수공구로 모서리 석장 장부 짜임 만들기 (p. 244)
➤ 테이블쏘에서 모서리 석장 장부 짜임 만들기 (p. 245)
➤ 테이블쏘에서 이중 모서리 석장 장부 짜임 만들기 (p. 246)
➤ 수공구로 주먹장 모서리 석장 장부 짜임 만들기 (p. 247)
➤ 테이블쏘에서 주먹장 모서리 석장 장부 짜임 만들기 (p. 248)
➤ 연귀 모서리 석장 장부 짜임 (p. 250)

T형 석장 장부 짜임

➤ T형 석장 장부 짜임 (p. 251)

반턱 사개결합

➤ 테이블쏘에서 반턱 사개결합 만들기 (p. 252)
➤ 강화된 반턱 사개결합 (p. 253)
➤ 장식띠 결합 (p. 254)

1/3 겹이음

➤ 1/3 겹이음 (p. 255)

걸침턱 결합

➤ 안쪽 걸침턱 결합 (p. 256)
➤ 바깥쪽 걸침턱 결합 (p. 257)

결합 강도가 그리 크지 않아도 되는 간단한 프레임을 만들 때 겹이음(lap joint)을 쓸 수 있다. 겹이음은 부재 전체 두께의 절반 깊이로 된 수직 어깨면과 편평한 옆면으로만 구성되기 때문에 다양한 공구로 쉽게 깎을 수 있다. 양쪽 결합부가 노출되어 있어 맞추는 것도 간단하다. 복잡하고 미세한 조정이 필요 없고 결합할 두 부재의 편평한 옆면끼리만 맞추면 된다.

맞닿는 두 옆면은 모두 나뭇결면이기 때문에 충분한 접착 면적을 확보할 수 있고 수직인 어깨면도 어느 정도 물리적 구속력을 만드는 데 도움을 준다. 하지만 비틀림 저항성은 약하기 때문에 강도를 높이려면 목심이나 나사못을 추가해야 한다. 겹이음은 수축팽창 문제 때문에 대부분 좁은 부재끼리 결합할 때 사용되는데, 액자나 거울 프레임 같은 간단한 프레임 구조에 쓰면 좋다. 넓은 폭의 부재에 겹이음을 쓸 경우에는 반드시 나사못이나 목심으로 보강을 해야 한다. 사실 보강을 하더라도 수축 팽창에 대응하여 강도가 유지되는지는 여전히 테스트를 해봐야 하는 사항이다. 접착제 자체가 늘어나는 성질이 있는 노란색 PVA 접착제를 쓰는 것도 좋은 방법이다.

겹이음 방식을 쓰면 마구리면이 많이 노출되기 때문에 야외에서 사용되는 가구에는 적합하지 않다. 그래도 써야 한다면 에폭시 접착제로 결합하는 것이 좋다.

겹이음에서 다른 짜임 방식과 확실히 구별되는 장점 한 가지는 곡선이나 패턴이 있는 프레임에도 적용이 가능하다는 것이다.

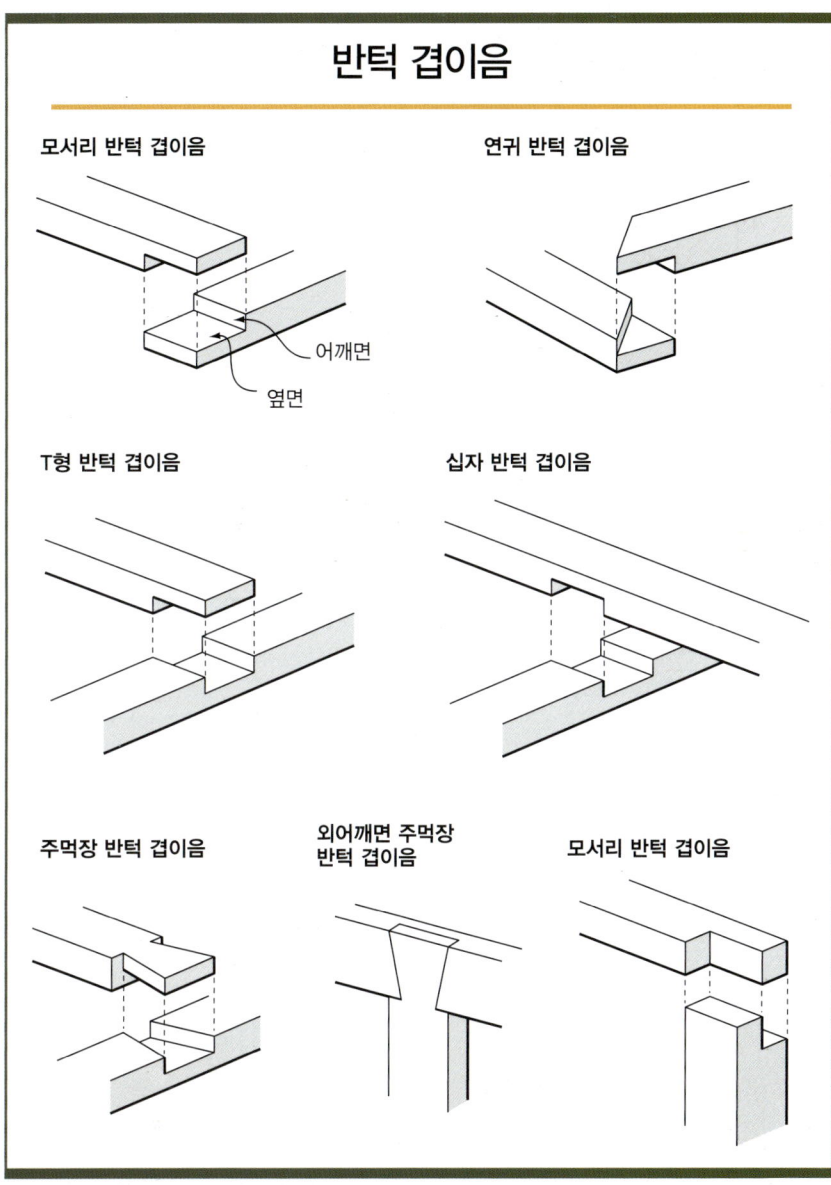

반턱 겹이음

모서리 반턱 겹이음

연귀 반턱 겹이음

어깨면
옆면

T형 반턱 겹이음

십자 반턱 겹이음

주먹장 반턱 겹이음

외어깨면 주먹장 반턱 겹이음

모서리 반턱 겹이음

겹이음은 적당한 결합 강도가 있으면서도 빨리 만들 수 있다. 사진에서 보는 것 같은 거울 프레임에 쉽게 적용할 수 있다.

석장 장부 짜임

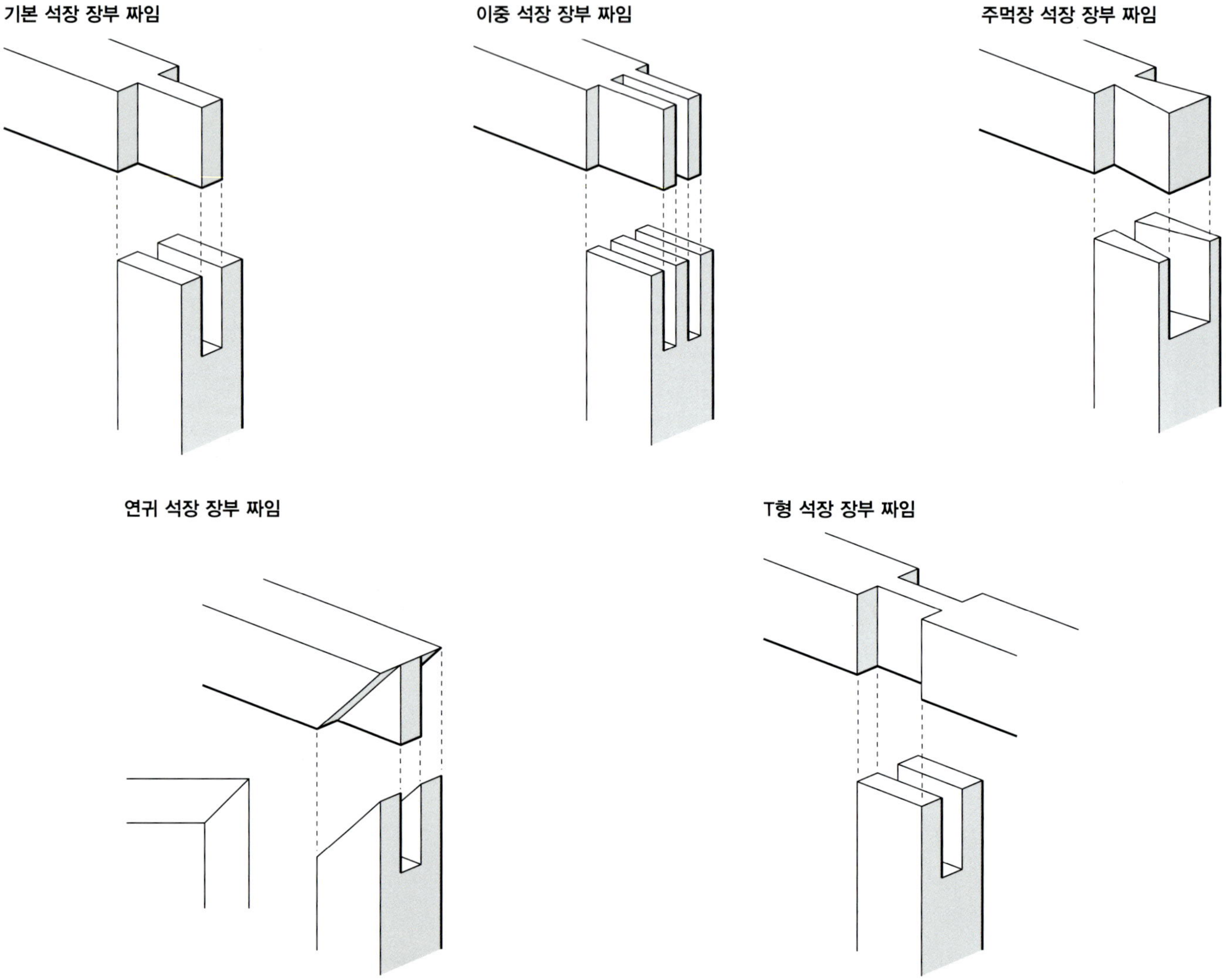

기본 석장 장부 짜임

이중 석장 장부 짜임

주먹장 석장 장부 짜임

연귀 석장 장부 짜임

T형 석장 장부 짜임

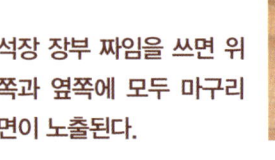

석장 장부 짜임을 쓰면 위쪽과 옆쪽에 모두 마구리 면이 노출된다.

석장 장부 짜임(bridle joint)은 양쪽으로 장부촉이 튀어나와 있는 형태로, 겹이음 방식이라기보다는 장부 짜임에 오히려 가깝다. 모서리에 사용될 경우 홈장부 짜임(slot mortise and tenon)으로도 불리는데, 접착 면적이 큰 장점이 있으나 촉 두께가 얇아서 부서짐에 대한 저항성이 약해지는 단점이 있다. 하지만 목심을 추가할 경우 큰 결합 강도를 확보할 수 있다.

석장 장부 짜임은 나뭇결면과 마구리면이 교차되

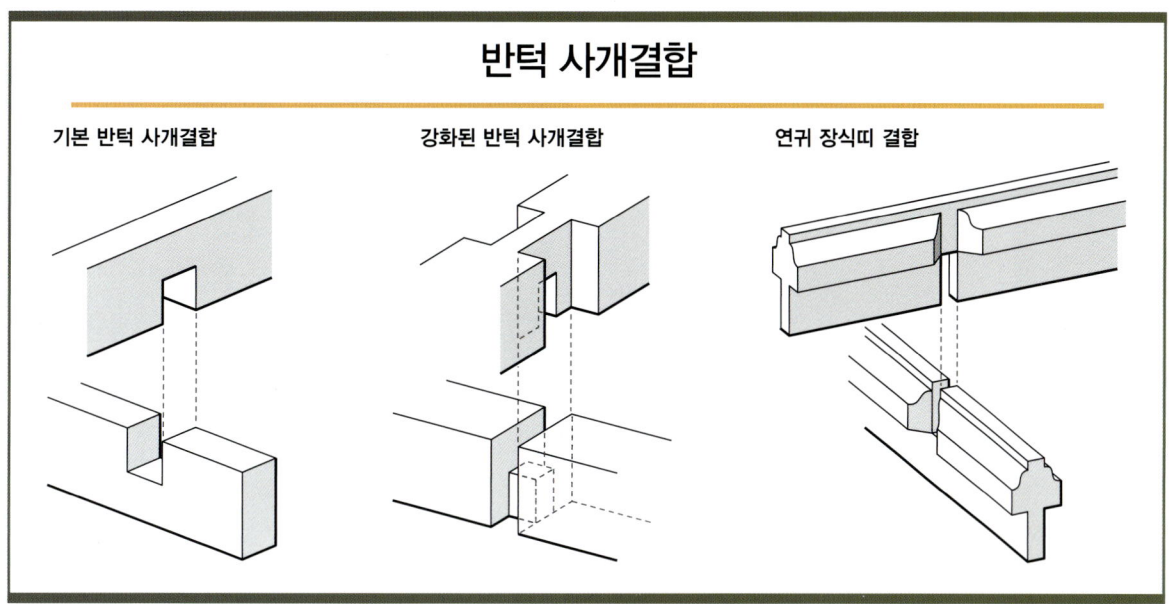

반턱 사개결합

| 기본 반턱 사개결합 | 강화된 반턱 사개결합 | 연귀 장식띠 결합 |

면서 대비되는 색감을 잘 드러내기 때문에 패턴 형상
으로 사용될 수 있다. 맞춤 작업도 나뭇결면을 손대패
로 다듬기만 하면 되기 때문에 비교적 쉽다. 장을 만
들 때 긴 가로대가 아래쪽에서부터 구조적인 지지가
필요할 때에도 사용할 수 있다.

반턱 사개결합(halved joint)에서는 부재의 폭 방향
으로 홈을 따낸다. 기본 반턱 사개결합은 상자 내부의
분할대 같이 교차되는 판을 잡아줄 때 흔히 사용된다.
장 내부에 비틀림을 잡아주는 토션 박스(torsion box)
역시 반턱 사개결합으로 지지력이 만들어진다. 하지
만 비틀림에 저항할 수 있는 어깨면이 없기 때문에 넓
은 폭의 부재에 적용할 경우 나뭇결을 따라 쪼개지기
쉽다. 결합부에 충격이 가해지기 쉬운 부위라면 강화
된 방식의 반턱 사개결합을 사용하는 편이 좋다.

홈 파는 방법

겹이음과 석장 장부 짜임 대부분은 단순하게 직각
의 어깨면만 가지고 있기 때문에 톱이나 라우터 등 다
양한 장비로 짜임부를 가공할 수 있다. 필요한 작업
속도와 정밀도, 몇 개나 만드는지, 작업 소음 등을 고

반턱 사개결합에서는 결
합력을 강화해주는 어깨
면이 없기 때문에 쪼개지
기 쉽다.

려하여 본인에게 적합한 방식을 고르면 된다. 어떤 손
톱으로도 어깨면과 옆면을 따낼 수 있지만, 어깨면은
자르기용 톱니를 가진 등대기톱으로, 옆면은 켜기용
톱니 등대기톱으로 작업하면 결과가 가장 좋게 나온
다. 각 톱의 톱니들은 이런 작업을 위해 특별히 만들
어져 있기 때문이다.

직각의 어깨면과 옆면을 따내는 작업을 하는 데 테
이블쏘는 누가 봐도 적합한 선택이다. 하지만 밴드쏘
나 복합 각도절단기를 포함해 심지어 원형톱까지 다
양한 전동톱 역시 사용될 수 있다. 각 장비로 정확한
깊이로 따내는 연습만 되어 있으면 모두 좋은 결과물
을 얻을 수 있다.

옆면은 켜기 날, 어깨면은 자르기 날 등대기톱을 사용하면 가장 좋은 결과를 얻을 수 있다.

복합 각도절단기를 써서 석장 장부 짜임이나 겹이음을 만들 수 있다. 부재를 조금씩 이동시키면서 여러 번 톱날을 통과시키면 결국 옆면이 만들어진다. 어깨면에 맞춰 멈춤 블록을 대고 작업한다.

템플릿과 함께 플러쉬트림 비트를 써서 연귀 겹이음을 만든다.

밴드쏘에서 펜스를 써서 어깨면과 옆면을 대충 따낸다.

결합부가 잘 보이는 부위같이 정밀한 작업이 필요할 경우에는 라우터를 쓰면 완벽하게 맞춰지는 옆면을 만들 수 있다.

어떤 방식을 사용하더라도 작업 속도를 높일 수 있는 한 가지 사전 작업 단계가 있다. 밴드쏘에서 절단부를 대충 따내는 일차 가재단을 하는 것이다. 이렇게 상당 부분을 먼저 따내 놓으면 라우터나 톱으로 정밀 재단을 할 때 훨씬 바르게 작업할 수 있다. 게다가 테이블쏘에서 킥백이 일어나지 않기 때문에 안전하며, 무엇보다도 밴드쏘에서 따낸 부분을 클램프 작업을 할 때 이용할 수 있어서 좋다. 클램프와 부재 사이에 이 조각을 끼우면 클램프 자국이 남지 않는다.

결합부 맞추기

단순함을 위해서는 맞춰지는 두 옆면을 동일하게 만드는 것이 좋다. 하지만 나뭇결면 부분이 살짝 튀어 나오도록 만드는 것이 마지막에 결합할 때 좋다. 이렇게 하면 더 간단하게 클램프로 조일 수 있는데, 특히 석장 장부 짜임에서 클램핑 패드를 쓰지 않고도 결합부에 직접 압력을 줄 수 있기 때문이다. 게다가 나뭇결면을 깎는 것이 마구리면을 깎아내어 맞추는 것보다 훨씬 수월하기도 하다. 그리고 나뭇결면을 깎아야 다듬으면서 전체 길이가 줄어들지 않게 된다.

클램프 조이기

모서리 겹이음은 짜임부가 단순하지만 조립에 필요한 클램프 개수를 알게 되면 깜짝 놀라게 된다. 이렇게 많은 클램프가 필요한 이유는 세 방향에서 부재를 조여야 하기 때문이다. 석장 장부 짜임에서도 보기 좋게 잘 맞추기 위해서는 같은 방식의 클램프가 필요하다.

나뭇결면 부재가 살짝 튀어나도록 만들어야 클램프로 조이기 쉽고 나중에 다듬는 것도 수월하다.

모서리 겹이음을 조립하려면 이렇게 많은 클램프가 필요하다.

수공구로 모서리 반턱 겹이음 만들기

수공구로 모서리 반턱 겹이음을 만들 때 제일 먼저 할 일은 부재 앞면과 옆면에 칼금을 넣는 것이다. 칼금을 그은 후 그 위에 연필선을 추가로 표시하면 작업할 때 좀 더 잘 보인다. 그무개를 부재 두께의 절반보다 살짝 작게 맞춘다(A). 어깨면은 직각자를 깊이 게이지처럼 써서 거리를 잰 다음 여기에 곧은 나무를 펜스처럼 받쳐놓고 잘라낸다. 직각자를 부재 전체 폭의 절반보다 살짝 작게 맞추어야 나중에 조립할 때 클램프로 조이기 쉽다. 나무 펜스와 마구리면 사이의 거리를 부재 양쪽 모서리면에서 모두 재어 정확한지 확인한다(B).

자르기 톱 옆면을 펜스에 밀착시킨 상태에서 표시한 칼금선까지 톱질을 하여 어깨면을 잘라낸다. 톱날 옆면에 마스킹 테이프를 붙여 자르는 깊이를 미리 표시해두면 좋다. 작업할 때 톱을 수직으로 유지하고 펜스에 잘 밀착시킨다(C). 부재를 바이스에 물리고 겹이음으로 이어지는 옆면을 따낸다. 옆면은 켜기 톱으로 따내는 것이 더 좋은 결과물을 만들 수 있다. 물론 자르기 톱을 쓸 수도 있지만 그러면 작업 시간이 더 오래 걸린다. 폭이 넓은 부재는 등대기톱의 등에 걸려 원하는 깊이까지 톱질이 안 될 수 있다. 이때는 남은 부분을 등이 없는 일반톱으로 잘라 마무리한다(D).

불노우즈 대패(bullnose plane)나 턱대패(shoulder plane), 아니면 넓은 끌을 써서 따낸 옆면을 정리한다. 가공된 옆면이 편평하고 뒤틀려 있지 않은지 확인한다(E).

라우터 테이블에서
모서리 반턱 겹이음 만들기

라우터 테이블에 직경이 큰 비트를 장착하고 작업하면 반턱 겹이음을 금세 만들 수 있다. 비트 높이를 부재 두께의 절반보다 살짝 낮게 맞춘다. 먼저 따낼 부분을 밴드쏘에서 일차로 대충 잘라내어 두면 비트를 최종 높이로 맞추고 한 번에 따낼 수 있다(A). 어깨면에 맞춰 펜스를 조정하는데, 가공할 부재를 대고 맞추면 된다. 부재 폭보다 살짝 작게 펜스를 조정하고 클램프로 고정한다. 비트를 손으로 돌려보아 날물 끝이 펜스에서 제일 멀어지게 만든 다음 펜스에 부재를 붙여놓고 모서리면에 날물 끝이 맞도록 하면 된다(B).

부재를 두세 개 겹쳐놓고 한 번에 반턱을 파낸다. 맨 뒤에 있는 부재는 뜯길 수 있기 때문에 나무토막을 뒤에 덧대 놓고 작업한다. 마구리면 쪽에서부터 비트에 부재를 가로질러 통과시킨 후, 비트 직경만큼 옆으로 이동하여 반복한다(C). 마지막으로 부재 마구리면을 펜스에 밀착시킨 상태에서 깎아서 완성한다(D).

테이블쏘에서
모서리 반턱 겹이음 만들기

테이블쏘에서 모서리 반턱 겹이음을 만들려면 먼저 어깨면의 위치와 잘리는 깊이를 부재에 표시한다. 이때 부재 폭과 두께의 절반보다 살짝 작게 표시해야 클램프로 조일 때나 조립 후 다듬기가 수월해진다. 톱날 높이를 맞추고 멈춤 블록을 어깨면에 맞춰 썰매 지그에 클램프로 고정한다(A).

톱날을 여러 번 통과시켜 옆면을 깎아내고 마지막으로 어깨면을 잘라낸다(B). ATB(Alternate top bevel) 형태의 톱날은 대부분 자르고 난 뒤 부재에 작은 톱자국을 남긴다. 이 톱자국들을 없애려면 부재를 톱날 제일 높을 곳에 두고 좌우로 움직이면서 가공하면 된다. 부재를 앞으로 조금씩 이동시키면서 이 작업을 반복하여 이음면 전체를 다듬는다(C).

[변형 방법] 마이터 게이지와 다도날을 사용하면 빠르게 겹이음 반턱을 파낼 수 있다. 조기대를 어깨면에 맞춰놓고 톱날 폭만큼 움직이면서 가공한다. 적절한 속도로 부재를 움직여 톱날을 통과시킨다.

변형 방법

수공구로 T형/십자 반턱 겹이음 만들기

T형 반턱 겹이음을 만들려면 먼저 부재 하나에 모서리 반턱을 만들어놓는다.

> ➤ 236쪽의 '수공구로 모서리 반턱 겹이음 만들기'를 참고한다.

반턱을 파낸 부재를 겹쳐 이을 부재 위에 올려놓고 어깨면을 모서리면에 단단히 붙인 상태에서 금긋기 칼로 파낼 위치에 칼금을 긋는다(A). 모서리면에는 부재 두께 절반보다 조금 작게 파낼 깊이를 표시한다.

십자 반턱 겹이음일 경우에는 두 부재를 십자로 겹쳐 놓고 직각자로 정확히 수직이 되도록 맞춘 다음 칼금을 긋는다.

톱질을 쉽게 하기 위해 끌로 칼금선을 따라 홈을 살짝 파낸다(B). 톱으로 어깨면을 표시한 깊이까지 잘라낸다. 톱 옆면에 마스킹 테이프를 붙여 깊이를 표시해두고 부재에는 연필선으로 파낼 깊이를 표시해둔다. 표시한 깊이 연필선까지 톱질을 해서 어깨면을 만든다. 이렇게 만든 어깨면은 정확히 수직이어야 한다. 필요하면 톱 옆에 가이드 막대를 클램프로 고정해두고 작업한다(C).

양쪽 어깨면 사이 따낼 부분에 톱선을 여러 개 만들어놓은 다음, 끌로 쳐내 속을 파낸다. 끌을 양쪽 모서리면에서 안쪽 방향으로 쳐야 뜯기지 않고 파낼 수 있다(D).

라우터 대패(router plane)로 파낸 속 바닥면을 다듬는다. 다듬은 면이 편평하게 만들어져야 한다(E).

손대패를 써서 마지막 맞춤 정도를 조정한다. 파낸 반턱으로 쉽게 미끄러져 들어가도록 끼워지는 부재 옆면을 대패질하여 폭을 조정한다. 이렇게 하는 것이 마구리면인 반턱의 어깨면을 다듬는 것보다 훨씬 수월하다. 부재를 앞뒤로 뒤집어 끼워봐서 맞춤 정도를 확인한다(F).

테이블쏘에서
T형/십자 반턱 겹이음 만들기

여기서 소개하는 방법은 폭이 같은 두 부재에 T형이나 십자 반턱 겹이음을 만들 때 적용할 수 있다. 부재 하나에 부재 폭보다 살짝 좁게 해서 반턱을 파낼 위치를 표시한다. 그리고 부재 두께의 절반보다 살짝 얕게 파낼 깊이를 옆면에 표시한다. 부재 양쪽 어깨면에 톱날이 위치하도록 썰매 지그 양쪽에 멈춤 블록을 세팅한다(A).

부재를 썰매 지그에 두고 톱날을 여러 번 통과시켜 반턱을 파낸다. 그다음 부재를 톱날 위에 두고 양쪽 멈춤 블록 사이에서 좌우로 움직여 톱날 자국을 제거한다(B).

▶ 238쪽의 '테이블쏘에서 모서리 반턱 겹이음 만들기'를 참고한다.

[변형 방법] 다도날을 사용해서 반턱을 파낼 수도 있다. 다도날을 쓸 때에는 부재를 너무 빠르지 않은 속도로 밀어 가공해야 한다.

부재 옆면을 대패로 다듬어 파낸 홈에 부재가 끼워지도록 폭을 조정하여 맞춘다. 부재를 앞뒤로 뒤집어 끼워 보아서 맞춤 정도를 확인하면 된다(C).

변형 방법

주먹장 겹이음

주먹장 겹이음을 만드는 첫 번째 단계는 테이블쏘에서 어깨면을 따내는 것이다. 그다음 밴드쏘에서 부재를 펜스에 대고 옆면을 따낸다(A).

[**변형 방법 1**] 옆면을 라우터 테이블에서 파서 만들 수도 있다. 먼저 밴드쏘에서 일차로 대충 따낸 다음 비트를 가공 높이에 맞추고 한 번에 파낸다.

테일 모양을 부재에 표시하고 밴드쏘에서 따낸다. 테일부의 어깨면은 표시한 선에 최대한 근접해서 따낸 다음, 끌로 다듬어 마무리한다(B).

[**변형 방법 2**] 테일의 옆면과 어깨면을 열장 장부 톱으로 따내도 된다.

따낸 테일 부재를 맞춰지는 부재 위에 올려놓고 옮겨 표시한다. 테일의 어깨면을 맞출 부재 모서리에 단단히 붙이고, 테일 부재 뒤쪽으로 나무토막을 받쳐서 부재가 기울어지지 않도록 한 상태에서 작업한다(C). 테이블쏘에서 파낼 부위의 가운데를 대충 따낸다(D). 그다음 기울어진 어깨면은 손톱으로 따낸다. 이렇게 하면 테일의 각도가 어떻든지 정확하게 맞춰지는 홈을 파낼 수 있다(E). 톱선 안쪽을 끌로 쳐서 파내 정리한다(F).

변형 방법 1

변형 방법 2

변형 방법 3

[**변형 방법 3**] 라우터에 일자 비트를 장착하고 겹이음 면을 파내 만들 수도 있다. 지그 없이 가공해야 하기 때문에 어깨면 근처까지만 라우터로 파낸다. 결합부가 깊어서 많이 파내야 할 경우에는 플러쉬트림 비트를 라우터에 장착하고 비트의 상단 베어링을 가공된 어깨면에 대고 같은 모양으로 깊게 파낸다.

라우터로 연귀 반턱 겹이음 만들기

라우터로 연귀 반턱 겹이음을 만들려면 먼저 한 부재는 45도 연귀로, 맞춰지는 부재는 직각으로 마구리면을 잘라 준비해둔다. 직각으로 잘린 부재를 연귀 지그와 플러쉬트림 비트를 사용하여 라우터로 반턱을 파낸다. 지그를 부재 위에 올려놓고 클램프로 조인 다음, 비트 깊이를 적당하게 내려 맞춰 놓는다(A). 비트 상단에 장착된 베어링이 지그면에 닿는지 확인한다(B). 첫 번째 홈파기를 마치면 비트를 좀 더 내려 두 번째 홈파기를 준비한다. 비트의 베어링이 첫 번째 홈파기를 한 옆면에 닿아야 한다. 부재 두께의 절반보다 살짝 얕은 깊이까지 홈파기를 계속한다(C). 연귀로 재단된 맞춰지는 부재는 직각 지그를 대고 홈파기를 한다.

앞서 사용한 플러쉬트림 비트를 그대로 사용하고 동일한 방식으로 여러 번 파내어 결합부를 가공한다(D).

이렇게 가공된 짜임부는 접착력을 확보할 수 있는 겹이음 면도 확보하면서 세부 몰딩을 프레임 앞면에 추가할 수 있는 장점이 있다(E).

테이블쏘에서 연귀 반턱 겹이음 만들기

연귀 반턱 겹이음을 테이블쏘에서 만들 때에는 맞춰지는 두 부재를 한 짝으로 같이 가공한다. 한 부재는 직각으로 마구리를 잘라 연귀로 반턱을 파고, 맞춰지는 부재는 연귀로 마구리를 자르고 직각 반턱을 파낸다. 먼저 한 부재의 양쪽 마구리면을 연귀로 잘라 준비한다.

▶ 210쪽의 '연귀면 자르기'를 참고한다.

맞춰지는 부재는 직각으로 마구리면을 자른다(A). 테이블쏘에서 마이터 게이지를 사용하여 직각 어깨면을 따낸다. 톱날 높이는 부재 두께의 절반보다 살짝 낮게 맞추고 어깨면 멈춤 블록은 부재 폭보다 살짝 작게 고정해놓고 작업한다(B). 직각 마구리 부재에는 연귀로 어깨면을 따낸다. 톱날 높이는 앞서 작업할 때 세팅한 그대로 두고, 멈춤 블록을 움직여 톱날이 부재 모서리에 딱 맞도록 조정한다(C).

이제 옆면을 따내어 반턱을 완성한다. 직각 마구리 부재는 45도 펜스가 있는 장부 지그를 사용하고(D), 연귀 마구리 부재는 일반적인 직각 장부 지그를 써서 옆면을 따낸다.

수공구로 모서리 석장 장부 짜임 만들기

홈 장부 짜임(slot mortise and tenon)이라고도 불리는 석장 장부 짜임은 부재 두께의 1/3 정도 폭의 홈을 파서 결합하는데, 나는 장부촉을 좀 더 얇게 하여 1/4 정도로 만드는 것을 선호하는 편이다. 어떤 폭으로 홈을 파든지 홈 폭에 맞는 끌이 있어야 쉽게 작업할 수 있다.

부재 앞뒷면에 홈의 깊이를 그무개로 표시한다. 홈의 옆면을 따라 부재 마구리면과 앞뒷면에 직각으로 연필선을 긋는다(A).

연필선을 따라 등대기톱으로 켜서 옆면을 따낸다. 톱을 연필선에서 잘라지는 쪽에 두고 작업한다(B). 끌을 수직으로 쥐고 홈의 바닥면을 쳐낸다. 끌을 옆에서 보면서 부재에 대해 수직인지 확인하면서 쳐낸다. 맨 처음 끌을 칠 때에는 아주 가볍게 치고, 매번 끌을 치고 나서는 따낸 부분을 제거한다. 부재 양쪽 면에서 가운데 방향으로 끌질을 하는데, 안쪽으로 살짝 더 파는 언더컷을 만들어도 좋다(C).

맞춰지는 부재를 표시하기 위해 조합직각자를 세팅한다. 부재 전체 폭보다 살짝 짧게 직각자를 맞추고 고정한다(D). 세팅된 직각자를 장부촉 부재에 대고 어깨면에 맞춰 나무 펜스를 세팅한다. 펜스가 부재에 정확히 수직인지 확인한다(E).

먼저 장부촉의 옆면을 켜기 톱으로 어깨면까지 따낸다(F). 한쪽을 따냈으면 두 부재를 맞춰보아 튀어나오는 부분이 없는지 확인한다. 잘라낸 부위를 뒤집어 홈 부재 옆에 대어 맞춰보면 된다. 맞춰 보았을 때 파낸 홈의 옆면이 장부촉 부재 옆면과 단차 없이 일치하면 잘 된 것이다. 단차가 있을 경우에는 손대패로 다듬어 조정한다(G).

테이블쏘에서 모서리 석장 장부 짜임 만들기

장부홈 폭이 부재 두께의 1/3보다 살짝 좁게 되도록 부재에 표시한다. 홈의 바닥면은 그무개로 칼금을 그어놓으면 뜯김을 방지할 수 있다. 테이블쏘에서 장부 지그를 사용하여 부재를 지지하고 톱날 높이는 홈의 전체 깊이로 맞춘다(A).

[TIP] ATB(alternate-top bevel) 톱날은 깎인 밑면에 톱날 자국이 생겨 매끄럽게 되지 않는다. FTG(flat-top grind) 톱날을 쓰면 좀 더 매끄러운 면을 만들 수 있다.

톱날을 여러 번 통과시켜 표시한 홈을 파낸다. 끌로 홈 바닥면을 한 번 더 정리해주면 깔끔한 결합면을 만들 수 있다(B).

[변형 방법 1] 다도날을 쓰면 한두 번만에 홈을 파낼 수 있다. 다도날을 쓸 때에는 부재를 좀 더 단단히 쥐고 천천히 밀면서 작업한다. 홈 바닥면에 칼금을 넣거나 뒤에 나무토막을 덧대면 뜯김을 방지할 수 있다.

장부촉의 어깨면을 먼저 따낸다. 썰매 지그에 멈춤 블록을 클램프로 조여놓고 톱날 높이를 어깨면 높이보다 살짝 낮게 맞춘다(C).

[변형 방법 2] 밴드쏘에서 옆면을 일차로 대충 따놓으면 테이블쏘에서 잘린 조각이 킥백으로 날아가지 않는다. 따내어진 조각은 클램프를 조일 때 지지 블록으로 쓸 수 있다. 본 부재와 색깔과 나뭇결이 완벽하게 일치하기 때문에 장부촉이 너무 좁을 때 끼워 넣어 홈을 채우는 데도 쓸 수 있다.

A

B

C

D

변형 방법 1

E

변형 방법 2

장부지그를 써서 옆면을 따낸다(D). 첫 번째 옆면을 따내고 뒤집어서 홈부재에 대보아서 맞춤 정도를 확인한다. 홈면이 부재 앞면과 단차 없이 일치하면 제대로 따진 것이다(E).

테이블쏘에서
이중 모서리 석장 장부 짜임 만들기

이중 석장 장부를 만들 때에는 당연한 얘기지만 기본 석장 장부보다 가공부위가 거의 두 배 정도 많다. 두께 방향 중심점을 기준으로 대칭으로 짜임부를 배치해야 톱 세팅을 그대로 두고 뒤집어 가공할 수 있어서 그래도 좀 수월하게 만들 수 있다. 부재 정 가운데에 장부 홈을 파내는 작업부터 시작한다.

다도날과 장부 지그를 사용하는데, 장부 지그를 조정하여 톱날을 부재 가운데에 표시한 홈의 한쪽 연필선에 맞추고 톱날 높이를 홈 깊이로 조정한다. 한쪽 연필선에 맞춰 홈을 파낸 후 톱 세팅을 그대로 두고 부재를 뒤집어서 한 번 더 가공하면 완벽하게 정 가운데에 홈을 파낼 수 있다. 첫 번째 가공에서 표시한 연필선에 톱이 좀 벗어났더라도 부재를 뒤집어 가공하면 거울상으로 반대쪽도 같은 양만큼 벗어나기 때문이다(A).

[TIP] 부재 앞뒷면에 그무개로 칼금을 긋고 가공하면 뜯김을 방지할 수 있다.

그다음, 이 홈에 맞는 장부촉을 가공한다. 맞춰질 부재에 장부촉 위치를 표시하고 여기에 맞춰 장부 지그를 세팅한다(B). 장부 홈을 팔 때와 마찬가지로 한쪽 면을 따낸 다음 부재를 뒤집어 반대쪽도 동일하게 따낸다. 이렇게 양쪽에 홈을 파서 만들어진 장부촉이 처음 가공한 장부 홈에 잘 맞는지 확인해본다. 끼워보지 않더라도 모서리끼리 대보면 확인할 수 있다(C).

가운데 장부촉이 홈에 잘 맞으면 가운데 홈을 판 첫 번째 부재에 두 개의 장부촉을 가공한다. 장부 지그를 조정하여 필요한 장부촉 두께보다 살짝 두꺼운 장부촉이 만들어지도록 맞춘다. 장부촉은 조금 더 깎아내어 쉽게 조정할 수 있기 때문이다. 부재를 뒤집어 두

번째 장부촉도 동일하게 가공한다(D). 각 장부촉이
가공된 홈에 잘 맞는지 확인한다(E).

➤ 232쪽의 '석장 장부 짜임'을 참고한다.

수공구로
주먹장 모서리 석장 장부 짜임 만들기

그무개를 부재 폭보다 살짝 작게 맞추고 앞뒷면에
칼금을 그어 어깨면을 표시한다(A). 자유각도자를
1:5에서 1:8 사이의 원하는 각도로 맞추고 테일 모양
을 어깨면까지 표시한다(B).

먼저 부재를 바이스에 물리고 자르기 톱으로 어깨
면을 따낸다(C). 그다음 켜기 톱으로 테일 옆면을 따
낸다(D). 테일 모서리를 끌로 정리하고 필요하면 옆
면도 깎아 다듬는다. 어깨면은 안쪽으로 살짝 더 들어
가도록 언더컷을 만드는 것도 좋다.

가공된 테일 부재를 곧은 각재를 옆에 대고 맞춰질
부재에 정렬한 다음 금긋기칼로 테일 모양을 옮긴다
(E). 칼금선대로 테일 홈 옆면을 따낸다(F). 가운데 부
분을 끌로 쳐내 파낸다. 바깥쪽에서 안쪽으로 끌질을
하면서 파낸다(G).

➤ 232쪽의 '석장 장부 짜임'을 참고한다.

테이블쏘에서
주먹장 모서리 석장 장부 짜임 만들기

자유각도자를 원하는 주먹장 각도에 맞춰 조정하고 테이블쏘의 톱날을 같은 각도로 기울여 세팅한다(A). 부재를 두 번 톱날에 통과시켜 테일 옆면을 따내는데, 이를 위해서 직접 제작한 장부 지그에 부재를 지지해서 한 번 따내고 지그를 뒤집어 한 번 더 따낸다. 톱날 높이는 표시한 칼금선보다 살짝 아래에 위치하도록 세팅한다(B).

➤ 34~37쪽의 '지그'를 참고한다.

[변형 방법 1] 톱날 대신 장부 지그를 기울여 테일을 따낼 수도 있다. 톱날을 수직으로 두고 자유각도자를 지그에 대고 기울기를 맞춘다.

썰매 지그를 써서 어깨면을 따내는데, 밴드쏘에서 일차로 가재단을 하고 테이블쏘에서 정재단해야 떨어져나간 부분이 톱날과 멈춤 블록 사이에 끼지 않는다. 밴드쏘에서 따내어진 조각은 버리지 않고 보관해둔다. 멈춤 블록을 어깨면에 맞춰 클램프로 고정하고 톱날 높이를 옆면보다 살짝 아래로 맞추고 작업한다(C). 모서리에 덜 잘린 부분은 끌로 다듬어 정리한다(D).

변형 방법 1

만들어진 테일을 맞춰지는 부재에 옮겨 표시한다
(E). 홈을 파낼 때에는 부재를 장부 지그에 각도를 기
울여서 고정하고 작업한다. 앞서 테일을 만들면서 따
내어진 조각을 양면테이프로 지그면에 붙여놓은 다
음 여기에 가공할 부재를 클램프로 조이면 정확한 각
도로 기울어진다(F). 반대쪽 홈 옆면을 따낼 때에는
테일에서 따내어진 조각을 위아래로 뒤집어 다시 지
그면에 붙이고 동일하게 작업하면 된다(G).

테일 홈을 밴드쏘에서 따낼 수도 있다. 밴드쏘 정
반이 원하는 각도까지 기울어지는지 확인하고 작업
한다.

[변형 방법 2] 밴드쏘 정반을 한쪽으로 기울여 따
내고 다시 반대로 기울여 테일 홈을 따낼 수 있다.

▶ 232쪽의 '석장 장부 짜임'을 참고한다.

변형 방법 2

변형 방법

연귀 모서리 석장 장부 짜임

연귀 모서리 석장 장부 짜임을 만들 때 한 부재는 연귀로, 맞춰지는 부재는 직각으로 마구리면이 가공되어 있어야 한다. 연귀 마구리 부재에는 다도날로 가운데에 홈을 판다. 부재를 장부 지그에 수직으로 물리고 작업한다(A). 장부촉이 만들어질 부재에는 연귀로 어깨면을 만든다. 마이터 게이지를 45도 돌리고 부재를 지지한 다음 다도날을 써서 옆면을 따낸다(B).

▶ 223쪽의 '석장 장부 연귀 맞춤'과 232쪽의 '석장 장부 짜임' 그림을 참고한다.

장부촉의 한쪽 옆면을 깎았으면 마이터 게이지를 90도 돌려 반대면을 가공한다. 멈춤 블록을 클램프로 고정해두고 작업하면 양쪽을 같은 길이로 파낼 수 있다(C). 가공된 짜임부는 손으로 살짝 눌렀을 때 결합이 되는 정도여야 한다(D).

[변형 방법] 좋은 다도날이 없을 때에는 일반 톱날로 홈의 옆면을 따내고 바닥은 끌로 쳐내 홈을 만들 수 있다. 장부촉 부재는 마이터 게이지를 사용해서 연귀 어깨면을 따내고 옆면은 장부 연귀 지그로 따내면 된다. 밴드쏘에서 일차 가재단을 한 후 가공해야 떼어진 조각이 톱날과 지그 사이에 끼지 않는다.

T형 석장 장부 짜임

장부 지그에 부재를 수직으로 물리고 가운데 홈을 판다.

> ► 245쪽의 '테이블쏘에서 모서리 석장 장부 짜임 만들기'를 참고한다.

홈을 파기 전에 그무개로 칼금을 그어 뜯김을 방지한다(A). 그 후 파낸 홈에 맞는 석장 장부촉을 만든다.

> ► 240쪽의 '테이블쏘에서 T형/십자 반턱 겹이음 만들기'를 참고한다.

어깨선에 맞춰 썰매 지그에 멈춤 블록을 고정하고 톱날을 표시한 파낼 홈의 높이까지 올린다. 톱날에 부재를 여러 번 통과시켜 홈을 판다(B). 멈춤 블록과 부재 사이에 나무토막 스페이서를 끼워 반대쪽 어깨선을 따낸다. 한쪽 면 가공을 완성한다(C). 부재를 뒤집어 반대쪽을 가공한다. 스페이서를 다시 끼워 어깨면을 따낸다. 모두 가공하기 전에 A에서 파낸 홈에 잘 맞는지 맞춰본다(D). 필요하면 톱날 높이를 재조정한다.

[변형 방법] 라우터로 홈의 밑면을 파내 깨끗한 면을 만들 수 있다. 부재와 동일한 두께의 나무토막을 옆에 두고 클램프로 고정해서 라우터 베이스면을 지지한다. 일자 비트를 끼우고 지그 없이 가공해도 되고, 구멍이 깊으면 플러쉬트림 비트로 가공할 수도 있다. 라우터로 파내지 못한 부분은 끌로 다듬어 마무리한다.

부재를 한쪽씩 끼워보면서 파낸 홈의 폭이 잘 맞는지 확인한다. 잘 들어가지 않으면 손대패로 옆면을 다듬어 폭을 조정하여 맞춘다(E).

A

B

C

D

변형 방법

E

변형 방법

테이블쏘에서 반턱 사개결합 만들기

반턱 사개결합은 부재 두께보다 살짝 좁고 높이의 절반보다 조금 얕게 홈을 파서 만든다. 두 홈을 끼워서 들어가지 않으면 나뭇결면인 옆면을 대패질해서 맞추면 된다.

썰매 지그에 표시한 홈 위치에 맞춰 멈춤 블록을 세팅한다(A). 톱날을 여러 번 통과시켜 홈을 파낸 후 홈의 폭이 부재 두께보다 살짝 작은지 맞춰서 확인한다(B). 원하는 폭으로 가공됐으면 반대쪽에도 멈춤 블록을 고정해둔다(C).

그다음 맞춰질 반대쪽 부재를 가공한다. 앞서 세팅한 멈춤 블록 위치가 정확한지 확실하지 않을 경우에는 부재와 블록 사이에 심을 끼우고 작업한다. 이렇게 하면 십분의 수 밀리미터 정도 좁게 홈이 파진다. 파낸 홈이 너무 좁으면 심을 빼고 다시 가공하면 된다(D).

손대패로 부재 앞뒷면을 다듬어 맞춤 정도를 조정한다. 손대패질을 하면 기계대패 자국을 없앨 수 있을 뿐만 아니라 더 정확한 반턱 사개결합을 만들 수 있다. 각 홈을 한 개씩 끼워보면서 맞춤을 확인한 다음 제대로 결합해 짜임을 완성한다(E).

➤ 233쪽의 '반턱 사개결합' 도면을 참고한다.

강화된 반턱 사개결합

강화된 반턱 사개결합 방식을 사용하면 부재 바닥쪽에서 쪼개지는 것을 방지할 수 있다. 먼저 홈 깊이나 멈춤 블록을 세팅할 수 있도록 연습 부재에 짜임 형상을 표시한다. 부재 하나에는 반턱과 같은 폭의 좁은 가로홈을 표시하고, 다른 부재에는 같은 크기의 반턱과 부재 두께와 같은 폭의 넓은 가로홈을 표시한다 (A).

파낼 반턱과 같은 폭으로 다도날을 준비한다. 톱날 높이를 부재 높이의 절반보다 조금 낮게 맞추고, 두 부재에 같은 반턱을 파낸다. 그다음 같은 다도날로 한쪽 부재 양쪽 면에 좁은 가로홈을 판다. 톱날 높이를 조정해서 반턱에 끼워질 만큼만 남겨 파낸다(B).

그다음 다른 부재에 넓은 가로홈을 판다. 이 가로홈은 부재 두께와 동일한 폭이어야 한다(C). 반대쪽 부재의 반턱이 끼워지도록 톱날 높이를 조정한다(D).

두 번째 부재 양면에 가로홈을 파서 완성한다(E). 두 부재를 끼워봐서 맞춤 정도를 확인한다. 잘 맞지 않으면 손대패로 다듬어 조정한다. 평대패로 부재 앞뒷면을 깎아 두께를 줄이거나 턱대패로 가로홈을 더 파서 깊이를 조정한다(F).

➤ 233쪽의 '반턱 사개결합' 도면을 참고한다.

변형 방법

장식띠 결합

장식띠 결합(sash bar joint)도 반턱 사개 방식의 짜임이다. 하지만 장식띠의 몰딩 부위가 서로 맞아 이어지려면 추가로 연귀로 파거나 모양을 옮겨 가장자리를 깎아내야 한다. 정확한 크기의 가우지(gouge)가 없을 때에는 연귀로 깎아낼 연귀 블록을 하나 만들어놓는다. 연귀 블록은 나무 두 개를 모서리끼리 이어붙인 다음 양쪽 마구리를 45도로 잘라서 만든다.

먼저 자르기 톱으로 반턱을 따낸다(A).

[변형 방법] 다도날을 써서 반턱을 파낼 수 있다.

넓은 끌을 연귀 블록에 대고 몰딩 부분을 45도로 깎아낸다. 연귀 블록 모서리 끝을 앞서 파놓은 반턱의 아래쪽 모서리의 45도 연장선상에 맞추고 작업하면 된다(B).

아래쪽에서 끼워 맞출 장식띠 부재에도 반턱을 판다. 그다음 양쪽 모서리를 연장해서 톱선을 넣는다. 톱선을 넣을 때 몰딩 부분이 손상되지 않도록 주의한다(C). 자르기 톱으로 양쪽 면의 몰딩 부분을 따내 완성한다(D). 각 부분 톱질 후 떨어지는 조각을 깨끗이 제거한다.

위쪽 부재에서 작업한 것처럼 연귀 블록을 사용하여 몰딩을 45도로 쳐낸다. 두 부재를 맞춰보고 필요한 부분을 더 깎아내어 완성한다(E).

➤ 233쪽의 '반턱 사개결합' 도면을 참고한다.

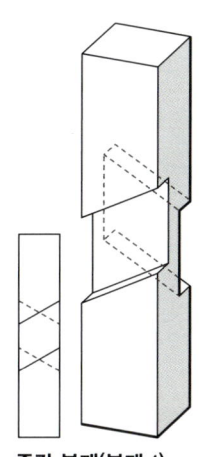 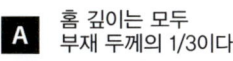 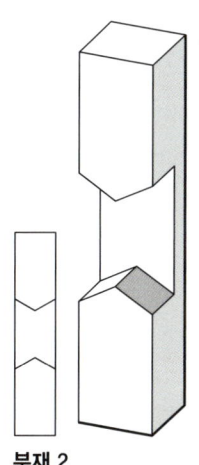 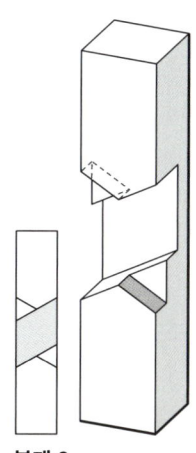

1/3 겹이음

1/3 겹이음(one-third lap joint)은 살이 여섯 개인 바퀴를 만들거나 패턴을 제작할 때 사용한다(A). 세 부재 모두 폭과 두께가 같아야 한다. 각 부재를 원하는 최종 길이로 맞춰 잘라 준비한다. 파내는 홈은 모두 긴 모서리에 대해 60도 기울어져 있고, 깊이가 부재 두께의 1/3이거나 2/3가 된다. 각 홈의 폭은 부재 폭과 동일하다.

테이블쏘에 다도날을 세팅하고 톱날 높이를 부재 두께의 1/3이 되도록 조정한다. 마이터 게이지의 각도를 60도로 돌려 맞춘다. 세팅한 상태에서 못 쓰는 나무토막에 제대로 홈이 파지는지 테스트 해본다.

가운데 부재(부재 1)부터 가공한다. 한쪽 면에 폭은 부재와 동일하면서 깊이가 부재 두께의 1/3이 되는 홈을 판다(B).

자유각도자로 부재 2와 3에 파낼 홈을 표시한다. 한쪽 모서리에 대해 60도인 홈을 부재 폭으로 표시하고, 다시 반대쪽 모서리에 대해 60도인 홈을 겹쳐 표시한다. 한쪽 경사선 끝을 직각자로 반대쪽 모서리로 옮긴 다음 여기에서 시작해서 반대쪽 경사선을 표시하면 된다(C).

부재 2, 3에 각각 부재 두께의 2/3 깊이로 홈을 판다. 각 홈의 폭은 부재 폭과 동일하다(D). 그다음 마이터 게이지를 반대쪽으로 60도 돌리고 부재 2에 같은 깊이로 홈을 파낸다(E).

부재 1과 2에 파놓은 홈을 겹쳐 끼워놓고 부재 1에 팔 두 번째 홈의 위치를 연필로 표시한다(F). 톱날 높이를 부재 두께의 1/3로 조정하고 부재 3에 홈을 판다(G). 마지막으로 부재 1에 첫 번째 홈을 판 반대면에 1/3 깊이로 두 번째 홈을 판다. 두 번째 홈을 첫 번째 홈과 반대 방향인 것에 주의하고 작업한다. 각 부재를 조립하여 맞춤 정도를 확인한다(H).

중간 부재(부재 1)
A 홈 깊이는 모두 부재 두께의 1/3이다.

부재 2
홈 깊이는 부재 두께의 2/3이다.

부재 3
홈 하나는 부재 두께의 1/3로, 또 하나는 2/3 깊이로 판다.

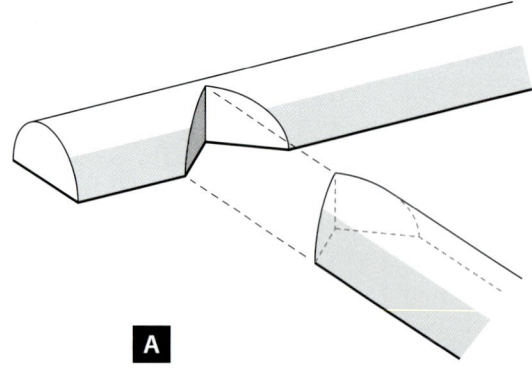

안쪽 걸침턱 결합

걸침턱 결합(bird's-mouth joint)은 부재 옆에 V 모양의 홈을 파서 연결하는 방식이다(A). 결합되는 부재 마구리가 이 홈에 맞춰진다. 부재 단면에 형상이 있는 몰딩 부재도 이 방식으로 연결할 수 있다(B).

테이블쏘 톱날을 45도 기울이고 마이터 게이지로 부재를 단단히 잡고 작업한다. 홈을 팔 때 톱날 높이를 필요한 홈 깊이보다 살짝 작게 맞춰야 반대쪽 면에 톱날 자국이 생기지 않는다(C). 홈 양쪽을 테이블쏘에서 따내고 끌로 다듬어 정리한다(D).

결합될 부재는 액자 지그를 사용하여 마구리면을 가공한다. 부재에 중심선을 표시하고 톱날이 이 중심선을 지나가도록 따낸다(E).

▶ 34~37쪽의 '지그'를 참고한다.

바깥쪽 걸침턱 결합

바깥쪽 걸침턱 결합은 건축에서 구조물을 제작할 때 사용된다(A). 자유각도자로 결합부를 부재에 표시하고 손톱으로 따낸다(B).

테이블쏘에서 톱날을 세팅하고 잘라 따낼 수도 있다. 끼워질 부재의 V 마구리는 밴드쏘에서 따낸다.

두 부재를 맞춰 결합하고 고정물로 보강한다(C).

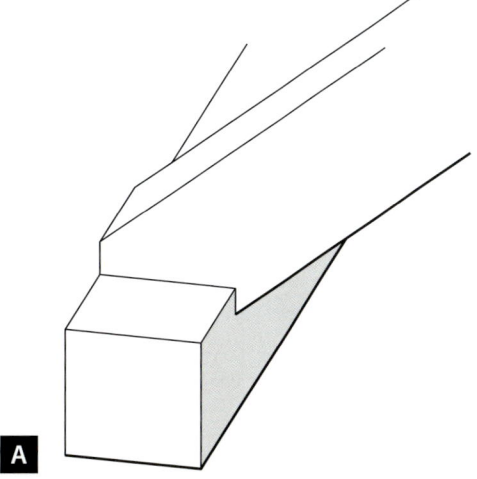

빗이음과 덧이음

간단한 빗이음

➤ 수공구로 빗이음 만들기 (p. 261)

➤ 라우터로 빗이음 만들기 (p. 261)

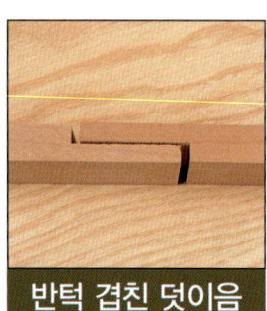

반턱 겹친 덧이음

➤ 반턱 겹친 덧이음 (p. 262)

경사 겹친 덧이음

➤ 경사 겹친 덧이음 (p. 263)

➤ 갈고리 겹이음 (p. 263)

맞물림 이음

➤ 맞물림 이음 (p. 264)

겹친 주먹장 덧이음

➤ 겹친 주먹장 덧이음 (p. 265)

경사 핑거 겹이음

➤ 경사 핑거 겹이음 (p. 266)

촉을 끼운 빗이음

➤ 촉을 끼운 빗이음 (p. 267)

간단한 빗이음(scarf joint)과 덧이음(splice joint)은 긴 빗면을 만들고 여기에서 생기는 접착력을 이용해 결합하는 방식이다. 이런 결합 방식은 연귀 결합하고도 비슷한데 빗면의 각도를 아주 낮게 만들어 접착면에서 나뭇결면 특성이 최대한 나타나도록 만든 것이다. 각도가 1:8에서 1:10 정도인 빗면을 만들어 결합하는 빗이음은 접합면을 최대한 확보하면서 마치 결합부가 아닌 것처럼 보이게 만든다. 맞대기 이음과 같은 발상이지만 결합면은 거의 안 보이게 된다. 이 방식을 사용하면 나뭇결면끼리 접착력을 최대한 확보하면서도 어디서 결합됐는지 알아차리기 어렵게 만들 수 있다. 빗이음은 결합면이 짙게 드러나는 맞대기 이음보다 보기 좋게 만들 수 있지만 결합부를 만들 때 기술이 필요하다.

이렇게 접합면이 안 보이는 특성은 몰딩을 이을 때나 가구 테두리를 붙이는 작업을 할 때 요긴하게 쓰일 수 있다. 긴 부재를 빗이음으로 결합하면 부재 모양을 유지하면서도 더 긴 길이를 만들어낼 수 있다. 난간대나 배를 만들 때 빗이음을 많이 사용하게 된다.

빗이음과 덧이음은 다양한 형태로 변형되어 더 강한 결합력을 만들어낼 수 있다. 반턱 겹이음과 같은 단순한 형태부터 동양의 전통 주택을 지을 때 쓰이는 복잡한 형태도 있다. 이런 짜임을 사용하면 지진으로 흔들리는 힘에 견디는 긴 기둥이나 보를 만들 수 있다. 마구리 덧이음을 쓰면 장력과 압축력, 전단력에 모두 강한 결합부를 만들 수 있다.

자르는 방법

단순한 빗이음면은 켜기 날이 달린 손톱으로 만들 수 있다. 대목 작업에서는 원형톱이나 각도절단기를 써서 빗이음을 만든다. 폭이 넓은 부재를 자를 때나 좀 더 정밀한 결과물이 요구될 때에는 라우터와 지그를 써서 작업한다.

빗이음을 쓰면 접착력을 확보할 수 있는 나뭇결면을 최대화하여 결합 강도를 증가시킬 수 있고 맞대기 이음에 비해 훨씬 매끄러운 접합면을 만들 수 있다.

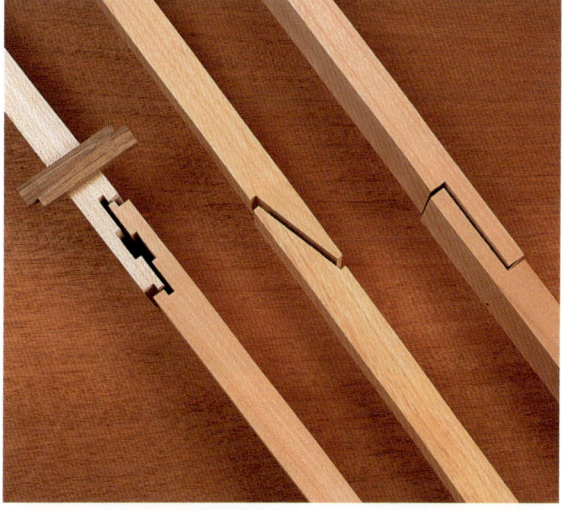

덧이음은 반턱 겹이음처럼 간단한 것도 있고 촉을 끼워 넣은 빗이음 같은 복잡한 형태로도 만들 수 있다.

각도절단기에 좋은 톱날을 써서 몰딩 부재에 빗이음면을 만들 수 있다.

폭이 넓은 부재에 정밀한 빗이음면을 만들 때에는 빗이음 지그와 라우터를 사용한다.

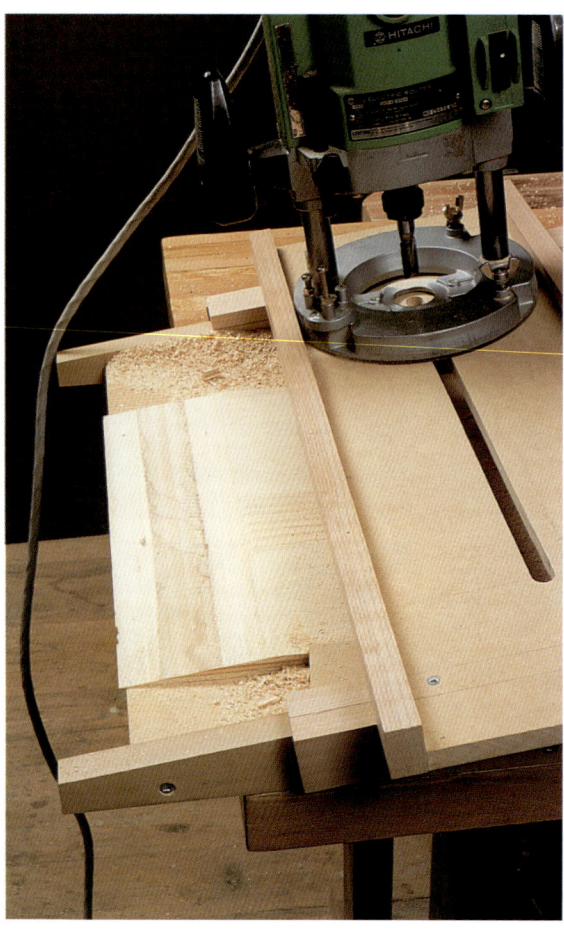

장부 짜임과 비슷한 어깨면과 옆면이 있는 덧이음은 큰 장력과 전단력에 대응할 수 있다.

결합부 보강하기

단순 빗이음은 접착력으로만 결합되어 있는 형태이다. 빗이음에 어깨면과 옆면을 추가하여 장부 짜임처럼 만들면 추가 결합력을 확보할 수 있다. 쐐기를 박아서 간단하게 결합부를 보강할 수도 있다.

수공구로 빗이음 만들기

수공구를 사용하여 빗이음 면을 만들려면 먼저 자유각도자를 1:8에서 1:10 사이로 맞추고 부재에 이음면을 표시한다(A, B).

톱질을 하기 전에 부재를 클램프로 단단히 조인다(C). 두 부재를 겹쳐놓고 한 번에 톱질을 하면 이음면이 자동으로 맞춰진다(D).

손대패로 잘린 면을 다듬어 완성한다(E).

[**변형 방법**] 각도절단기를 써서 빗이음 면을 자를 수 있다.

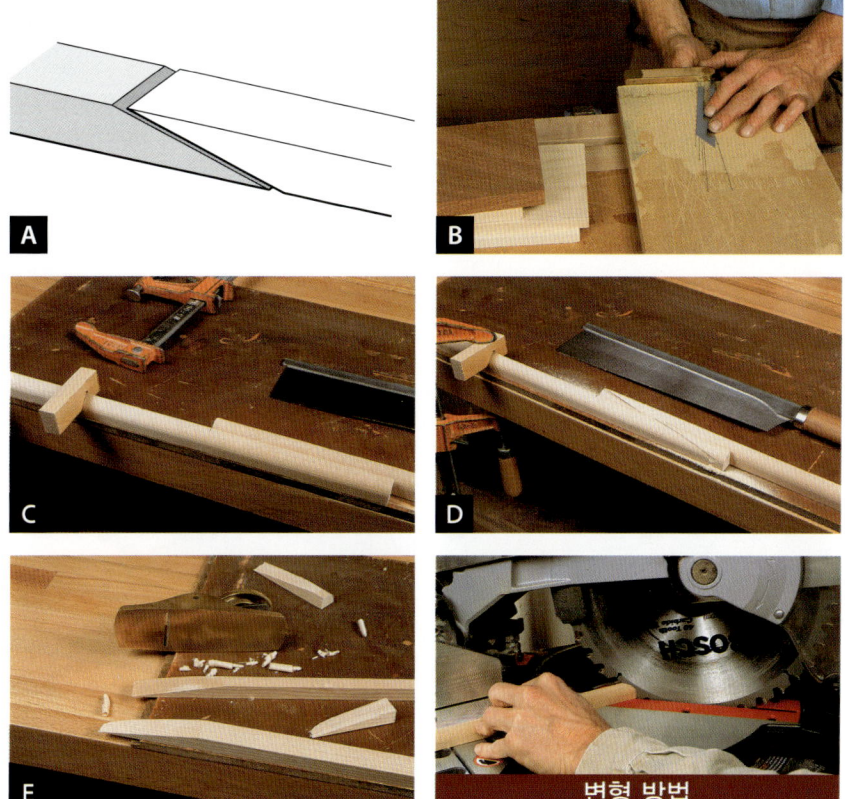

라우터로 빗이음 만들기

라우터로 빗이음 면을 깎을 수 있다. 빗이음 지그에 부재를 놓고 클램프로 고정한다(A). 지그의 옆판은 빗이음을 하기 좋은 각도로 기울어져 있다. 플런지 라우터를 기울어진 지그 옆판에 대고 움직이며 가공한다.

라우터 비트를 조금씩 낮추면서 빗이음 면을 가공한다. 빗이음 시작점에서 시작해서 점점 지그 아래로 내리면서 깎는다(B). 폭이 넓으면서 날카로운 비트를 사용하면 거의 다듬지 않고도 깨끗한 접합면을 만들 수 있다(C).

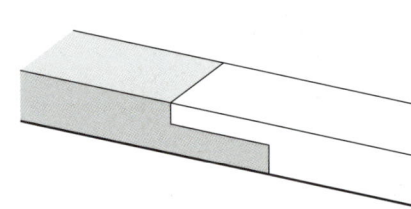

반턱 겹친 덧이음

반턱 겹친 덧이음(half-lap splice joint)은 모서리 반턱 겹이음과 똑같은 형상의 짜임이다(A). 차이라고 한다면 덧이음은 부재를 직각 방향이 아니라 마구리 면끼리 길게 잇는다는 점이다.

▶ 236~238쪽의 '모서리 반턱 겹이음'을 참고한다.

이 결합 방식은 어깨면과 옆면이 만나는 모서리 부분이 좀 약한데, 특히 아래쪽으로 하중이 걸릴 경우 취약하다. 결합력은 접착제나 보강한 나사못이 지지하는 힘에서 나오게 된다(B). 이 짜임을 만드는 데는 몇 가지 방법이 있다.

수공구로 만들기

수공구로 만들 때에는 먼저 부재 앞면과 옆면에 그무개로 칼금을 긋는데, 부재 두께의 절반보다 살짝 얕게 긋는다(C). 톱질을 할 때는 펜스를 두고 작업한다. 직각자를 대고 펜스를 클램프로 고정한다. 톱에 마스킹 테이프를 붙여서 자르는 깊이를 표시해둔다. 그어놓은 칼금선까지 톱질을 한다(D).

테이블쏘에서 만들기

테이블쏘에서도 반턱 겹친 덧이음을 만들 수 있다. 결합부의 어깨면을 따내고 부재를 옆으로 움직이면서 톱날을 통과시켜 옆면을 만든 다음 톱날 자국을 다듬어 완성한다(E).

다도날

다도날과 마이터 게이지를 사용하여 결합부를 만들 수 있다(F). 조기대를 정확한 위치에 세팅하여 어깨면을 맞추고 작업한다.

경사 겹친 덧이음

경사 겹친 덧이음(bevel-lap splice joint)은 반턱 겹친 덧이음 방식과 거의 유사하다(A). 이 방식은 옆면을 경사지게 만들기 때문에 당기는 힘에 좀 더 강한 장점이 있다. 하지만 여전히 접착제와 나사못을 사용해야만 결합력이 생긴다.

1:8 경사면을 자유각도자를 사용하여 옆면에 표시한다(B). 어깨면은 테이블쏘에서 직각으로 잘라내면 된다. 톱날이 표시한 연필선을 넘어가지 않도록 멈춤 블록을 세팅한다(C).

경사진 옆면은 밴드쏘로 따낸다. 표시한 선을 따라 따내는데 톱날을 연필선을 중심으로 잘려지는 쪽에 두고 작업한다. 불노우즈 대패나 넓은 끌로 잘린 절단면을 다듬어 완성한다(E).

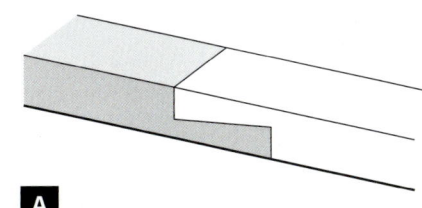

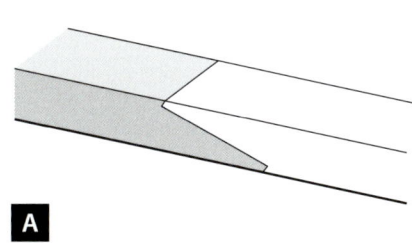

갈고리 겹이음

갈고리 겹이음(hooked splice joint)은 단순 겹이음보다 조금 더 결합력을 확보할 수 있다. 어깨면에서 부재가 걸리는 힘이 어느 정도 생기기 때문이다(A).

부재 마구리면은 5도에서 10도 사이로 자른다. 테이블쏘 톱날을 이 각도로 맞추고 작업한다(B). 옆면은 밴드쏘에서 대충 따낸 다음, 테이블쏘에서 톱날을 기울이고 장부촉 지그로 부재를 세워 잡고 다시 한번 정밀하게 따낸다(C).

두 부재가 딱 맞아떨어질 때까지 이음면을 다듬어 완성한다(D).

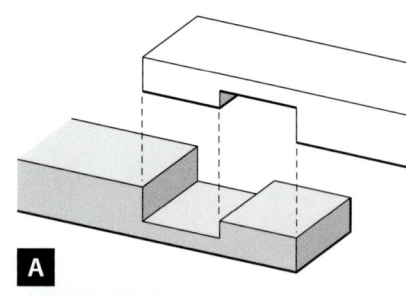

A

B

C

E

D

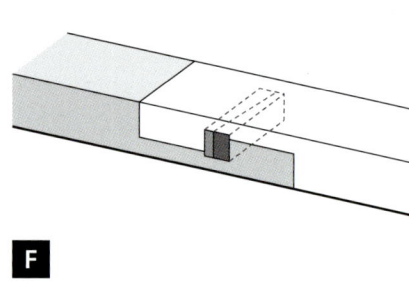

F

G

맞물림 이음

부재 마구리면에서 어깨면까지 길이를 분할하여 홈의 폭을 결정하고 이를 부재에 옮겨 맞물림 이음 (tabled joint)을 만들 가공 부위를 그려 넣는다(A). 다도날을 테이블쏘에 끼우고 멈춤 블록을 어깨면에 맞춰 세팅한다(B).

다도날로 첫 번째 부재의 어깨면을 가공한다. 멈춤 블록과 부재 사이에 스페이서를 끼우고 다시 다도날을 통과시켜 홈파기를 완성한다(C). 그다음 옆면 가공을 할 수 있도록 톱날 높이를 재조정한다(D).

가공된 두 부재를 맞춰보고 끌이나 대패로 다듬는다(E).

두 부재 사이에 촉을 끼워 넣으면 맞물림 이음을 더 강하게 만들 수 있다(F, G). 겹침 쐐기(folding wedge) 두개를 양 옆면에서 박아 넣으면 맞물림 홈을 밀어 눌러 강하게 결합된다.

▶ 149쪽의 '방두산지 만들기'를 참고한다.

겹친 주먹장 덧이음

겹친 주먹장 덧이음은 말 그대로 주먹장을 파서 긴 부재를 잇는 방식이다(A). 자유각도자로 주먹장을 부재에 표시한다. 이때 주먹장 각도가 크면 주먹장이 부러지기 쉽기 때문에 너무 크지 않게 만들도록 한다. 보통 1:5에서 1:8 정도면 적당하다(B). 주먹장 어깨면을 그무개로 칼금을 그어 표시한다.

부재를 바이스에 물리고 어깨면을 테일까지 잘라낸다(C). 테일 옆면은 부재를 수직으로 바이스에 물리고 톱질을 한다. 끌로 다듬어 잘린면을 정리한다(D).

주먹장을 만들 때 테이블쏘를 쓸 수도 있다. 테이블쏘 톱날을 테일 각도로 기울이고 장부 지그에 부재를 지지하여 가공한다. 양쪽으로 두 번 톱날을 통과시켜 테일 옆면을 따낸다(E).

결합부 옆면을 부재에 표시하고 이 선까지 어깨면을 자르기 톱으로 잘라낸다. 옆면을 어깨선까지 톱질하여 잘라낸다(F). 넓은 끌로 옆면을 다듬어 정리한다. 잘라낸 면들은 곧으면서 서로 직각을 유지해야 한다(G).

만들어진 테일 부재를 핀 부재에 옮겨 그린다. 옮겨 그릴 때 테일 부재 밑을 나무토막으로 지지하여 수평이 되게 한다(H). 테일 부재에 맞춰지는 어깨면과 옆면을 잘라 핀 부재를 만든다. 잘려진 면을 다듬는다(I).

핀 홈을 톱을 기울여 자른다. 톱으로 자를 수 있을 만큼 최대한 자르는데, 표시한 선을 지나가게 톱질하지 않도록 주의한다. 먼저 끌로 테일 소켓 부위를 쳐낸 다음 톱으로 부드럽게 잘라내는 것도 좋다(J). 마지막으로 끌로 쳐내어 테일 소켓을 파내고 맞춤 정도를 확인한다(K).

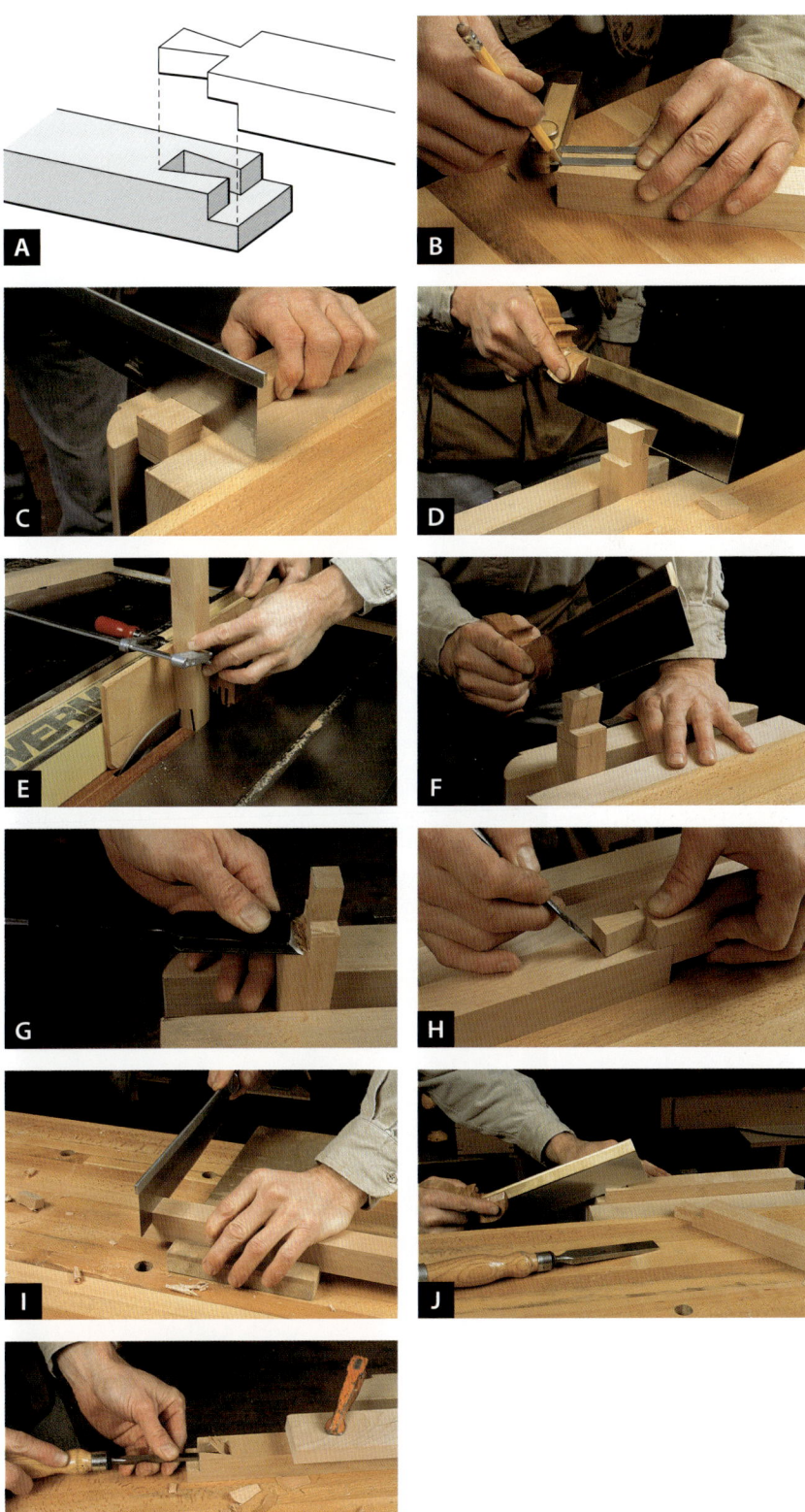

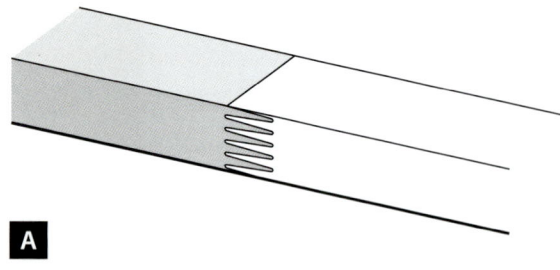

A

B

C

D

경사 핑거 겹이음

경사 핑거 겹이음(tapered finger splice joint)은 건축 자재 야적장에서 많이 볼 수 있는 결합 방식이다(A). 이 결합에서는 많은 접착 면적을 확보할 수 있고 물리적인 결합력도 어느 정도 기대할 수 있다.

핑거 겹이음용 비트를 속도가 조절되는 라우터 테이블에 장착한다. 비트 회전 속도를 10,000rpm 정도로 낮추고 라우터를 가동한다. 비트의 날을 부재 두께에 맞춰 높이를 조정한다. 비트 높이를 한 번만 맞추고 맞춰지는 두 부재를 모두 이 세팅으로 가공하게 된다(B).

첫 번째 부재를 앞면이 위로 가게 해서 가공한다(C). 두 번째 부재는 앞면을 아래로 가게 해서 가공한다. 두 부재가 단차와 빈틈이 없이 맞춰질 때까지 비트 높이와 가공 깊이를 조정한다(D).

촉을 끼운 빗이음

촉을 끼운 빗이음(cogged scarf joint)을 만들려면 이음면이 적어도 부재 폭 정도는 되어야 한다(A, B). 테이블쏘와 썰매 지그를 써서 두 부재의 어깨면을 잘라낸다. 같은 위치를 반복해서 자르도록 멈춤 블록을 세팅하고 작업한다(C).

그다음 밴드쏘에서 옆면을 대충 따낸 후, 테이블쏘에서 톱날 높이를 맞추고 장부 지그에 부재를 지지하여 옆면과 이어지는 홈을 정밀하게 가공한다. ATB 톱날을 사용한다면 파낸 홈에 톱날 자국이 생기는데 이것은 폭이 좁은 끌로 다듬어 제거한다(D).

파낸 홈에 끼워 들어갈 은촉을 가공한다. 톱날 자국은 턱대패나 끌로 다듬는다(E).

촉을 끼울 홈은 다도날을 써서 만들면 된다. 홈의 위치를 결합부 중앙에 두면 자동으로 두 홈의 위치가 맞춰지기 때문에 작업하기 쉽다(F).

겹친 쐐기로 쓸 부재를 재단한다(G). 만든 쐐기를 홈에 망치로 때려 넣어 결합부를 고정한다(H). 조립 후 분해하지 않아도 되면 접착제를 발라 고정한다.

▶ 149쪽의 '방두산지 만들기'를 참고한다.

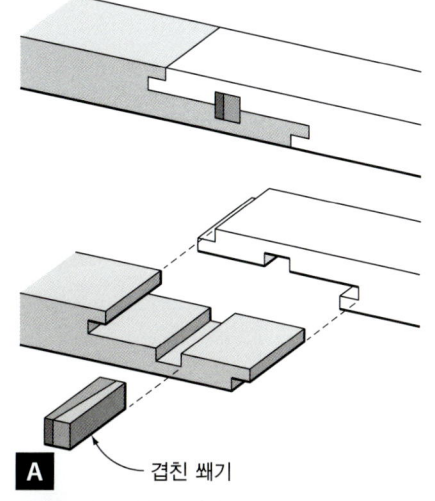

B

C

E

A 겹친 쐐기

D

F

G

H

모서리 접합

모서리 접합

모서리 띠

각도가 있는 모서리 접합

보강된 모서리 접합

제혀 모서리 접합

목공인들이 사용하는 짜임의 상당 부분이 장부 짜임 방식이라고 말한다면, 그 외 나머지 짜임을 구성하는 것은 모서리 접합이다. 몇몇 예외가 있긴 하지만 모서리 접합은 접착제의 힘에 의해 결합이 이루어진다. 비접착 방식인 제혀쪽매(tongue and groove) 이음이나 반턱 쪽매(shiplapped) 이음 등은 캐비닛의 뒤판 등에 쓰이며, 통접합(coopered joint)은 금속띠와 함께 나무통을 만드는 데 쓰인다. 몇몇 모서리 접합은 비스킷 또는 목심을 박거나 접합면에 제혀와 홈을 만들어 보강하기도 한다. 이런 보강 방법은 결합 강도를 좋게 하는데 결합부 정렬을 위해서도 많이 사용된다. 모서리 접합을 잘 만들려면 접합되는 두 면이 곧고 편평해야 하며 좋은 접착제가 필요하다.

모서리끼리 좋은 접착제로 붙여 적층된 부분은 강도가 증가되어 접합 주변부 목재보다도 더 강한 성질을 나타낼 수 있다. 하지만 이 강도는 접합면이 편평하고 깨끗하며 뒤틀리지 않아서 나무가 움직일 때 추가 변형을 주지 않아야만 확보할 수 있다. 접착할 때 클램프로 조여 압력을 줄 수 있는데, 떨어지지 않을 정도의 압력만 주면 접착부가 유지된다.

모서리 접합의 쓰임새

모서리 접합은 목재를 단순히 적층을 할 때나, 곡면 문짝을 만들거나 좁은 판재를 이어 붙여 넓은 판재로 만들 때 쓰인다. 또한 탁자 상판을 만들거나 장의 옆판, 프레임 내부에 끼울 알판을 만들 수도 있다. 모서리 적층 방식으로 합판 같은 인공 판재의 모서리에 원목 띠를 두를 수도 있다.

접합되는 두 면을 잘 만들어놓았으면 접착제를 바르고 정렬한 다음 접착면을 맞대어 문지르기만 하면 접합이 된다.

날물에 타버린 면은 접착제를 써도 잘 붙지 않는다. 접착면은 항상 깨끗하고 곧으면서 뒤틀림이 없어야 한다.

인공 판재는 목재 띠를 붙여 모서리를 감출 수 있다.

스프링 접합

아래 그림에서는 부재 사이 간격이 과장되어 표현되었다.
실제 간격은 1mm가 채 안 된다.

접합면을 대패질하여 작은 간격을 만든다.

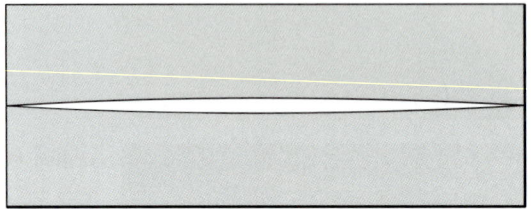

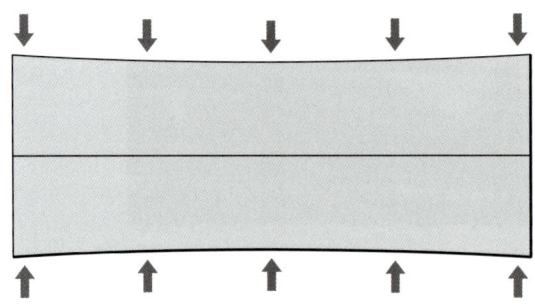

집성 시 간격 없이 붙이려면 더 큰 압력이 필요하다.

양쪽 마구리 부위에 생기는 추가 압력으로 인한 탄성 덕분에
수분이 증발하여 목재가 줄어들 때 접합면이 갈라지지 않게 된다.

스프링 접합면은 가운데로 새는 빛을 확인해서 간격을 점검할 수 있다. 그림처럼 부재를 맞대어 올려놓고 위쪽 부재를 돌려보면 회전 저항력이 느껴져야 한다.

스프링 접합

모서리 접합은 아주 기초적인 작업이지만 긴 두 모서리 면을 완벽하게 딱 붙인다는 것이 그리 쉽지만은 않을 수 있다. 대부분의 목재는 탄성이 있어서 부재 마구리 쪽으로 접합면 사이에 간격이 조금 있더라도 클램프로 조이면 서로 붙는다. 하지만 마구리 부분에서 노출되는 수관부 때문에 수분 흡수와 증발이 두 배 정도 많이 된다는 것을 고려해야 한다.

모서리 접합이 떨어지는 경우는 대부분 양쪽 마구리쪽에서 먼저 떨어진다. 그래서 스프링 접합(spring joint) 기법이 유효하게 쓰인다. 접합면 가운데 부분을 안쪽으로 살짝 들어가게 대패질을 하게 되면 접합면을 붙일 때 추가 압력이 필요하게 된다. 이 추가 압력 덕분에 먼저 수분 증발이 되는 마구리 쪽에 살짝 스프링백(springback, 탄성력으로 원래 모양으로 돌아가려는 현상)을 만들 수 있다. 부재 사이에 간격을 만들고 빛을 비춰서 접합면 사이로 빛이 살짝 새는지 확인한다.

접착제 바르기

부재를 집성하기 전에 몇 가지 확인하는 습관을 가지면 최고의 결과물을 얻을 수 있다. 먼저 접착하기 전에 나뭇결을 맞춰 정렬한다. 나뭇결은 여러 가지 방법으로 정렬할 수 있다. 심재면과 변재면을 번갈아 배치하면 너비 굽음(cupping)을 최소화할 수 있다. 심재면이나 변재면을 모두 한쪽으로 두어 일관된 너비 굽음을 만들 수도 있다. 너무 굽음과는 상관없이 가장 좋게 보이는 나뭇결로 한 면을 배치하기도 한다.

집성 후에 손대패질을 할 생각이면 결 방향 대패질이 되도록 나뭇결을 같은 방향으로 맞춰야 한다. 부재 두 개를 정렬하는 방법만 8가지가 있기 때문에 부재 숫자가 늘면 선택할 방법은 엄청 많아지게 된다.

부재를 정렬한 다음에는 어떤 면끼리 붙이는지 앞쪽에 표시를 한다. 편평한 작업면에서 곧은 파이프 클램프나 바 클램프 위에 부재를 올려놓는다. 클램프와 작업면이 모두 편평해야 부재도 편평하게 잘 정렬할 수 있어서 집성할 때 단차가 생길 가능성이 적어진다.

모서리를 대패질한 후 접착제를 바르지 말고 면끼리 붙이고 클램프로 조여 본다. 이렇게 해보면 클램프가 몇 개 필요한지 알 수 있어서, 접착제를 바르고 클램프를 찾느라 허둥대지 않게 된다. 접합면이 앞뒤로 모두 빈틈없이 맞닿아 있는지 확인한다. 클램프 압력은 폭과 길이 방향으로 모두 일정해야 한다. 망치로 쳐서 부재가 뜨지 않고 클램프에 맞닿도록 만든다.

접착제는 충분히 발라서 클램프로 조였을 때 어느 정도 삐져나와야 한다. C형 클램프로 접합면 마구리 부분을 조여놓거나 납볼 망치로 살짝 쳐서 단차가 없도록 만든다. 단차가 없어지면 클램프를 추가로 조여 접합면에 일정한 압력이 가해지도록 만든다. 클램프 머리 방향을 앞뒤로 번갈아 조이면 압력을 좀 더 균일하게 줄 수 있다.

모서리 접합 보강하기

모서리 접합은 접착제로 나뭇결면끼리 붙이는 방식이기 때문에 추가 보강을 하지 않아도 큰 결합 강도를 만들어낼 수 있다. 시험결과에 따르면 모서리면을 제대로 마름질하고 현대 접착제로 붙이면 강도가 본래의 목재 강도보다도 더 강하다고 한다.

그런데 왜 보강을 하는 것인가? 비스킷이나 목심, 끼움촉 또는 제혀 홈 끼움 등의 보강 방식을 쓰면 일단 정렬을 훨씬 쉽게 할 수 있다. 게다가 물리적 구속력을 더해주기 때문에 결합력도 추가된다. 보강물이 없으면 온전히 접착제의 힘으로만 붙어 있게 된다.

끼움촉을 쓰면 정렬에도 도움이 되고 마구리면에

모서리를 붙이기 전에 보기 좋게 혹은 나뭇결을 같은 방향으로 맞춰 정렬하고 앞면에 맞춰지는 위치를 표시한다.

접합면을 대패질하고 접착제를 바르기 전에 클램프로 미리 조여봐서 접합면이 잘 붙는지 확인한다.

양쪽 면에서 모두 접착제가 흘러나오는지 확인하고 필요하면 클램프를 추가한다. 부재가 클램프면에 닿아 편평한지도 점검한다.

서 장식적 요소로 쓰일 수도 있다. 끼움촉은 합판이나 원목을 쓰는데, 원목을 쓸 경우에는 나뭇결 방향이 접합면에 직각 방향이어야 제대로 강도를 확보할 수 있다. 본 부재 방향과 같은 나뭇결 방향으로 끼움촉을 만드는 것이 더 쉽긴 하지만 이러면 끼움촉이 쉽게 쪼개진다.

제혀 홈 접합은 모서리 접합을 효과적으로 보강할 수 있는 또 다른 방법이다. 강도를 제대로 확보하려면 혀와 홈의 크기와 비율을 잘 맞춰야 한다.

모서리 띠

캐비닛을 짤 때 인공 판재는 정말 없어서는 안 되는 재료지만 합판의 모서리면은 보기에 좋지 않다. 상용으로 나오는 모서리 띠를 붙이면 작업은 금세 할 수 있겠지만 직접 모서리 띠를 만들어 붙이면 내구성이 더 좋고 좀 더 우아한 모습을 연출할 수 있다. 모서리 띠를 만들면 나무 색깔을 맞출 수 있는 것도 이점이다. 게다가 다양한 단면을 갖는 디자인을 선택할 수도 있다.

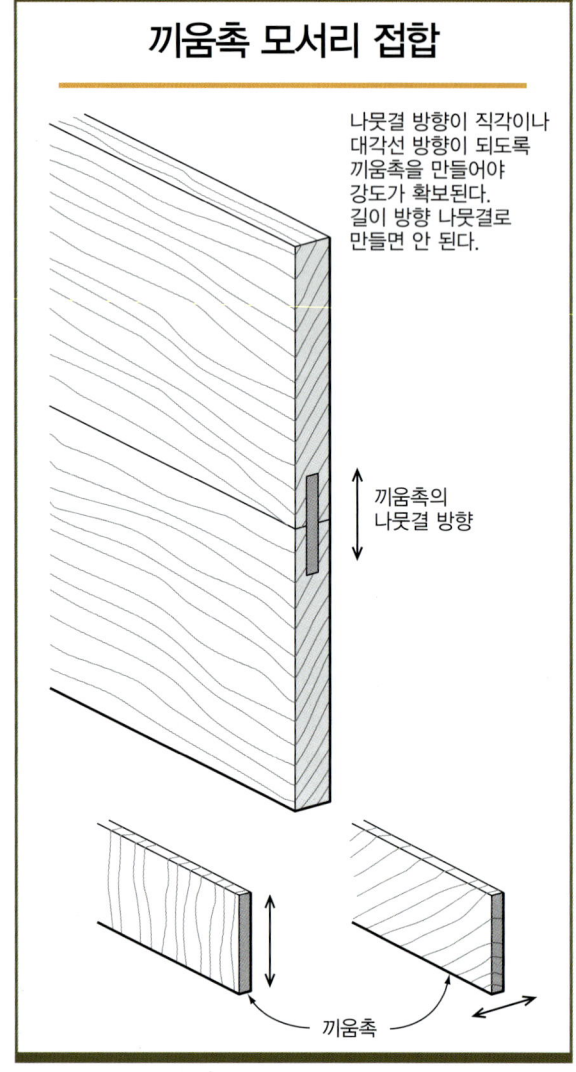

끼움촉 모서리 접합

나뭇결 방향이 직각이나 대각선 방향이 되도록 끼움촉을 만들어야 강도가 확보된다. 길이 방향 나뭇결로 만들면 안 된다.

끼움촉의 나뭇결 방향

끼움촉

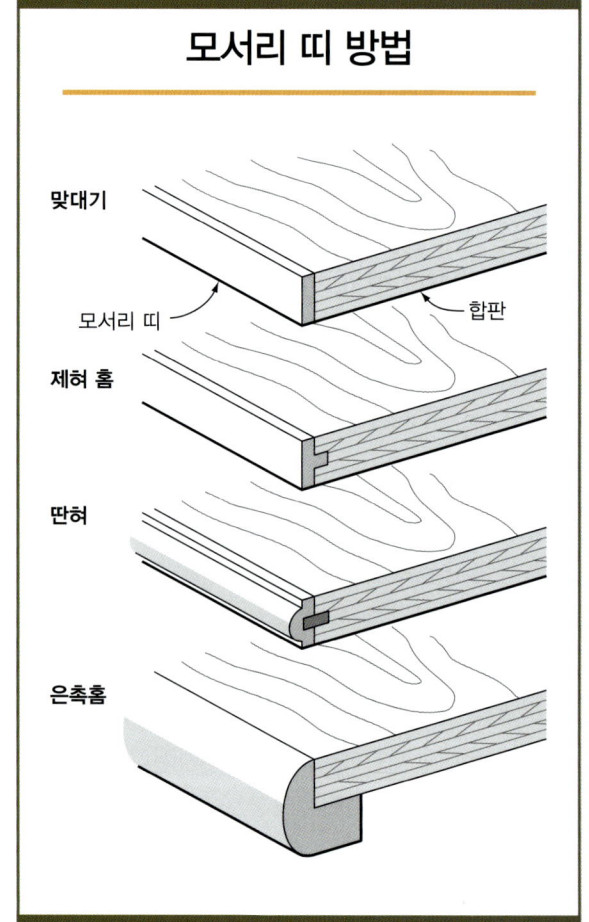

모서리 띠 방법

맞대기

모서리 띠

합판

제혀 홈

딴혀

은촉홈

제혀 홈 짜임에서 발생하는 문제점

혀가 너무 짧다 : 결합 강도 저하

혀가 너무 길다 : 혀가 나뭇결대로 쪼개지기 쉬움

혀가 너무 넓다 : 홈 옆쪽이 나뭇결대로 쪼개기지 쉬움

너무 빡빡하다

약한 부위

약한 부위

수공구로 모서리 접합 만들기

모서리 접합면을 수공구로 만들 때에는 이어지는 두 모서리를 모아서 한 번에 대패질을 한다. 이렇게 하면 완벽하게 직각으로 대패질을 하지 못하더라도 두 면 각도가 서로 보상이 되기 때문에 편평하게 부재를 이을 수 있다(A). 먼저 부재의 나뭇결 방향과 무늬를 고려하여 어떻게 이을지 방향을 정렬한다. 그다음 두 부재의 앞면을 서로 마주보도록 포개고 이어지는 모서리면이 같은 높이가 되도록 작업대 위에 올려놓는다. 스프링 클램프로 끝을 잡고 작업대 바이스에 단단히 고정한다(B). 긴 평대패로 두 모서리를 동시에 대패질한다. 8번 평대패가 바닥면이 길어서 모서리면에 혹이나 좀 꺼져 있는 곳이 있더라도 흔들리지 않기 때문에 작업하기 좋다. 대패질을 끊지 말고 길게 하면서도 너무 힘을 주지 않고 가볍게 친다. 대패가 부재 앞면에 대해 직각이 되도록 유지하고 작업한다. 하지만 직각을 유지하지 못했더라도 맞대어 이으면 오차 각도가 서로 상쇄되어 편평하게 접합할 수 있다(C).

접합면이 잘 만들어졌는지 확인하려면 접합면을 맞대어 세운 다음 부재를 움직여보면서 압력을 느껴본다. 적은 힘으로도 위쪽 부재가 잘 돌아간다면 가운데 부분에 배가 나온 것으로 재작업하여 튀어나온 부분을 없애야 한다. 가장 좋은 것은 양쪽 마구리 쪽에서 압력이 느껴지는 것으로 이러면 접합면이 편평하다고 할 수 있다. 접합면 전체에서 간극이나 뜰김, 뒤틀림이 있는지 확인한다. 스프링 접합이 되게 하려면 짧은 대패로 가운데 부분을 살짝 더 파서 안으로 들어가게 만든다(D).

슈팅보드(shooting board)를 사용하면 좀 더 정확하게 대패질할 수 있다. 각 부재를 따로 지그에 물리고 정밀하게 튜닝한 대패로 한 면씩 직각으로 깎는다. 대패 옆면을 작업대 상판에 대고 대패질하면 정확한 직각을 유지할 수 있다.

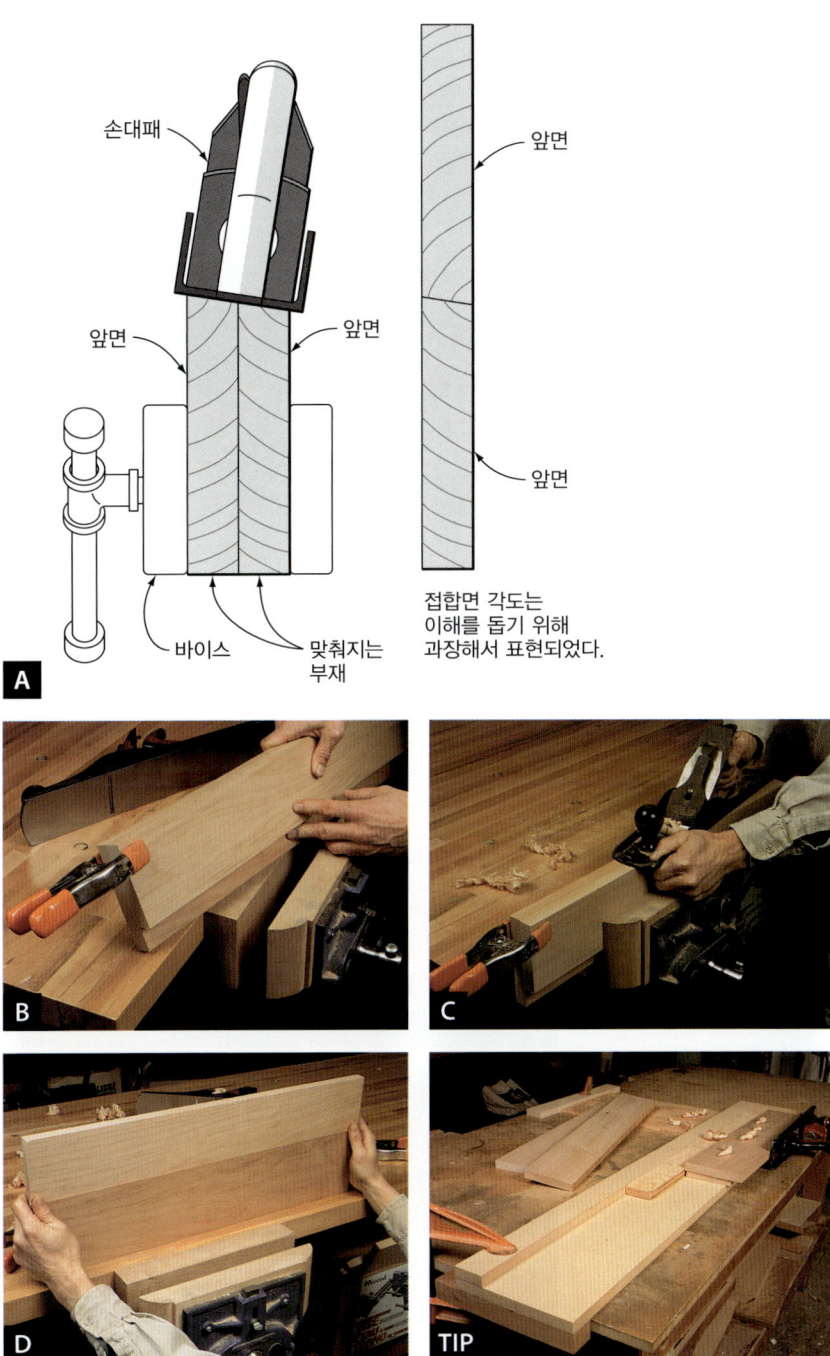

손대패
앞면
앞면
앞면
앞면
바이스
맞춰지는 부재
접합면 각도는 이해를 돕기 위해 과장해서 표현되었다.

A

B

C

D

TIP

[TIP] 대패질할 때 슈팅보드와 부재 사이에 다양한 두께의 판재를 끼워가면서 작업하면 대팻날을 고루 써서 한쪽만 무뎌지지 않는다.

라우터로 모서리 접합 만들기

길거나 아주 넓은 판재는 모서리 접합면을 만드는 것이 쉽지 않다. 대부분의 수압대패 정반은 긴 부재를 얹기에는 너무 짧은데다가, 부재 무게가 무거우면 앞으로 밀면서 대패질하는 것 자체가 쉽지 않기 때문이다. 이때는 라우터 템플릿을 만들어 쓰면 라우터로 모서리 접합면을 곧고 편평하게 깎을 수 있다.

6T 두께의 합판이나 MDF 판재를 폭은 150~200mm, 길이는 가공할 부재 길이로 잘라 준비한다. 여기에 라우터 펜스 역할을 할 12T MDF 판을 50mm 폭으로 잘라 접착제로 붙인다. 이 12T 판재는 모서리면이 편평하고 곧아야 라우터가 똑바로 움직일 수 있다. 직경이 큰 라우터 비트를 라우터에 장착한다. 먼저 6T 판재 모서리를 라우터로 깎아 템플릿을 완성한다(A).

이렇게 깎은 템플릿의 모서리를 모서리 접합을 할 부재 위에 올려놓고 클램프로 고정한다. 라우터를 템플릿에 대고 왼쪽에서 오른쪽으로 움직이면서 접합면을 가공한다. 이때 라우터 베이스를 템플릿의 12T 펜스에 잘 밀착시키고 가공하는데, 한쪽이 직선으로 잘린 보조 라우터 베이스를 사용하는 것이 좋다(B).

라우팅이 끝나면 평대패로 다듬어 정리한다. 가운데 부분을 추가로 한두 번 더 대패질하여 스프링 접합면을 만든다(C).

▶ 270쪽의 '스프링 접합'을 참고한다.

라우터 테이블에서 모서리 접합 만들기

라우터 테이블에서 모서리 접합면을 깎으려면 직경이 큰 일자 비트를 끼우고 앞쪽과 뒤쪽 펜스에 단차를 주어 수압대패처럼 작동하도록 만들어야 한다(A). 비트 뒤쪽 펜스에 얇은 심을 붙여 좀 더 튀어나오도록 단차를 만든다. 심을 클램프로 고정하거나 펜스에 접착제로 붙인다. 그다음 양쪽 펜스 사이로 비트가 감춰지도록 펜스 위치를 조정하는데 앞쪽 펜스 면을 기준으로 뒤쪽에 붙여놓은 심두께만큼 튀어나오게 한다(B).

부재를 적당한 속도로 오른쪽에서 왼쪽으로 움직이면서 비트를 통과시켜 가공한다. 깎기 전에 부재의 나뭇결을 확인하고 순결이 되도록 방향을 맞추고 작업한다. 깎인 부분이 뒤쪽 심에 부드럽게 붙는지 확인한다(C).

라우터 테이블에서 전용 비트로 모서리 접합 만들기

모서리 접합 전용 비트를 라우터 테이블에서 사용할 때에는 뒤쪽 펜스에 3mm 두께의 판재를 클램프로 고정해둔다. 비트의 날물 끝이 이 판재면과 일치하도록 펜스 위치를 조정한다(A). 못 쓰는 나무토막에 연습으로 가공해보아서 비트가 필요한 만큼 튀어나왔는지 확인한다(B). 맞춰지는 두 부재가 단차 없이 붙도록 비트 높이를 조정한다(C).

[변형 방법] 핑거 조인트 비트로도 나뭇결면 접착면을 만들 수 있다. 단차 없이 맞도록 비트 높이와 펜스 위치를 조정하고 작업한다. 맞춰지는 부재는 뒤집어서 가공하여 앞면이 라우터 테이블 아래쪽으로 가도록 하는 것을 잊지 않는다.

변형 방법

수압대패에서 모서리 접합 만들기

수압대패에서 모서리 접합면을 만들 때에는 먼저
부재 나뭇결 방향과 앞면이 어느 쪽인지 확인해야 한
다. 맞춰지는 부재 모서리에 표시를 해둔다. 수압대패
펜스가 정반에 정확히 직각인지 확인한다. 직각자 뒤
에 불을 비춰봐서 틈이 있는지 확인하면 더 정확히 맞
출 수 있다. 대부분의 장비는 각각 펜스를 정확하게
맞추는 특별한 방법이 있기 마련이다. 펜스를 맞추고
몇 번 연습 가공을 해본다(A).

부재 나뭇결을 확인해서 순결로 대패질이 되도록
가공 방향을 결정한다. 부재 앞면을 펜스에 정확히 밀
착시킨 상태에서 대패날을 통과시켜 가공한다. 깎인
접합면이 아래로 압력을 주지 않은 상태에서 자체 무
게만으로 뒤 정반에 잘 밀착되어야 한다. 대패날 회전
속도는 부재를 아주 천천히 이송시키면 모든 뜯긴 면
이 깨끗이 제거될 정도여야 한다. 그래도 여전히 뜯김
이 발생할 경우에는 펜스를 좀 틀어 부재를 사선으로
밀면서 깎거나(B), 부재 방향을 뒤집어 다시 한번 깎
는다.

[TIP] 펜스가 정확히 직각이 아닐 때에는 맞춰지
는 부재를 가공할 때 부재를 뒤집어 뒷면을 펜스
에 대고 깎으면 문제없이 모서리 접합을 만들 수
있다. 두 부재의 틀어진 각도가 서로 상쇄되면서
편평하게 접합된다.

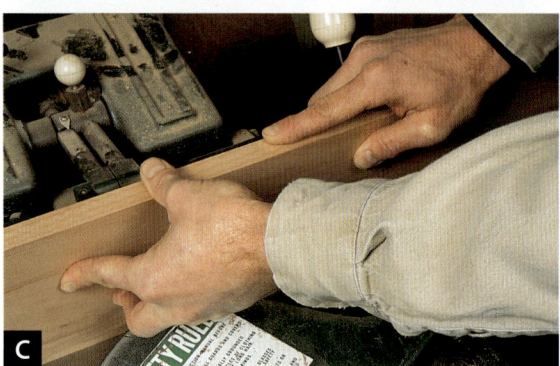

수압대패에서 스프링 결합 만들기

수압대패에서 일관된 스프링 결합을 만들려면 모서리 접합면의 가운데 부분은 좀 더 깎고 마구리 쪽으로 갈수록 점점 덜 깎아야 한다.

일단 전체 모서리면을 처음부터 끝까지 깎아 편평한 면을 만든다. 그다음 전체 길이의 1/4 정도 되는 지점에서 시작해서 다시 한번 깎는다. 부재를 이 지점에서 조심스럽게 대패날로 내린다(A). 부재를 밀어 깎다가 뒤쪽 1/4 지점 부근에서 조심스럽게 들어 올린다(B).

마지막으로 처음부터 끝까지 다시 한번 미는데, 이때는 처음에는 압력을 주지 않다가 1/4 지점을 지나면서 아래 방향으로 압력을 가한다(C). 압력을 계속 유지하다가 뒤쪽 1/4 부근에서 서서히 압력을 빼고 부재를 끝까지 밀어 대패날을 통과시킨다. 이런 방식으로 맞춰지는 두 모서리면을 모두 작업한다.

작업한 두 면을 맞대어 가운데 부근에 미세한 틈이 생겼는지 확인한다. 부재를 돌려보면 양쪽 마구리 쪽에서 어느 정도 압력이 느껴지게 된다(D).

➤ 270쪽의 '스프링 접합'을 참고한다.

합판에 모서리 띠 붙이기

합판이나 파티클보드에 모서리 띠를 붙이는 것은 캐비닛 공장에서 흔히 볼 수 있는 작업이다. 일단 합판의 모서리는 매끄럽게 재단되어야 한다. 몇몇 작업장에서는 합판 모서리를 수압대패로 밀기도 한다. 이때 수압대패의 날이 초경날이라면 아무 문제없겠지만, 그렇지 않으면 날이 금세 무뎌진다. 날이 무뎌지는 위험을 감수하기 싫다면 테이블쏘에서 정재단을 해서 준비한다(A). 재단한 부재를 뒤집어 한 번 더 자른다. 모서리면이 처음부터 편평하지 않았다면 다시한번 뒤집어 세 번째까지 자르면 완벽하게 재단할 수 있다(B).

자동대패에서 모서리 띠로 쓸 부재를 깎는다. 길이는 띠를 붙일 합판 부재 길이보다 길어야 하고 두께는 1.5mm 정도 크게 만든다. 자동대패에서 부재 끝을 물어버리는 스나이프(snipe)가 생긴다면 부재를 더 길게 만들어 준비한다(C). 부재 모서리는 수압대패로 밀어 편평하게 각을 잡는다(D).

테이블쏘에서 켜서 모서리 띠를 만드는데, 두 번째 띠를 만들기 전에 수압대패로 한 번 밀어 톱자국을 없앤다. 모서리 띠의 폭은 원하는 정도로 만들면 된다. 어떤 사람은 3mm 정도로 얇게 만들어 합판의 무늬목에 거의 가려지게 하기도 하는데, 나는 6mm 정도 두께로 만들어 좀 더 내구성이 좋게 하는 편이다(E).

변형 방법

모서리 띠를 붙일 때 마스킹 테이프를 사용하면 정렬하는 데 도움이 된다(F). 클램프로 조였을 때 살짝 삐져나올 정도로 합판과 모서리 띠 양쪽에 접착제를 충분히 바른다. 흘러나온 접착제는 굳은 다음 제거한다. 클램프로 조여 생기는 압력이 앞면과 뒷면에서 동일해야 한다. 클램프 방향을 번갈아 가면서 조이면 균일한 압력을 만들 수 있다. 클램프 카울(caul)을 쓰는 것도 압력을 분산시키는 데 도움이 된다(G).

플러쉬트림 비트를 라우터 테이블에 장착하고 튀어나온 모서리 띠를 깎아낸다. 부재를 수직으로 들고 비트 높이를 조정하여 베어링 부분이 합판에 닿도록 하여 작업한다. 펜스를 사용하면 부재를 좀 더 잘 지지할 수 있다(H). 스크레이퍼로 깎아 튀어나온 부분을 제거할 수도 있다. 80번 캐비닛 스크레이퍼로 작업하면 수월하게 할 수 있다. 모서리 띠를 깎으면서 합판의 무늬목 부분까지 깎지 않도록 주의한다(I).

[변형 방법] 평대패로 모서리 띠를 다듬을 수도 있다. 누르는 압력을 모서리 띠에만 가해서 합판까지 깎이지 않도록 주의한다. 모서리 띠의 나뭇결을 확인하여 순결 방향으로 대패질이 될 수 있도록 한다.

각도가 있는 모서리 접합

각도가 있는 모서리 접합(cooperd edge joint)을 만드는 첫 번째 단계는 원하는 곡면을 그려 모서리의 각도와 부재의 개수를 정하는 것이다. 트래멜 포인트(trammel point)를 사용하여 호를 그린다. 호의 전체 각도를 측정하고 이를 몇 개 부재로 만들지 정해 나눈다. 이렇게 나눈 부분의 각도를 측정하여 표시한다. 각 부재의 모서리 각도는 측정된 각도의 절반이 된다(A).

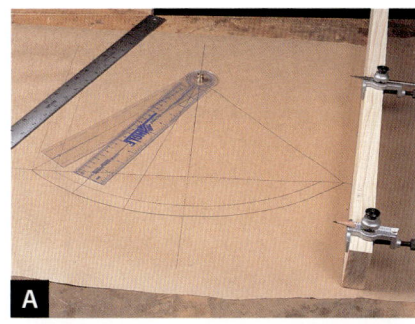

부재를 필요한 두께와 폭으로 재단하는데, 붙인 다음 모서리를 둥글게 다듬을 거라면 두께를 좀 더 두껍게 만든다. 길이는 살짝 길게 재단한다.

테이블쏘의 톱날 각도를 기울여 맞추고 부재 모서리를 켠다(B). 자유각도자를 써서 수압대패의 펜스 각도를 같은 각도로 맞춘다(C). 기울어진 펜스에 부재를 대고 접합면을 수압대패로 민다. 만들어진 접합면이 편평하고 잘 맞는지 확인한다(D).

만들어진 부재를 몇 개씩 나눠 붙여야 접합면에 제대로 압력을 가할 수 있다. 단순하게 두 개 부재를 붙이는 경우라면 양쪽 접합면에 접착제를 바르고 모서리 각도의 두 배만큼 모서리를 딴 클램프 카울을 양쪽에 대고 클램프로 조인다(E).

[변형 방법] 각도가 있는 모서리 접합에도 끼움촉을 추가할 수 있다. 접합면을 만들 때 썼던 톱날 각도를 그대로 두고 부재를 정반이 아니라 조기대에 밀착시킨다. 이렇게 하면 모서리에 수직인 홈을 팔 수 있다. 만들어진 홈에 맞는 끼움촉을 만들어 조립하기 전에 끼워 넣는다.

변형 방법

비스킷 모서리 접합

　모서리 접합에 비스킷을 쓰면 결합 강도를 높일 수 있다. 하지만 더 중요한 역할은 접착체가 굳을 동안 연결되는 두 부재를 단차 없이 정렬하는 것이다. 이러면 정말 간편하게 작업할 수 있는데, 긴 부재 여러 장을 맞춰 붙일 때에도 단차를 없애느라고 고생하지 않아도 된다.

　먼저 맞춰지는 모서리 면을 대패질하여 편평하고 매끈하게 만든다. 그다음 비스킷을 박을 위치를 표시한다. 잘려 나갈 곳에 비스킷을 박으면 겉에서 보이게 되므로 주의한다(A).

　부재 두께 방향으로 가운데에 홈을 팔 수 있도록 비스킷 조이너를 조정한다. 모든 부재의 앞면에 비스킷 조이너를 지지하고 홈을 파면 자동으로 단차 없이 맞춰지게 된다(B). 홈의 깊이는 사용할 비스킷의 크기에 맞춰 세팅한다. 접착제를 바르기 전에 비스킷만 끼우고 맞춰보아서 제대로 홈이 파졌는지 확인한다.

　비스킷 홈과 주변 모서리면에 접착제를 충분히 바르고 결합한다(C).

꽂임촉 모서리 접합

꽂임촉을 사용하면 모서리 접합을 보강할 수 있지만 똑바로 박히도록 주의 깊게 작업해야만 편평하게 부재를 접합할 수 있다. 부재에 꽂임촉의 위치를 표시한다(A).

부재를 바이스에 물리고 꽂임촉 지그를 표시한 연필선에 정렬하여 맞춘다(B). 브래드 포인트 드릴 비트에 파낼 구멍 깊이를 테이프로 감아 표시한다. 핸드드릴로 구멍을 파고 드릴 밥을 깨끗이 제거한다. 드릴을 정확히 수직으로 잡고 작업한다(C).

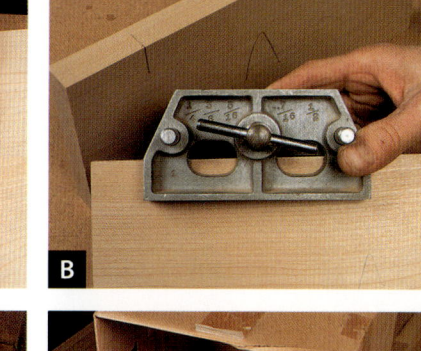

나선이나 직선 홈이 파진 꽂임촉을 사용해야 박아넣을 때 접착제와 공기가 밖으로 빠져나올 수 있다. 대부분의 꽂임촉은 건조되면서 타원형 모양이 되기 때문에 접착제를 바르기 전에 간이 오븐에서 어느 정도 건조시켜 크기가 줄어들게 만든다. 접착제를 바르면 다시 부풀어 올라 구멍에 꽉 차게 맞춰진다(D).

접착제를 바르기 전에 사용하는 꽂임촉의 길이가 구멍의 깊이보다 길지 않은지 다시 한번 확인한다. 클램프를 바로 쓸 수 있도록 옆에 준비해두고 작업한다(E).

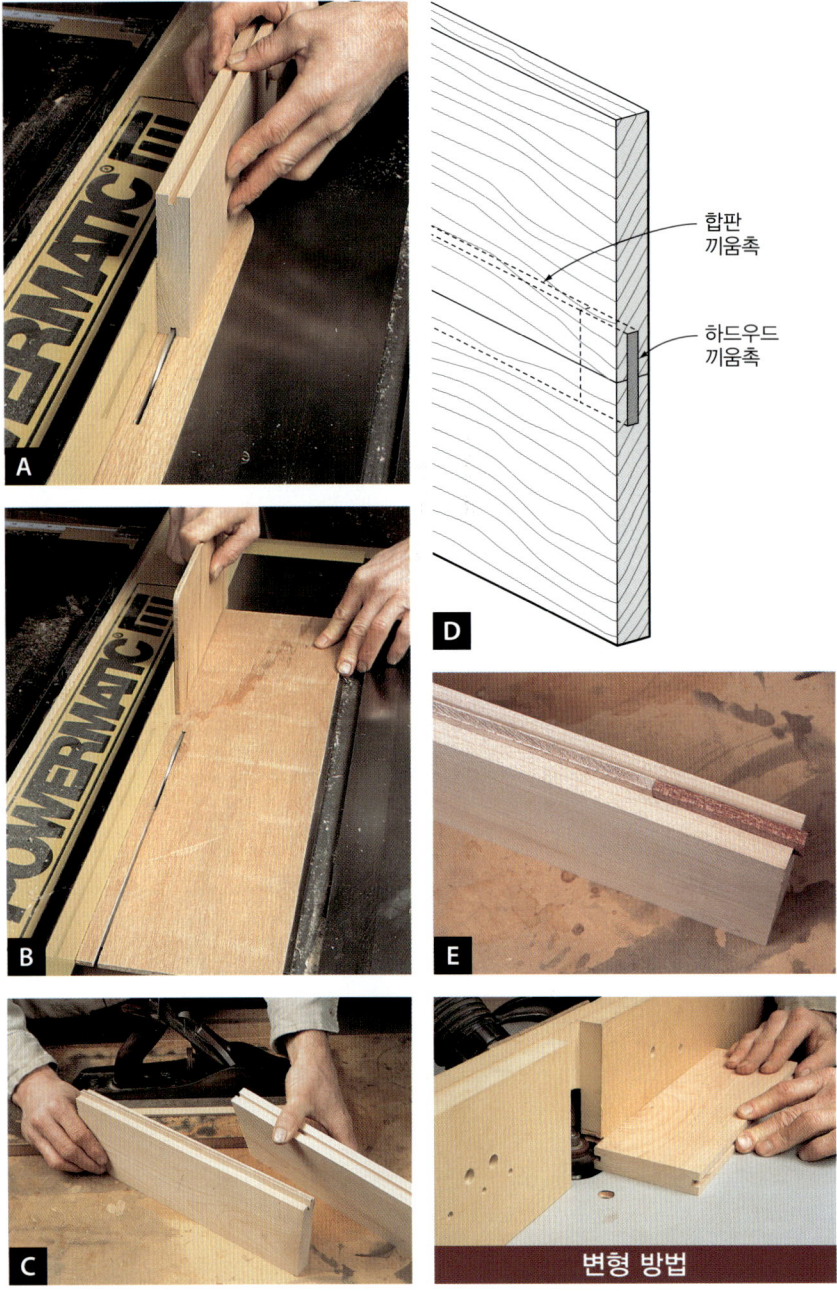

합판
끼움촉

하드우드
끼움촉

변형 방법

끼움촉 모서리 접합

모서리 접합에 끼움촉을 끼워 보강하려면 먼저 접합면에 홈을 파야 한다. 테이블쏘에서 부재를 수직으로 조기대에 밀착시키고 밀어서 일차로 홈을 판다. 톱 세팅을 그대로 두고 부재를 뒤집어 앞서 작업한 반대면을 조기대에 대고 다시 한번 밀어 홈을 파면 접합면에 정확히 가운데에 세로홈을 파낼 수 있다. 홈 폭이 넓으면 다도날을 써도 되는데, 이때에는 더 천천히 밀면서 작업한다(A).

▶ 272쪽의 '끼움촉 모서리 접합'을 참고한다.

[변형 방법] 라우터 테이블에서 홈파기 비트를 써서 끼움촉을 끼울 세로홈을 파낼 수 있다. 홈 깊이가 그리 깊지 않다면 비트를 펜스 사이에 두고 조금만 나오게 하면 더 안전하게 홈을 팔 수 있다. 부재를 오른쪽에서 왼쪽으로 밀어 작업한다.

합판으로 끼움촉을 만드는 데 홈 폭과 같거나 살짝 더 두꺼운 합판을 사용한다. 테이블쏘에서 밀대로 합판을 밀어 톱날을 통과시킨다(B). 필요하면 합판 바깥면을 스크레이퍼를 긁어내어 세로홈에 잘 끼워지도록 만든다. 끼움촉의 폭은 파낸 홈의 깊이 두 개를 합친 것보다 살짝 작아서 끼움촉을 끼워도 접합면이 서로 맞닿아야 한다(C).

[TIP] 끼움촉이 홈에 부드럽게 들어가야 한다. 너무 헐거워서 결합력이 약하거나 너무 빡빡해서 박아 넣을 때 홈이 깨져서도 안 된다.

끼움촉을 하드우드로 만들면 맞추기가 좀 어렵다.

왜냐하면 세로홈에 끼움촉을 끼웠다 뺐다 하면서 나뭇결대로 쪼개지기가 쉽기 때문이다. 그래서 합판으로 끼움촉을 만들고 노출되는 양쪽 끝부분만 하드우드로 끼워 넣는다(D). 합판 끼움촉은 나뭇결 방향을 고려할 필요가 없다(E).

나비장 모서리 접합

주먹장 모양의 나비장을 모서리 접합에 끼워 넣으면 독특한 상감 무늬를 만들면서 결합 강도도 증가시킬 수 있다.

먼저 나비장으로 만들 부재를 원하는 크기보다 조금 더 넓고 두껍게 준비한다. 곧은결 부위로 3~5mm 두께면 적당하다(A). 두꺼운 판지나 3T 하드보드, MDF 판으로 나비장 모양의 템플릿을 만든다. 부재에 만든 템플릿 모양을 옮겨 그리고 밴드쏘로 따낸다. 밴드쏘 정반을 양쪽으로 기울일 수 있으면 양쪽 면을 안쪽으로 5도 정도 기울여 따낸다(B). 끌로 모양을 다듬어 마무리한다(C).

나비장의 마구리면은 드럼샌더로 다듬는다.

접착제로 접착한 모서리 접합면에 나비장 위치를 잡는다. 나비장을 따라 금긋기칼로 부재 표면에 칼금을 긋는데, 나비장의 작은쪽 면을 대고 옮긴다. 칼금선에 연필선을 추가로 그어 잘 보이게 만든다(D).

▶ 228~229쪽의 '나비 연귀촉 결합'을 참고한다.

직경이 작은 일자 비트를 라우터에 장착하고 그어 놓은 칼금에 최대한 가깝게 나비장 자리 안쪽을 라우팅하여 파낸다. 역방향으로 가공하면 가공면에서 멀어지는 힘이 생긴다. 이렇게 작업하면 쉽게 라우터를 조정할 수 있기 때문에 칼금에 거의 근접하게 가공할 수 있다(E).

끌을 칼금선에 대고 쳐낸다. 끌로 칼금선 안쪽을 깎아낼 때에도 위에서 아래 방향으로 수직으로 작업한다. 사진에서 보는 나비장은 마구리면을 둥글게 만들었기 때문에, 홈도 가우지(gouge)를 써서 둥글게 깎아낸다. 스큐끌(skew chisel)이나 1번 가우지로 모서리를 파내 다듬는다(F).

나비장을 박아 넣기 전에 맞춤 정도를 확인한다. 홈에 나비장을 눌러 끼워본 다음, 빼서 어느 부분이 닿았는지 확인한다. 닿아 눌린 부분은 문질러지면서 표면이 살짝 광이 난다. 거의 모든 부분에서 맞물리면서 끼워지는 것이 좋다. 사진에서 보는 흑단(ebony) 나비장일 경우에는 맞물리면서 홈에 짙은 색을 남기기 때문에 어디를 더 깎을지 쉽게 확인할 수 있다. 스큐 가우지(skew gouge)를 써서 나비장을 위로 드러내어 빼낸다. 빼낼 때 밑에 무늬목 조각을 대고 작업하면 부재를 보호할 수 있다(G)

접착제를 홈 바닥면과 모서리면에 모두 바른다. 나비장 바닥에도 접착제를 조금 바른다. 나비장을 홈에 끼워 두드려 박은 다음 클램프 머리가 닿는 위치라면 클램프로 조여 둔다. 손대패로 나비장의 위로 튀어나온 부분을 깎아 편평하게 만든다. 대패질할 때 뜯기지 않도록 나뭇결을 미리 확인하고 작업한다(H).

수공구로 제혀 모서리 접합 만들기

제혀 모서리 접합을 수공구로도 만들 수 있다. 복합 대패(combination plane)를 써서 모서리에 세로홈을 판다. 복합 대패의 스케이트날을 부재 폭에 맞춰 세팅하고 흔들리지 않도록 지지하고 작업한다. 나뭇결 방향을 확인하여 순결로 대패질이 되도록 한다(A).

제혀는 홈대패(rabbeting plane)로 가공한다. 펜스가 달린 78번 대패로 작업하면 쉽게 팔 수 있다. 부재에도 펜스를 클램프로 조여놓고 작업할 수 있다. 대팻날을 대패 몸통 모서리에 딱 붙여서 층이 지지 않게 깎아낸다(B).

78번 홈대패로 모서리를 따라 은촉홈을 판다. 이렇게 반턱쪽매(shiplap)를 만들어 캐비닛 뒤판으로 사용하면 계절에 따른 수축 팽창이 있더라도 틈새가 보이지 않는다.

[TIP] 부재를 바이스에 물리거나 작업대 위에 클램프로 고정하고 작업한다.

라우터 테이블에서 일자 비트를 써서 제혀 모서리 접합 만들기

라우터 테이블에서 일자 비트를 사용하여 정밀한 제혀 모서리 접합부를 가공할 수 있다. 제혀를 끼울 세로홈의 폭은 부재 두께의 1/3을 넘어가지 않도록 한다. 비트를 장착하고 높이를 3mm 정도로 조정한다. 부재 가운데에 세로홈이 파지도록 펜스를 조정한다. 한 번 홈을 파고 뒤집어 반대면을 펜스에 대고 또 한 번 파서 부재 가운데에 홈을 팔 수도 있다(A).

부재를 펜스에 단단히 밀착시키고 세로홈을 판다. 홈을 한 번 파고 다시 한번 비트를 통과시키면 파낸 홈 안에 있던 톱밥을 제거할 수 있다. 나선형 비트를 쓰면 톱밥이 끼지 않는다(B).

혀를 깎을 때에도 같은 비트를 사용한다. 부재를 세우지 않고 테이블 정반에 붙여서 가공하는데, 이러면 더 쉽게 가공할 수 있고 뜯김이 발생하더라도 홈에 끼워지는 혀쪽에만 생기는 장점이 있다. 비트를 펜스 속으로 들어가게 하고 가공에 필요한 만큼만 밖으로 빼서 작업한다(C).

한쪽을 먼저 파본다. 만일 부재가 너무 많이 뜯긴다면 역방향 가공으로 일부만 조금 깎아내고 다시 오른쪽에서 왼쪽으로 부재를 움직이는 정방향으로 나머지를 깎는다. 부대를 뒤집어 반대쪽도 동일하게 작업한다(D).

➤ 21쪽의 '역방향으로 가공하기'를 참고한다.

만들어진 혀가 세로홈에 거의 꽉 차도록 끼워 맞춰지는지 확인한다. 필요하면 평대패로 혀나 세로홈 부분을 다듬어 조정한다. 턱대패로 혀의 어깨면을 깎아 다듬어 맞출 수도 있다(E).

라우터 테이블에서 홈파기 비트를 써서 제혀 모서리 접합 만들기

홈파기 비트를 라우터 테이블에 장착하고 제혀와 세로홈을 깎을 수 있다. 먼저 홈파기 비트 높이를 세로홈 위치로 맞춘다. 부재 두께 방향으로 정 가운데에 비트 중심을 위치시킨다(A). 파낼 세로홈의 깊이가 그리 깊지 않을 때에는 비트를 펜스 속으로 들어가게 하면 훨씬 안전하게 작업할 수 있다. 모서리 접합에서 세로홈의 깊이는 그리 깊게 팔 필요가 없다. 홈을 한 번 파고 부재를 앞뒤로 뒤집어 한 번 더 파면 세로홈이 부재 정 가운데 위치하게 된다(B).

비트 높이를 조정하고 제혀를 만들기 위한 모서리 깎기를 한다. 펜스는 세로홈을 팔 때 세팅한 그대로 유지한다. 비트 날물의 최상단을 파낸 세로홈의 바닥면에 맞춘다. 부재를 오른쪽에서 왼쪽으로 움직이며 첫 번째 모서리를 깎는다. 이때 뜯김이 발생하면 세로홈 팔 때와 마찬가지로 역방향 가공을 먼저 하고 작업한다(C). 부재를 뒤집어 반대편 모서리를 깎아 제혀를 완성한다(D).

▶ 21쪽의 '역방향으로 가공하기'를 참고한다.

장부 짜임

장붓구멍

장부촉

원형 장붓구멍

딴혀 장부촉

원형 장부촉

턱장부

다중 장부 짜임

이어지는 장부촉

보강된 장부 짜임

관통 장붓구멍

관통 장부촉

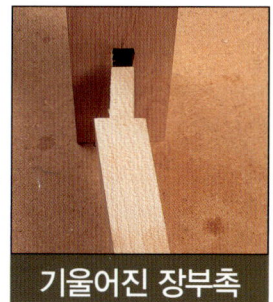

기울어진 장부촉

프레임 알판

특수 장부

목공에 쓰이는 짜임 방식을 크게 두 종류로 분류한다면 하나는 모서리 접합이고 나머지는 장부 짜임의 변형된 방식이라고 말할 수 있다. 따라서 장 구조나 프레임 구조에서 그리고 스툴이나 탁자, 의자를 만들 때 장부촉과 장붓구멍을 만드는 것은 보편적인 작업이라고 할 수 있다. 기본적으로 장부 짜임은 우리가 만드는 모든 종류의 가구에 사용된다.

장부 짜임의 기본은 간단하다. 한쪽 부재의 일부분을 다른 쪽 부재에 파놓은 구멍에 끼워 넣는 것이다. 하지만 장부촉과 장붓구멍의 모양은 짜임의 목적이나 가공 방법, 쓸 수 있는 작업 시간, 전체 디자인에 미치는 영향 등에 따라 달라진다.

장부 짜임의 장점

장부 짜임은 많은 장점이 있다. 짜임부 자체로 쉽게 압축력을 지지할 수 있는 구조이며, 벌림 쐐기나 핀을 박고 접착제를 쓰면 인장력이나 비틀림에도 버틸 수 있다. 비스킷 접합같이 어느 날 한순간에 부서지는 것이 아니라 결합부가 약해지면 흔들림이나 소리로 경고 신호를 발생한다. 그리고 몇 년간 삐걱거리거나 장부촉이 장붓구멍 속에서 수축한 후에도, 심지어 부재가 둘로 쪼개진 다음에도 결합을 유지한다.

장부 짜임으로 프레임을 만들면 부재를 더 작은 것을 써도 되기 때문에 전체 무게가 가벼워진다. 게다가 알판도 더 견고하게 지지할 수 있다. 탁자나 의자에서도 어떤 형태로든 장부 짜임을 볼 수 있는데, 이 덕분에 더 작고 가벼운 가로대와 다리를 쓰면서도 더 큰 하중을 견딜 수 있게 된다. 장부촉은 짧게 만들어 막힌 구조로 만들 수도 있고, 관통시킨 다음 벌림 쐐기를 박아 더 강하면서도 디자인 요소로 보이게 할 수도 있다.

이 스툴은 저자가 20년 전에 호두나무로 만든 것으로 장부 짜임을 사용하여 강도를 확보하였다.

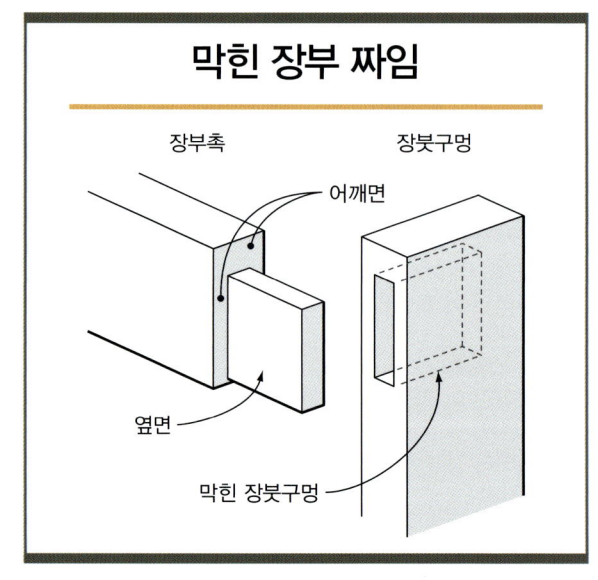

막힌 장부 짜임

장부촉　　　　　장붓구멍

어깨면

옆면

막힌 장붓구멍

장부 짜임 설계하기

　장부 짜임을 설계할 때 고려해야 할 사항을 알아보자. 먼저 장붓구멍과 장부촉의 크기는 무조건 부재를 삼등분하는 것이 아니라 본인이 쓰는 공구 크기와 맞춰야 한다. 사용하는 끌 폭과 드릴 비트의 직경, 라우터 비트의 크기에 맞춰 장붓구멍 크기를 정한다.

　장붓구멍을 팔 때 부재에 비해 너무 많이 깎아 옆에 남는 부분이 얇으면 강도가 약해진다. 내 경험 법칙상 모든 방향에 적어도 1/4 정도는 남기는 것이 좋다. 예를 들어 15T 부재라면 장붓구멍 폭을 6mm 정도까지, 25T 부재라면 10mm 폭의 장붓구멍을 판다. 그리고 짜임부에 가해지는 하중의 종류를 고려해야 한다. 비틀림 하중이 걸리는 곳이라면 장붓구멍 주변을 더 두껍게 만들어 지지력을 더 확보한다. 접착 면적을 늘려서 장부 짜임을 더 튼튼하게 만들 수도 있다. 창문 덧창을 만들 때에는 짧은 턱솔장부(barefaced tenon)로도 충분하겠지만, 식탁이라면 더 깊이 들어간 턱장부(haunched tenon)를 쓰는 것이 좋다.

　턱솔장부는 장부촉 부재가 너무 얇아서 양쪽으로

어깨면을 만들기 어려울 때 사용한다. 이 짜임은 살구조처럼 장부촉이 여러 개 있어서 하중에 분산될 때에도 쓸 수 있다. 장부촉에 옆 어깨면을 만들면 뒤틀림 저항을 지지하는 데 좋다. 어깨면이 넓을수록 삼점 지지 효과가 커져서 짜임을 더 견고하게 할 수 있다.

장붓구멍의 크기를 공식대로 하지 말고 가지고 있는 공구에 맞춘다.

깊은 장붓구멍을 만들면 접착 면적이 넓어져서 더 강한 결합력을 만들 수 있다.

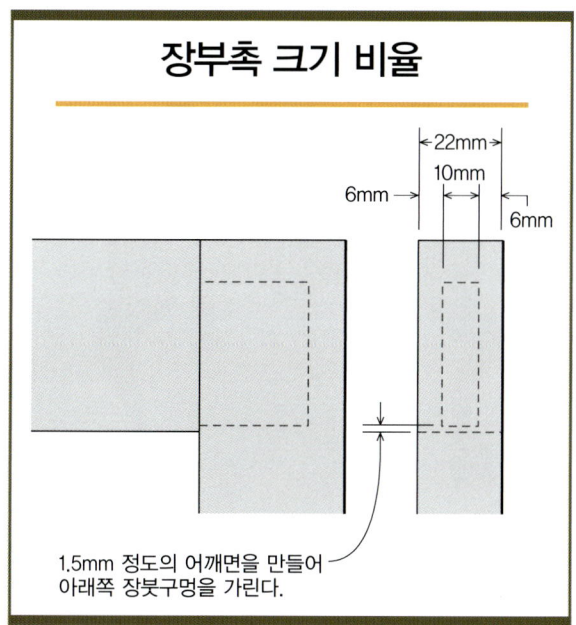

장부촉 크기 비율

22mm
10mm
6mm
6mm

1.5mm 정도의 어깨면을 만들어 아래쪽 장붓구멍을 가린다.

장부촉 위쪽이나 아래쪽에 어깨면을 만들면 장붓구멍을 파고 맞춰보는 과정에서 생긴 구멍 입구의 상처나 찍힌 부분을 가릴 수 있다. 2~3mm 정도로 작게 만든 어깨면이라도 구멍을 가리고 수분이나 먼지가 장붓구멍으로 들어가지 않도록 만드는 데 훌륭한 역할을 한다.

턱솔장부

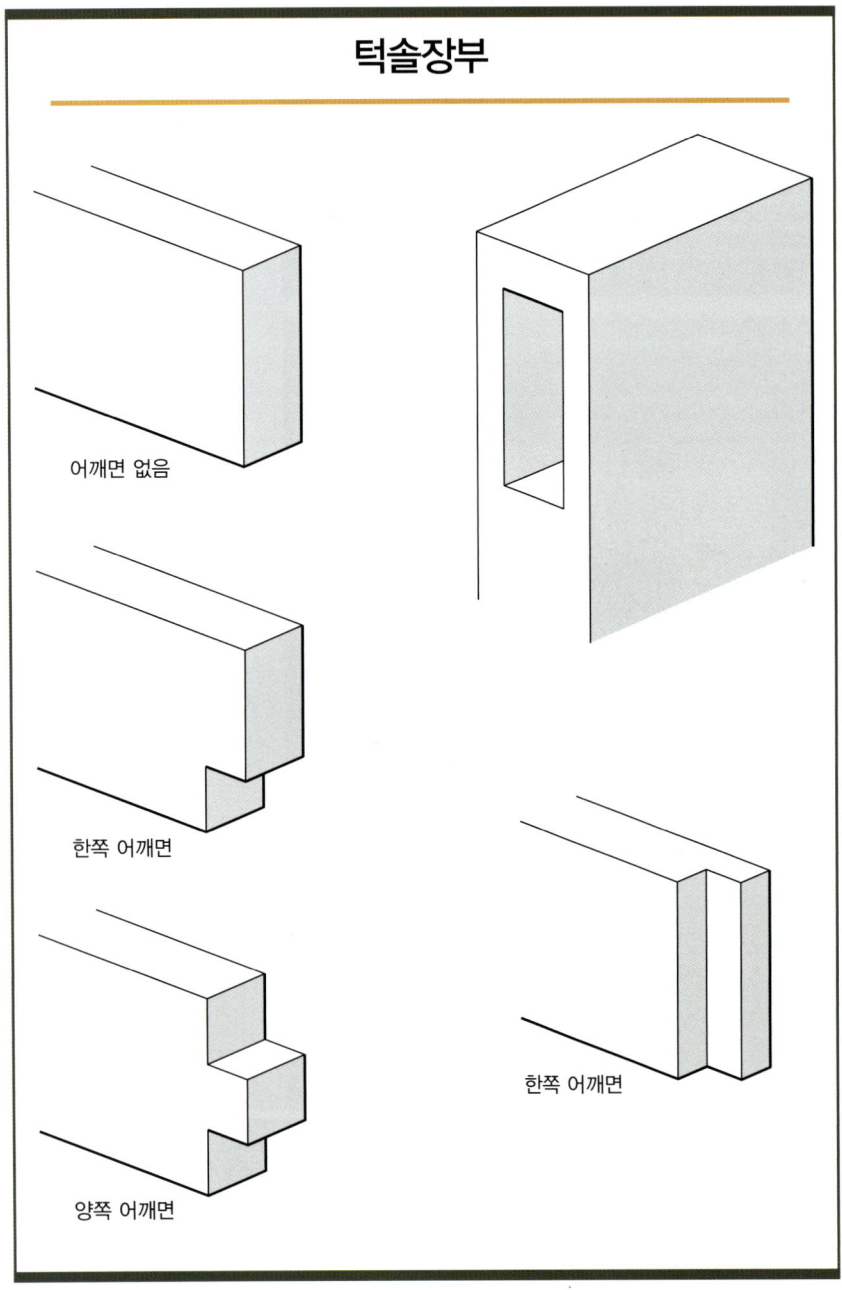

어깨면 없음

한쪽 어깨면

양쪽 어깨면

한쪽 어깨면

장부촉 길이

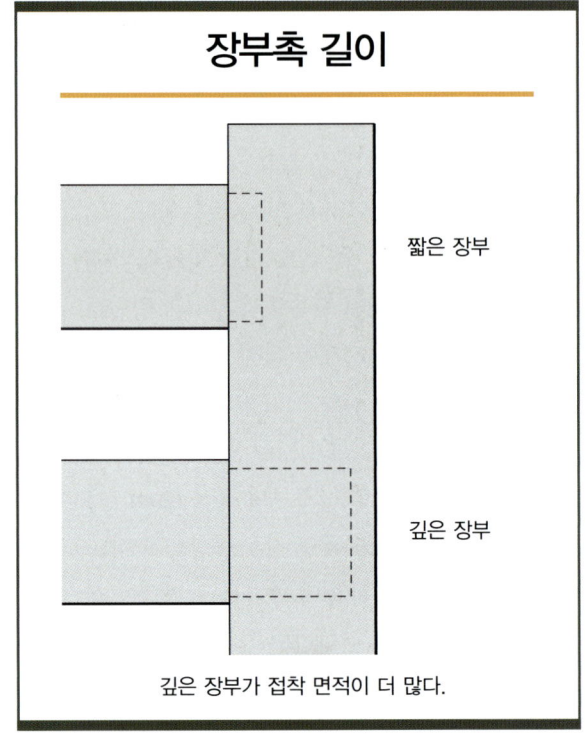

짧은 장부

깊은 장부

깊은 장부가 접착 면적이 더 많다.

로니 버드(Lonnie Bird)가 제작한 팔걸이의자로 조각이 있는 넓은 가로대를 사용하여 좌판에서 생기는 비틀림 저항을 지지하고 있다.

장부촉 아래쪽에 작은 어깨면을 만들면 장붓구멍을 가릴 수 있다.

탁자나 의자 다리 등에서는 장부촉끼리 만나는 부분을 다리의 바깥쪽으로 만들어야 깊게 장부촉을 꽂을 수 있어서 강도가 좋아진다. 바깥으로 많이 보낼수록 장부촉끼리 만나기 전까지 더 긴 길이를 확보할 수 있다. 장부촉 끝을 연귀로 만들어 내부에서 장부촉끼리 서로 만나도록 만든다. 장부촉 부재를 다리 중심에서 벗어나게 만들 수 없는 상황이라면 장부촉 자체를 부재 중심에서 바깥쪽에 만들어 끼운다.

장부턱(haunch)을 추가하면 결합부가 뒤틀리는 것을 방지할 수 있다. 장부턱은 보통 장부촉을 노출시키고 싶지 않을 때 결합부 상단에 만들어 쓰는데, 폭이 넓은 장부 짜임에서는 장부촉 중간이나 바닥 쪽에 만들기도 한다.

장부촉을 넓게 만들면 강도면에서는 좋지만 수축 팽창이 문제되지 않는 수준이어야 한다. 폭이 80mm 이상 되는 장부촉은 두 개나 세 개로 나누어서 시간이 지남에 따라 발생하는 수축 팽창 영향을 최소화해야 한다. 커다란 한 개의 장부촉은 결합부에서 한 번에 크게 줄어들지만 작게 나누어 만든 장부촉은 각각 조금씩만 줄어든다.

중심부 장부 vs. 바깥쪽 장부

중심부에 만든 장붓구멍	바깥쪽에 만든 장붓구멍	바깥쪽에 만든 장부촉
가운데에 장붓구멍을 만들면 장부촉 길이가 짧아지고 접착 면적도 줄어든다.	바깥쪽에 장붓구멍을 만들면 긴 장부촉과 접착면적을 확보할 수 있다.	장붓구멍 대신 장부촉을 바깥쪽에 만들어도 같은 효과를 얻을 수 있다.

식탁 다리를 위쪽에서 보면 바깥쪽에 만든 장부촉이 어떻게 더 깊게 들어갈 수 있는지 확인할 수 있다. 표시한 연필선이 확보할 수 있는 장부촉의 길이를 나타낸다.

장부촉 부재를 바깥쪽으로 배치할 수 없을 때에는 장부촉만 바깥쪽에 만든다.

장부촉을 여러 개로 나누어 만들면 수축 팽창 효과를 줄일 수 있다. 필요하면 장부촉 사이나 위쪽, 아래쪽에 장부턱을 추가한다.

장부촉을 만들 때 나뭇결의 방향을 고려해야 한다. 원칙은 나뭇결면끼리의 접합 면적을 최대화하는 것이다. 마구리면에서는 접착력이 거의 생기지 않는 것을 기억해야 한다. 가능하다면 장붓구멍의 나뭇결 방향을 장부촉의 나뭇결 방향과 맞추는 것이 좋다. 하지만 가구를 만들 때 항상 이렇게 만들 수는 없기 때문에, 이때는 수축 팽창 효과를 고려해서 나뭇결 방향을 배치한다.

다중 턱장부

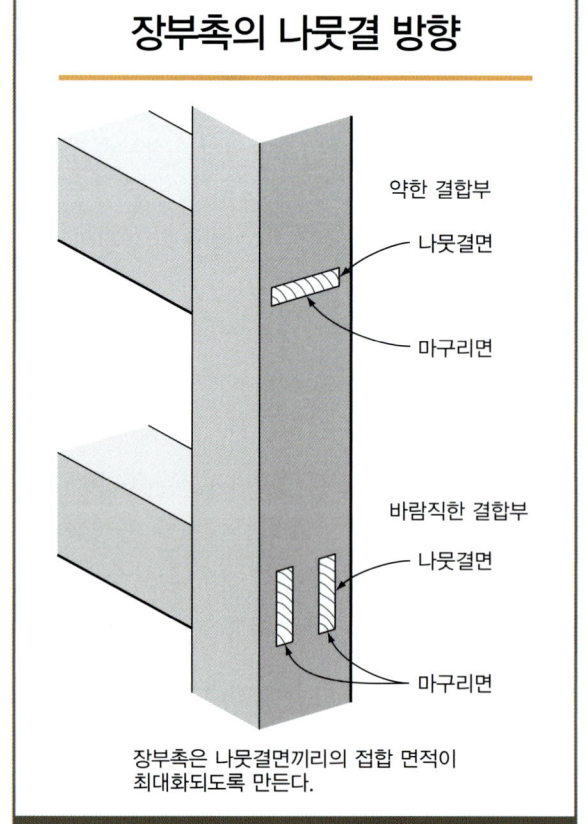

장부턱

긴 한 개의 장부촉은 길이가 줄어들거나 쪼개진다. 장부촉 폭이 80mm를 넘어간다면 두 개나 세 개로 나누어 작은 장부촉으로 만든다.

턱 장부

장붓구멍을 만들 때 부재를 너무 많이 파내면 강도가 약해진다. 이때 장부턱을 추가하면 다리 상단에서 뒤틀림 저항력을 확보할 수 있다.

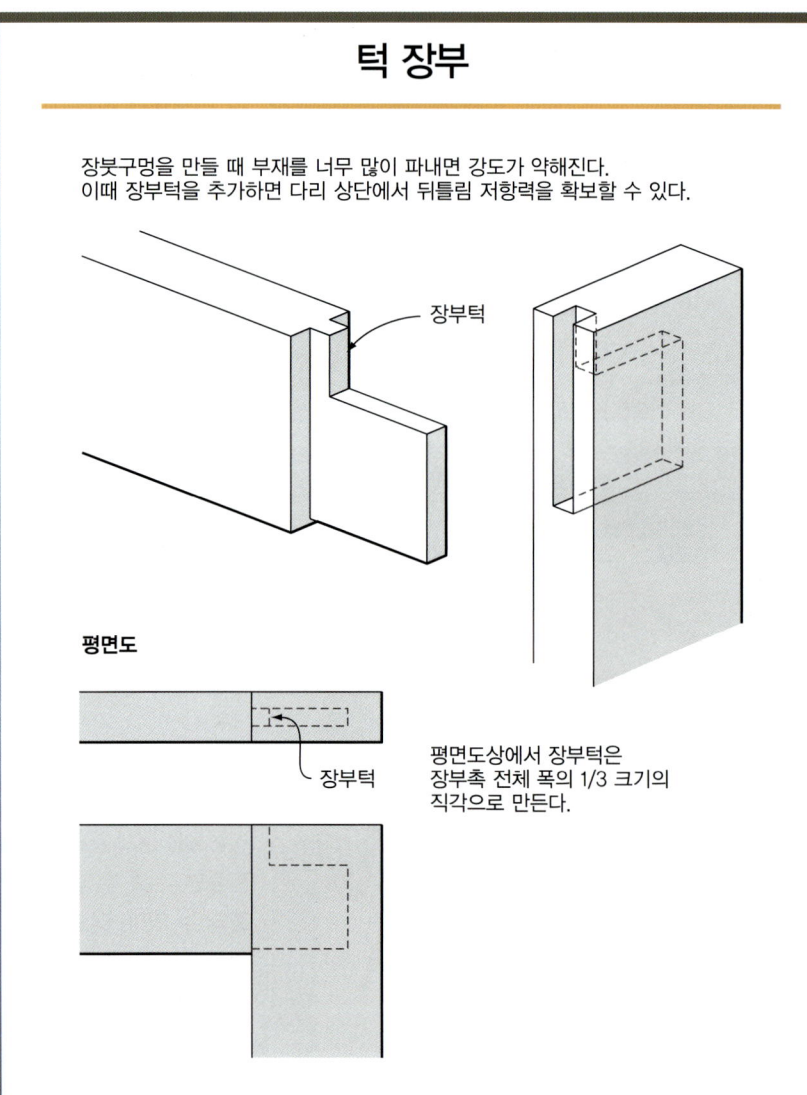

장부턱

평면도

장부턱

평면도상에서 장부턱은 장부촉 전체 폭의 1/3 크기의 직각으로 만든다.

장부촉의 나뭇결 방향

약한 결합부

나뭇결면

마구리면

바람직한 결합부

나뭇결면

마구리면

장부촉은 나뭇결면끼리의 접합 면적이 최대화되도록 만든다.

관통 장부

장붓구멍을 부재에 관통해서 만들면 새로운 기회와 문제가 동시에 발생한다. 먼저 장부촉이 길어지기 때문에 더 많은 접착 면적과 강도를 확보할 수 있다. 하지만 장부촉의 마구리면이 겉으로 노출되기 때문에 수분 흡수와 건조로 발생하는 문제들이 더 쉽게 발생하게 된다. 장부촉이 장붓구멍 안에서 줄어들고 늘어나면서 압력을 발생시키고 결국 접착제의 결합력 한계를 넘어설 수 있다. 벌림쐐기를 박으면 이 움직임을 최소화하면서 강도도 더할 수 있다.

벌림쐐기는 장부촉에 파놓은 홈에 박아 끼워 넣기도 하고, 밖으로 튀어나온 장부촉에 다시 장붓구멍을 파고 여기에 끼워 넣을 수도 있다. 박아 넣는 쐐기는 접착제를 쓸 수도 있고 그냥 박아 넣기도 한다.

결합부 보강하기

장부 짜임의 내구성을 늘릴 수 있는 몇 가지 방법이 있다. 드릴로 구멍을 뚫고 꽂임촉이나 메뚜기(drawbore pin)를 박을 수 있다. 메뚜기 구멍은 장부촉과 장붓구멍 부재에 중심 위치를 약간 어긋나게 뚫어 꽂임촉이 박히면서 부재끼리 당겨지도록 만드는 것이다. 지옥 쐐기(foxtail wedge)는 막힌 장부에서 장붓구멍 안쪽에 박는 벌림 쐐기로, 장부 짜임을 강하게 만들 수 있으나 쐐기를 설계하고 제작하는 데 정밀한 작업이 필요하다. 쐐기가 너무 길면 장부촉이 끝까지 박히지 않고 너무 짧으면 제대로 벌어져서 잡아주지 못하게 된다. 장붓구멍도 안쪽으로 갈수록 커지도록 각도를 줘서 쐐기로 늘어나는 공간을 확보해야 한다.

쐐기를 결합부 외부에서 박아 넣을 수도 있다. 관통 장부에서 장부촉 중간에 홈을 파고 쐐기를 박아 넣는다. 쐐기를 박을 홈 끝에 작은 구멍을 뚫어 벌어지면서 생기는 압력을 분산시킨다. 홈은 손톱이나 밴드쏘

관통 장부에 벌림 쐐기를 박으면 결합부를 고정하면서 디자인 요소로 쓰일 수 있다.

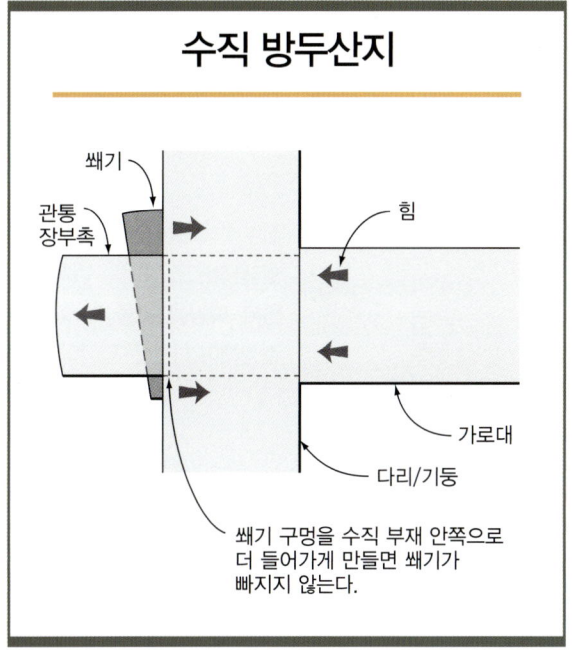

수직 방두산지

쐐기

관통 장부촉

힘

가로대

다리/기둥

쐐기 구멍을 수직 부재 안쪽으로 더 들어가게 만들면 쐐기가 빠지지 않는다.

지옥 쐐기를 만들 때에는 쐐기의 길이가 올바르게 만들어져야 한다.

쐐기 홈 끝에 구멍을 뚫으면 벌어지면서 생기는 압력을 분산시킬 수 있다.

▶ 둥근 장부 vs. 사각 장부?

관통 장부를 만들 때 거의 항상 결정해야 하는 문제가 있다. 장부촉을 둥글게 만들 것인가, 아니면 사각으로 만들 것인가? 수공구로 장붓구멍을 판다면 모서리가 직각이기 때문에 장부촉도 사각으로 파는 것이 당연한 선택이고, 선반에서 깎은 장부촉은 장붓구멍을 드릴로 둥글게 뚫어야 한다. 그런데 라우터로 판 장붓구멍은 양쪽 모서리만 둥글게 되기 때문에 장부촉을 줄이나 끌로 둥글게 만들거나 장붓구멍을 끌로 쳐서 사각으로 만들어야 한다. 관통 장부라면 장부촉의 모양이 겉으로 드러나기 때문에 사각으로 만드는 데 더 신경을 써야 한다.

장부촉을 굴릴지 장붓구멍을 사각으로 팔지는 기계로 장부 짜임을 만들 때 항상 결정해야 하는 문제이다.

고정식 쐐기

단일 벌림 쐐기

장부촉 길이의 2/3 지점에 지름 5mm의 구멍을 뚫는다.

쐐기

쐐기 폭은 홈 폭과 같고 길이는 홈보다 짧게 만드는데, 두께는 2~3mm 벌어지도록 다듬는다.

끝단 벌림 쐐기

이중 벌림 쐐기

대각 벌림 쐐기

에서 일자로 파내면 된다. 대각선으로 쐐기를 박거나 이중으로 박아서 디자인 요소를 더할 수도 있다.

쐐기 박는 홈의 방향은 장붓구멍 주변의 구조와 나뭇결을 고려해서 결정해야 한다. 압력이 가해졌을 때 나뭇결 방향에 직각으로 힘이 전달되면 쉽게 쪼개진다. 쐐기 압력이 나뭇결 방향이라도 부재 끝 쪽에 집중되어도 쪼개질 수 있다.

장부촉끼리 서로 교차하게 만들어 한쪽이 다른 쪽을 물고 있게 만들 수도 있다. 힘을 받을 때 나뭇결대로 쪼개지지 않도록 방향에 유의해서 설계한다.

장붓구멍 파기

장붓구멍을 파는 방법은 십여 가지가 있다. 어떤 방법을 선택할지는 공구의 가격, 작업 소음 정도, 작업 속도, 정밀도 등을 고려하여 결정하면 된다. 본인이 조용한 수공구를 선호하는 편이라면 어떤 라우터로도 수공구만큼 조용하게 작업할 수는 없을 것이다. 하지만 수백 개의 장붓구멍을 만들어야 한다면 수공구로 파내는 낭만이 그리 바람직한 상황은 아닐 것이다. 장붓구멍을 모두 같은 크기로 만들면 작업을 더 빨리 할 수 있으며, 결과적으로 좀 더 이윤이 남거나 구미에 맞게 된다. 어떤 공구를 사용하든 항상 장붓구멍을 먼저 파고 거기에 맞는 장부촉을 만든다.

수공구로 장붓구멍을 팔 때는 망치로 칠 수 있는 끌을 사용한다. 장부끌(mortising chisel), 레지스터드 장부끌(registered mortising chisel), 퍼머 끌(firmer chisel)은 모두 망치질을 견딜 수 있도록 튼튼하게 만들어져 있다. 손잡이 부분이 크거나 손잡이 뒤에 쇠가락지를 끼워 두었으며, 대부분 충격 흡수용 와셔가 장

한쪽으로 끼운 장부촉이 다른 쪽에서 끼운 장부촉에 의해 고정된다.

쐐기의 배치

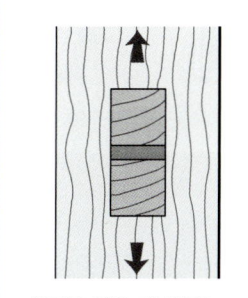

쐐기를 박을 때 생기는 압력이 나뭇결 방향이어야 제대로 만든 것이다.

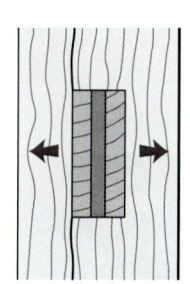

쐐기 압력이 나뭇결에 직각 방향으로 생기면 쪼개질 수 있다.

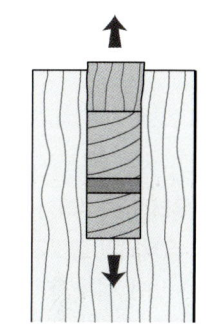

부재 모서리에 너무 가깝게 장붓구멍을 파면 쐐기를 박을 때 끝이 떨어져 나갈 수 있다.

착되어 있다.

라우터로 장붓구멍을 정확하게 파려면 움직임을 가이드할 수 있는 장치가 필요하다. 나선 비트나 특별히 디자인된 장붓구멍 비트를 쓰면 라우팅할 때 톱밥이 더 잘 배출된다. 수평 라우팅 기계(horizontal routing machine)는 x-y-z 3축으로 비트를 움직일 수 있어서 장붓구멍 파는 데 최적의 장비라고 할 수 있다.

장붓구멍을 팔 때에는 전
용 장부끌을 사용한다.

나선 비트나 장붓구멍 비트
를 쓰면 장붓구멍을 좀 더
쉽게 라우터로 팔 수 있다.

멀티라우터는 라우터가 수
평으로 장착되어 장붓구멍
을 팔 수 있게 설계되어 있
다. 부재를 테이블에 클램
프로 고정하고 좌우, 앞뒤
로 움직일 수 있다. 라우터
는 상하로 움직이면서 조정
된다.

장부촉을 장붓구멍에 끼워
봐서 눌러 반짝이는 부분이
있는지 확인한다. 이 부분
을 연필로 표시하고 깎아내
어 다듬는다.

장붓구멍에 장부촉 맞추기

장붓구멍에 장부촉이 잘 맞아떨어지는 정도를 비유
하자면 헐렁한 스니커나 꽉 끼는 카우보이 부츠가 아
니라 좋은 신발이 발에 맞는 정도와 비슷한데, 압력을
줘서 끼우면 미끄러져 들어가고 뺄 때는 망치로 살짝
두드리면 빠지는 정도이다. 잘 끼워지지 않는 결합부
는 장부촉에 빛을 비춰봐서 맞닿아 큰 압력이 발생하
는 부위를 확인한다. 장부촉에 반짝이는 곳이 바로 맞
닿는 부분으로 여기를 추가로 깎아내어 맞춘다.

장부촉을 다듬는 것은 넓고 날카로운 끌이나 손대패
로 작업한다. 손대패는 장부촉의 어깨면과 옆면을 깎을
수 있도록 설계된 전용 대패를 쓴다. 사포나 줄로 장부
촉을 다듬어서는 안 된다. 이렇게 하면 대부분 모서리
각이 둥글려지기 때문이다. 테이블쏘에서 조기대에 두
꺼운 종이를 대고 한 번 더 가공해서 다듬을 수도 있다.

두 부재가 장부 짜임으로 단차 없이 맞춰져야 한다
면 장부촉의 한쪽 옆면만 깎고 장붓구멍에 맞춰본다.
장부촉 부재 앞면과 장붓구멍 면이 단차 없이 맞는지
확인하고, 문제없으면 반대쪽 옆면도 가공한다.

건조되지 않은 생나무를 쓸 때는 장부촉 부분은 건조
가 된 부위를, 맞춰지는 장붓구멍은 젖은 부위를 쓴다.

대패날이 대패바닥과 동일한 폭으로 되어 있는 전용 대패를
사용하면 장부촉의 어깨면을 정확하게 수직으로 다듬을 수
있다.

사진에서 보듯이 두꺼운 종이를 부재와 지그 사이에 끼우면 머리카락 두께 정도를 더 깎아낼 수 있다.

생나무가 건조되면서 장붓구멍이 수축하여 장부촉을 단단히 잡게 된다.

　너무 빡빡한 장부촉은 오븐이나 뜨거운 모래에 넣으면 수축하여 장붓구멍에 들어간다.

　결합부 내부에는 접착제가 들어갈 공간이 있어야 하는데, 접착이 되어야 하는 양 옆면은 물론이고 빠져나오지 못한 접착제가 있을 바닥에도 공간이 있어야 한다. 장붓구멍 벽면에 모두 접착제를 바르는데 구멍 입구에 좀 더 발라서 장부촉이 들어가면서 밀려 바닥 쪽으로 들어가게 만든다. 장부촉에는 조금만 발라도 된다. 밖으로 흘러나온 접착제는 긁어 제거한다.

한쪽 옆면만 깎였을 때 장붓구멍 위쪽에 맞춰 보아서 좀 더 깎아야 하는지 아니면 이미 너무 많이 깎아냈는지 확인한다.

장붓구멍 옆면에 모두 접착제를 바른 후, 입구 쪽에 추가로 좀 더 바른다. 장부촉에는 살짝만 발라도 충분하다.

▶ 너무 깎아 작아져버린 장부촉 되살리기

너무 많이 깎아서 장부촉이 원하는 것보다 작아지면 엄청 마음이 아플 것이다. 하지만 이런 실수를 하는 것은 당신이 처음이 아니고 해결책도 있다. 장부촉 옆면을 따내면서 만들어진 조각을 다시 옆면에 접착제로 붙이는 것이다. 잘라 떨어진 그 부위에 다시 붙이는 것이기 때문에 나뭇결이나 색깔이 완벽하게 일치한다. 잘린 조각이 없어졌다면 무늬목을 조금 잘라 붙인 다음 다듬을 수도 있다. 둥근 모서리 장부촉은 대패로 두껍게 깎아낸 대패밥을 접착제로 붙여 보강할 수 있다.

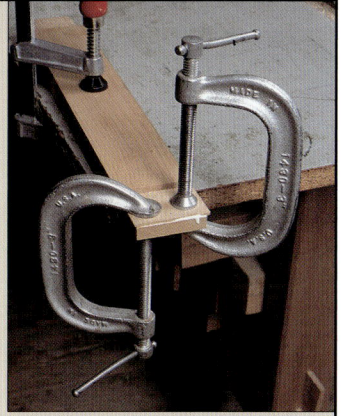

장부촉을 다시 두껍게 만들었으면 제대로 맞도록 다시 다듬는다.

장부끌로 장붓구멍 만들기

수공구로 장붓구멍을 파려면 먼저 곧은자나 줄자로 부재 마구리면에서부터 거리를 측정하여 구멍의 위치를 표시한다. 직각자를 대고 장붓구멍의 끝을 연필선으로 표시한다(A).

그다음, 장부 그무개나 일반 그무개를 장붓구멍의 폭으로 맞추고 칼금을 긋는다. 작업에 사용할 장부끌 폭으로 그무개를 맞추는 것이 좋다. 그무개의 두 침 사이에 끌이 딱 들어가도록 맞춘다(B). 폭을 맞췄으면 그무개 머리를 부재 폭과 장붓구멍 위치에 맞춰 조정한다. 그무개 머리를 부재 모서리에 잘 밀착시키고 칼금을 그어 장붓구멍의 옆선을 표시한다. 이때 칼금이 앞서 표시한 연필선을 넘어가지 않도록 주의한다(C).

첫 번째 끌질은 장붓구멍 중앙에서부터 시작한다. 장부끌을 표시한 칼금 사이에 정확히 두고 끌을 쳐낸다. 끌 폭에 장붓구멍을 맞췄기 때문에 끌을 수직으로 정확히 대야 원하는 폭으로 파낼 수 있다.(D). 끌을 장붓구멍 가운데 방향으로 살짝 기울여 쳐서 최종 깊이까지 파낸다. 계속해서 끌을 치고 떨어져 나온 나무조각을 지렛대처럼 들어 올려 빼내면서 양쪽 끝선까지 작업을 계속한다. 양쪽 끝선에서는 끌을 수직으로 들고 치는데, 구멍 안쪽을 살짝 더 파서 언더컷을 만들면 좀 더 쉽게 장부촉을 박을 수 있다(E).

장붓구멍을 파면서 양쪽 옆면이 원하는 폭으로 잘 파졌는지는 소위 '드리프트(drift)'라는 방식으로 확인할 수 있다. 장붓구멍 폭으로 만든 얇은 나뭇조각을 파낸 위치에 밀어 넣어보는 것이다(F). 만일 들어가지 않는 곳이 있다면 옆면을 다듬어 좀 더 파낸다. 옆면을 깎을 때에는 각 면이 편평하고 양쪽 면은 서로 평행을 유지하도록 주의하여 작업한다.

브레이스 드릴과 평끌로
장붓구멍 만들기

연필로 장붓구멍의 양 끝선을 표시한다. 장부 그무개를 사용할 끌 폭에 맞추고 장붓구멍 옆선에 칼금을 긋는다(A).

브레이스 드릴(brace drill)로 장붓구멍 가운데를 파서 제거한다(B). 드릴 비트에 테이프를 감아 구멍 깊이를 조정한다. 깊이 조정용 테이프를 감을 때 오거 비트(auger bit)의 중심 리드 스크류의 길이를 포함해서 계산해야 잘못해서 반대편으로 비트가 튀어나오지 않는다. 드릴을 부재에 수직으로 쥐고 파는데, 옆에서 보면서 작업하면 좀 더 잘 할 수 있다.

구멍을 팔 때는 양쪽 끝선에 맞춰 먼저 파고, 이어서 가운데 부분을 파서 마무리한다(C).

[변형 방법] 브레이스 드릴 대신 전동 드릴을 사용할 수도 있다. 드릴을 부재 마구리 쪽에서 보면서 수직을 유지하고 작업한다.

드릴로 구멍을 파고 남은 부분은 날카로운 끌로 제거한다. 끌 뒷면을 장붓구멍 벽쪽으로 대고 수직으로 들고 작업한다. 파낸 드릴 구멍을 가이드 삼아 수직으로 깎는다(D).

그다음 양쪽 끝선을 쳐내 장붓구멍을 직각으로 만든다. 중앙에 파놓은 벽면을 가이드 삼아 끌을 조금씩 끝 쪽으로 밀면서 옆면을 쳐낸다. 이렇게 만들어진 양쪽 옆면에 끌을 대고 먼저 가볍게 몇 번 쳐낸다(E). 쪼개진 나뭇조각을 제거하고 계속 끌을 쳐내 구멍을 판다. 이때 끌의 베벨면이 장붓구멍 안쪽으로 가게 쥐고 작업해야 한다. 쳐낸 나뭇조각을 제거할 때에는 베벨면을 아래로 향하도록 돌리고 작업하면 쉽게 할 수 있다. 아래로 끌질을 하면서 옆면도 동시에 깔끔하게 다듬는다.

변형 방법

드릴 프레스로 장붓구멍 만들기

드릴 프레스에 펜스를 대고 작업하면 장붓구멍 안쪽을 정밀하게 파낼 수 있다. 부재에 장붓구멍 끝선과 중심을 표시한다. 드릴 프레스 펜스 위치를 조정하고 클램프로 조여 고정한다. 비트 중심과 장붓구멍 중심이 일치해야 한다(A). 비트를 부재 윗면에 대서 영점을 조정한다. 브래드포인트 비트의 중심 팁 길이까지 감안해서 영점을 맞춘다(B).

먼저 양쪽 끝 선에 맞춰 두 개의 구멍을 파낸다(C). 그다음 중간 부분을 파내 장붓구멍 안쪽을 제거한다. 드릴 비트 끝이 부재에 닿으면 절삭 저항력으로 처음 위치에서 살짝 어긋나게 구멍이 뚫릴 수 있다. 하지만 상태 좋은 비트를 쓰고 주의를 기울여 천천히 작업하면 장붓구멍 내부를 거의 다 파낼 수 있다(D).

부재를 조금씩 움직이면서 여러 번 파내서 비트로 생긴 남은 호를 모두 제거한다. 드릴 비트를 내릴 때 부재를 단단히 잡고 작업해야 하는 것을 잊지 말도록 한다. 마지막으로 날카로운 끌로 다듬어 장붓구멍을 완성한다.

슬라이딩 테이블을 써서 드릴 프레스로 장붓구멍 만들기

드릴 프레스에 슬라이딩 테이블을 장착하면 마치 금속 밀링 머신같이 장붓구멍을 파낼 수 있다. 슬라이딩 테이블은 비트 아래에서 부재를 앞뒤로 움직일 수 있게 해준다(A). 하지만 이 방식을 쓰더라도 작업 속도를 높이고 비트 떨림을 줄이려면 1차로 대충 구멍 안쪽을 파는 작업을 해두어야 한다(B).

양쪽 끝선에 맞춰 구멍 두 개를 먼저 파고, 계속해서 장붓구멍 가운데 부분에도 구멍을 판다. 구멍을 파는 드릴 비트는 장붓구멍 크기보다 조금 작은 것을 써도 된다(C).

그다음 슬라이딩 테이블을 하부 썰매 위에 끼워 장착한다. 부재를 슬라이딩 테이블 펜스에 클램프로 조여 고정한다. 엔드밀(end mill) 비트를 장착하고 장붓구멍에 맞춰 정렬한 다음 슬라이딩 테이블의 하부 썰매를 클램프나 나사못으로 드릴 프레스 정반에 고정한다.

장붓구멍 크기에 맞춰 슬라이딩 테이블에 멈춤 블록을 장착하여 움직임을 제한한다(D). 부재 여러 개를 작업할 때에는 펜스에도 멈춤 블록을 고정하여 매번 같은 위치에 비트가 위치할 수 있도록 한다. 비트를 조금씩 내려가면서 장붓구멍을 가공한다. 슬라이딩 테이블을 왼쪽에서 오른쪽으로 움직이면서 회전하는 비트를 통과시킨다. 이 방향으로 움직여야 비트의 회전력이 부재를 펜스 쪽으로 당겨 안전하면서 떨리지 않게 작업할 수 있다(E).

표시되지 않는 부재는 모두 합판으로 제작한다.

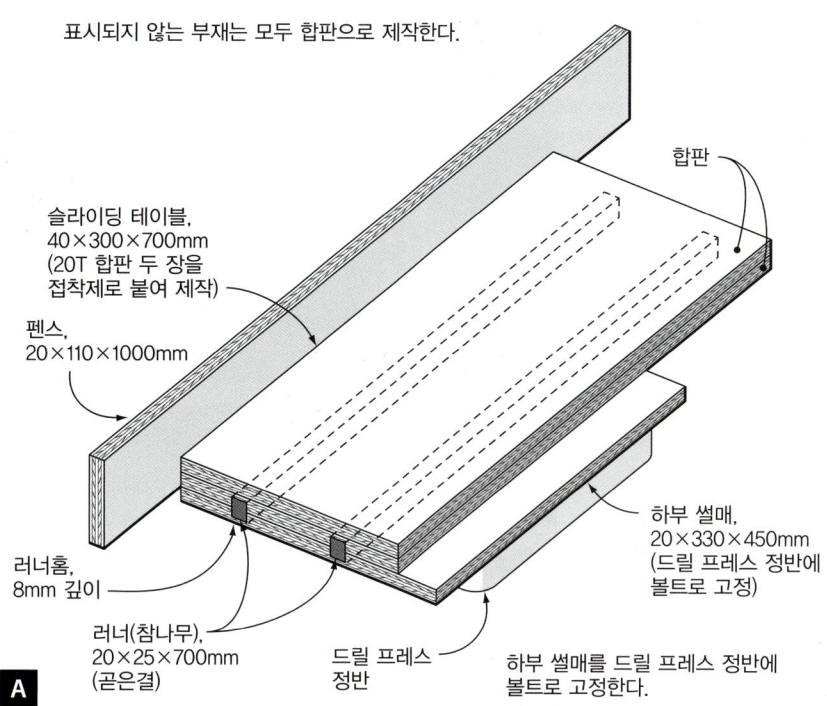

합판

슬라이딩 테이블,
40×300×700mm
(20T 합판 두 장을
접착제로 붙여 제작)

펜스,
20×110×1000mm

하부 썰매,
20×330×450mm
(드릴 프레스 정반에
볼트로 고정)

러너홈,
8mm 깊이

러너(참나무),
20×25×700mm
(곧은결)

드릴 프레스
정반

하부 썰매를 드릴 프레스 정반에
볼트로 고정한다.

A

B

C

D

E

변형 방법

각끌기로 장붓구멍 만들기

각끌기(hollow-chisel mortising machine)는 장붓구멍 파기 작업만을 위해 특화되어 제작된 기계이다. 지렛대를 이용하여 작은 힘으로도 속이 빈 사각형 끌을 부재에 밀어 넣을 수 있게 만들어져 있는데, 끌이 부재를 파고드는 동안 끌 속에 들어 있는 드릴 비트가 회전하면서 속을 대부분 파내게 된다. 하지만 이렇게 끌과 드릴 비트가 연동되어 가공이 되려면 끌과 비트 날물 부위가 완벽하게 날카로운 상태이어야 한다. 끌과 비트를 날카롭게 연마하고 드릴 비트 끝이 끌보다 앞으로 1mm 정도 튀어나오도록 세팅한다. 제대로 세팅되지 않으면 날물이 타버리거나 끌이 부재를 파고 들지 못하게 된다. 그리고 사각 끌은 펜스에 평행하게 장착한다(A).

부재에 장붓구멍 위치를 표시하고 사각 끌이 표시한 위치에 정확히 오도록 펜스를 조정한다(B). 장붓구멍의 깊이를 세팅하고 부재를 정반에 클램프로 고정하는데, 필요하면 스페이서 블록을 클램프 아래 두고 조인다. 먼저 장붓구멍 양쪽 끝을 파내고 이어서 가운데 부분을 파서 완성한다. 작업할 때 비트 중심부에 아직 파지지 않은 나무가 있어야 각끌기를 내릴 때 흔들리지 않고 구멍이 파진다(C). 끌에 난 톱밥 배출 구멍을 옆쪽으로 향하게 두고 작업해야 뜨거운 톱밥이 작업자 손으로 떨어지지 않는다. 집진기를 이 배출 구멍 가까이에 맞춰 장착하고 작업해도 된다(D).

[변형 방법] 드릴 프레스에 속이 빈 사각 끌을 추가로 장착한 다음 각끌기처럼 쓸 수도 있다. 드릴 프레스 척을 분리하고 끌 고정대를 부착하여 쓰면 된다.

플런지 라우터에 펜스를 대고 장붓구멍 만들기

폭이 좁은 부재를 플런지 라우터로 가공할 때에는 같은 높이의 부재 여러 개를 작업대에 나란히 겹쳐놓고 작업해야 라우터 베이스를 잘 지지할 수 있다.

먼저 부재에 장붓구멍 위치를 표시한다(A). 라우터 펜스에 보조 펜스를 추가로 장착하면 지지력을 높이고 좀 더 정밀하게 깎을 수 있다(B). 비트를 부재 윗면에 대어 영점을 맞춘다(C). 라우터에 달린 깊이 자를 파낼 장붓구멍 깊이로 조정하여 고정한다(D). 라우터 비트가 정확히 장붓구멍 위에 오도록 부재 폭에 맞춰 펜스를 조정하고 고정한다. 한 번에 3mm 정도씩 비트를 내리면서 라우팅한다.

라우터를 장붓구멍 끝에 맞춰 정확하게 멈출 수 있도록 라우터 위치를 부재에 연필선을 그어 표시해둔다. 라우터 비트를 연필선 끝에 맞추고 이때 베이스 위치를 부재에 표시하면 된다. 매번 라우팅할 때 마다 표시한 위치에서 라우터를 멈춘다(E).

장붓구멍 끝 선에 맞춰서 라우터 베이스 끝에 멈춤 블록을 고정해두면 좀 더 안정적으로 작업할 수 있다(F). 양쪽 연필선이나 멈춤 블록 사이에서 원하는 깊이가 될 때까지 비트를 내리면서 구멍을 판다(G).

플런지 라우터와 범용 지그를 사용하여 장붓구멍 만들기

범용 장붓구멍 지그와 플런지 라우터를 써서 장붓구멍을 만든다. 적당한 크기의 지그를 쓰면 어떤 크기나 모양의 장붓구멍도 팔 수 있다. 부재를 지그 안쪽에 클램프로 물리면 라우터 펜스가 지그 바깥쪽에지지 되면서 비트가 장붓구멍을 파게 된다. 필요하면 부재 밑에 지지할 수 있는 나무토막을 두어 적당히 올리고 작업한다(A).

플런지 라우터에 비트와 펜스를 장착한다. 부재에 표시한 장붓구멍 끝선에 비트가 오도록 맞춘다. 내가 사용하는 지그는 한쪽에 완전히 고정된 멈춤 블록이 붙어 있어서 라우터 펜스를 여기에 일단 밀착시킨 다음 부재 위치를 조정하여 장붓구멍과 비트 위치를 맞추고 클램프로 고정한다(B). 이렇게 하면 라우터 펜스가 장붓구멍 한쪽 끝선에 맞춰 항상 멈추게 된다.

그다음 라우터를 움직여 장붓구멍의 반대쪽 끝선에 비트를 맞추고 멈춤 블록을 지그에 클램프로 고정한다. 라우터는 멈춤 블록 사이에서만 움직이기 때문에 장붓구멍의 길이를 이렇게 맞출 수 있다(C). 비트를 부재 표면에 접촉시켜 영점을 맞추고, 파낼 장붓구멍 깊이로 라우터의 깊이 자를 세팅한다(D).

고정한 두 멈춤 블록 사이에서 맞춰놓은 깊이까지 라우팅하여 장붓구멍을 파는데, 라우터 펜스가 지그에 확실히 밀착되도록 주의를 기울여 작업한다(E). 부재 여러 개에 같은 위치로 장붓구멍을 팔 때에는 부재 마구리면에도 멈춤 블록을 고정해둔다.

플런지 라우터와 템플릿을 사용하여 장붓구멍 만들기

큰 프로젝트를 진행하면서 같은 크기의 장붓구멍을 반복해서 파야 할 경우에는 플런지 라우터를 템플릿과 함께 사용하여 작업한다. 라우터 베이스에 템플릿 가이드를 장착하고 일자 비트를 써서 매번 같은 크기의 장붓구멍을 파낼 수 있다. 각 부재별 장붓구멍의 위치는 템플릿을 어떻게 만드는지에 따라 결정되지만 동시에 템플릿을 부재 어느 위치에 두고 작업하느냐에 따라서도 변경할 수 있다. 장붓구멍 템플릿은 라우터 베이스를 지지할 수 있는 넓은 플랫폼이 있기 때문에 긴 부재의 마구리면에 장붓구멍을 팔 때에도 유용하게 쓰인다.

먼저 6T 메이소나이트(Masonite)나 MDF 판재에 25×75×300mm 크기의 각재를 접착제와 못을 써서 한쪽 모서리에 붙인다. 이때 MDF 판재의 모서리가 각재 모서리보다 살짝 안쪽으로 들어오게 붙여야 한다(A). 그다음 사용할 비트와 템플릿 가이드의 직경 차이를 측정한다(B). 이 값의 두 배를 장붓구멍 길이에 더하면 템플릿 홈의 길이가 된다. 장붓구멍의 크기를 템플릿 안쪽 면에 연필로 표시한다(C). 템플릿 가이드 직경과 동일한 크기의 일자 비트를 써서 템플릿을 가공한다. (같은 크기의 비트가 없다면 작은 비트로 여러 번 가공해도 된다.)

라우터 테이블 펜스를 조정하여 비트 중심이 템플릿에 표시한 장붓구멍 중심에 일치하도록 만든다. 템플릿에 붙여놓은 각재 두께가 25mm인 것을 생각하면 좀 더 쉽게 펜스 위치를 조정할 수 있다. MDF 판재 끝쪽에 시험 가공을 몇 번 해봐서 펜스의 위치가 맞는지 확인한다(D).

부재에 장붓구멍의 위치를 표시한다. 필요하면 템플릿 펜스에 멈춤 블록을 추가해도 되지만, 이렇게 하면 프레임에 장붓구멍을 만들 때 반대쪽 부재를 위한 템플릿이 또 한 벌 필요하게 된다. 멈춤 블록이 없어도 부재에 표시한 장붓구멍 연필선에 템플릿 오프셋만큼 더해 연필선을 하나 더 표시하고 여기에 템플릿 구멍을 맞추면 된다. 템플릿 위치를 맞추고 클램프로 고정한다(E).

템플릿 위에 라우터를 올려놓고 비트를 부재 위로 내려 영점을 조정한다. 그다음 파낼 장붓구멍 깊이로 라우터 깊이 막대를 맞춘다(F). 라우터를 조금씩 내려 장붓구멍을 파는데, 이때 톱밥이 템플릿 홈에 끼지 않도록 주의해야 한다(G). 라우터에 집진기 호스를 연결하고 작업하면 편리하다.

라우터 테이블에서 장붓구멍 만들기

　얕은 장붓구멍은 라우터 테이블에서 파낼 수 있다. 라우터 테이블 펜스와 비트 사이의 거리를 측정하여 장붓구멍의 위치를 확인한다. 이때 비트를 손으로 돌려보면서 날물이 펜스에서 최대로 멀어질 때를 기준으로 측정해야 한다(A). 비트 높이를 3mm 정도로 맞추고 첫 번째 가공을 한다(B). 이렇게 얕게 가공을 해야 라우터에 부하를 줄일 수 있다. 펜스 양쪽에 멈춤 블록을 클램프로 고정하여 부재 움직임을 제한한다(C). 이 움직인 거리가 바로 장붓구멍의 길이가 된다.

　부재를 한쪽 멈춤 블록에 붙이고 천천히 비트로 내려 라우팅을 시작한다. 부재를 펜스에 단단히 밀착시키고 비트로 내려야 한다. 부재가 비트에 닿으면 정반 면에 밀착할 때까지 앞뒤로 조금씩 움직이면서 계속 아래로 내린다. 이렇게 움직이면서 내려야 부재가 날물에 타는 것을 방지할 수 있다(D). 첫 번째 라우팅을 마쳤으면 비트를 다시 3mm 더 올리고 반복 작업한다(E).

[변형 방법] 테이블에 고정된 대부분의 라우터는 비트 높이를 연속해서 조정할 수 없기 때문에 종종 가공된 면이 층이 져 있는 것을 볼 수 있다. 이것은 라우터 비트를 올리면서 중심점이 조금씩 움직이기 때문이다. 이 문제를 해결하려면 처음부터 비트 높이를 최종 높이로 맞추고 부재와 정반 사이에 심을 끼워 높이를 조정하는 방식으로 작업하면 된다. 이러면 정밀도와 작업 속도를 모두 높일 수 있다. 처음에 심을 여러 장 끼워놓고 한 장씩 빼면서 가공한다. 심은 편평한 판재라면 모두 사용할 수 있는데, 비트 위치에 맞춰 미리 홈을 파놓고 작업한다.

변형 방법

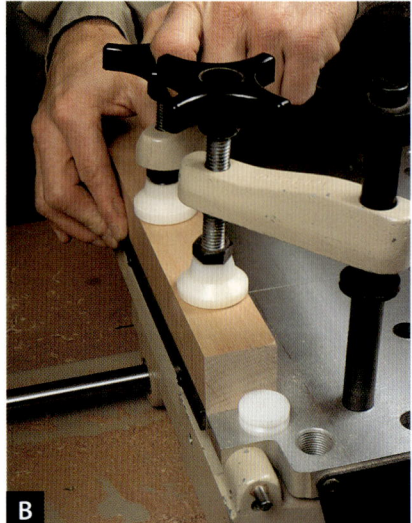

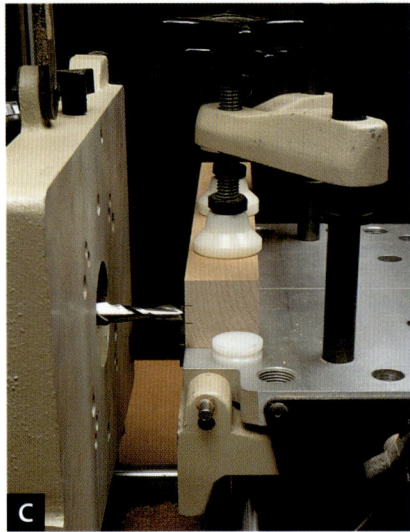

멀티라우터로 장붓구멍 만들기

멀티라우터(Multirouter)는 라우터가 수평으로 장착된 시스템으로, 움직이는 정반과 함께 라우터를 쓸 수 있도록 만든 여러 제품 중 하나이다. 멀티라우터는 위아래, 안쪽 바깥쪽, 좌우까지 총 세 방향으로 움직일 수 있다. 라우터를 수직판에 장착하고 장붓구멍 비트를 끼운다(A). 부재를 올려놓는 정반에는 작은 펜스가 장착되어 있어서 부재를 고정할 수 있게 되어 있다. 부재를 펜스에 밀착시키고 동시에 정반에 붙어 있는 나일론 핀에 닿도록 밀어 넣는다. 이 상태에서 클램프로 부재를 고정하는데 손으로 돌려 잠그는 클램프를 쓰거나 옵션 부품인 공압 클램프를 사용할 수도 있다(B). 라우터 비트 높이를 표시된 장붓구멍 위치로 맞춘다.

라우터가 장착된 수직판을 조정하여 맞추고 고정한다(C). 수평 정반의 좌우 움직임 거리를 조정한다. 이 거리가 장붓구멍의 길이가 된다. 라우터 비트를 표시한 장붓구멍의 끝선에 맞추고 수평 정반의 한쪽 멈춤 장치를 고정한다. 수평 정반을 움직여 비트 끝을 장붓구멍의 반대쪽 끝선에 맞추고 반대쪽 멈춤 장치를 고정한다(D). 장붓구멍의 깊이를 맞추려면 먼저 비트를 부재 표면에 대어 영점을 맞추고 여기에서 자를 대고 원하는 장붓구멍 깊이로 아래쪽 멈춤 장치를 옮겨 고정한다(E). 모든 멈춤 장치를 조정하고 고정했으면 라우팅을 시작할 수 있다. 이렇게 처음 세팅하는 데 걸리는 시간이 장붓구멍 파는 데 드는 시간보다 더 걸릴 수 있다. 수평 정반에 달린 두 손잡이를 잡고 부재를 비트로 천천히 움직이면서 라우팅을 한다(F).

슬롯 모르티서로 장붓구멍 만들기

가구 공장에서 연속적으로 장붓구멍을 팔 때는 거의 대부분 슬롯 모르티서(slot mortiser)라는 중기계를 사용한다. 먼저 부재에 장붓구멍의 위치를 표시하고 정반의 낮은 펜스에 밀착시켜 클램프로 고정한다. 그 다음 비트 높이를 파낼 장붓구멍에 맞춘다. 비트가 장붓구멍 선에 일치하도록 정반 높이를 조정하면 된다 (A).

정반 아래쪽에 장착된 멈춤 막대(stop rod)를 써서 장붓구멍 길이에 맞춰 좌우 움직이는 거리를 맞춘다. 표시된 장붓구멍의 길이를 가이드 삼아 맞추면 된다 (B). 장붓구멍의 깊이는 커터헤드 옆에 있는 멈춤 막대로 조정한다. 비트를 부재 표면에 대서 영점을 맞추고 깊이를 세팅하면 된다(C).

세팅을 끝내고 커터헤드를 앞쪽으로 조금만 움직여서 얕게 파내게 한 다음 정반을 좌우로 움직여 장붓구멍을 파낸다. 계속해서 커터헤드를 앞으로 조금씩 움직이면서 세팅된 깊이까지 작업한다(D).

변형 방법 1

수공구로 장부촉 만들기

수공구로 장부촉을 만들려면 정밀하게 절단선을 표시해야 하고 날카로운 공구와 가공 과정에서의 인내심이 필요하다. 장부촉은 항상 장붓구멍을 판 다음 만든다. 파놓은 장붓구멍에 장부촉을 다듬어 맞추는 것이 반대로 작업하는 것보다 훨씬 쉽기 때문이다.

그무개로 칼금을 그어 장부촉의 길이, 즉 어깨면을 표시한다. 바퀴 형태의 그무개로 작업하는 것이 나뭇결에 직각으로 칼금을 그을 때 가장 좋다(A). 부재 양쪽 면에 모두 칼금을 표시한다. 장부촉의 두께 즉 옆면은 자를 대고 연필선을 긋거나 다시 그무개를 사용해서 표시한다(B). 마찬가지로 양쪽 모서리면에 모두 표시한다.

어깨면을 먼저 따내는데 부재를 벤치훅에 대고 단단히 잡거나 작업대에 클램프로 고정한 다음 작업한다(C).

[변형 방법 1] 부재 윗면에 클램프로 고정한 펜스에 톱 옆면을 대고 톱질을 한다. 펜스를 절단선에 정확하게 정렬한 다음 톱을 펜스에 딱 붙여 톱질을 하면 항상 깔끔한 어깨면을 만들 수 있다. 조합직각자를 깊이 게이지처럼 사용하여 펜스를 정렬한다.

어깨면을 따냈으면 옆면을 장부톱이나 등대기톱으로 따낸다. 부재 폭이 넓으면 여러 번에 나눠 톱질을 해야 톱선이 틀어지지 않는다. 부재를 바이스에 물릴 때 약간 비스듬하게 두어 마구리면과 옆면에 그어 놓은 톱선을 동시에 볼 수 있도록 하고 모서리 부분을 톱질을 한다(D). 어깨면까지 모서리 부위 톱질을 한 다음 부재를 뒤집어 바이스에 물리고 반대쪽 모서리도 톱질을 한다(E). 부재를 바이스에 수직으로 물리고 톱을 수평으로 쥔 다음 양쪽 모서리의 톱선을 연결하여 옆면을 따낸다(F).

[변형 방법 2] 폭이 좁은 부재는 톱을 수평으로 쥐고 바로 옆면을 따낸다.

한쪽 옆면 톱질을 끝냈으면 반대쪽 옆면을 따내기 전에 턱대패나 불노우즈 대패로 따낸 어깨면을 다듬는 것이 좋다. 첫 번째 톱질에서 실수로 너무 많이 잘라냈으면 반대쪽 옆면 위치를 조정하여 맞춰야 하기 때문이다.

양쪽 옆면을 모두 따냈으면 맞춤 정도를 확인한다. 장부촉을 살짝 두껍게 만든 다음 손대패나 끌을 써서 완벽하게 맞도록 옆면을 깎아 다듬는다(G).

D

E

F

G

변형 방법 2

라우터와 직각 지그를 써서
장부촉 만들기

클램프로 고정한 펜스나 직각 지그와 함께 라우터를 써서 장부촉을 만든다. 먼저 비트의 날물 끝에서부터 베이스까지의 거리를 측정한다. 이 거리를 바탕으로 펜스 위치를 세팅한다(A). 부재를 작업대에 클램프로 고정한다. 같은 두께의 나무토막을 옆에 두어 라우터 베이스와 직각 지그가 지지되도록 한다. 직각자를 깊이 게이지처럼 사용하여 지그 위치를 조정하고 클램프로 고정한다(B). 라우터 비트를 조금씩 내리면서 깎거나, 최종 깊이로 비트를 내린 다음 옆에서부터 조금씩 깎아낸다.

라우터를 왼쪽에서 오른쪽으로 움직이면서 마구리면에서부터 라우팅을 시작해서 점차 어깨면 쪽으로 진행한다. 너무 천천히 라우팅하면 마구리면이 타버리기 때문에 적당한 이송 속도를 유지해야 한다.

마지막으로 어깨면을 깎을 때에는 라우터 베이스의 한 지점이 계속 지그에 닿도록 유지하면서 라우팅한다. 어깨면을 가로질러 라우팅을 하다가 거의 모서리면에 닿을 때쯤 멈추고 라우터를 지그에서 떼어낸다. 마지막 남은 부분은 뜯기는 것을 방지하기 위해 바깥쪽에서 안쪽으로 라우팅하여 완성한다(C).

플런지 라우터와 펜스를 써서 장부촉 만들기

플런지 라우터로 장부촉을 만들 수 있다. 플런지 라우터 펜스에 좀 더 긴 보조 펜스를 장착한다. 부재에 만들 장부촉을 그려 넣고 작업대에 클램프로 고정하는데, 라우터 베이스를 지지할 수 있도록 부재 옆에 같은 높이의 지지대도 같이 고정해둔다. 표시한 장부촉 선에 라우터 비트가 위치하도록 펜스를 조정하고 고정한다. 비트를 손으로 돌려봐서 날물 끝 부분이 표시 선에 딱 닿는지 확인한다(A).

라우터를 왼쪽에서 오른쪽으로 부재를 가로질러 움직이면서 마구리 쪽부터 라우팅을 시작한다. 베이스가 흔들리지 않도록 잘 지지하고 작업한다(B). 어깨면까지 깎아 마무리하는데 어깨면에서는 라우터를 좀 빨리 움직여야 부재가 타지 않는다. 라우터 펜스를 마구리면에 단단히 밀착시키고 어깨면을 가공하는데 끝까지 라우팅하지 않고 조금 남기고 라우터를 뺀다(C).

남은 끝부분은 부재 모서리면 쪽에서 안쪽으로 역방향 라우팅을 해야 뜯기지 않는다. 부재 마구리면에 펜스를 단단히 밀착시키고 작업한다(D).

라우터 테이블에서 수평 방향으로 장부촉 만들기

라우터 테이블에서 부재를 수평 방향으로 두고 장부촉을 만들려면 먼저 직경이 큰 라우터 비트를 장착한다. 비트를 손으로 돌려봐서 날물의 제일 끝부분이 펜스에서 제일 멀어지도록 만든다. 표시한 장부촉의 어깨선에 날물 끝이 오도록 펜스를 조정하여 고정한다(A). 비트 높이는 깎아낼 최종 깊이로 맞추는데 부재에 표시한 연필선을 가이드 삼아 조정한다(B).

먼저 밴드쏘에서 어느 정도 대충 잘라내어 둔다. 이러면 라우터 비트 날물을 아낄 수 있다(C). 밴드쏘에서 잘라낸 조각은 버리지 않고 보관해둔다. 잘못해서 장부촉을 너무 작게 만들 경우 이 조각을 다시 접착제로 붙이고 재가공하면 된다.

라우터 테이블에서는 부재 뒤에 나무토막을 덧대어 가공한다. 나무토막이 없으면 부재가 너무 좁아 펜스에 밀착되지 않고 흔들릴 수 있다. 부재를 오른쪽에서 왼쪽으로 움직이면서 마구리면에서부터 라우팅을 시작한다. 점점 펜스 쪽으로 붙이면서 어깨면까지 가공한다(D). 마지막 어깨면을 가공할 때에는 부재와 뒤쪽 나무토막을 펜스에 밀착시켜 정확히 직각을 유지하고 라우팅한다(E).

라우터 테이블에서 수직 방향으로
장부촉 만들기

부재가 충분히 넓어서 수직으로 들어도 라우터 테이블 정반과 인서트면에서 부드럽게 움직일 수 있으면 수직 방향으로 가공하여 장부촉을 만들 수 있다. 좁은 부재는 지지 면적이 작아 비트 쪽으로 빠질 수 있다. 밀대를 사용하여 부재를 부드럽게 움직이며 가공한다. 부재를 오른쪽에서 왼쪽으로 움직이며 가공한다.

부재가 뜯기는 것을 방지하기 위해 먼저 표면을 조금만 깎아낸다(A). 그다음 펜스를 다시 조정하여 원하는 깊이로 깎아 장부촉을 완성한다(B).

> ⚠️ **주의** 비트가 펜스 사이에 숨겨지도록 해서 가공하면서 부재가 비트와 펜스 사이에 끼지 않도록 한다. 그렇지 않으면 부재를 오른쪽에서 왼쪽으로 밀 때 부재가 홱 움직이거나 잡아당겨져서 놓칠 수 있다.

변형 방법

멀티라우터에서 장부촉 만들기

멀티라우터같이 수평으로 장착된 라우터 기계에서 장부촉을 만드는 방법은 몇 가지가 있다. 나는 보통 테이블 정반에 고정할 수 있도록 나일론 핀이 장착된 직각 지그를 만들어 사용한다(A). 여기에 지그 펜스 끝 쪽에 붙여서 사용할 수 있는 멈춤 블록도 제작해두면 반복적으로 가공할 때 같은 위치에 부재를 정렬할 수 있다(B).

장붓구멍 비트나 나선형 비트를 라우터에 장착한다. 비트 깊이를 표시한 장부촉 어깨면에 맞춰 조정하고 앞뒤 멈춤 장치를 고정한다(C). 비트 높이는 장부촉의 옆면에 맞춘다. 아래쪽과 위쪽 옆면을 모두 가공해야 하기 때문에 두 군데에 멈춤 장치를 세팅해야 한다(D).

충분한 시간을 들여 조금씩 장부촉을 깎는다(E).

[변형 방법] 멀티라우터에서 정반에 장착되는 장부촉 템플릿을 써서 작업할 수 있다. 볼베어링이 장착된 탐침촉이 템플릿을 따라 돌면서 같은 크기의 장부촉을 가공할 수 있다. 같은 템플릿을 쓰더라도 비트 크기를 다르게 하면 더 작거나 큰 장부촉을 만들 수도 있다.

복합 각도절단기를 사용하여
장부촉 만들기

슬라이딩이 되는 복합 각도절단기를 써서 장부촉을 가공할 수 있다. 부재를 톱날에 수직으로 두고 절단 깊이를 맞춘다. 파낼 부분을 부재에 잘 보이게 표시한다. 톱날을 아래로 깊이 넣고 가공하지 않기 때문에 톱선이 제대로 들어가려면 보조 펜스를 써서 부재를 앞쪽에 두고 작업해야 할지도 모른다. 작업하기 전에 이 부분을 먼저 확인한다(A).

어깨면에 맞춰 펜스에 멈춤 블록을 클램프로 조여 고정하는데, 부재 뒤쪽이 아니라 잘리는 쪽에 세팅한다(B). 이렇게 해야 톱밥이 멈춤 블록과 부재 사이에 끼더라도 덜 잘리기 때문에 재가공해서 수정할 수 있다. 멈춤 블록을 부재 뒤쪽에 두면 톱밥이 끼었을 때 부재를 톱날쪽으로 더 밀어 어깨선 너머까지 잘라낼 수도 있다.

부재에 톱날을 여러 번 통과시켜 옆면을 가공한다. 한쪽 옆면을 가공했으면 부재를 뒤집어 동일하게 작업한다(C).

밴드쏘에서 장부촉 만들기

밴드쏘에서 장부촉을 따내기 전에 먼저 부재에 절단선을 표시한다. 먼저 장부촉 어깨면에 맞춰 밴드쏘 펜스를 세팅한다. 표시한 연필선이 톱날보다 펜스 바깥쪽에 있도록 맞춰야 한다(A).

부재 뒤에 지지목을 대고 펜스에 밀착시켜 어깨면을 따낸다(B). 사진에서 보는 것 같이 좁은 부재를 톱날에 통과시키면 흔들릴 수 있기 때문에 지지목을 반드시 사용해야 한다. 정반에 홈이 파져 있으면 마이터 게이지를 써서 부재를 밀 수도 있다.

그다음 옆면을 따내는데 톱날이 앞에서 따낸 어깨면에 근접하면 부재 이송 속도를 천천히 해서 멈출 준비를 한다. 미리 준비하고 조심하지 않으면 어깨면보다 톱날이 더 들어가기 쉽다. 물론 펜스 뒤쪽에 멈춤 블록을 고정해두면 더 잘라내는 것을 방지할 수 있다. 장부촉이 좌우 대칭이라면 한쪽 옆면을 따내고 부재를 뒤집어 반대쪽 옆면을 바로 따낸다. 따낸 조각은 버리지 말고 장부촉이 너무 작게 만들어 졌을 때 다시 붙여 재가공할 때 사용한다(C).

테이블쏘에서 썰매 지그를 사용하여 장부촉 만들기

테이블쏘에서 부재를 수평으로 두고 썰매 지그를 써서 장부촉을 따낸다. 톱날 높이를 표시한 장부촉에 맞춰 조정한다(A). 썰매 지그 펜스에 어깨면에 위치에 맞춰 멈춤 블록을 클램프로 고정한다. 나는 장부촉 길이를 부재에 표시할 때 항상 바닥 쪽 모서리에 표시하는데, 이렇게 해야 톱날과 쉽게 맞출 수 있다(B).

톱날을 여러 번 통과시켜 옆면 전체를 깎는다. 부재를 뒤집어 반대쪽도 동일하게 작업한다(C).

이렇게 수평으로 장부촉을 가공하면 수많은 톱자국이 남는데, 이것은 톱날이 ATB(alternate-top bevel) 날이기 때문이다. 손가락을 좀 적셔서 부재를 단단히 쥘 수 있게 준비한 다음, 회전하는 톱날 위에서 부재를 좌우로 움직여서 톱자국을 없앤다. 이 작업은 멈춤 블록을 둔 상태에서 해야 톱날이 어깨면을 넘어가지 않는다. 한 번 좌우로 움직인 다음 조금 더 앞으로 밀고 반복한다. 시간을 들여 이 작업을 진행하면 전체적으로 매끈한 장부촉을 만들 수 있다(D).

변형 방법

[변형 방법] 물론 다도날을 사용하면 한 번에 더 많은 양을 깎을 수 있다. 날 끝이 편평한 다도날을 사용한다. 마이터 게이지를 쓰고, 어깨면에 맞춰서 조기대를 멈춤 블록처럼 세팅하고 작업한다.

테이블쏘에서 직접 제작한 지그로 장부촉 만들기

직접 제작한 장부 지그를 테이블쏘에서 쓰기 전에 먼저 썰매 지그에서 어깨면을 잘라 놓는다. 옆면보다 살짝 아래로 톱날 높이를 조정하고 따낸다(A).

[TIP] 밴드쏘에서 미리 잘려질 부분을 대충 따놓는다. 이렇게 하면 잘려 나간 부분이 테이블쏘 톱날에 끼어 날아가는 것을 방지할 수 있고 좀 더 쉽고 정밀하게 작업할 수 있다.

어깨면보다 살짝 아래로 오도록 톱날 높이를 조정한다(B). 장부촉 부재를 수직으로 지지할 수 있는 직접 제작한 장부 지그를 사용한다. 부재와 지그를 같이 조기대 옆에 두고 조기대 위치를 조정하여 톱날이 옆면과 일치하도록 맞춘다(C). 부재를 지그에 클램프로 고정하고 손으로 지그를 단단히 잡는다. 지그를 조기대에 밀착시킨 상태에서 수직을 유지한 채 톱날을 통과시킨다.

장부촉이 부재 중심에 있다면 부재를 뒤집어 같은 작업을 반복하여 반대 옆면도 따낸다. 따낸 장부촉이 장붓구멍에 잘 맞는지 확인한다(D). 장부촉이 아주 살짝 뚜껍게 가공되어 재가공해야 하는데 펜스를 미세하게 조정해서 맞추기가 어렵다면 펜스와 지그 사이에 얇은 심을 한 장 끼우고 다시 한번 톱날을 통과시킨다. 종이 심을 끼우면 머리카락 정도 부재를 더 깎아낼 수 있다(E).

테이블쏘에서 상용 지그를 써서 장부촉 만들기

테이블쏘에서 상용 지그를 사용하려면 먼저 톱날 높이를 어깨면보다 살짝 아래 오도록 맞춘다(A). 부재를 지그에 대고 클램프로 고정한다. 작업하기 전에 지그면이 정확히 수직이고 게이지 홈에 흔들리지 않고 정밀하게 움직이는지 확인한다. 지그 위치를 지그에 달린 손잡이를 돌려 정교하게 조정한다(B). 지그를 일정한 압력으로 천천히 밀어 부재를 톱날에 통과시킨다(C).

[변형 방법] 상용 지그에서도 다도날을 써서 한 번에 어깨면과 옆면을 잘라낼 수 있다. 이 방법은 부하가 많이 걸리기 때문에 톱날 상태가 좋아야 하며, 부재가 단단히 클램프로 고정되었는지 확인하고 작업한다. 다도날이 편평해야 어깨면도 톱날 자국 없이 편평하게 만들어진다.

변형 방법

수공구로 장부촉 모서리 둥글리기

장붓구멍을 직각으로 팔 것인가? 아니면 장부촉을 둥글게 만들 것인가? 장부 짜임을 만들 때에는 항상 이 선택을 해야 한다. 장부촉을 수공구로 둥글게 만들기로 했다면 부재를 바이스에 물리고 작업하는 것이 가장 좋다.

연필로 장부촉 중심에 선을 긋는다(A). 굵은 줄을 써서 모서리부터 다듬는다. 첫 번째 줄질을 어깨면 근처에서 시작한다(B). 이렇게 해야 줄이 어깨면을 먹으면서 줄자국이 생기는 것을 방지할 수 있다. 양쪽 모서리를 둥글린 다음 끌로 어깨면을 다듬는다(C).

장붓구멍 부재에서 잘라낸 조각을 템플릿 삼아 둥글린 모서리 모양을 확인한다(D). 이렇게 수십 번 둥글리는 작업을 하다보면 나중에는 템플릿을 쓰지 않아도 작업할 수 있다.

라우터 테이블에서
장부촉 모서리 둥글리기

　라우터 테이블에서 장부촉 모서리를 둥글게 만들 때에는 반지름이 장부촉 두께의 절반인 라운드오버 비트를 사용한다. 예를 들어 장부촉 두께가 12mm라면 반지름 6mm의 라운드오버 비트를 쓴다. 비트 높이를 장부촉에 맞게 조정한다(A).

　지그나 펜스 없이 작업할 수도 있는데 이때는 비트가 장부촉의 어깨면을 먹지 않도록 주의해야 한다. 비트의 베어링을 잘 보면서 가공 시작점과 끝점 위치를 확인한다. 더 안전한 방법은 비트를 펜스 속에 두고 작업하는 것이다. 곧은자를 펜스에 대고 비트의 베어링에 닿도록 조정하고 고정한다(B).

　어깨면을 확인하고 여기에 맞춰 멈춤 블록을 펜스에 고정한다. 멈춤 블록을 하나만 고정한 후 한쪽 면의 두 모서리를 가공한다(C). 멈춤 블록 위치를 펜스 반대쪽에 두고 조정한 다음 부재를 뒤집어 반대면의 두 모서리를 깎는다. 이때는 멈춤 블록에 대고 시작해서 부재를 당기면서 가공해야 정방향 가공이 된다(D).

　라우팅이 끝나면 어깨면 쪽에 약간 남은 부분을 깎아내야 한다. 끌을 이미 둥글려진 모서리에 대고 어깨면쪽으로 깎아 다듬는다(E).

브레이스로 원형 장붓구멍 파기

둥근 장붓구멍을 파는 전통적인 방법으로 브레이스(brace)를 쓸 수 있다. 스푼 비트(spoon bit)는 구멍을 파면서 쉽게 각도를 변화시킬 수 있다. 작업을 시작할 수 있도록 이 비트로 구멍 파는 연습을 해본다. 처음 구멍을 파려고 하면 비트가 이리 저리 움직이는 경향이 있는데, 이것은 비트에 중심축이 없기 때문이다(A).

최고의 결과물을 얻으려면 장붓구멍의 나뭇결 방향을 장부촉과 맞춰야 한다. 이렇게 해야 수축 팽창이 같은 방향으로 일어나게 된다. 곧은결 면에 장붓구멍을 드릴로 파고 장부촉을 이 결 방향에 맞춰 만든다. 장붓구멍 중심부에 구멍을 파고 비트를 조정하면서 작업을 시작한다(B).

[변형 방법] 오거 비트(auger bit)는 구멍 중심부를 맞추기 쉽도록 리드 스크류가 있다. 이 비트를 사용할 때에는 부재가 쪼개지지 않도록 주의해야 한다. 막힌 장붓구멍을 만들 때에는 리드 스크류 길이까지 계산해야 반대편까지 뚫리지 않게 된다.

변형 방법

핸드 드릴로 원형 장붓구멍 파기

전동 핸드 드릴에 브래드 포인트 비트나 트위스트 드릴 비트를 써서 장붓구멍을 판다. 브래드 포인트 비트는 구멍 중심을 쉽게 잡을 수 있다. 비트에 마스킹 테이프를 감아 파낼 구멍의 깊이를 표시한다(A).

비트를 힘주어 누르기 전에 비트 바깥날이 부재 표면을 파고 들어가게 한다. 이렇게 해야 구멍을 파면서 뜯김이 발생하지 않는다(B). 표시한 깊이까지 구멍을 파낸 다음 자유각도자를 두고 옆에서 바라보아서 구멍 각도가 맞는지 확인하고 조정한다(C).

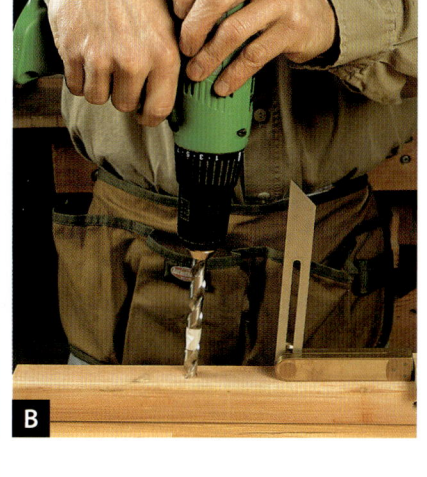

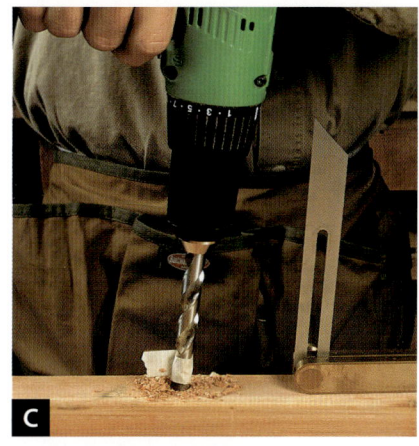

드릴 프레스에서 원형 장붓구멍 파기

수직 장붓구멍은 어떤 종류의 드릴 비트를 써도 파낼 수 있다. 각도가 있는 장붓구멍은 포스너 비트(Forstner bit)나 브래드 포인트 비트를 사용한다. 거의 연속적으로 날물이 연결되어 있는 포스너 비트는 이런 작업에 잘 맞는다. 단순한 각도는 드릴 프레스 정반을 기울이는 것보다는 각도 지그를 밑에 두고 구멍을 파는 것이 낫다. 먼저 일반적인 긴 일자 드릴 비트를 끼우고 자유각도자를 옆에 대보아서 비트 섕크와 일치할 때까지 각도 지그를 조정한다. 비트를 포스너 비트로 바꾸고 지그를 고정한다. 각도 지그에 펜스를 클램프로 고정하고 구멍 위치를 조정한다(A). 장붓구멍 중심 위치를 확인하고 구멍을 뚫는다(B).

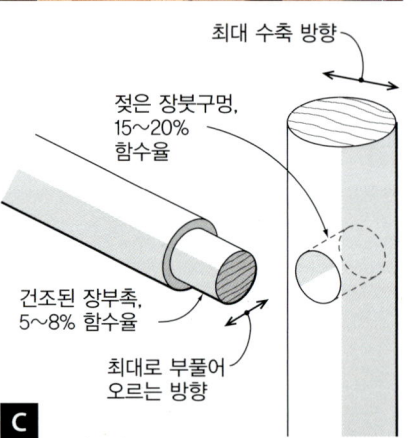

최대 수축 방향

젖은 장붓구멍,
15~20%
함수율

건조된 장부촉,
5~8% 함수율

최대로 부풀어
오르는 방향

수공구로 원형 장부촉 만들기

원형 장붓구멍에 들어갈 장부촉을 만들 때에는 못 쓰는 나무판에 장붓구멍을 만들 때 쓴 비트로 구멍을 하나 뚫어놓는다. 이 나무판에 장부촉 부재를 대고 원형 장부촉 지름을 연필로 표시한다.

먼저 남경대패로 장부촉 부재 둘레를 깎는다(A). 앞서 표시한 연필선에 닿을 때까지 계속 작업한다. 나무판 구멍 입구 안쪽을 연필로 칠해놓고 깎은 장부촉을 끼워서 맞춤 정도를 확인해본다. 부재를 구멍에서 빼보면 더 깎아야 할 부분에 연필 자국이 묻어 있다(B).

생나무를 쓰는 목공(green woodworking)에서는 젖은 목재와 건조 목재를 같이 사용하여 수축하면서 생기는 힘으로 결합부를 만든다. 젖은 장붓구멍에 건조된 장부촉을 끼우는데 나뭇결 방향을 최대 수축력이 발생하도록 맞춘다(C). 장붓구멍이 건조하면서 장부촉 주위에서 수축하여 꽉 물게 된다. 간이 오븐이나 뜨겁게 달군 모래에서 장부촉을 건조시켜 사용한다(D). 이런 부분 건조 방법은 윈저 의자에서 특히 중요하게 쓰이는데, 가로대 끝은 건조된 장부촉이고 중간 부분에는 젖은 장붓구멍이 있기 때문이다.

[변형 방법] 원형 장부촉이 대충 맞으면 꽂임촉 다듬는 틀을 써서 크기를 맞출 수 있다. 장부촉이 너무 클 경우 힘으로 때려 넣으면 부서지거나 변형되므로 주의한다.

변형 방법

드릴과 장부촉 커터를 써서
원형 장부촉 만들기

좀 투박한 스타일의 목공이긴 하지만 장부촉 커터(tenon cutter)를 전동 드릴에 끼워 원형 장부촉을 만들 수 있다. 사진에서 보는 예제는 재단되지 않은 나뭇가지를 사용하였다. 좀 쉽게 작업하기 위해 남경대패로 끝 부분을 대충 다듬고, 장부촉 길이를 연필로 표시한다(A).

장부촉 커터로 나뭇가지 끝을 가공한다. 드릴을 단단히 잡아서 똑바로 드릴질을 할 수 있도록 한다(B). 장부촉 길이만큼 드릴로 파고 칼로 우둘투둘한 어깨면을 다듬어 정리한다(C).

선반에서 원형 장부촉 만들기

목선반을 쓰면 원형이나 사각형 부재에 원형 장부촉을 만들 수 있다. 먼저 장부촉 부재에 대각선을 그어 중심점을 찾는다. 조합직각자의 45도 빗면을 쓰면 중심을 쉽게 찾을 수 있다(A).

표시한 연필선에 등대기톱으로 톱선을 살짝 넣는다(B). 그다음 선반 중심축에 망치로 박아 넣는다. 부재가 선반에 단단히 장착되고 손으로 돌려보았을 때 저항 없이 잘 도는지 확인한다.

회전 속도를 낮게 한 다음 가우지(gouge)를 써서 부재를 깎기 시작한다(C). 캘리퍼를 최종 장부촉 두께보다 살짝 크게 세팅해두고, 이 캘리퍼가 통과될 때까지 가우지로 부재를 깎는다(D).

스큐(skew)로 다듬어 최종 크기로 맞춘다. 캘리퍼를 정확한 장부촉 크기로 다시 맞추고 자주 크기를 확인하며 작업한다(E).

변형 방법

[변형 방법] 부재를 목선반에서 가공할 때 사이징 툴(sizing tool)을 써서 장부촉을 만들 수도 있다. 사이징 툴의 비딩(beading) 부분을 원하는 직경으로 맞추고 고정한다. 먼저 대충 원형 장부촉을 깎은 다음 사이징 툴을 써서 정밀하게 깎는다. 사이징 툴을 잡고 적당한 압력을 가하면 부재가 맞춰놓은 직경만큼 깎인 다음 옆으로 미끄러져 이동하게 된다.

멀티라우터에서 원형 장부촉 만들기

멀티라우터에 원형 템플릿을 사용하면 원형 장부촉을 깎을 수 있다. 작업 전에 템플릿의 크기와 라우터 비트의 직경이 맞는 쌍인지 확인한다(A). 라우터 비트 끝선을 연필로 표시한 장부촉 선에 맞춰 깊이를 조정한다. 탐침촉을 템플릿으로 가져간 다음 고정한다(B).

장부촉 전체 길이를 한 번에 깎는 것이기 때문에 천천히 시간을 들여 작업한다(C). 가능하다면 밴드쏘에서 대충 따낸 다음 가공하면 더 좋다.

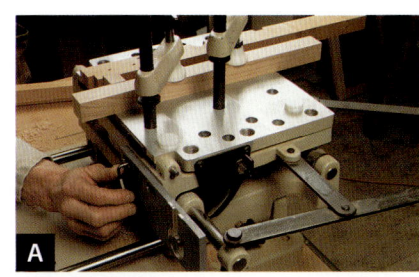
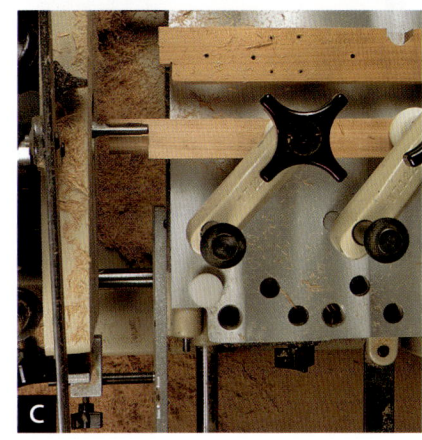

테이블쏘에서 원형 장부촉 만들기

원형 부재일 경우에는 테이블쏘에서도 원형 장부촉을 깎을 수 있다. 썰매 지그에 멈춤 블록을 장부촉 길이로 세팅한다(A). 톱날 높이를 썰매 지그 아랫면에서 살짝 올라오게 맞춘다(B).

원형 부재를 톱날 위로 밀어 넣고 돌려가면서 깎는다. 썰매를 위로 밀고 부재를 옆으로 조금 더 이동시킨 다음 썰매를 당겨 같은 방식으로 돌려가면서 깎는다(C). 톱날 높이를 조금씩 올려가면서 원하는 장부촉 직경으로 깎일 때까지 이 작업을 반복한다. 마지막에는 부재를 돌리는 것이 아니라 톱날이 제일 높을 지점에 부재를 두고 좌우로 움직이면서 깎는다. 부재를 조금씩 돌려가면서 이 작업을 반복한다(D).

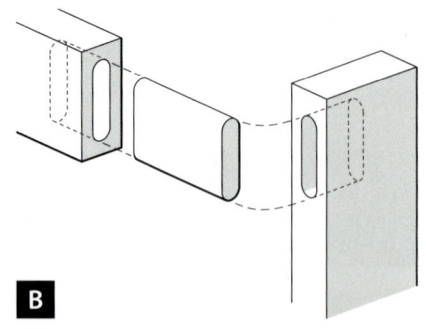

플런지 라우터와 템플릿을 사용하여 딴혀 장부 짜임 만들기

딴혀 장부촉(loose-tenon)은 부재가 너무 길어서 부재 끝에 장부촉을 만들기가 번거로울 때 잘 쓰인다. 플런지 라우터로 가공하려면 장붓구멍 템플릿을 사용한다. 비트 직경과 템플릿 가이드 직경 사이의 오프셋 단차를 측정한다. 장붓구멍 템플릿은 이 단차를 고려하여 제작한다(A, B).

긴 부재를 적당히 기울여 바이스에 물린다(C). 부재 마구리면에 장붓구멍의 위치를 표시하는데, 앞서 측정한 오프셋을 고려하여 작업한다(D). 종종 두께가 서로 다른 두 부재를 딴혀 장부 짜임으로 이을 때가 있다. 이때는 두꺼운 부재에 맞춰 템플릿을 제작하고, 얇은 부재는 심을 끼워 작업한다(E). 템플릿에 라우터를 올리고 원하는 깊이로 구멍을 판다(F).

▶ 309쪽의 '플런지 라우터와 템플릿을 사용하여 장붓구멍 만들기'를 참고한다.

따혀 장부촉 만들기

따혀 장부촉은 충분히 긴 부재로 만들어야 안전하게 작업할 수 있다. 한쪽 면과 모서리를 대패질한 다음, 장붓구멍 폭에 맞춰 부재를 켜서 준비한다(A).

장부촉 두께보다 조금 크게 밴드쏘에서 대충 따낸 다음, 다시 한번 대패질해서 굽거나 휜 면을 바로 잡는다(B). 자동대패에서 최종 두께로 부재를 뽑는다. 부재 두께가 얇을 때에는 정반 인서트를 사용하면 송급 롤러 압력 때문에 부재가 휘는 것을 방지할 수 있다(C).

[변형 방법] 테이블쏘에서 따혀 장부촉을 켜서 두께를 맞출 수 있다. 이 작업을 할 때는 반드시 밀대를 사용한다.

테이블쏘에서 부재 중간에 접착제가 빠져나올 홈을 판다. 이렇게 얕은 홈을 파두면 장부촉을 박아 넣을 때 접착제와 공기가 빠져나올 수 있다(D). 그다음 라우터 테이블에서 모서리를 둥글린다. 반지름이 부재 두께의 절반인 비트를 사용한다. 12mm 두께의 장부촉이라면 6mm 라운드오버 비트를 쓰면 된다(E).

나는 장부촉 전체에 접착제를 발라서 한 번에 끼우는 것보다는 한쪽씩 접착제를 발라 끼우는 방식을 선호하는 편이다. 한쪽에 장부촉을 끼워 넣은 다음 튀어나온 부분의 길이를 재서 끝까지 박혔는지 확인할 수 있다(F).

변형 방법

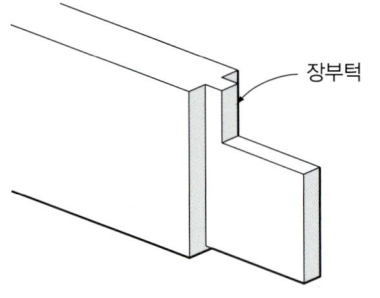

장부턱

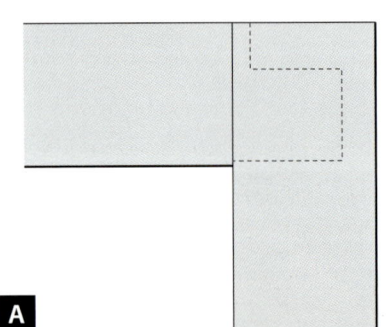

A

B

C

D

변형 방법 1

E

수공구로 턱장부 짜임 만들기

수공구로 턱장부 짜임을 만들 수 있다(A). 부재에 장붓구멍과 턱의 위치를 표시한다.

➤ 302쪽의 '장부끌로 장붓구멍 만들기'를 참고한다.

부재에 직각자를 대고 연필선을 그어 장부촉 끝과 턱의 위치를 표시한다(B). 장부턱의 폭은 장부촉 폭의 삼분의 일 정도가 적당하다. 장부 그무개를 세팅하여 장부촉의 두께를 표시한다. 장부끌을 그무개에 대고 두 침의 간격을 끌 폭과 동일하게 조정한 다음, 그무개 머리를 움직여 부재 중앙에 장부촉이 그려지도록 맞춘다(C). 장부 그무개 머리를 부재 옆면에 단단히 붙이고 칼금을 긋는다(D).

장붓구멍 가운데에서부터 시작해서 끌을 쳐서 구멍을 파낸다. 끌 폭을 믿고 아래로 쳐내면 양 옆면은 자동으로 만들어진다. 끌을 정확히 직각으로 쥐는 것에 주의하면서 작업한다. 원하는 깊이까지 끌을 친 다음에는 가운데로 비스듬하게 쥐고 파낸 조각을 잘라낸다. 턱 끝이 위치할 장붓구멍에서는 수직 아래로 쳐낸다(E).

장붓구멍이 다 파졌으면 옆면을 다듬어 정리한다. 얇은 나뭇조각을 장붓구멍에 넣어 앞뒤로 움직여 본다. 걸리는 부분이 있으면 더 깎아낸다. 옆면을 깎을 때 양쪽 옆면이 서로 평행한지 주의하면서 작업한다.

[변형 방법 1] 드릴 프레스에서 구멍을 파서 장붓구멍을 만들 수 있다.

옆쪽의 턱 홈은 손톱으로 잘라낸다. 부재 마구리면에 잘라낼 깊이를 표시하고 작업한다(F). 넓은 끌이나 작은 라우터 대패로 턱 홈의 바닥을 다듬어 정리한다(G).

[변형 방법 2] 부재 길이 방향의 긴 홈은 사진에서 보는 것 같이 45번 복합 대패를 써서 원하는 깊이 까지 홈을 파낼 수 있다.

장부촉 길이에 맞게 부재 양쪽 면에 그무개를 써서 칼금을 그어 어깨선을 표시한다. 원형 그무개로 작업하면 나뭇결에 직각 방향으로 쉽게 칼금을 그을 수 있다(H). 장부촉 두께에 맞게 옆면을 부재에 표시할 때에는 자를 대고 연필선을 그어도 좋고 금긋기칼로 칼금을 그어도 된다. 양쪽 모서리면과 마구리면 모두에 표시한다(I).

▶ 314~315쪽의 '수공구로 장부촉 만들기'를 참고한다.

먼저 어깨면을 자르는데 부재를 벤치훅에 밀착시키고 단단히 잡거나 클램프로 작업대에 고정하고 작업한다. 어깨면을 거의 다 잘랐으면 장부톱이나 등대기톱으로 옆면을 자른다. 첫 번째 옆면을 자른 다음 반대면을 자르기 전에 턱대패나 불노우즈 대패로 잘린 면을 다듬는다. 다듬은 면의 깊이를 측정해서 너무 많이 잘라냈으면 반대쪽 옆면에서 이를 보상해서 옆면 위치를 재조정하면 된다.

양쪽 옆면을 모두 잘라냈으면 장부촉의 맞춤 정도를 확인한다. 장부촉의 모서리 부분을 끼워보아 얼마나 빡빡한지 확인할 수 있다. 장부촉을 좀 두껍게 만든 다음 손대패로 옆면을 다듬으면서 완벽하게 맞추는 것이 좋다(J).

그다음 장부턱의 크기를 부재에 표시하고 폭 방향을 켜낸다. 등대기톱으로 장부턱 길이대로 잘라내고 끌로 다듬어 정리한다(K). 부재를 뒤집어 홈에 장부턱을 끼워보아서 맞춤 정도를 확인한다.

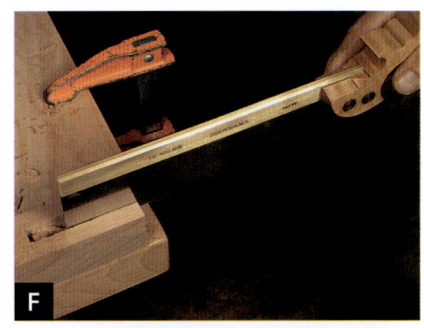

G

H

I

J

변형 방법 2

K

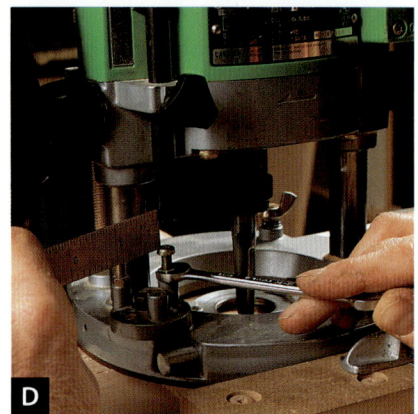

라우터로 턱장부 짜임 만들기

폭이 좁은 부재에 라우터로 장붓구멍을 팔 때에는 같은 두께의 나무토막을 부재 옆에 몇 개 덧대어 라우터를 잘 지지할 수 있도록 준비한다. 먼저 장붓구멍의 위치를 부재에 표시한다(A). 그다음 라우터 비트를 부재 표면에 닿을 때까지 내려 깊이 영점을 맞춘다(B). 라우터의 깊이자를 파낼 장붓구멍의 깊이로 조정한다(C). 멈춤 터렛(turret)을 돌려서 장부턱 깊이로 조정한다. 렌지로 멈춤 터렛의 나사못을 돌려 정밀 높이 조정을 한다(D).

> ➤ 307쪽의 '플런지 라우터에 펜스를 대고 장붓구멍 만들기'를 참고한다.

라우터가 장붓구멍 끝에 오도록 올려놓고 라우터 베이스에 닿도록 멈춤 블록을 고정한다(E). 먼저 장부턱 깊이로 구멍을 판다. 라우터가 부재 마구리 쪽으로 이동할 때 기울어지지 않도록 잘 지지하면서 작업한다. 라우터 바닥 왼쪽에 있는 템플릿 가이드 홀더가 지지력을 주게된다(F).

[변형 방법] 라우터 테이블에 일자 비트를 끼우고 멈춤 블록을 써서 장붓구멍 홈을 팔 수도 있다. 멈춤 블록을 정반에 붙이지 말고 살짝 위에 고정하여 톱밥이 사이에 끼지 않도록 한다.

장부턱 깊이로 다 파냈으면 멈춤 터렛을 돌려 장붓구
멍 깊이로 플런지 깊이를 조정한다(G). 장붓구멍의 한
쪽 끝에는 앞에서 멈춤 블록을 이미 고정해두었다. 장
붓구멍 반대쪽 끝에 비트를 맞추고 연필로 라우터 베이
스 위치를 표시해둔다. 비트 깊이를 낮추면서 여러번
라우팅하는데, 매번 라우팅할 때 이 연필선 근처에서는
천천히 움직여 멈춘다(H).

장부촉은 선호하는 방법을 사용하여 제작한다.

▶ 314~325쪽에 나온 여러 장부촉 제작 방법을 참고
한다.

맞춤 조정을 할 때 턱장부 짜임의 장점 중 하나가 드
러난다. 장부촉 모서리 한쪽이 턱을 만들면서 잘려 나
가기 때문에 이 부분을 톱이나 라우터로 조금씩 깎아
보면서 맞춤 정도를 확인할 수 있다. 너무 빡빡하더라
도 괜찮다. 펜스를 조정해서 다시 한번 깎아내면 된다.

장부촉과 장붓구멍 간에 치수 차이가 있으면 빼내어
표시한다(I). 장부촉 바닥에 작은 어깨면을 추가하여 차
이나는 것을 감춘다. 그다음 밴드쏘에서 장부촉을 켜내
폭을 재단한다(J). 장부턱의 마구리면은 테이블쏘에서
썰매 지그를 써서 잘라내는데, 톱날 높이를 밴드쏘에서
켜낸 톱선보다 살짝 아래로 맞춰서 떨어져 나간 조각이
톱날과 부재 사이에 끼지 않도록 한다(K).

변형 방법

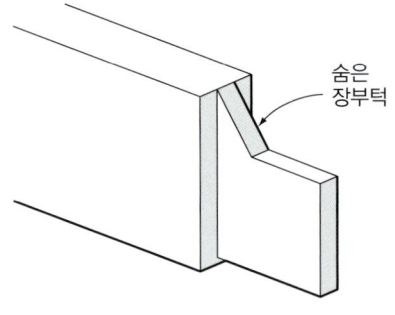

숨은
장부턱

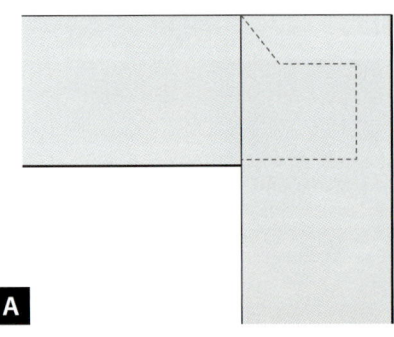

A

B

C

D

숨은 턱장부 짜임

숨은 턱장부 짜임(secret haunched mortise and ten-on)을 만드는 첫 번째 단계는 부재에 장붓구멍을 배치하고 그리는 일이다(A).

➤ 336쪽의 '수공구로 턱장부 짜임 만들기'를 참고한다.

장붓구멍을 쳐내 깎았으면 끌을 기울여 잡고 턱장부 홈을 만든다. 부재 마구리면이 깨지지 않도록 주의한다(B).

손톱으로 장부촉을 잘라내고 기울어진 턱을 대충 따낸다(C). 끌로 각도를 맞춰 장부턱을 다듬어 완성한다(D).

라우터와 템플릿으로
이중 장부 짜임 만들기

라우터로 이중 장부 짜임(double mortise-and-tenon joint)을 만들 수 있다. 이중 장부 템플릿을 부재 위에 올려놓는다. 장붓구멍 위치 한 개와 템플릿 오프셋을 연필로 부재에 표시한다(A). 라우터를 템플릿 위에 올려놓고 비트를 부재 표면까지 내려 영점을 맞춘다(B). 장붓구멍 깊이까지 라우팅을 하는데 집진기를 라우터에 연결하거나 진공청소기를 써서 톱밥을 구멍 밖으로 빼내면서 작업한다. 템플릿에 톱밥이 끼지 않도록 제거하고 장붓구멍의 끝부분을 라우팅할 때는 좀 더 주의해서 작업한다. 비트를 상당히 길게 빼서 작업을 하게 되므로 라우팅 충격에 놀랄 수도 있으니 주의한다(C).

장붓구멍 깊이에 맞춰 장부촉의 길이를 표시한다. 플런지 라우터의 펜스를 장부촉 어깨면을 깎을 수 있도록 맞춘다. 장부촉은 장붓구멍 깊이에 비해 살짝 짧게 만들어야 접착제가 밀려들어갈 수 있는 공간이 확보된다. 라우터의 플런지 깊이를 주의해서 세팅하고 장부촉을 깎는다(D).

마구리면에서부터 어깨면 방향으로 장부촉을 깎는다. 끝부분에서 라우터가 잘 지지되도록 주의한다. 라우터를 적당히 빠르게 움직여야 부재가 타지 않고 가공된다(E).

밴드쏘에서 이중 장부촉을 폭 방향으로 켜낸다(F).

두 장부촉 사이는 플런지 라우터로 깎아서 어깨면을 만든다(G). 라우터의 플런지 깊이를 완전히 관통하여 가공되도록 조정하고 작업한다. 라우터 비트가 장부촉을 먹어 들어가지 않도록 주의하고 펜스가 부재 마구리면에 잘 지지되도록 한다. 이렇게 작업하면 장부촉에 앞뒤로 있는 어깨면과 동일한 위치에 중간 어깨면을 만들 수 있다. 라우터로 둥글게 가공된 모서리를 끌로 쳐내 마무리한다.

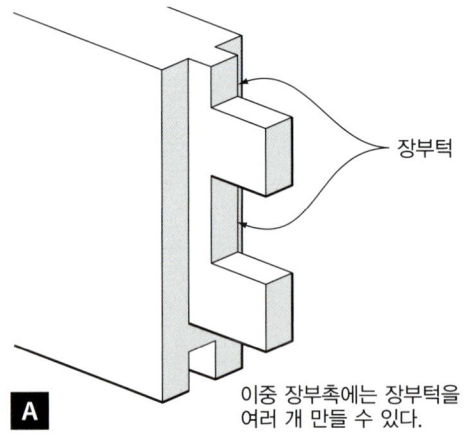

장부턱

이중 장부촉에는 장부턱을
여러 개 만들 수 있다.

A

B

C

D

E

F

수공구로 이중 턱장부 짜임 만들기

수공구로 이중 턱장부 짜임을 만들 때에는 장붓구멍의 한쪽 끝을 부재에 표시하는 것부터 시작한다(A). 그다음 장붓구멍의 반대쪽 끝을 표시한다. 그리고 두 번째 장붓구멍을 표시한다. 직각자를 대고 장붓구멍의 끝선들을 연필로 표시한다(B). 장붓구멍을 팔 때 사용할 끌에 맞춰 장부 그무개를 세팅한다. 끌을 장부 그무개의 두 칼 끝 사이에 넣고 부재 모서리에서 장붓구멍 거리만큼 그무개 머리를 조정한 다음 볼트를 잠가서 고정한다(C). 부재 모서리를 그무개 머리를 단단히 붙이고 칼금을 긋는다. 칼금이 연필로 표시한 장붓구멍 끝선을 넘어가지 않도록 주의한다(D).

장붓구멍 중간부터 끌로 쳐내 파낸다(E). 원하는 구멍 깊이까지 끌을 기울여 판 다음 다시 똑바로 파낸다. 장붓구멍 끝선에서는 수직으로 파내고 양쪽 벽면을 다듬어 평행하면서 같은 크기의 장붓구멍을 만든다.

> 자세한 내용은 302쪽의 '장부끌로 장붓구멍 만들기'를 참고한다.

장붓구멍을 파면서 양쪽 옆면이 원하는 폭으로 잘 파졌는지 소위 "드리프트(drift)"라는 방식으로 확인할 수 있다. 장붓구멍 폭으로 만든 얇은 나뭇조각을 파낸 위치에 밀어 넣어보는 것이다. 만일 들어가지 않는 곳이 있다면 옆면을 다듬어 좀 더 파낸다.

장붓구멍이 다 만들어졌으면 장부턱 끝 선을 끌로 쳐서 표시한다. 이때 너무 강하게 치지 않도록 주의한다. 너무 강할 경우 장부촉 아래로 끌자국이 보일 수도 있다.

부재 마구리 쪽에 장부턱 홈의 깊이를 표시한다. 톱 옆면에 테이프를 붙여서 표시해도 된다. 등대기톱으로 장부턱 홈을 켜낸다(F). 톱을 장붓구멍 옆면에 딱 붙도록 유지한 상태에서 표시한 깊이까지 켠다. 양쪽 톱선 사이를 끌로 쳐내 장부턱 홈을 파낸다.

이중 장부촉의 어깨면은 너무 길기 때문에 톱을 가이드할 수 있는 펜스를 사용한다. 조합직각자로 길이를 확인하고 여기에 맞춰 펜스를 정렬한 다음 클램프로 부재에 고정한다. 자르기 톱 옆면에 종이테이프를 붙여서 자를 깊이를 표시한다. 톱을 펜스에 딱 붙여서 대고 앞뒤 어깨면을 잘라낸다(G).

폭이 넓은 끌을 써서 장부촉을 따내는데 부재가 결대로 쪼개지지 않도록 나뭇결에 주의하면서 작업한다(H). 턱대패를 장부촉 어깨면에 대고 끌질한 면을 다듬어 두께를 맞춘다. 이렇게 하면 대패 폭대로 홈이 생긴다(I). 튀어나온 끝부분은 블록 대패나 평대패로 깎아 장부촉 옆면을 완성한다. 한쪽 옆면을 끝냈으면 반대편도 동일하게 작업한다(J).

만들어진 장부촉 한쪽 모서리를 장붓구멍에 넣어 보아서 잘 들어가는지 확인했으면 마구리면에 이중 장부와 장부턱 위치를 표시한다(K).

톱으로 장부촉 사이를 턱선까지 켠다. 톱을 표시한 선에서 잘라 떨어져 나가는 쪽에 두고 작업하는 것을 잊지 않도록 한다(L). 양옆의 장부턱을 잘라 따낸다. 그다음 이중 장부촉의 가운데 부분은 코핑쏘(coping saw)로 잘라낸다(M).

두 장부촉 사이의 어깨면을 끌로 쳐내 다듬는다(N). 끌을 양쪽 면에서 가운데 방향으로 쳐야 뜯기지 않고 작업할 수 있다. 마지막으로 만들어진 장부촉을 장붓구멍에 끝까지 넣어보아서 맞춤 정도를 확인한다.

[TIP] 장부촉 양쪽 옆면에도 작은 어깨면을 만들면 장붓구멍에 생긴 작은 찍힌 자국들을 감출 수 있다.

라우터로 이중 턱장부 짜임 만들기

부재 옆에 같은 높이의 나무토막을 두 개 겹쳐놓고 작업대에 클램프로 고정한다. 하나는 부재 옆에 놓고 또 하나는 부재 마구리 쪽에 두어야 어디를 작업하더라도 라우터가 기울어지지 않게 된다.

라우터에 일자 비트를 장착하고 부재 표면까지 내려 영점 높이를 맞춘다(A). 라우터 깊이 자를 조정하여 파낼 장붓구멍 깊이로 세팅한다(B). 라우터 멈춤 터렛을 돌려 장부턱 홈 깊이로 깊이 세팅을 하나 더 해둔다(C). 라우터에 펜스를 장착하고 장붓구멍에 비트가 위치하도록 세팅한다. 장부턱 홈 끝 위치에 비트가 멈추도록 멈춤 블록을 라우터 베이스에 맞춰 클램프로 고정한다. 부재 마구리 쪽으로 끝까지 라우팅하여 장부턱 깊이로 긴 홈을 따낸다(D).

그다음 멈춤 터렛을 돌려 처음에 맞춰둔 장붓구멍으로 비트 깊이를 변경한다. 장붓구멍 위치에 맞춰 멈춤 블록을 하나 더 클램프로 고정한다(E).

장붓구멍과 장부턱 홈의 둥근 모서리를 끌로 쳐내 직각으로 만든다. 안쪽으로 살짝 더 깎아 언더컷을 만들면 이중 장부촉과 맞출 때 간섭이 일어나지 않는다(F). 펜스를 장착한 플런지 라우터를 써서 이중 장부촉을 가공한다. 마구리 쪽에서부터 시작해서 어깨면 방향으로 작업한다.

장부촉의 한쪽 모서리를 써서 맞춤 정도를 확인할 수 있다. 어차피 모서리는 장부턱을 만들면서 제거되기 때문이다(G). 장부촉 두께가 장붓구멍에 잘 들어맞도록 가공되었으면 폭 방향 가공을 한다. 직쏘나 밴드쏘를 써서 장부턱 선까지 켠다. 밴드쏘 펜스에 멈춤 블록을 고정해서 정확한 위치까지 톱선이 나도록 한다(H).

쌍 장부촉

장붓구멍을 크게 하나로 만들면 부재가 너무 약해진다고 생각될 경우에는 쌍 장부촉(twin tenons)을 만든다. 장붓구멍 사이에 부재가 남아 있어서 지지 강도를 높일 수 있다(A).

드릴 프레스에 두 장붓구멍을 같은 세팅으로 가공할 수 있도록 펜스와 멈춤 블록을 정렬한다.

▶ 304쪽의 '드릴 프레스에서 장붓구멍 만들기'를 참고한다.

먼저 바깥쪽 장붓구멍에 맞춰 펜스 위치를 조정하고 장붓구멍 길이로 멈춤 블록을 고정한다(B). 장붓구멍 끝선에 맞춰 양쪽에 구멍 두 개를 뚫는다. 그다음 가운데 부분에 구멍을 파는데, 브래드 포인트 비트 중심이 허공에 있지 않도록 해야 작업 중에 흔들리지 않는다(C). 두 번째 장붓구멍을 팔 때는 스페이서를 끼우고 동일하게 작업한다(D). 그무개로 장부촉의 어깨면을 표시하고 첫 번째 장부촉의 바깥 어깨면을 따낸다.

▶ 314~325쪽의 장부촉 가공 방법을 참고한다.

맞출 두 부재의 앞면이 단차 없이 끼워져야 한다면 첫 번째 장부촉 옆면을 따내고 바로 장붓구멍에 대보고 확인한다. 장붓구멍 부재를 뒤집어서 가공한 장부촉 옆면에 붙인다. 장부촉 부재 앞면과 장붓구멍 벽면 간에 단차가 없다면 짜임을 조립할 때에도 부재 앞면에 단차가 발생하지 않는다(E). 단차가 있을 경우에는 필요한 만큼 옆면을 더 깎아서 조정하면 된다.

그다음 원하는 방식으로 반대쪽 장부촉의 바깥 옆면을 가공한다. 두 장부촉 사이의 안쪽 옆면은 테이블쏘나 밴드쏘에서 따내고 끌로 가운데 어깨면을 다듬어 완성한다.

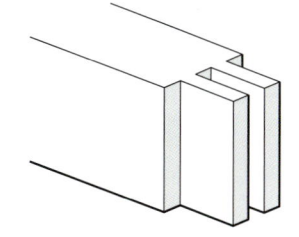

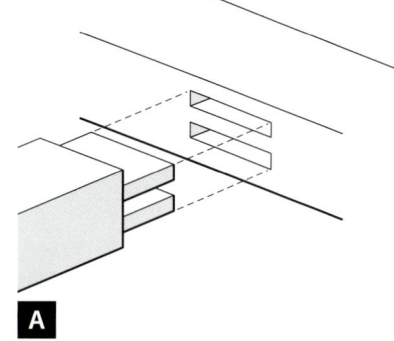

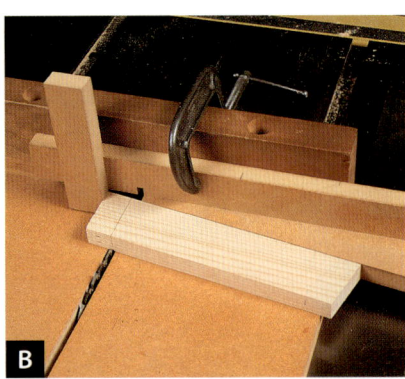

변형 방법 1

변형 방법 2

제혀 장부촉에서 기울어진 어깨면 만들기

장부촉 어깨면과 마구리면의 각도가 같아야 간단하게 가공할 수 있다. 자유각도자를 써서 어깨면의 각도와 위치를 부재에 표시한다(A). 올바른 각도로 나무토막을 켜서 만든 인서트를 썰매 지그 펜스에 덧댄다. 이 각도는 어깨면과 상보되는 각도로, 어깨면이 82도라면 나무토막은 8도로 켜서 덧대면 된다.

부재 한쪽 어깨면을 따낸다. 어깨면 위치에 맞춰서 멈춤 블록을 각도 인서트에 부착해도 되고 클램프로 고정할 수도 있다(B). 반대쪽 어깨면을 따낼 때에는 부재를 뒤집어 가공한다. 두 번째 각도 펜스를 사용하거나 각도 인서트를 뒤집어 톱날 반대쪽에 두고 작업한다. 앞서 만든 어깨면과 일치하도록 멈춤 블록 위치를 정밀하게 조정해야 한다(C).

[변형 방법 1] 마이터 게이지를 써서 한쪽 각도를 따내고 각도를 조정해서 반대쪽을 따내도 된다.

밴드쏘에서 부재를 기울여 들고 조심스럽게 장부촉 옆면을 따낸다. 부재가 잘 지지되도록 주의하면서 작업한다. 테이블쏘의 세팅을 풀기 전에 다시 한번 장부촉의 두 어깨면이 일치하는지 확인한다(D).

[변형 방법 2] 수평 라우터 머신을 쓰면 각도가 있는 장부촉 어깨면을 가장 간단하게 만들 수 있다. 장부촉 펜스와 부재 사이에 각도가 있는 심을 끼워 부재 각도를 세팅한다. 그다음 양쪽 어깨면을 라우팅하여 각도가 있는 장부촉 어깨면을 만든다.

딴혀 장부촉에서
기울어진 어깨면 만들기

  기울어진 어깨면이 필요할 때 딴혀 장부촉 짜임으로 만들면 제작상 어려운 문제들이 상당 부분 해결된다(A). 왜냐하면 각 부재 마구리면만 각도를 줘서 자르기만 하면 되기 때문이다. 하지만 파낸 장붓구멍이 구조 강성을 약하게 하지 않을 때만 적용하도록 한다.
  테이블쏘에서 필요한 각도로 부재를 자른다(B). 장붓구멍은 수평 라우터 머신에서 부재를 똑바로 고정하고 파낸다(C).

[변형 방법] 반대로 템플릿 가이드를 써서 장붓구멍을 먼저 파내고 그다음 각도 자르기를 해도 된다.

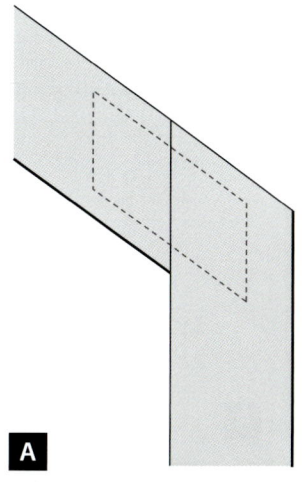

A

B

C

변형 방법

기울어진 장부촉

장부 지그와 다도날을 써서 기울어진 장부촉을 만들 수 있다. 장부 지그를 원하는 각도로 기울여 세팅한다(A). 각도를 너무 많이 기울이면 장부촉이 나뭇결 방향 때문에 약해지므로 주의한다(B). 부재를 지그에 장착하고 톱날 높이를 조정해서 첫 번째 옆면과 어깨면을 깎는다(C). 그다음 두 번째 어깨면을 깎는다(D).

[변형 방법 1] 또 다른 방법으로 부재를 테이블쏘에 수평으로 두고 톱날을 기울여 어깨면을 자른 다음, 톱날 각도를 그대로 두고 장부 지그를 써서 옆면을 잘라낼 수도 있다.

[변형 방법 2] 멀티라우터에서 정반을 적당한 각도로 기울여 작업하면 어깨면과 옆면을 한 번에 깎아낼 수 있다.

변형 방법 1

변형 방법 2

연귀 장부촉

장부촉 두개가 탁자 다리에 끼워져서 서로 만나게 되면 서로 간섭 때문에 끼워지지가 않기 때문에 추가 작업을 해야 한다(A). 장부촉을 가운데가 아닌 다리 바깥쪽에 두면 간섭이 덜 일어난다.

➤ 295쪽의 '중심부 장부 vs. 바깥쪽 장부'를 참고한다.

다리 부재에 장붓구멍을 파는데, 장붓구멍 총 깊이 보다 살짝 짧게 파낸다. 이렇게 해야 첫 번째 장붓구멍 바닥을 깎으면서 옆에 있는 장붓구멍의 옆면을 손상시키지 않게 된다(B).

➤ 302~313쪽의 장붓구멍 파는 방법을 참고한다.

장붓구멍에 남아 있는 턱은 끌로 깎아서 다듬는다 (C).
원하는 방법으로 장부촉을 만든다.

➤ 314~325쪽의 장부촉 만드는 방법을 참고한다.

각도절단기를 써서 장부촉 마구리면을 45도로 잘라낸다. 잘라낸 연귀면은 서로 만나 붙는 것이 아니라 살짝 간격을 두고 끼워지기 때문에 절단면이 딱 맞는 것에 신경 쓸 필요는 없다(D).

[변형 방법] 테이블쏘에서 마이터 게이지를 써서 장부촉 연귀 자르기를 할 수도 있다.

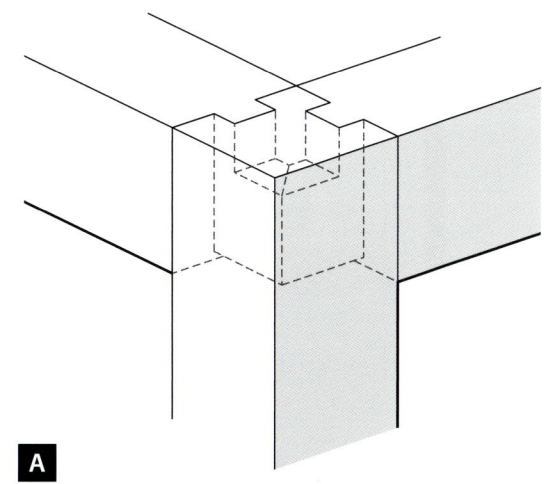

A

B

C

D

변형 방법

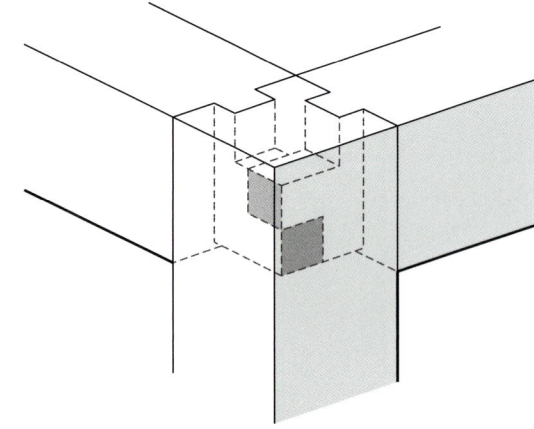

걸침턱 장부촉

장부촉 마구리를 연귀로 따내는 대신 걸침턱(notch)을 만들어 서로 겹쳐지게 할 수 있다(A). 하지만 이 방식을 사용하면 결합부에서 접착 면적이 줄어드는 단점이 있다.

장부촉에 걸침턱 위치를 표시한다. 걸침턱은 장부촉 높이의 절반보다 머리카락 두께만큼만 살짝 넓게 만든다. 맞춰지는 장부촉에도 걸침턱 위치를 표시한다(B). 표시 선을 따라 등대기톱으로 턱을 따낸다(C).

[변형 방법] 걸침턱 어깨면을 테이블쏘에서 썰매 지그를 써서 잘라내고 밴드쏘에서 켜서 따낼 수 있다.

변형 방법

맞물림 장부촉

맞물림 장부촉(interlocking tenons)은 한쪽 장부촉이 다른 장부촉에 끼워져서 내부에서 서로 맞물리는 짜임 방식이다(A). 장부촉에 구멍을 낼 때에는 너무 넓지 않게 해야 한다. 나뭇결 때문에 쉽게 부러질 수 있기 때문이다. 플런지 라우터에 펜스를 장착하고 장붓구멍과 장부턱 홈을 파낸다.

➤ 338~339쪽의 '라우터로 턱장부 짜임 만들기'를 참고한다.

라우터 깊이 세팅을 두 개 해두고 작업을 시작한다. 먼저 장부턱 홈을 판다(B). 비트 깊이를 조정하고 장붓구멍을 파는데, 양쪽에 멈춤 블록을 고정해두고 작업한다(C).

이중 장부촉 만드는 것처럼 밴드쏘에서 장부촉 가운데 부분을 따낸다. 턱선을 확실하게 표시하고 여기까지만 따내는데 필요하면 멈춤 블록을 펜스에 장착하고 작업한다(D).

가운데를 따낸 장부촉 부재를 장붓구멍에 끼운 상태에서 두 번째 장붓구멍을 파낸다(E). 두 번째 장부촉 부재를 파낸 장붓구멍에 맞춰 가공한다(F). 장부촉 어깨면을 둥근 장붓구멍에 맞춰 줄로 다듬는다(G).

[변형 방법] 원형 꽂임촉을 써서 내부 맞물림 짜임을 만들 수도 있다.

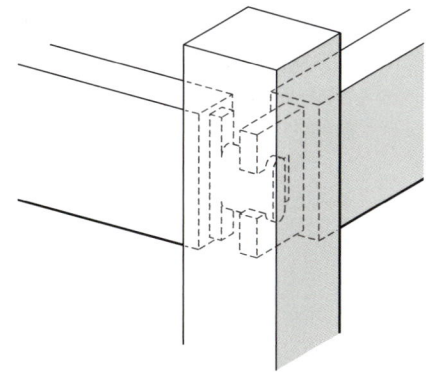

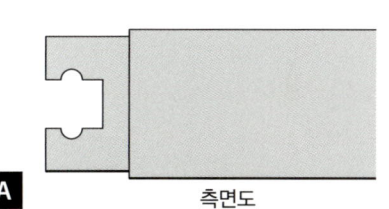
측면도

B

C

D

E

F

G

A

변형 방법

단차가 있는 어깨면 장부촉

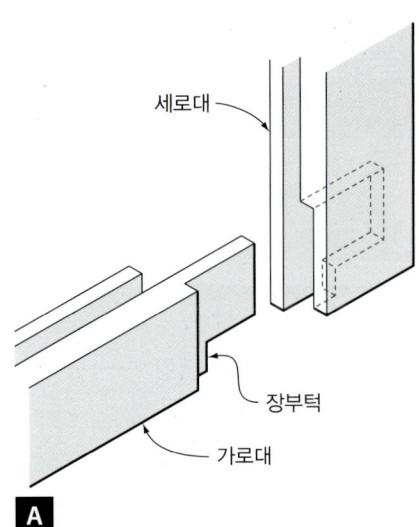

세로대

장부턱

가로대

A

B

C

D

E

프레임-알판 구조를 만들 때 간혹 장부촉 부재의 양쪽 어깨면 간에 단차가 있도록 만들어야 할 때가 있다(A). 알판을 프레임 뒤쪽 은촉홈에 끼워 넣을 때, 은촉홈을 홈대패로 마구리면까지 곧게 파내게 된다. 이렇게 하면 장부촉 부재의 뒤쪽 어깨면은 은촉홈을 채워야 하기 때문에 좀 더 안쪽으로 만들어야 한다. 라우터로 은촘홈을 만들면 프레임을 클램프로 가조립한 상태에서 작업할 수 있기 때문에 이런 단차를 만들지 않아도 된다.

직각자를 써서 장붓구멍과 은촉홈 위치를 연필로 표시한다(B). 장붓구멍을 끌로 쳐내 파낸다(C).

> 336~337쪽의 '수공구로 턱장부 짜임 만들기'를 참고한다.

펜스가 달린 홈대패를 써서 장붓구멍 부재 뒤쪽 면에 은촉홈을 파낸다. 펜스를 조정하여 은촉홈 선이 장붓구멍 벽면과 일치하도록 세팅한다. 장부촉 부재에도 동일하게 은촉홈을 파낸다(D).

원형 그무개를 써서 장부촉의 어깨선에 칼금을 긋는다. 먼저 뒤쪽의 긴 어깨면에 긋고, 그다음 앞쪽의 짧은 어깨면 선을 표시한다(E). 그다음 장부촉 두께를 연필이나 그무개로 부재에 표시한다.

어깨면을 필요한 깊이로 잘라낸다. 그다음 장부톱으로 장부촉 옆면을 켠다. 두 번째 옆면을 켜기 전에 턱대패나 불노우즈 대패로 첫 번째 옆면을 다듬어 정리한다. 등대기톱으로 장부턱을 따낸다.

메이슨 연귀

프레임이나 문짝을 조립한 다음 안쪽 모서리에 간단한 모따기를 해서 장식적 요소를 더할 수 있다. 약간의 수작업을 더해 디테일을 완성하게 된다(A).

먼저 원하는 방법으로 장붓구멍을 파낸다.

➤ 302~313쪽의 장붓구멍 파는 방법을 참고한다.

부재를 접착제를 써서 조립하고 앞면을 깨끗이 닦아낸다. 45도 모따기 비트를 라우터에 장착해서 모따기 작업을 한다(B).

둥글게 라우팅된 각 모서리 부분은 끌로 다듬어 정리한다. 따낼 부분 끝을 끌로 표시해두고 그 선까지 따낸다(C). 따내진 부분은 살짝 진한 색을 띠게 되는데 따내면서 수관부가 있는 마구리면이 드러나기 때문이다(D).

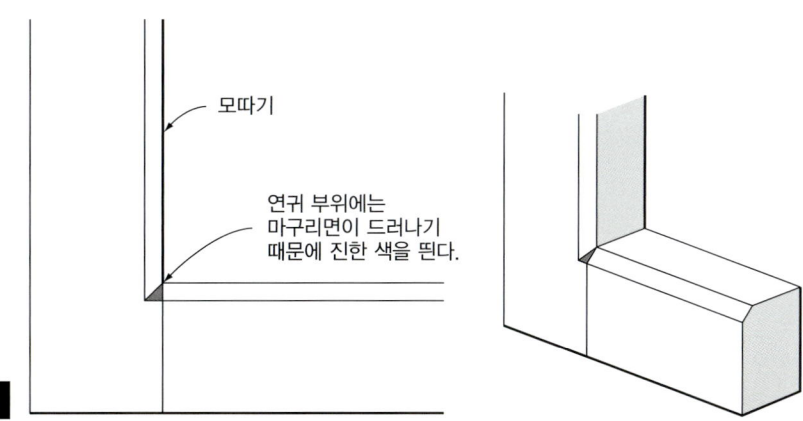

모따기

연귀 부위에는 마구리면이 드러나기 때문에 진한 색을 띈다.

A

B

D

C

변형 방법

알판 비트로 장부 짜임 만들기

알판 비트(cope and stick bits)는 다양한 패턴과 조합으로 제작되어 판매되고 있다. 한 쌍으로 판매되는 이 비트를 써서 부재를 가공하면 프레임-알판 구조의 장부 짜임과 모서리에서의 몰딩 그리고 알판 홈까지 한 번에 파낼 수 있다. 장부촉이 짧기 때문에 접착 면적을 그리 많이 확보할 수 없어서 큰 결합 강도를 기대할 수는 없지만, 꽂임촉이나 나사못을 써서 보강할 수도 있다.

속도가 조절되는 라우터 테이블에 스틱 비트(stick bit)를 장착하고 프레임 안쪽 모서리에 홈과 몰딩을 판다. 라우터 회전 속도를 10,000rpm 근처로 낮추고 작업한다. 나무토막에 몇 번 시험해보면서 비트의 높이를 조정한다. 반드시 밀대를 써서 부재를 밀도록 한다(A).

[TIP] 비트 베어링에 맞춰 펜스를 장착하면 더 안전하게 작업할 수 있다.

코웁 비트(cope bit)로 가로대 마구리면에 장부촉과 맞춰지는 몰딩 패턴을 파낸다. 부재 뒤에 나무토막을 대고 밀면 뜯김도 방지하면서 펜스에 부재를 지지할 수 있어서 좀 더 안정적으로 작업할 수 있다(B).

[변형 방법] 아래위로 비트 패턴을 뒤집을 수 있는 한 개짜리 알판 비트도 시중에 나와 있다. 이 비트는 값이 저렴한 대신 비트를 뒤집어서 한 번 더 작업해야 하기 때문에 작업 시간은 좀 더 소요된다.

연귀 스틱이 있는 장부 짜임

장부 짜임을 연귀 스틱(mitered sticking)과 함께 사용하면 강한 프레임 문짝을 만들 수 있다(A). 스틱이 들어가 있는 부재를 구매하거나 직접 깎아서 부재를 준비한다. 부재 재단도를 만들 때 가로대를 정치수보다 몇 센티미터 정도 더 길게 준비한다.

부재에 장붓구멍과 장부촉을 만든다(B).

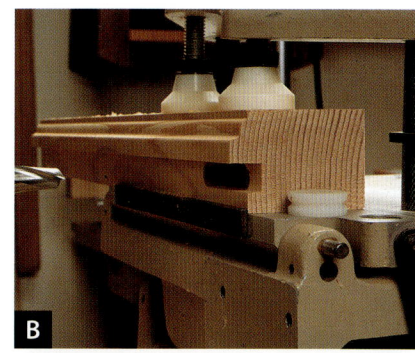

➤ 302~325쪽의 장부 짜임 만드는 방법을 참고한다.

프레임을 결합했을 때 연귀면이 시작되는 지점을 세로대 부재에 표시한다(C). 밴드쏘에 펜스를 장착하고 세로대의 스틱 부분을 제거한다. 연필로 표시한 연귀 결합 부분 근처에서는 천천히 움직이거나 미리 멈춤 블록을 세팅해놓고 작업한다(D).

부재에 연귀 지그를 클램프로 고정하고 세로대와 가로대 스틱의 연귀 부분을 45도로 깎는다. 부재를 결합해서 맞춤 정도를 확인한다(E).

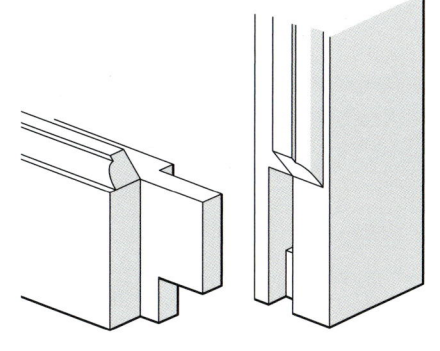

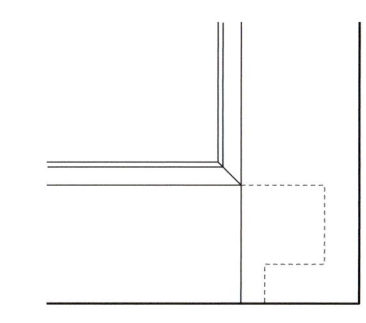

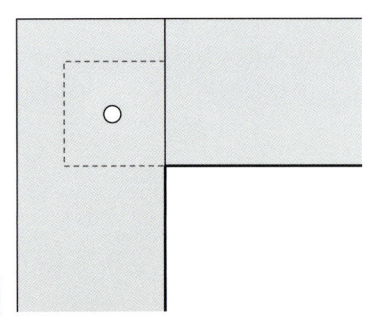

A

C

B

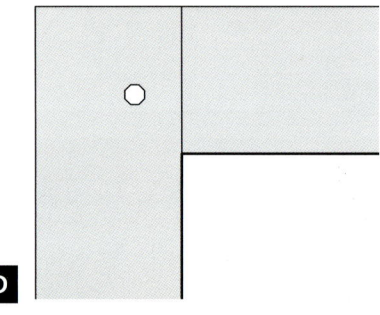

D

꽂임촉 장부

장부 짜임에 끼움촉을 박아 넣으면 시간이 지나도 결합력을 유지할 수 있다(A). 만에 하나 접착제가 떨어지더라도 꽂임촉 덕분에 결합력이 확보된다.

접착제가 마른 다음 브래드 포인트 비트를 써서 구멍을 뚫는다. 꽂임촉이 양쪽 면에서 보이게 하고 싶으면 구멍을 관통해서 뚫는데, 드릴 반대편에 나무토막을 받쳐놓고 작업해야 뜯기지 않는다. 관통시킬 것이 아니라면 비트의 포인트가 나오지 않도록 드릴 깊이를 정확히 세팅해놓고 작업한다(B).

꽂임촉 마구리면에 모따기를 하고 구멍에 접착제를 조금 바른 다음 망치로 박아 넣는다(C). 둥글게 구멍을 뚫고 팔각 꽂임촉을 박아 넣으면 좀 더 빈티지풍으로 만들 수 있다(D).

[**변형 방법**] 사진에서 보는 꽂임촉은 박히면서 주변 부재를 깎아먹어서 다 들어가지 못하고 중간에 끼어버렸다. 꽂임촉을 박기 전에 블록 대패로 부재를 다듬어 모양을 만들고 마구리면을 모따기해서 구멍에 비해 꽂임촉이 너무 크지 않게 준비한다.

변형 방법

메뚜기 장부

메뚜기 구멍(drawbore)은 고급 가구보다는 건축 골조를 만드는 데 더 적합한 방식이지만 잘만 만들면 가구 짜임에도 적용될 수 있다. 장부촉의 메뚜기 구멍은 장붓구멍에서 어깨면 쪽으로 1mm 정도 단차를 두고 뚫는다(A). 꽂임촉을 구멍에 끼우면 장부촉 어깨면이 장붓구멍 쪽으로 더 당겨지면서 결합된다. 석장 장부(bridle joint)나 홈장부(slot mortise)에서는 장부촉의 구멍을 살짝 위로 그리고 좀 더 어깨면 쪽에 뚫어서 장부촉이 장붓구멍 쪽으로 더 당겨지게 만든다. 하지만 이 단차가 너무 클 경우에는 꽂임촉이 들어가지 않거나 부재를 당기는 대신 구멍 자체가 넓어져버리므로 주의해야 한다. 장붓구멍을 파고 이에 맞는 장부촉을 깎는다.

▶ 302~325쪽의 장부 짜임 만드는 방법을 참고한다.

브래드 포인트 비트를 드릴 프레스에 장착하고 두 부재를 분리한 상태에서 장붓구멍 부재에 구멍을 뚫는다. 부재가 뜯기지 않도록 천천히 드릴 프레스를 내리거나 장붓구멍에 딱맞는 나무토막을 끼워 넣고 작업한다(B).

두 부재를 다시 결합한 다음 구멍 뚫을 때 사용한 브래드 포인트 비트를 구멍에 끼워서 중심점을 장부촉 부재에 표시한다(C). 장부촉 부재를 장붓구멍에서 뺀 다음 표시한 구멍 위치에서 살짝 어깨면 쪽에 가깝게 다시 구멍 위치를 표시한다(D). 부재 뒤에 나무토막을 덧대어 뜯기지 않도록 한 다음 표시한 위치에 구멍을 뚫는다(E).

꽂임촉에 모따기를 많이 한 다음 충분히 길게 잘라 준비한다. 장부촉에 접착제를 바르고 결합한 다음 꽂임촉을 때려 박아 관통시킨다. 구멍 반대쪽에서 모따기가 되어 있는 나사못을 끼워 두 부재를 당겨놓은 상태에서 꽂임촉을 박으면 좀 더 쉽게 작업할 수 있다(F).

메뚜기 장부

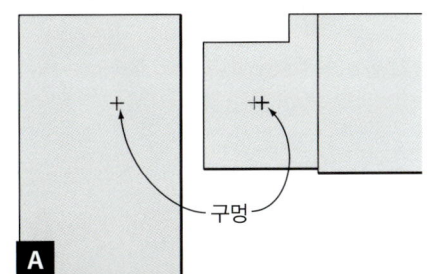

메뚜기 홈장부

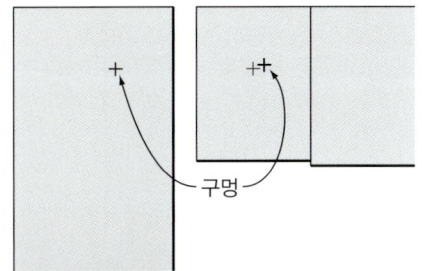

구멍

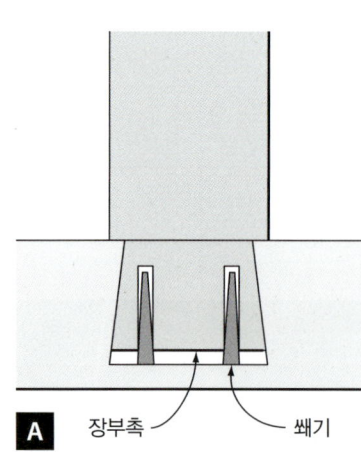

장부촉   쐐기

지옥 장부

막힌 쐐기(blind wedging)라고도 불리는 지옥 장부(foxtail wedging)를 쓰면 장부 짜임의 강도를 증가시킬 수 있다(A). 하지만 잘못 만들어질 가능성이 높은 데다가, 짜임 방식이 가진 장점에도 의문의 여지가 있어서, 아주 선호되는 방식은 아니다.

먼저 장붓구멍 바닥쪽을 끌로 파서 넓힌다. 너무 많이 넓힐 필요는 없다(B). 쐐기가 박힐 홈을 장부촉 모서리쪽에 밴드쏘나 손톱으로 따낸다(C, D).

쐐기 부재는 파낸 홈에 맞는 길이와 두께로 재단되어야 지옥 장부 역할을 제대로 할 수 있다.

> ➤ 376쪽의 '쐐기 만들기'를 참고한다.

쐐기가 너무 길면 장부촉이 다 들어가기 전에 쐐기에 막혀 끼워지지가 않는다. 쐐기 두께가 너무 얇을 경우에는 쐐기 효과가 충분하지 않아서 물리지가 않게 된다(E). 그리고 쐐기가 너무 두껍거나 쐐기 홈이 모서리에서 너무 멀 경우에는 장부촉 자체가 쪼개진다(F).

끼움촉이 있는 장부

폭이 넓은 부재일 경우에서 뒤틀림을 방지하려면 끼움촉을 추가하면 된다. 이렇게 했을 때의 장점은 끼움촉 홈을 만들더라도 장붓구멍 부재에서 깎여 나가는 부분이 그리 많지 않다는 것이다.

테이블쏘에서 썰매 지그를 써서 장부촉 어깨면을 만든다. 톱날 높이를 조정하여 장부촉 옆면을 따낸다. 아니면 다도날을 세팅해서 옆면과 어깨면을 한 번에 가공해도 된다(A).

톱날을 일반 톱날로 바꿔 끼우고 끼움촉 홈 깊이로 톱날 높이를 조정한다. 장부촉 지그를 조정해서 끼움촉 홈이 어깨면 가운데 오도록 맞춘다(B). 첫 번째 끼움촉 홈을 따내고 부재를 돌려서 지그에 물리고 두 번째 끼움촉 홈을 따낸다(C).

[TIP] 장부촉을 가공했는데 너무 작거나 부서져서 못쓸 경우에는 끼움촉으로 장부촉을 대체해서 수리할 수 있다. 크기가 작은 장부촉을 잘라 내버리고 대신 마구리면에 홈을 파서 딱맞는 끼움촉을 끼워 넣는다.

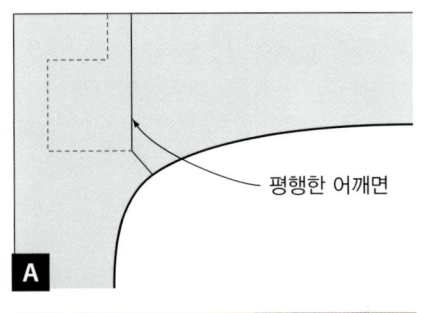

평행한 어깨면

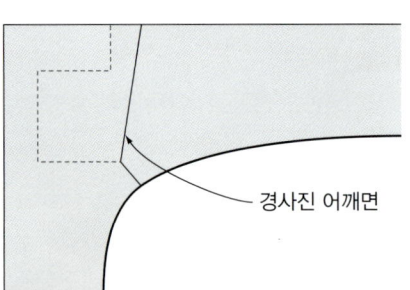

경사진 어깨면

A

B

C

D

E

F

G

H

연귀 어깨면 장부촉

부재 옆면이 곡면으로 되어 있어서 어깨면을 가공하면서 끝이 부서질 염려가 있을 때에는 어깨면을 연귀로 만든다. 어깨면에서 나뭇결대로 쪼개지는 문제를 연귀 모양 덕분에 해결할 수 있다. 어깨면이 세로대쪽으로 더 들어간 만큼 가로대는 좀 더 길게 만들어야 한다(A).

먼저 부재에 장부 짜임을 만든다.

▶ 302~325쪽의 장부 짜임 만드는 방법을 참고한다.

장부촉은 가로대 아랫면에서 위로 올라와 있기 때문에 연귀면에서는 노출이 되지 않는다. 가로대를 끼울 세로대 혹은 다리 부재에 끼워질 가로대 아랫면 위치를 표시한다. 그다음 이 위치에서 시작해서 만들어질 연귀면을 다리 부재에 연필로 표시한다. 이 연귀면에 맞춰 안쪽으로 들어간 어깨면을 표시한다. 5mm 정도만 들어가게 하면 충분하다(B). 다리 옆면에 그어진 두 선의 교차점에서부터 직각으로 선을 긋는다. 그다음 다시 가로대와 다리를 조립한 다음 이 선의 위치를 가로대에 옮긴다. 이 지점이 바로 연귀면이 시작되는 위치가 된다(C).

밴드쏘에서 펜스를 대고 다리 부재 어깨면을 연귀선까지 따낸다(D). 끌 대패(chisel plane)나 노우즈 부분을 제거한 불노우즈 대패로 잘린 면을 다듬어 정리한다. 대패 뒤쪽에 적당한 압력을 유지하여 작업해서 대패가 앞으로 기울어지지 않도록 주의한다(E). 45도 블록을 부재에 클램프로 고정하고 끌로 연귀면을 깎는다(F).

마지막으로 가로대의 어깨면을 연귀면에 맞춰 45도로 깎는다(G). 완성된 짜임부는 부재 전체의 곡면에 걸쳐 맞춤선이 깔끔하게 떨어지게 된다(H).

조각(말루프) 맞춤

여기 도면으로 소개된 의자는 한 쌍의 전용 라우터 비트로 홈을 파고 짜임부를 가공해서 맞춘 것이다(A). 다리와 좌판 부재에 홈 위치를 표시하는데, 좌판 옆에 파지는 홈은 앞뒷면의 홈 때문에 좀 더 작아지는 것에 주의한다. 좌판 홈은 부재 마구리면에서 어느 정도 떨어져 있어야 나뭇결 때문에 쪼개지는 것을 방지할 수 있다. 다도날로 다리 부재 세 면에 6mm 깊이로 홈을 판다. 멈춤 블록을 먼 쪽 끝 선에 맞추고 스페이서를 끼워 가까운 쪽 끝선을 잡는다(B). 좌판 부재에도 다리 부재에서 판 홈 폭과 동일하게 6mm 깊이의 홈을 판다(C).

지름 24mm에 6mm 은촉홈 비트를 써서 좌판에 판 홈 아래 윗면에 은촉홈을 라우팅한다(D). 이렇게 하면 파낸 홈에 반경 12mm로 모서리가 만들어진다. 좌판 모서리 홈까지 둥글려지지 않도록 라우팅을 시작할 때 조심해서 작업한다. 라우팅이 끝날 때에도 천천히 마무리해야 끝에서 부재가 뜯기지 않는다. 천천히 마무리하면 마구리면에서 부재가 살짝 탈 수도 있다. 미리 칼금을 그어놓고 작업하거나 끝에서는 역방향 가공을 해서 마무리하는 것도 한 방법이다.

12mm 라운드오버 비트를 라우터 테이블에 장착하고 다리 부재의 안쪽 모서리를 둥글려서 좌판에 파낸 홈에 맞도록 만든다(E). 모서리를 가공한 다음 좌판 부재에 맞춰 보아서 필요한 부분은 추가 작업한다. 다리가 너무 두꺼우면 손대패로 몇 번 밀어 폭을 줄이고 다시 한번 모서리를 둥글린다. 반대로 다리에 만든 홈이 너무 크면 턱대패로 홈을 깎아 조정한다(F).

다리를 고정할 나사못 구멍을 하나나 두 개 판다. 먼저 브래드 포인트 비트로 카운터싱크를 파고 그다음 나사못이 들어갈 관통 구멍을 뚫는다(G).

맞춤 정도를 확인하고, 접착제를 발라 조립한 다음, 나사못을 박아 고정한다. 그다음 짜임부에 추가 모양을 만든다(H).

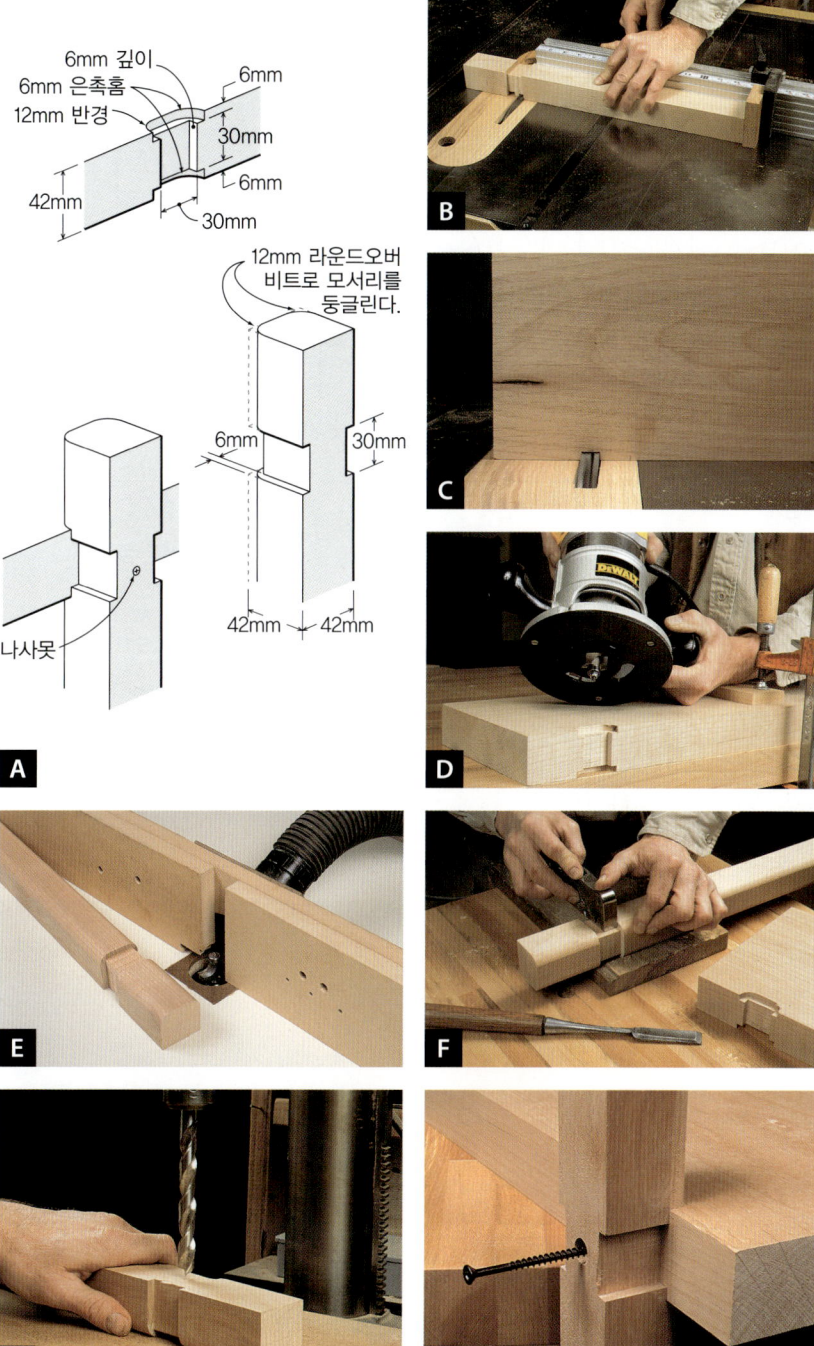

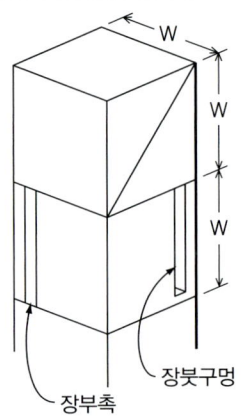

1단계
장붓구멍을 표시하고 잘라내서 첫 번째 연귀면을 만든다.

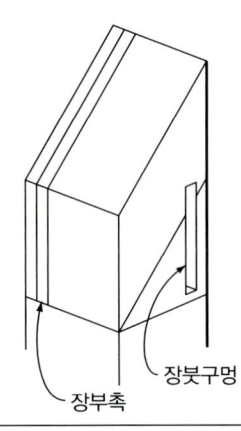

2단계
장부촉을 가공한다.

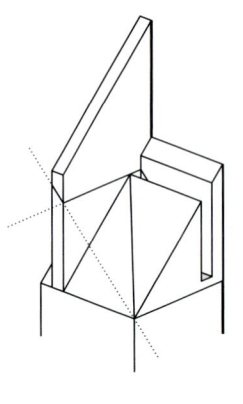

3단계
두 번째 연귀면을 만든다.

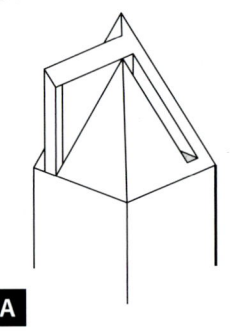

4단계
장부촉을 다듬는다.

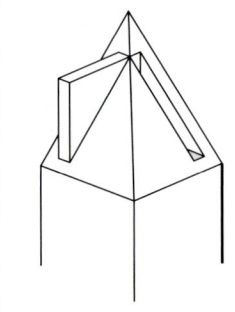

5단계
끌로 깎아 다듬는다.

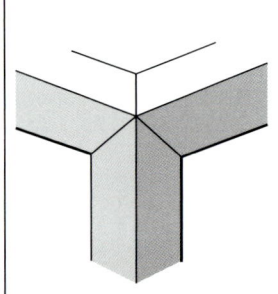

완성된 짜임

삼방 연귀 짜임

품격 있는 삼방 연귀 짜임을 만들려면 먼저 엄청난 작업 정밀도와 그보다 더한 인내심이 필요하다(A). 작업을 그래도 좀 더 쉽게 하려면 모든 부재는 직각이면서 같은 크기로 만든다. 그다음 톱과 마이터 게이지를 정밀하게 튜닝해서 정확하게 45도로 자를 수 있도록 준비한다. 모든 부재는 동일하게 두 개의 연귀면에 장붓구멍과 장부촉이 하나씩 만들어진다. 부재 길이는 맞춰질 부재 폭만큼씩 더 길게 잘라 준비한다. 테이블이라면 가로대는 두 다리 폭만큼 더 길게, 다리는 가로대 폭만큼 더 길게 만든다. 이렇게 하면 짜임부를 만들 때 도움이 된다.

먼저 부재에 연귀면, 장붓구멍, 장부촉을 배치하고 표시한다. 45도 연귀면을 모서리 끝에서 아래로 긋는다. 그다음 그어진 선 끝에서 시작해서 수직선을 양쪽 면에 표시한다. 이 선의 마구리면에서부터의 거리는 선의 길이와 동일해야 한다. 이 선에서 시작해서 연귀선을 하나 더 긋거나 마구리에서 선까지 거리와 동일 간격을 재서 위치를 표시한다. 이 위치에서 다시 한번 양쪽 면에 수직선을 표시한다. 이렇게 그은 두 수직선 사이에 장붓구멍와 장부촉을 배치하는데, 장붓구멍은 바닥선에서 1.5mm 정도 위에 표시한다. 사진에서 연필로 까맣게 칠한 부분이 잘려져 나가는 부분이다(B). 이제 표시한 대로 장붓구멍을 파낸다.

▶ 302~313쪽의 장붓구멍 만드는 방법을 참고한다.

장붓구멍의 폭과 깊이는 부재에 맞춰 정한다. 예를 들어 나는 9mm 폭에 21mm 깊이의 장붓구멍을 모서리에서 9mm 떨어진 위치에 만들었다.

그다음 모든 부재에서 연귀면 자르기 작업을 한다.

▶ 210쪽의 '연귀면 자르기'를 참고한다.

테이블쏘 톱날 높이를 조정해서 장부촉의 첫 번째
45 각도의 어깨면을 자른다. 잘라진 연귀면을 조기대
에 대고 어깨면 위치를 잡는다(C). 마이터 게이지를
90도 돌려 반대쪽 45도로 맞추고 톱날 높이를 재조정
한다. 장부촉의 두 번째 어깨면을 자른다(D).

장부촉 옆면은 45도로 기울어진 장부촉 지그에 대
고 자르는데, 안쪽 옆면은 밴드쏘나 손톱으로 대충 먼
저 잘라내고 작업한다. 이렇게 해야 떨어진 조각이 톱
날과 지그 사이에 끼어 킥백되는 것을 막을 수 있다.
바깥쪽 옆면 조각은 자연스럽게 옆으로 떨어져 나간
다(E).

이제 두 번째 연귀면을 자른다. 마이터 게이지의 각
도가 정확한지 다시 한번 확인하고 작업한다(F).

이제 장부촉을 장붓구멍에 맞도록 끝을 잘라내야
한다. 테이블쏘에서 먼저 높이를 맞춰 자르는데 톱날
이 연귀면에 닿아서는 안 된다(G)!

끌로 깎아서 장부촉 자르기를 완성한다. 장부촉 아
래쪽은 장붓구멍 위치에 맞춰 밴드쏘에서 조금만 따
내고 작은 어깨면을 만들어 완성한다(H).

수공구로 관통 장붓구멍 만들기

직각 모서리를 갖는 관통 장붓구멍을 끌로 쳐내 만들 수 있다.

➤ 302쪽의 '장부끌로 장붓구멍 만들기'를 참고한다.

장붓구멍의 위치를 측정하고 부재를 가로질러 수직선을 그어 양쪽 끝을 표시한다. 관통 장부이기 때문에 부재 반대편에도 동일하게 끝선을 그어 표시한다. 양쪽 면의 장붓구멍 끝선이 마구리면에서부터 동일한 거리에 있는지 두 번 확인한다(A).

끌 폭대로 장붓구멍의 폭을 정한다. 끌을 장부 그무개의 두 핀 사이에 두고, 그무개 머리를 움직여서 장붓구멍이 원하는 위치에 배치될 수 있도록 조정한다. 부재 양쪽 면에 그무개로 칼금을 긋는다(B).

빠르게 작업하려면 먼저 드릴 프레스에서 구멍을 대충 뚫어놓는다. 장붓구멍 폭보다 작은 직경의 비트를 사용하고 펜스를 써서 정확한 위치에 구멍을 뚫는다. 양쪽 끝선에 맞춰 구멍을 두 개 뚫어놓고 가운데 부분 구멍을 뚫는다. 관통되었을 때 테이블 정반이 상하지 않도록 부재 뒤에 나무토막을 대고 작업한다(C).

양쪽 끝선에 끌을 대고 안쪽으로 쳐낸 다음 양쪽 옆면을 깎아 곧고 평행한 장붓구멍을 만들어 작업을 완성한다(D).

드릴 프레스에서 관통 장붓구멍 만들기

드릴 프레스에서 펜스를 대고 작업하면 정확한 관통 장붓구멍을 만들 수 있다.

▶ 304쪽의 '드릴 프레스로 장붓구멍 만들기'를 참고한다.

한쪽에서 구멍을 뚫어 뒤편까지 관통시킨다. 드릴 프레스 정반에 보조 테이블을 깔고, 그 위에 나무토막을 올려놓아 드릴 비트가 부재를 관통하여 나무토막으로 들어가게 한다. 보조 테이블과 나무토막을 클램프로 고정하여 작업 중에 움직이지 않게 만든다(A). 부재를 관통하고 조금 더 들어가 나무토막 일부분까지 뚫리도록 비트 깊이를 조정한다(B).

장붓구멍 양쪽 끝 구멍을 먼저 뚫고, 가운데 나머지 부분을 뚫는다(C). 매번 구멍을 뚫을 때 비트 가운데 부분이 허공이 아니라 남아 있는 부재에 걸치도록 해야 작업 중 비트가 흔들리지 않는다. 장붓구멍 끝을 둥글게 두고 장부촉 모서리를 굴리거나 장붓구멍 모서리를 끌로 쳐내 직각으로 만든다.

A

B

C

플런지 라우터와 펜스를 사용하여 관통 장붓구멍 만들기

플런지 라우터를 사용하여 모서리가 둥근 관통 장 붓구멍을 만든다.

▶ 307쪽의 '플런지 라우터에 펜스를 대고 장붓구멍 만들기'를 참고한다.

장붓구멍에 맞추려면 장부촉 모서리는 둥글려야 한다. 라우터 비트는 충분히 길어서 부재를 관통해서 가공해도 위쪽에 섕크나 콜렛 너트가 걸리지 않아야 한다. 부재 뒤에 나무토막을 대고 완전히 관통해서 가 공할 수도 있고, 머리카락 두께 정도를 남기고 가공을 끝낼 수도 있다. 나는 후자를 더 선호하는데 잘못해서 작업대를 파먹는 것을 방지할 수 있기 때문이다. 부재 옆으로 같은 높이의 나무토막을 두어서 라우터 베이 스가 흔들리지 않도록 지지하는데, 하나는 부재 옆으 로 하나는 마구리면 쪽에 둔다.

부재 한쪽 면에 장붓구멍 위치를 표시한다. 라우터 펜스 위치를 조정하여 표시한 장붓구멍에 비트가 오 도록 만든다(A). 카드보드 한 장을 작업대 위에 올려 놓고 심으로 사용하여 비트 깊이를 맞춘다. 플런지 라 우터를 아래로 밀어 비트가 심에 닿게 한 상태에서 깊 이 막대를 고정한다(B). 관통 장붓구멍을 라우팅한 다. 관통되지 않고 남은 부분은 연필로 밀면 쉽게 깨 져 제거된다(C).

끌과 둥근 줄로 남아 있는 조각들을 제거하여 마무 리한다.

플런지 라우터와 템플릿을 써서 관통 장붓구멍 만들기

이동식 라우터와 템플릿을 써서 관통 장붓구멍을 팔 수 있다.

➤ 309쪽의 '플런지 라우터와 템플릿을 사용하여 장붓구멍 만들기'를 참고한다.

장부촉은 둥근 장붓구멍 모서리에 맞게 둥글려야 한다. 라우터를 내렸을 때 비트가 충분히 길어서 콜렛 너트가 템플릿 가이드에 닿지 않는지 확인한다. 완전 관통해서 가공할 때에는 뒤에 나무토막을 덧대두어야 뜯기지 않고 작업할 수 있다. 아니면 관통 직전에서 가공을 멈추어도 된다. 템플릿을 원하는 가공 위치에 두고 플런지 라우터를 그 위에 올려놓은 다음 비트 깊이를 세팅한다. 카드보드나 종이 한 장을 작업대 위에 두고 이 위로 비트를 내려 깊이를 맞추고 깊이 막대를 고정한다(A).

반대쪽 면 직전까지 라우팅을 하고 템플릿을 빼낸 다음 남은 부분을 뒤쪽에서 밀어 남은 부분을 제거한다(B). 모서리에 남은 나무 조각들은 끌과 둥근 줄로 다듬어 정리한다.

벌림 쐐기 관통 장부

장부촉의 벌림 쐐기가 주는 압력은 장붓구멍의 마구리면 쪽으로 가해져야지 반대로 나뭇결면 쪽으로 벌어지면 안 된다. 이렇게 해야 나뭇결대로 쪼개지는 것을 방지할 수 있다. 먼저 장붓구멍과 이에 맞춰지는 장부촉 옆면을 가공한다.

▶ 302~325쪽의 장부 짜임 가공 방법을 참고한다.

그다음 장부촉 길이를 자르는데 장붓구멍 길이에 딱 맞게 맞춘다. 밴드쏘를 써서 맞는 크기로 잘라낸다. 장붓구멍 양 끝면 사이에서 맞춤 정도를 확인한다(A). 그다음 장부촉의 모서리를 장붓구멍에 맞게 굴려 다듬는다.

▶ 326~327쪽의 '장부촉 모서리 둥글리기'를 참고한다.

벌림 쐐기가 장부촉에 가해지는 압력이 있기 때문에 장붓구멍을 장부촉보다 더 넓게 만들면 안 된다. 이러면 특히 완전 건조된 나무에서 쐐기를 박으면서 장부촉이 쪼개질 수 있다. 장붓구멍 폭을 깊이방향으로 동일하게 만들어 작은 벌림 쐐기로도 압력이 발생되도록 만든다.

쪼개지는 위험을 줄이려면 장부촉 쐐기 홈 아래쪽으로 마구리면에서 2/3 지점에 5mm 지름의 구멍을 뚫는다(B). 이 구멍 덕분에 압력이 한 곳으로 집중되지 않고 주변으로 분산된다. 밴드쏘에서 부재를 펜스에 대고 이 구멍까지 쐐기 홈을 따낸다(C). 이 쐐기 홈 폭은 2~3mm 정도면 된다.

> 298쪽의 '고정식 쐐기'를 참고한다.

[변형 방법] 디자인 요소를 더하려면 대각선 방향이나 이중으로 벌림 쐐기를 박는다. 손톱으로 대각선 방향에 쐐기 홈을 따낸다.

벌림 쐐기는 장부촉 부재보다 단단한 나무로 만든다. 쐐기 두께는 홈보다 두 배 정도 두껍게 만들고 더 두꺼운 쐐기도 여분으로 몇 개 더 만들어둔다. 쐐기가 너무 헐겁게 들어가면 더 두꺼운 쐐기로 바꿔 박는다. 쐐기를 홈 길이의 3/4 정도 박은 다음 잘라낸다. 쐐기가 만들어내는 압력으로 장붓구멍에 있는 대부분의 빈틈이 채워지게 된다.

쐐기 홈에 접착제를 바르고 망치로 쐐기를 박아 넣는다. 박히면서 나는 소리가 둔탁한 소리에서 가벼운 소리로 바뀌면 박을 수 있는 한계까지 박아 넣은 것이다(D).

> 376쪽의 '쐐기 만들기'를 참고한다.

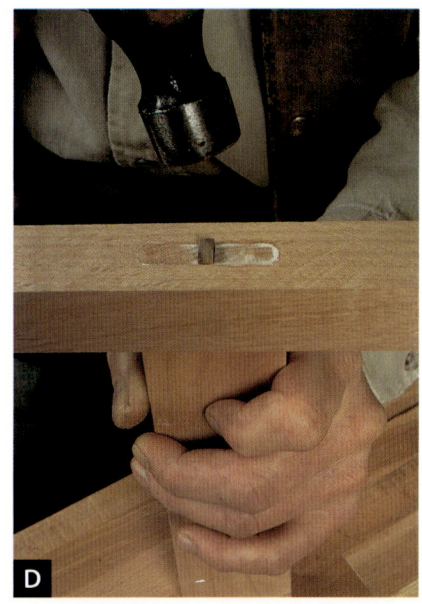

D

변형 방법

A

B

끝단 쐐기 관통 장부

양끝이 직각인 관통 장부에서는 끝단 쐐기(end wedges)를 쓸 수 있다. 끝단 쐐기는 압력이 장부촉 가운데가 아니라 양끝에서 작용하기 때문에 장부촉이 쪼개질 염려가 없다.

➤ 298쪽의 '고정식 쐐기'를 참고한다.

원하는 방식으로 장붓구멍과 장부촉을 가공한다.

➤ 302~325쪽의 장부 짜임 가공 방법을 참고한다.

끌을 써서 장붓구멍을 좌우로 넓혀 쐐기가 들어갈 수 있는 공간을 만든다. 박아 넣을 쐐기의 모양을 고려해서 끌 각도를 맞추고 작업한다(A).

➤ 376쪽의 '쐐기 만들기'를 참고한다.

쐐기를 박기 전에 장부촉이 장붓구멍에 완전히 들어갔는지 확인한다. 장부촉 부재를 뒤에서 단단히 지지하거나 아니면 클램프로 고정해서 쐐기를 박을 때 움직이지 않도록 한다. 쐐기 구멍에 접착제를 조금 발라놓고 박는다(B).

주먹장 장부촉에 쐐기 박기

주먹장 장부촉 짜임에 쐐기를 박아 넣으면 물리적인 결합 강도에 따른 이점이 배가 된다(A). 쐐기는 결합부 안쪽에서 바깥쪽으로 박는다. 쐐기 압력이 발생하면서 경사진 장부촉이 장붓구멍에 고정된다.

관통 장붓구멍을 가공한다.

➤ 302~313쪽의 장붓구멍 만드는 방법을 참고한다.

그다음 장붓구멍의 양쪽 끝을 평행하게 경사면 가공을 한다. 가공하는 각도에 따라 쐐기의 각도가 정해지는데, 7도에서 8도 정도가 적당하다. 장붓구멍 끝은 끌로 쳐내어 편평하게 만들어야 하는데 모서리에서 안쪽으로 끌질을 해야 뜯기지 않는다(B).

장부촉의 각도 가공은 밴드쏘나 손톱으로 작업한다. 이 각도 역시 장붓구멍 각도와 일치해야 한다. 장부촉의 위쪽에는 어깨면을 만들지 않는다. 위쪽면을 따라 쐐기가 미끄러져 들어가기 때문이다.

➤ 314~325쪽의 장부촉 가공 방법을 참고한다.

두 부재를 조립하고 쐐기를 안쪽에서 박아 넣어 결합부를 고정한다(C). 쐐기 모양이나 장부촉의 각도를 다듬어 맞춤 정도를 조정한다.

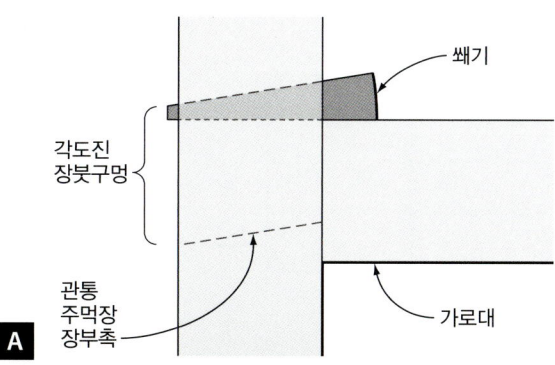

평면도

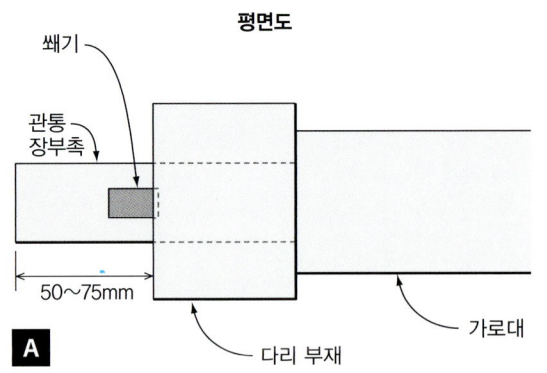

쐐기

관통
장부촉

50~75mm

다리 부재

가로대

A

B

C

수직 쐐기 관통 장부

부재를 관통해서 밖으로 튀어나온 장부촉에 쐐기를 수직으로 박아 고정할 수 있다. 이때 쐐기는 접착제를 써서 고정해도 되고, 그냥 느슨하게 박아만 놓을 수도 있다. 장부촉 자체는 장붓구멍에 대해 상당히 느슨하게 박혀 들어가게 만들어 현장 조립이 가능한데, 이것은 장부촉 어깨면과 쐐기가 동시에 짜임부를 형성하기 때문이다. 장부촉을 좀 더 빡빡하게 만들어 접착제를 써서 고정하는 것도 가능하다.

장부촉은 쐐기 바깥쪽으로 충분히 길게 뽑아져 나와 있어야 쐐기를 박을 때 충격에 떨어져 나가지 않는다. 50~75mm 정도는 밖으로 빼야 압력에 대응할 수 있다(A). 장부촉에는 양 옆으로 넓은 어깨면 두 개를 만들어 넣어서 쐐기가 박힐 때 장붓구멍 부재에 단단히 밀착되도록 한다. 장부촉 아래위에 작은 어깨면을 만드는 것도 좋은데 이러면 장붓구멍에 생긴 자잘한 흠을 감출 수 있다. 쐐기의 크기는 장부촉의 두께에 따라 결정된다. 장부촉 내부에 만드는 쐐기를 끼울 장붓구멍은 장부촉 자체를 약하게 만들지 않을 정도로 작으면서도 충분한 힘을 전달할 정도로 두꺼워야 한다.

장부촉 부재를 장붓구멍에 끝까지 밀어 넣은 다음 장붓구멍 끝선을 장부촉 윗면에 연필로 표시한다(B). 부재를 분리하고 장부촉에 쐐기 장붓구멍을 표시한다(C). 쐐기 장붓구멍은 프레임 부재면 뒤쪽으로 좀 더 들어가게 만들어져서 쐐기를 박아 넣었을 때 아래로 빠지지 않게 만든다. 쐐기 장붓구멍은 바깥쪽 면만 경사지게 하면 되지만 제작 편의상 양쪽 면 모두 경사지게 만든다. 드릴 프레스 정반을 기울여 쐐기 각도와 같게 맞추고 고정한다(D). 각도는 7도에서 8도 정도가 적당하다.

브래드 포인트 비트나 포스너 비트를 써서 장붓구멍을 뚫는다. 양쪽 끝 선에 맞춰 구멍을 두 개 뚫은 다음 가운데 부분을 파서 완성한다. 장부촉 부재 밑에 나무토막을 덧대어 관통 구멍을 뚫을 때 부재가 뜯기지 않도록 한다(E).

만들어진 쐐기 장붓구멍 중 바깥쪽 끝만 끌로 쳐내 직각으로 만든다(F). 끌을 장붓구멍 각도와 일치하게 기울여 쥐고 쳐낸다. 반대쪽 끝선은 장붓구멍을 프레임 부재 뒤로 충분히 깊게 파냈으면 둥근 모서리 그대로 두어도 상관없다. 쐐기 장붓구멍 바닥쪽에도 살짝 경사면을 만들어 쐐기를 박을 때 뜯기지 않도록 만든다(G).

➤ 147~148쪽의 '방두산지로 고정한 장부 짜임'을 참고한다.

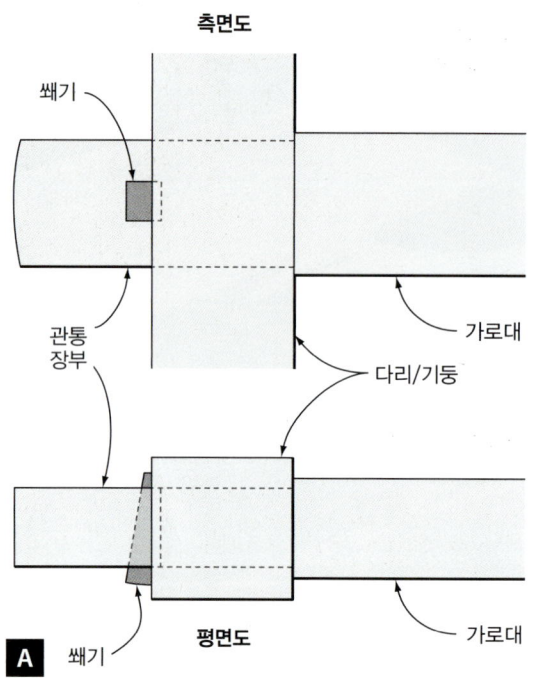

측면도

쐐기

관통
장부

가로대

다리/기둥

A 쐐기

평면도

가로대

수평 쐐기 관통 장부

관통 장부에서 수평 쐐기를 박을 때의 장점은 장부
촉 부재에서 높이 방향으로 쐐기 장붓구멍을 파는 것
보다 두께 방향으로 파는 것이 더 쉽다는 데 있다(A).
드릴 프레스 정반 각도를 기울여 장붓구멍을 판다.

➤ 372~373쪽의 '쐐기 장붓구멍 파는 방법'을 참고한다.

끝을 쐐기 각도에 맞춰 7도에서 8도로 기울여 직각
으로 쳐낸다(B). 끌로 쳐낼 때 밑에 나무토막을 받쳐
놓고 작업한다. 쐐기 장붓구멍은 장붓구멍 부재 뒤쪽
으로 더 들어가게 파야 쐐기가 밑으로 빠지지 않는다.

쐐기를 쇠망치로 쳐서 박아 넣는다. 망치 소리가 둔
탁한 소리에서 가벼운 소리로 바뀌면 충분히 들어간
것이다(C). 분해 조립이 가능하도록 쐐기에 접착제를
바르지 않을 수도 있고, 접착제를 써서 완전 고정해도
된다.

B

C

겹 쐐기 관통 장부

겹 쐐기(folding wedges)는 수평 방향과 수직 방향
모두 쓸 수 있다(A). 돌출된 장부촉에 난 쐐기 장붓구
멍에 쐐기를 양쪽에서 박으면 서로 밀어내게 된다. 이
방식을 쓰면 쐐기 장붓구멍을 좀 더 간단하게 만들 수
있다.

장부촉 부재를 장붓구멍 부재에 끼워 넣은 다음 장
붓구멍 부재 바깥면 위치를 표시한다(B). 두 부재를
분리한 후 쐐기 장붓구멍 위치를 표시한다. 쐐기 장붓
구멍은 표시한 장붓구멍 부재 바깥면보다 더 안쪽으
로 들어가 있어야 쐐기를 박았을 때 밑으로 빠지지 않
는다. 드릴 프레스를 수직으로 세팅하고 표시한 쐐기
장붓구멍을 파낸다. 부재 밑에 나무토막을 덧대어 구
멍을 뚫을 때 뜯기지 않도록 한다(C). 드릴로 파낸 쐐
기 장붓구멍 모서리를 끌로 쳐내 직각으로 만든다(D).

쐐기 장붓구멍에 쉽게 들어가는 크기로 겹 쐐기를
만든다.

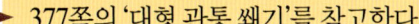

➤ 377쪽의 '대형 관통 쐐기'를 참고한다.

쐐기 옆면을 잘라 7도에서 8도 정도의 빗면을 만든
다. 쐐기가 얼마나 들어가는지 확인해보고 길이를 잘
라 맞춘다(E).

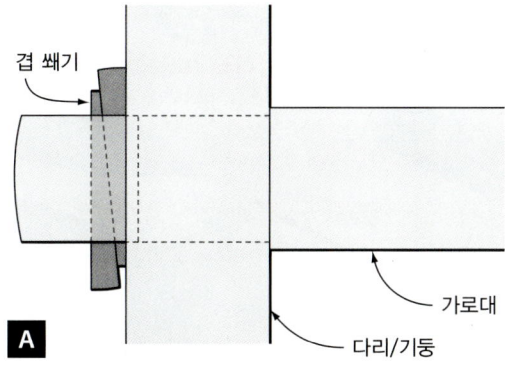

겹 쐐기 / 가로대 / 다리/기둥

A

B

C

D

E

쐐기 만들기

장부촉에 안쪽이나 관통해서 박히는 쐐기는 종류별로 크기가 다양한데, 크기에 따라 각각 다른 방식으로 만들어야 한다.

안쪽에 박히는 작은 쐐기

안쪽에 박히는 작은 쐐기는 먼저 밴드쏘에서 폭과 두께를 대충 잘라 부재를 준비한다. 그다음 테이블쏘에서 폭은 원래 크기로, 두께는 살짝 두껍게 정재단한다. 높고 좁은 밀대로 밀어 톱날과 조기대 사이로 쐐기 부재를 통과시켜 가공한다(A).

쐐기의 폭은 쐐기 장붓구멍폭과 정확히 일치해야 한다(B). 필요하면 손대패로 다듬어 크기를 조정한다.

그다음 톱날을 8도 정도 기울이고 지그에 수직으로 부재를 고정하고 톱날을 통과시킨다. 쐐기 제일 두꺼운 부분이 쐐기 홈 폭의 두 배 정도 되도록 조기대 위치를 조정하고 작업한다(C).

쐐기의 길이는 손톱으로 잘라 맞춘다. 쐐기의 길이는 쐐기 홈 깊이의 3/4 정도면 적당하다(D).

> ⚠️ **주의** 쐐기 부재가 가공 도중 밑으로 빠지지 않도록 테이블쏘 인서트가 톱날 두께에 딱 맞는 무간격 인서트를 사용한다. 인서트와 톱날 간격이 너무 크다면 합판 한 장을 테이블쏘 정반 위에 올려놓거나 쐐기 부재를 지그에 클램프로 고정하고 작업한다.

대형 관통 쐐기

밴드쏘에서 먼저 대충 크기에 맞춰 가재단한다. 그 다음 자동대패나 테이블쏘에서 필요한 두께에 최대한 근접하도록 재가공한다. 대패나 톱날 자국을 손대패로 밀어 없애면서 최종 두께를 맞춘다. 쐐기 장붓구멍에 넣어보면서 두께 맞춤 정도를 확인한다.

합판이나 MDF 판재로 간단한 지그를 만들어 밴드쏘에서 부재 경사면을 가공한다. 원하는 각도로 지그를 그리고 깨끗하게 따낸다. 각도는 7도에서 8도 정도가 좋다. 부재를 길이 방향으로 재단한 다음 지그에 끼운다. 원하는 쐐기 폭으로 가공되도록 밴드쏘 펜스를 조정한다(E).

쐐기 모양은 다양하게 만들 수 있기 때문에, 디자인 감각을 살려 여러 가지 시도를 해보도록 한다. 손대패를 뒤집어 바이스에 물린 다음 부재를 밀어 톱날 자국을 없애면서 최종 치수로 맞춘다. 부재를 밀 때에는 작은 밀대를 사용하여 손가락을 보호한다(F).

➤ 149쪽의 '방두산지 만들기'를 참고한다.

협찬

책이 나오는 데 크게 도움을 주신
공구 제작사와 지원인:

Lie-Nielsen Toolworks 社의 Tom Lie-Nielsen

The J.D.S. Company 社의 John McConegly

Laguna Tools and Catherine 社의 Torben Helschoj

Garrett Wade Company 社의 Gary Chinn

Toolguide and Festo 社의 Michael McGibbon

Freud, U.S.A., 社의 Karen Powers

Hitachi Power Tools 社의 Kristin Boesch

Keller Jigs 社의 David Keller

Black and Decker 社의 Joan Mellott

Leigh Industries and Ken 社의 Matt Grisley

Woodcrafters 社의 Dan Baker 및 전 직원

더 읽을거리

캐비닛 제작

Ellis, George. *Modern Practical Joinery.* Linden Publishing.

Joyce, Ernest. *Encyclopedia of Furniture Making.* Sterling Publishing.

Tolpin, Jim. *Building Traditional Kitchen Cabinets.* The Taunton Press.

장인가구

Krenov, James. *The Fine Art of Cabinetmaking.* Sterling Publishing.

Nakashima, George. *The Soul of a Tree: A Wood worker's Reflections.* Kodansha International.

Pye, David. *The Nature and Art of Workmanship.* Cambium Press.

목재 기술

Forest Products Laboratory. *Wood Handbook: Wood as an Engineering Material.* Forest Products Laboratory.

Hoadley, R. Bruce. *Identifying Wood.* The Taunton Press.

———— *Understanding Wood.* The Taunton Press.

디자인

Aronson, Joseph. *The Encyclopedia of Furniture.* Crown Publishing.

Editors of *Fine Woodworking. Practical Design.* The Taunton Press.

Graves, Garth. *The Woodworker's Guide to Furniture Design.* Popular Woodworking Books.

Morley, John. *The History of Furniture: Twenty-Five Centuries of Style and Design in the Western Tradition.* Bulfinch Press.

Pye, David. *The Nature and Aesthetics of Design.* Cambium Press.

공구와 기계장치

Bird, Lonnie. *The Bandsaw Book.* The Taunton Press.

———— *The Shaper Book.* The Taunton Press.

Hack, Garrett. *Classic Hand Tools.* The Taunton Press.

———— *The Handplane Book.* The Taunton Press.

Lee, Leonard. *The Complete Guide to Sharpening.* The Taunton Press.

Mehler, Kelly. *The Table Saw Book.* The Taunton Press.

Nagyszalanczy, Sandor. *The Art of Fine Tools.* The Taunton Press.

———— *Woodshop Jigs and Fixtures.* The Taunton Press.

Rogowski, Gary. *Router Joinery.* The Taunton Press.

목공방

Landis, Scott. *The Workbench Book.* The Taunton Press.

———— *The Workshop Book.* The Taunton Press.

Nagyszalanczy, Sandor. *Setting Up Shop.* The Taunton Press.

———— *Woodshop Dust Control.* The Taunton Press.

Tolpin, Jim. *The Toolbox Book.* The Taunton Press.

목재 마감

Charron, Andy. *Water-Based Finishes.* The Taunton Press.

Dresdner, Michael. *The New Wood Finishing Book.* The Taunton Press.

Jewitt, Jeff. *Great Wood Finishes.* The Taunton Press.

———— *Hand-Applied Finishes.* The Taunton Press.

색인

ㅁ

ㅂ

ㅇ

여러분의 원고를 기다립니다

도서출판 씨아이알은 목공예 분야의 좋은 책을 출판함으로써 목공예에 대한 관심 고취와 확산에 기여하고자 합니다. 목공예 분야의 책을 집필하거나 계획하고 계신 분들, 해외의 좋은 책을 번역하실 의사가 있으신 분들은 도서출판 씨아이알로 연락을 부탁드립니다. 책의 선정과 출간에 좋은 동반자가 되어드리겠습니다. 도서출판 씨아이알의 문은 날마다 활짝 열려 있습니다.

출판문의처: cool3011@circom.co.kr, 02)2275-8603(내선 605)

도서출판 씨아이알의 관련 분야 도서안내

**사랑 가득
엄마표 가구 만들기**

애나 화이트(Ana White) 저 /
이재규, 정복자 역 /
2017년 11월 /
196쪽(216*280) / 22,000원

부조 조각의 정석

Lora S. Irish 저 /
David Koh 역 /
2016년 11월 /
138쪽(216*280) / 18,000원

**Chris Pye의
목각 기법 따라하기**

Chris Pye 저 /
정복자 역 / 2016년 4월 /
160쪽(216*280) / 20,000원

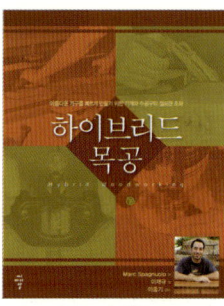

하이브리드 목공

Marc Spagnuolo 저 /
이재규 역 / 2016년 2월 /
192쪽(210*276) / 22,000원

우드워킹 가이드

Lonnie Bird 외 저 /
김지태 역 / 2015년 9월 /
328쪽(222*275) / 34,000원

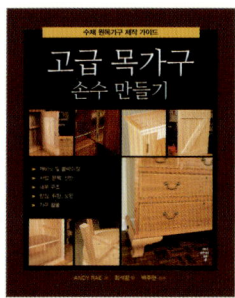

**고급 목가구
손수 만들기**

ANDY RAE 저 /
최석환 역 / 2015년 6월 /
328쪽(222*275) / 34,000원

가구디자인

Stuart Lawson 저 /
한정현 역 / 2015년 5월 /
228쪽(216*280) / 24,000원

우든펜의 정석

Barry Gross 저 /
고득수 역 / 2015년 5월 /
152쪽(216*280) / 20,000원

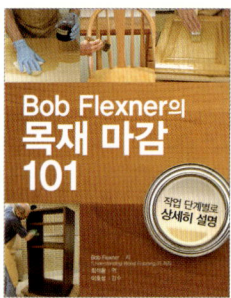

**Bob Flexner의
목재 마감**

Bob Flexner 저 /
최석환 역 / 2013년 7월 /
152쪽(215*275) / 20,000원

목공 기초

Peter Korn 저 /
최석환 역 / 2013년 7월 /
192쪽(215*275) / 22,000원

역 자 |

김지태

(사)한국목공교육협회 목공지도사 1급
기계공학 박사

수제 원목가구 제작 가이드

목공 짜맞춤 기법 Joinery

초판발행	2017년 12월 29일
초판 2쇄	2018년 11월 9일
초판 3쇄	2022년 1월 5일

저　　자	Gary Rogowski
역　　자	김지태
펴 낸 이	김성배
펴 낸 곳	도서출판 씨아이알

책임편집	박영지, 김동희
디 자 인	백정수
제작책임	김문갑

등록번호	제2-3285호
등 록 일	2001년 3월 19일
주　　소	(04626) 서울특별시 중구 필동로8길 43(예장동 1-151)
전화번호	02-2275-8603(대표)
팩스번호	02-2265-9394
홈페이지	www.circom.co.kr

| I S B N | 979-11-5610-352-3 93630 |
| 정　　가 | 38,000원 |